Strukturgefährdete ländliche Räume

– Zur Notwendigkeit einer Ziel- und Instrumentenrevision –

CIP-Kurztitelaufnahme der Deutschen Bibliothek

Strukturgefährdete ländliche Räume: Zur Notwendigkeit e.
Ziel- u. Instrumentenrevision. — Hannover: Schroedel, 1979
   (Veröffentlichungen der Akademie für Raumforschung und
Landesplanung: Forschungs- u. Sitzungsberichte; Bd. 128)
ISBN 3-507-91700-9

VERÖFFENTLICHUNGEN
DER AKADEMIE FÜR RAUMFORSCHUNG UND LANDESPLANUNG

Forschungs- und Sitzungsberichte
Band 128

Strukturgefährdete ländliche Räume

– Zur Notwendigkeit einer Ziel- und Instrumentenrevision –

HERMANN SCHROEDEL VERLAG KG · HANNOVER · 1979

Zu den Autoren dieses Bandes

Friedrich Riemann, Dr. sc. agr., 58, apl. Prof., Geschäftsführer der Agrarsozialen Gesellschaft e. V., Ordentliches Mitglied der Akademie für Raumforschung und Landesplanung.

Paul Klemmer, Dr. rer. pol., 43, o. Prof. an der Ruhr-Universität Bochum, Seminar für Wirtschafts- und Finanzpolitik, Ordentliches Mitglied der Akademie für Raumforschung und Landesplanung.

Karl-Hermann Hübler, Dr. agr., 46, o. Prof., Ministerialrat a. D., Institut für Landschaftsökonomie der TU Berlin, Korrespondierendes Mitglied der Akademie für Raumforschung und Landesplanung.

Viktor Frhr. v. Malchus, Dr. rer. pol., 50, Direktor des Instituts für Landes- und Stadtentwicklungsforschung des Landes Nordrhein-Westfalen, Ordentliches Mitglied der Akademie für Raumforschung und Landesplanung.

Carl-Heinz David, Dr. jur., 40, Prof. der Universität Dortmund, Abt. Raumplanung, Fachgebiet Rechtsgrundlagen der Raumplanung, Korrespondierendes Mitglied der Akademie für Raumforschung und Landesplanung.

Friedrich Hösch, Dr. rer. pol., 45, Prof., Lehrstuhl für Volkswirtschaftslehre der TU München, Korrespondierendes Mitglied der Akademie für Raumforschung und Landesplanung.

Hartwig Spitzer, Dr. agr., 59, Prof., Institut für Landwirtschaftliche Betriebslehre — Regionalforschung der Justus-Liebig-Universität Gießen, Korrespondierendes Mitglied der Akademie für Raumforschung und Landesplanung.

Willy Heidtmann, Dr. disc. pol., 42, Leiter der Ev. Heimvolkshochschule Lindenhof-Bethel.

Manfred Pflanz, Dr. med., 55, o. Prof. der Medizinischen Hochschule Hannover.

Wolfgang G. Heinze, Dr. rer. pol., 49, Prof. für Verkehrswirtschaft und Verkehrspolitik der TU Berlin, Korrespondierendes Mitglied der Akademie für Raumforschung und Landesplanung.

Friedrich Gercke, Dr. rer. hort., 45, Leiter der Abt. Raumplanung und Städtebau der Niedersächsischen Landesentwicklungsgesellschaft mbH., Korrespondierendes Mitglied der Akademie für Raumforschung und Landesplanung.

Rudolf Kandt, Ing.-grad., 57, Kreisbaudirektor, Leiter des Kreisbauamtes des Kreises Dithmarschen in Heide/Holstein.

Martin Knieper, Dipl.-rer. hort., 47, Regierungsdirektor, Dezernent im Dezernat Raumordnung, Landesentwicklung der Bezirksregierung Hannover.

Jürgen Deiters, Dr., 40, Leitender Planer der Planungsgemeinschaft Region Trier, Bezirksregierung Trier.

Klemens Friederichs, Dipl.-Geogr., 32, Planungsgemeinschaft Region Trier, Bezirksregierung Trier.

Willi Maurer, 30, Planungsgemeinschaft Region Trier, Bezirksregierung Trier.

Heinz Günter Vill, Dipl.-Volkswirt, 39, Regierungsdirektor, Referent für Raumordnung und Landesplanung bei der Regierung von Schwaben, Augsburg.

Best.-Nr. 91700
ISBN 3-507-91700-9

Alle Rechte vorbehalten . Hermann Schroedel Verlag KG Hannover · 1979
Gesamtherstellung: Hahn-Druckerei, Hannover
Auslieferung durch den Verlag
ISSN 0344-0311

INHALTSVERZEICHNIS

Seite

Friedrich Riemann, Göttingen	Vorwort: Ländliche Räume — strukturgefährdet?	VII
Paul Klemmer, Bochum	Abgrenzung strukturgefährdeter ländlicher Räume — Indikatoren für die Arbeitsmarktsituation	1
Karl-Hermann Hübler, Berlin	Ziele, Maßnahmen, Ergebnisse — Eine kritische Bewertung —	25
Viktor Frhr. v. Malchus, Dortmund	Zur Versorgung der Bevölkerung in dünnbesiedelten Gebieten — Erfahrungen und Erkenntnisse aus dem skandinavischen Raum —	47
Carl-Heinz David, Dortmund	Zur raumordnungsrechtlichen Problematik kleinräumiger passiver Sanierung	73
Friedrich Hösch, München	Industrielle Entwicklungsmöglichkeiten für strukturgefährdete ländliche Räume	89
Hartwig Spitzer, Gießen	Landnutzungsformen für strukturgefährdete ländliche Räume	105
Willy Heidtmann, Bielefeld-Bethel	Probleme einer ausreichenden Versorgung mit Schul- und Bildungseinrichtungen in strukturgefährdeten ländlichen Gebieten	125
Manfred Pflanz, Hannover	Versorgung mit Gesundheitsleistungen in strukturgefährdeten ländlichen Räumen	141
G. Wolfgang Heinze, Berlin	Entwicklungstendenzen und Möglichkeiten der Nahverkehrsversorgung dünnbesiedelter ländlicher Räume	163
Friedrich Gercke, Hannover	Entwicklungschancen durch Funktionszuweisungen	197

	Analyse ausgewählter strukturgefährdeter Räume 207
Rudolf Kandt, *Heide*	Struktur- und Entwicklungstendenzen des Landkreises Dithmarschen 209
Martin Knieper, *Osnabrück*	Struktur- und Entwicklungstendenzen des Landkreises Meppen 225
Jürgen Deiters, *Klemens Friederichs,* *Willi Maurer,* *Trier*	Struktur- und Entwicklungstendenzen des Landkreises Bitburg-Prüm (Rheinland-Pfalz)..................... 241
Heinz G. Vill, *Augsburg*	Struktur- und Entwicklungstendenzen des Raumes Nördlingen 265

Mitglieder des Arbeitskreises
„Strukturgefährdete ländliche Räume"

Prof. Dr. Friedrich Riemann, Göttingen, Leiter

Dr. Willy Heidtmann, Bielefeld-Bethel, Geschäftsführer

Prof. Dr. Carl-Heinz David, Dortmund

Dr. Friedrich Gercke, Hannover

Prof. Dr. G. Wolfgang Heinze, Berlin

Prof. Dr. Friedrich Hösch, München

Prof. Dr. Karl-Hermann Hübler, Berlin

Prof. Dr. Paul Klemmer, Bochum

Dr. Viktor Frhr. von Malchus, Dortmund

Prof. Dr. Manfred Pflanz, Hannover

Prof. Dr. Hartwig Spitzer, Gießen

Der Arbeitskreis stellt sich als Ganzes seine Aufgaben und Themen und diskutiert die einzelnen Beiträge mit den Autoren. Die wissenschaftliche Verantwortung für jeden Beitrag trägt der Autor allein.

Vorwort

Ländliche Räume – strukturgefährdet?

von
Friedrich Riemann

Seit Beginn der Arbeit der Akademie für Raumforschung und Landesplanung haben sich Forschungsausschüsse und Arbeitskreise mit den Problemen der ländlichen Räume befaßt. Während in den früheren Jahren wenig differenziert von dem ländlichen Raum gesprochen wurde, setzte sich seit Anfang der 70er Jahre mehr und mehr die Erkenntnis durch, daß der ländliche Raum keine homogene Raumkategorie ist, sondern aus sehr unterschiedlich strukturierten Teilräumen besteht. Die in drei Bänden (1) veröffentlichten Ergebnisse des Forschungsausschusses „Raum und Landwirtschaft" und des später gebildeten — dessen Aufgaben fortsetzenden — Arbeitskreises „Leitvorstellungen zur Entwicklung ländlicher Räume" sind zwar unter dem Obertitel „Die Zukunft des ländlichen Raumes" zusammengefaßt. Es werden jedoch drei Typen des ländlichen Raumes unterschieden und die besonderen, unterschiedlichen Probleme dieser drei Typen im letzten der drei Bände mit dem Untertitel „Sektorale und regionale Zielvorstellungen" herausgestellt. Es war vorherzusehen, daß in den Teilräumen mit dem niedrigsten Entwicklungsstand und dem oft auch geringsten Entwicklungspotential die größten Entwicklungsschwierigkeiten gesehen wurden. Das Präsidium der Akademie für Raumforschung und Landesplanung griff die auf diesen Ergebnissen basierende Anregung auf und richtete den Arbeitskreis „Strukturgefährdete ländliche Räume" ein.

Strukturgefährdung durch veränderte Rahmenbedingungen

Dieser Arbeitskreis sollte Kriterien für eine räumliche Abgrenzung dieses Raumtyps entwickeln. Des weiteren sollte geprüft werden, ob die in Bundes- und Ländergesetzen festgelegten Entwicklungsziele in den „strukturgefährdeten ländlichen Räumen" erreicht worden sind, ob sie überhaupt erreicht werden können oder ob spezielle Ziele für diese Teilräume gesetzt werden sollten. Es sollten fernerhin für besonders bedeutsame Fachbereiche Lösungsmöglichkeiten aufgezeigt werden. Schließlich sollte die tatsächliche Situation am Beispiel einiger Teilräume dargestellt werden, so daß die Ergebnisse der theoretischen Überlegungen vor dem Hintergrund realer Entwicklungen beurteilt werden können.

Die Mitglieder des Arbeitskreises stimmten darin überein, daß Daten zur Qualität der Arbeitsmärkte eine ausreichende Basis für die räumliche Abgrenzung darstellen. Mit solchem Material wurde die Abgrenzung der „strukturgefährdeten ländlichen Räume" von KLEMMER vorgenommen. Ergänzende Daten zur Infrastrukturausstattung sind massenstatistisch nicht verfügbar. Zum Kriterium „ländlich" wurde vor allem die Bevölkerungsdichte herangezogen.

„Von besonderer Bedeutung für die Abgrenzung erwiesen sich die Bruttolohn- und Gehaltssumme je Arbeitnehmer, das Bruttoinlandprodukts je Kopf der Wirtschaftsbevölkerung, die beide tendenziell die Einkommenswertigkeit des Arbeitsplatzangebots zum Ausdruck bringen und einen höheren Aussagewert in bezug auf die Gefährdungssituation besitzen als der Arbeitskraftreservekoeffizient. Nimmt man des weiteren die durchschnittliche Betriebsgröße, welche möglicherweise die Aufstiegschancen bzw. die Qualifikationsverwertung der Arbeitskräfte widerspiegelt, hinzu, so wurden die räumlichen Arbeitsmarktreaktionen der Erwerbspersonen Anfang der 70er Jahre eher von den qualitativen als von den quantitativen Arbeitsmarktbedingungen beeinflußt" (KLEMMER).

Der Themenstellung des Arbeitskreises liegt die These zugrunde, daß es ländliche Räume gibt, deren Struktur gefährdet sei. Dies ist eine verbreitete Meinung, die vor allem im politischen Raum geäußert und als Begründung für gezielte staatliche Maßnahmen angeführt wird. Sie geht letztlich auf das Raumordnungsgesetz (§2 Abs. 1, Ziff. 3) zurück, wo als Ziel festgelegt wird, daß die Lebensverhältnisse in den hinter der allgemeinen Entwicklung zurückgebliebenen Gebieten an den Bundesdurchschnitt herangeführt werden sollen. Mit einem Blick auf die Instrumente, die zur Erreichung dieses Zieles vom Bund und den Ländern eingesetzt werden, stellt man fest, daß sie auf eine Verbesserung der Wirtschafts- und Infrastruktur ausgerichtet sind.

Auch wenn das ROG erst im Jahre 1965 erlassen wurde, so reichen die staatlichen Förderungsmaßnahmen zur Entwicklung „generell" abgegrenzter Räume — zum Beispiel das Zonenrandprogramm — oder „problemorientiert" abgegrenzter Räume — zum Beispiel Emsland-Programm und Programm-Nord — sehr viel weiter zurück. Es liegen daher langjährige Erfahrungen vor, so daß HÜBLER in diesem Band durchaus die Feststellung treffen kann, die in den ländlichen Räumen gesteckten Ziele seien nicht erreicht worden. Vermutlich seien sie auch nicht zu realisieren. „Für diese Räume sollten funktionsbezogene Ziele (problemorientierter Ansatz) gesetzt und entsprechend ausgerichtete Maßnahmen eingeleitet werden".

In den Erörterungen im Arbeitskreis ist daher auch eingehend darüber diskutiert worden, daß Strukturveränderungen in bestimmten ländlichen Räumen unvermeidlich sein werden. Denn bei der zu erwartenden ... „Konstanz der globalen Arbeitsplatzzahlen sind keine sogenannten Überschwapp-Effekte zu erwarten, die Arbeitsplätze aus Verdichtungsräumen in strukturgefährdete ländliche Räume bringen könnten. Da ferner in strukturgefährdeten ländlichen Räumen zahlreiche Betriebe als sogenannte verlängerte Werkbänke geführt werden, wird es für die besser ausgebildeten jungen Landbewohner zunehmend schwieriger, einen qualitativ hochwertigen Arbeitsplatz in der heimischen Industrie zu finden. Insgesamt gesehen vermag deshalb der industrielle Sektor unserer Wirtschaft kaum einen Beitrag zur Beseitigung der Strukturgefährdung ländlicher Räume durch Umstrukturierung zu leisten" (HÖSCH). Auch wenn dadurch die Bevölkerungsdichte weiter sinkt, bleiben diese Räume jedoch befähigt, bestimmte Funktionen zu erfüllen. Es werden dort aber nur soviel Menschen verbleiben können, wie zur Funktionserfüllung benötigt werden.

Eine andere Frage ist es, wie die Versorgung dieser Menschen sichergestellt wird und von wem die Kosten des auch dort unvermeidlichen öffentlichen Aufwandes getragen werden. Zur ausreichenden Versorgung mit Schul- und Bildungseinrichtungen stellt HEIDTMANN fest, es habe den Anschein, „daß Schwierigkeiten im Grundschulbereich noch am ehesten lösbar sind. Im Hauptschulbereich ist offenbar die Grenze der

Tragfähigkeit für gegliederte Systeme vielfach schon erreicht. In diesen Fällen wird sich eine Verlängerung der Schulwegentfernung nicht immer umgehen lassen. Die beste Lösung könnte allerdings darin bestehen, die verschiedenen Schularten der Sekundärbereiche in den dünnbesiedelten Gebieten zu integrierten Schulversorgungssystemen zusammenzufassen. Dadurch könnte auch ein wichtiger Beitrag zur Erhaltung ländlicher Siedlungsstrukturen geleistet werden. Im Bereich der beruflichen Bildung scheint die Situation für die Jugend nicht selten hoffnungslos zu sein. Den vorliegenden Daten zufolge ist nicht nur ein großes Defizit an Ausbildungsplätzen vorhanden, viele betriebliche Lehrstellen sind auch für eine qualifizierte Berufsausbildung nicht geeignet. Hier hilft nur eine energische berufliche Ausbildungspolitik weiter, die mindestens überbetriebliche Ausbildungsmöglichkeiten in den strukturgefährdeten ländlichen Gebieten anbietet".

Hinsichtlich der Versorgung mit Gesundheitsleistungen kommt PFLANZ zu dem Ergebnis, daß „angesichts der zunehmenden Arztzahl in der Bundesrepublik in allen Gebieten mit einer Verbesserung der Versorgung zu rechnen ist; nur die Versorgung mit zahnärztlichen Leistungen wird auch in Zukunft, besonders in strukturgefährdeten ländlichen Räumen, Engpässe aufweisen. Es ist darauf hinzuweisen, daß durch eine Verbesserung des Transportsystems, durch die Schaffung von Sozialstationen und ähnlichen Einrichtungen sowie durch eine Stärkung der Selbsthilfe der Bevölkerung bestehende Engpässe der medizinischen Versorgung weitgehend beseitigt werden können".

Das Ziel, der zur Funktionserfüllung benötigten Bevölkerung vergleichbare Lebensbedingungen zu ermöglichen, kann nicht aufgegeben werden. Man wird aber zu berücksichtigen haben, welche Anforderungen die dortigen Menschen an „Lebensbedingungen" stellen und wie ihr Anspruchsniveau ist. Daß es hierbei keinen „Bundesdurchschnitt" geben kann, hat HÜBLER überzeugend nachgewiesen.

Es ist aber auch müßig und irreführend, Vergleiche darüber anzustellen, welche Anteile öffentlicher Mittel in welche Raumkategorien geflossen sind. Einmal gibt es bislang keine überzeugenden Maßstäbe dafür. Denn daß in dünnbesiedelte Räume je Kopf der Bevölkerung relativ viel Mittel fließen, ist logisch. Maßstab für die einzusetzenden Mittel kann nur der Bedarf sein. Dieser ist in vielen Bereichen, wenn auch zum Teil mit erheblichen Schwierigkeiten, einigermaßen objektiv zu ermitteln — zum Beispiel in den Bereichen Bildung und Ausbildung, Gesundheitswesen, Straßenbau, öffentliche Sicherheit und dergleichen mehr. Ob diese Räume ausreichend mit öffentlichen Mitteln ausgestattet wurden, läßt sich leicht daran ablesen, in welchem Maße der örtliche oder regionale Bedarf gedeckt werden konnte.

Anpassung durch Umstukturierung

Auf die oben gestellte Frage der Strukturgefährdung zurückkommend, wird man feststellen müssen, daß in bestimmten ländlichen Räumen die derzeitige Struktur gefährdet ist. Ob das in all den Räumen, die von KLEMMER in diesem Band ausgewiesen wurden, in gleichem Maße der Fall ist und ob die regionalen Abgrenzungen zu eng oder zu weit ausgefallen sind, ist eine zweitrangige Frage. Die Gefährdung der derzeitigen Struktur ist jedoch nur ein Hinweis darauf, daß Maßnahmen zur Umstrukturierung eingeleitet werden müssen.

Hinsichtlich der Landnutzung verweist SPITZER auf Modellvorstellungen und Strategieüberlegungen, die zu dem Ergebnis kommen, „daß die Flächen auch bei veränderten Siedlungsstrukturen und partiellen Verdünnungstendenzen geordnet genutzt werden können. Allerdings ist hier zwischen den Teilen der strukturgefährdeten ländlichen Räume mit guten und mittleren und solchen mit schlechten landwirtschaftlichen Produktionsbedingungen zu unterscheiden. Für erstere kann die bisherige Agrarstrukturpolitik im wesentlichen fortgesetzt werden, denn die Landwirtschaft behält aufgrund der Schwäche der anderen Sektoren Vorrangstellung. In den strukturgefährdeten ländlichen Räumen mit kaum oder nicht entwicklungsfähiger Landwirtschaft sind dagegen agrarstrukturpolitische und vor allem regionalpolitische Änderungen erforderlich. Sie betreffen die Landnutzungsformen, in denen verstärkt agrarische mit nichtagrarischen Funktionen verbunden werden müssen, und legen die Betonung regionaler vor betrieblicher Förderungsinstrumente nahe."

Bei der Umstrukturierung wird man sich an der natürlichen oder sonstigen „Begabung" solcher Räume oder an der „machbaren" Eignung für zusätzliche Funktionen orientieren müssen. Das ist im übrigen keine neue Erkenntnis, denn alle überkommenen räumlichen Strukturen sind unter diesen Voraussetzungen entstanden. Seit Anfang der 60er Jahre hatte man nur die Gestaltungsmöglichkeiten weit überschätzt und war davon ausgegangen, daß fast alles „machbar" ist. Man hatte jedoch übersehen, daß die Zielerreichung von der Einstellung der beteiligten Menschen abhängig ist. Und da es letztlich um die Schaffung von möglichst vielen und qualitativen Arbeitsplätzen in unterversorgten Regionen geht, führt kein Weg an den handelnden Unternehmern vorbei. Daß diese nur in gewisser Weise hinsichtlich ihrer Standortwahl zu beeinflussen sind, hat sich inzwischen auch herausgestellt.

Die Umstrukturierung ländlicher Räume, die hinter der allgemeinen Entwicklung zurückgeblieben sind, wird allerdings weiterreichende Auswirkungen haben, als man es bislang angenommen hatte. Wenn es nicht überall möglich ist, der ansässigen Bevölkerung einen genügend differenzierten Arbeitsmarkt in erreichbarer Entfernung zu schaffen, was Hösch für nicht möglich hält, dann muß der für die lokale Funktionserfüllung nicht mehr benötigten Bevölkerung geholfen werden, Standorte aufsuchen zu können, an denen sie ihre Fähigkeiten nutzbringend zu verwenden in der Lage sind. In letzter Konsequenz dürfte man von dem Angebot einer aktiven Umsiedlung, die kleinräumig sein kann, nicht zurückschrecken.

Eine solche Maßnahme der Regionalpolitik, die bei der relativ günstigen Siedlungsstruktur in der Bundesrepublik ja nur sehr begrenzt zur Anwendung zu kommen brauchte, hat nichts mit der sogenannten „passiven Sanierung" zu tun. In solchen Teilräumen darf die Entwicklung nicht sich selbst überlassen werden, um soziale Erosionen zu verhindern, was einer „passiven Sanierung" tatsächlich gleichkäme. Es wäre aber auch schändlich, der dortigen Bevölkerung unrealistische Entwicklungsmöglichkeiten vorzugaukeln. Über kurz oder lang würde doch eine selektierende Abwanderung mit allen Merkmalen der sozialen Erosion einsetzen. Die Merkmale der „passiven Sanierung" wären gegeben. Vielmehr ist eine aktive Gestaltung der Umstrukturierung mit der Anpassung an die verbleibenden (zum Beispiel Land- und Forstwirtschaft) oder neu hinzukommenden (zum Beispiel Erholungsverkehr) Funktionen unerläßlich. Dabei sind die Chancen der zur Funktionserfüllung benötigten Bevölkerung und die volle Sicherung ihrer Versorgung deutlich zu machen.

Für die hinter der allgemeinen Entwicklung zurückgebliebenen ländlichen Räume ist daher im Einzelfall festzustellen, welche Funktionen von ihnen wahrgenommen werden können. Es muß jedoch auch geprüft werden, ob ein — in der Regel überregionaler — Bedarf an dem zu erwartenden Ertrags- oder Leistungsangebot besteht. Sowohl dem landwirtschaftlichen Produktionsangebot wie dem Angebot an Leistungen für den Erholungsverkehr sind Grenzen gesetzt, so daß das Konkurrenzangebot aus anderen Teilräumen berücksichtigt werden muß, bevor gegebenenfalls aufwendige, zur Funktionserfüllung erforderliche Investitionen getätigt werden.

Auf dieser Basis ließe sich unter Berücksichtigung der im Pendelbereich liegenden verfügbaren Arbeitsplätze feststellen, wie groß der Bevölkerungsüberhang ist und um welche Bevölkerungsgruppen es sich handelt. Um auch diesen Familien vergleichbare Lebensbedingungen verschaffen zu können, wozu in erster Linie eine angemessene Einkommenschance gehört, sind ihnen möglichst nahegelegene Standorte als neue Wohnplätze anzubieten. In diesen Fällen wäre eine großzügige Hilfe aus öffentlichen Mitteln sicher zu rechtfertigen.

Zur raumordnungsrechtlichen Problematik kleinräumiger „passiver Sanierung" verweist DAVID darauf, daß es ... „Subventionen und Prämien, die explizit an die raumordnerische Ausweisung einer passiven Sanierung geknüpft sind, soweit ersichtlich nicht gibt; denkbar wäre es allerdings durchaus, solche künftig de lege ferenda zu begründen, etwa um die Abwanderung noch zu beschleunigen oder aber der verbleibenden Bevölkerung einen Ausgleich für ihren Verbleib und für den damit für die Allgemeinheit verbundenen Vorteil, etwa wegen übernommener landschaftspflegerischer Aufgaben, zu gewähren".

Bei der Versorgung der zur Funktionserfüllung benötigten Bevölkerung wird man zum Teil neue unkonventionelle Wege beschreiten müssen. Die zum Beispiel in den skandinavischen Ländern gefundenen Lösungen, die von MALCHUS in diesem Band beschreibt, geben dafür manche Anregungen. „Dortige Analysen kamen unter anderem zu dem Ergebnis, daß die Existenz des Landwarenhandels, das Vorhandensein von örtlichen Schulen im Zusammenhang mit kulturellen Aktivitäten der Lehrer und die medizinische Versorgung die Grundpfeiler gesellschaftlicher Ordnung in ländlichen Räumen sind."

Besonders problematisch ist die Nahverkehrsversorgung dünnbesiedelter ländlicher Räume. „Entscheidende Voraussetzung für ein umfassendes tiefgestaffeltes Maßnahmenbündel ist — nach Ansicht von HEINZE — eine wesentlich großräumigere Perspektive der Entscheidungsträger innerhalb wie außerhalb des Verkehrssektors. Diese gesamtwirtschaftlich auszurichtende Großräumigkeit des Bewertungsansatzes muß den öffentlichen Personennahverkehr, den Individualverkehr und Mischsysteme inhaltlich ebenso integrieren wie Investitions-, Betriebs- und Preispolitik sowie Wissenschaft, Planung, Verwaltung und Betrieb. Unabhängig vom Finanzträger muß das Verkehrssystem stets als Einheit betrachtet und vor allem im Nahbereich entsprechend organisiert werden."

Alle denkbaren Einzelmaßnahmen sollten auf ihren möglichen Effekt hin sorgfältig geprüft werden. Dazu gehört zum Beispiel auch der Vorschlag von KRETSCHMANN, in dem Einzugsgebiet einer Mittelstadt nicht täglich alle Orte gleich schlecht — wenig Abfahrten — zu bedienen. Vielmehr sollten an den verschiedenen Wochentagen bestimmte Strecken mit vielen Abfahrten gut versorgt werden. Dann würden alle Ortschaften wenigstens einmal in der Woche gut bedient; die einen zum Beispiel am Montag, die nächsten am Dienstag usw. (2).

Regionale Differenzierung von Zielen und Maßnahmen

Ob die möglichen Funktionen in den hinter der allgemeinen Entwicklung zurückgebliebenen ländlichen Räumen wahrgenommen werden können und ob eine „passive Sanierung" wirklich vermieden wird, ist — den politischen Willen vorausgesetzt — letztlich ein finanzielles Problem. Dabei ist schon berücksichtigt, daß die Bevölkerung dieser ländlichen Räume den „vergleichbaren Lebensbedingungen" einen anderen Inhalt gibt, als etwa die Bevölkerung unserer Großstädte. Es sind gar nicht die kostspieligen Einrichtungen der öffentlichen Infrastruktur — wie etwa die Schwimmhalle —, an die dort gedacht wird. Die Attraktivität des Lebens in kleinen Orten — angemessene Einkommen vorausgesetzt — liegt im sozialen Bereich (3). Das Eingegliedertsein in Verwandtschaft, Nachbarschaft und Freundschaft in einer insgesamt überschaubaren Gemeinschaft genießt einen so hohen Stellenwert, daß zwangsläufige Einschränkungen — wie wenig differenzierte Warenangebote und die oft weiteren Wege zur Arbeitsstätte und den sonstigen Versorgungseinrichtungen — durchaus in Kauf genommen werden.

Trotz aller Bescheidenheit in den aufwendigen Ansprüchen verursacht die Versorgung bei geringer Bevölkerungsdichte naturgemäß relativ hohe Kosten — bezogen auf die Bevölkerungszahl. Damit ist nicht gesagt, daß der öffentliche Aufwand auch groß ist, wenn man ihn auf den Nutzen bezieht, den diese ländlichen Räume für die Gesellschaft insgesamt darstellen (4). Der erforderliche Kostenaufwand läßt sich natürlich auch vermindern, wenn man Lösungen anwendet, die den dort gestellten Aufgaben und nicht den allgemeinen Normen urbaner Siedlungen entsprechen.

„Die bisherige Raumordnungspolitik hat — wie Gercke betont — viel zu wenig berücksichtigt, daß der ländliche Raum eine Vielzahl von Funktionen im Rahmen des Gesamtraumes zu erfüllen hat, die eben nicht mit den klassischen Entwicklungskriterien gemessen werden können. Dabei ist zu beachten, daß spezifische Flächenfunktionen, die einen Vorrang aufgrund besonderer Standort- und Lagevorteile und eines überlokalen und überregionalen Bedarfs erfüllen, nicht flächendeckend im ländlichen Raum angenommen werden können. Die indifferente Funktionsvielfalt macht differenzierte raumspezifische Lösungsansätze notwendig. Es ist also nicht zweckmäßig, für strukturgefährdete Räume überall gleiche Zielnormen zu bestimmen. Vielmehr sollte ein ausgewogenes Konzept der jeweiligen räumlichen Funktionen, das unter Berücksichtigung großräumiger funktionaler Arbeitsteilung abgestimmt ist, Grundlage für die Formulierung regionsspezifischer Ziele sein."

Zusammenfassend ist festzustellen, daß die eingangs gestellte Frage nach der Strukturgefährdung ländlicher Räume zwar aktuell ist, aber nicht den Kern der Problematik trifft. Notwendige Veränderungen der Struktur, die man nicht generell mit einer Strukturgefährdung gleichsetzen kann, sind überall und ständig erforderlich. In bestimmten Raumkategorien vollziehen sie sich unauffällig, geräuschlos. In anderen Räumen sind große Schwierigkeiten zu überwinden. Wenn diese nicht durch politische Maßnahmen aktiv bewältigt werden, wobei gegebenenfalls harte Eingriffe — wie zum Beispiel Umsiedlungen — nicht zu umgehen sind, führen die unterlassenen Strukturveränderungen zu einer Gefährdung der Existenz der dort lebenden Menschen. Eine Verelendung bestimmter Bevölkerungsgruppen ist nicht auszuschließen. Davon werden in erster Linie alte Leute betroffen, deren Nachkommen abgewandert sind. Ihnen ein menschenwürdiges Dasein zu sichern — zum Beispiel bei der Unterhaltung und Pflege der Bausubstanz, durch soziale Betreuung über Nachbarschaftshilfe, ambulante Dienste oder stationäre Einrichtungen — wirft besondere Probleme auf und ist ohne einen wesentlichen Aufwand öffentlicher Mittel nicht denkbar.

Eine solche Entwicklung kann in den hinter der allgemeinen Entwicklung zurückgebliebenen ländlichen Räumen vermieden werden, in den meisten Fällen jedoch nicht mit den herkömmlichen Zielsetzungen und Maßnahmen. Das zeigen die Beiträge dieses Bandes und die regionalen Beispiele mit aller Deutlichkeit. Sie untermauern auch die von der Statistik gelieferten Daten zur regionalen Strukturentwicklung.

Die Mitglieder des Arbeitskreises hoffen mit ihren Hinweisen und Anregungen dazu beizutragen, daß sich eine realistischere Beurteilung der Entwicklungschancen „strukturgefährdeter ländlicher Räume" durchsetzt. Dies ist offensichtlich erforderlich, damit wegen der unterschiedlichen Entwicklungschancen in den verschieden strukturierten ländlichen Räumen in der Förderpolitik endlich zu problemorientierten Zielsetzungen und Maßnahmen übergegangen wird.*

LITERATURHINWEISE

(1) Die Zukunft des ländlichen Raumes

    1. Teil: Grundlagen und Ansätze, Forschungs- und Sitzungsberichte der Akademie für Raumforschung und Landesplanung, Band 66, Hannover 1971

    2. Teil: Entwicklungstendenzen der Landwirtschaft, Forschungs- und Sitzungsberichte der Akademie für Raumforschung und Landesplanung, Band 83, Hannover 1972

    3. Teil: Sektorale und regionale Zielvorstellungen — Konsequenzen für die Landwirtschaft —, Forschungs- und Sitzungsberichte der Akademie für Raumforschung und Landesplanung, Band 106, Hannover 1976

(2) Kretschmann, R.

Ein „Bustag" pro Woche statt täglich „Bußtag"?
Rundbrief der ASG Nr. 2, Göttingen 1979

(3) Kretschmann, R., und Pieper, I.

Leben in kleinen ländlichen Orten
Materialsammlung der ASG Nr. 140, Göttingen 1979

(4) Göb, R., u. a.

Entwicklung ländlicher Räume
Schriftenreihe des Instituts für Kommunalwissenschaften, herausgegeben von der Konrad-Adenauer-Stiftung, Band 2, Bonn 1974

---

*) Die meisten Beiträge wurden im Jahre 1978 fertiggestellt.

Abgrenzung strukturgefährdeter ländlicher Räume
– Indikatoren für die Arbeitsmarktsituation –

von
Paul Klemmer
unter Mitarbeit
von
B. Bremicker
Herbert Blankenburg und
Hans-Jürgen Dorka

INHALT:

I. Abgrenzung der ländlichen Arbeitsmarktregionen

II. Festlegung der Indikatoren zur Erfassung der Strukturgefährdung der regionalen Arbeitsmarktsituation

III. Statistische Analyse des Informationsgehaltes der Beurteilungskriterien

IV. Überprüfung des Informationsgehaltes der Faktoren hinsichtlich der Strukturgefährdung des Arbeitsmarktes

V. Zusammenfassung

I. Abgrenzung der ländlichen Arbeitsmarktregionen

Mittels des vorliegenden Beitrages[1]) wird für die Bundesrepublik Deutschland eine Abgrenzung strukturgefährdeter ländlicher Räume hinsichtlich der Arbeitsmarktsituation versucht. Als räumliche Beobachtungseinheiten dienen die regionalen Arbeitsmärkte (Gebietsstand 1970), wie sie, abgesehen von geringfügigen Modifikationen[2]), für die Gemeinschaftsaufgabe „Verbesserung der regionalen Wirtschaftsstruktur" festgelegt worden sind. Es handelt sich um kreisscharf definierte räumliche Diagnoseeinheiten, welche weitgehend die beschränkte räumliche Pendelmobilität des Faktors Arbeit widerspiegeln.

Diese regionalen Arbeitsmärkte lassen sich in verschiedene Kategorien gliedern, wobei den Gliederungsmöglichkeiten in Abhängigkeit von den verwendeten Unterscheidungskriterien theoretisch kaum Grenzen gesetzt sind. Im Rahmen dieser Untersuchung stehen vor allem zwei Gliederungstatbestände im Vordergrund, von denen der erste „ländliche" von „nichtländlichen" und der zweite „strukturgefährdete" von „nichtstrukturgefährdeten" Beobachtungseinheiten trennen soll. Beginnt man zunächst mit der Festlegung der den ländlichen Charakter bestimmenden Merkmale, so scheinen diese vor allem auf das Dominieren folgender Tatbestände hinzuweisen:

— Vorherrschen einer geringen Bevölkerungsdichte. Diese Betrachtungsweise sieht „ländlich" als Gegensatz zu „städtisch", wobei städtisch mit einer dichten Besiedelung der Landschaft gleichgesetzt wird.

— Vorherrschen einer agrarischen Nutzung des Bodens. Hier wird „ländlich" mit einer spezifischen Form der Ausschöpfung des regionalen Produktionspotentials identifiziert.

— Vorherrschen einer spezifischen Siedlungsstruktur. Umschreibt man eine Siedlungsstruktur mit dem Merkmal der Gemeindegröße, kann man die Einwohnerzahl der größten Arbeitsmarktgemeinde als Beobachtungstatbestand heranziehen.

— Vorherrschen einer bestimmten Lage zu gewichtigen Zentren der Volkswirtschaft. Zumeist spricht man von einer „peripheren Lagesituation" und mißt diese anhand der Entfernung zu Zentren oberhalb einer bestimmten Größenordnung.

Im Rahmen dieser Arbeit wird versucht, allen vier Beobachtungsmerkmalen in gleicher Weise gerecht zu werden. Die Bevölkerungsdichte wird hierbei mit Hilfe der Einwohnerzahl pro km^2 gemessen, die agrarische Nutzung mittels des Anteils des Bruttoinlandsprodukts der Land- und Forstwirtschaft am regionalen Bruttoinlandsprodukt, die Siedlungsstruktur über die Einwohnerzahl der größten Gemeinde des zugehörigen Arbeitsmarktes und die Lage über die Entfernung des Arbeitsmarktzentrums von einem benachbarten Zentrum mit mehr als 60 000 Einwohnern (Straßenkilometerentfernung). Alle Zahlen beziehen sich auf das Jahr 1970, wobei jede Variable gleiches Gewicht haben soll. Um das Problem der unterschiedlichen Dimensionierung der Größen zu bewältigen, wurden alle Größen zuvor standardisiert (Mittelwert: 0 und Standardabweichung: 1) und erst danach addiert. Das Ergebnis ist in Tabelle 2 festgehalten.

---

[1]) Es handelt sich hier um eine Kurzfassung eines umfangreichen Forschungsberichts für die Akademie für Raumforschung und Landesplanung.

[2]) Vgl. P. KLEMMER und D. KRAEMER, Regionale Arbeitsmärkte, Bochum 1975. Die geringfügigen Modifikationen betreffen den Arbeitsmarkt Wuppertal-Hagen, der hier getrennt wird, und den Arbeitsmarkt Zweibrücken, der mit dem Bereich Pirmasens zusammengefaßt wird.

Die Frage, bis zu welcher Position ein regionaler Arbeitsmarkt noch als „ländlich" bezeichnet werden kann, läßt sich nicht verbindlich beantworten. Jede Festlegung eines kritischen Schwellenwertes ist mit einer gewissen Willkür verbunden. Insofern wird die Beantwortung im Rahmen dieser Untersuchung bewußt offen gelassen. Es ist nur beabsichtigt, auf ähnliche Weise auch das Ausmaß der Strukturgefährdung der regionalen Arbeitsmärkte zu bestimmen, um anschließend zu prüfen, inwieweit sich die Strukturgefährdung vor allem auf ländliche Beobachtungseinheiten konzentriert. Da der Übergang von einem städtischen zu einem ländlichen Arbeitsmarkt fließend ist, wird eine solche Betrachtungsweise der Landschaftsstruktur der Bundesrepublik Deutschland eher gerecht.

II. Festlegung der Indikatoren zur Erfassung der Strukturgefährdung der regionalen Arbeitsmarktsituation

Eine „Strukturgefährdung" liegt vor, wenn kurzfristig unveränderliche Variablenkonstellationen räumlicher Beobachtungseinheiten auf eine unzureichende Erfüllung raumordnungs- oder regionalpolitischer Ziele schließen lassen. Um diesen offenen Begriff näher zu konkretisieren, muß daher geprüft werden, welche Ziele durch eine bestimmte Ausgangsstruktur in ihrer Realisierung gefährdet sind. Üblicherweise unterscheidet man hierbei drei Teilziele:[1])

1. Ausreichende Versorgung der Bevölkerung eines Teilgebietes mit vollwertigen Arbeitsplätzen
2. Ausreichende Versorgung mit nichttransportierbaren Dienstleistungen
3. Aufrechterhaltung eines Mindestumwelt-, Mindestfreizeit- und Mindestwohnwertes.

Dieser Beitrag konzentriert sich primär auf die Analyse der ersten Zielkomponente. Eine ausreichende Arbeitsplatzversorgung bedeutet hierbei nicht nur die Durchsetzung des quantitativen Beschäftigungszieles (ausreichende Arbeitsplätze für alle Arbeitswilligen), sondern impliziert auch die Realisierung einer Arbeitsplatzstruktur, die als kurz- und mittelfristig stabil, den qualitativen Ansprüchen der Arbeitskräfte genügend und als durchschnittliche Einkommen garantierend angesehen werden kann.

Bei der Messung der Strukturgefährdung regionaler Arbeitsmärkte wird von den Zielen der Arbeitsmarktpolitik ausgegangen und anhand ausgewählter Indikatoren der jeweilige Zielerreichungsgrad in den einzelnen räumlichen Beobachtungseinheiten gemessen. Eine Strukturgefährdung soll vorliegen, wenn die Ausprägungen der einzelnen Zielindikatoren eine relativ schlechte Position eines einzelnen Arbeitsmarktes im Rahmen der Gesamtheit der 164 regionalen Arbeitsmärkte signalisieren[2]). Entgegen der Praxis der Gemeinschaftsaufgabe „Verbesserung der regionalen Wirtschaftsstruktur" wird in dieser Untersuchung entscheidender Wert auf die quantitative Abweichung der einzelnen Beobachtungseinheiten gelegt und nicht nur ein reiner Positionsvergleich vorgenommen.

---
[1]) Vgl. D. STORBECK und M. LÜCKE, Die gesellschaftspolitische Relevanz regionalpolitischer Ziele, in: Ausgeglichene Funktionsräume, Forschungs- und Sitzungsberichte der Akademie für Raumforschung und Landesplanung, Bd. 94, Hannover 1975, S. 19 ff. o. R. THOSS, M. STRUMANN, H. M. BÖLTING, Zur Eignung des Einkommensniveaus als Zielindikator der regionalen Wirtschaftspolitik, Münster 1974, S. 32, D. FÜRST, P. KLEMMER und K. ZIMMERMANN, a.a.O., S. 99 ff.

[2]) Die Strukturgefährdung wird somit ausgleichspolitisch interpretiert.

Im allgemeinen streben die arbeitsmarktpolitischen Zielsetzungen eine ausreichende und vollwertige Versorgung der Erwerbspersonen mit Arbeitsplätzen an, wobei sich die Erfüllung dieses spezifischen Versorgungsanliegens angesichts der begrenzten räumlichen Mobilität der Arbeitskräfte auf die regionalen Arbeitsmärkte konzentrieren muß. Eine ausreichende Ausstattung mit Arbeitsplätzen kann unterstellt werden, wenn bei einem pauschalen Vergleich von Erwerbswilligen und Arbeitsplätzen, d. h. bei der Aufstellung regionaler Arbeitsmarktbilanzen, annähernd ein Ausgleich beobachtet werden kann. Als erster Indikator zur Charakterisierung der quantitativen Beschäftigungssituation kann daher der sogenannte Arbeitskräftereservekoeffizient herangezogen werden. Der Arbeitskräftereservekoeffizient repräsentiert jene Auswertung der regionalen Arbeitsmarktbilanzen, wie sie sich bei der Neuabgrenzung der Fördergebiete in der Bundesrepublik Deutschland im Rahmen der Gemeinschaftsaufgabe „Verbesserung der regionalen Wirtschaftsstruktur" (4. und 5. Rahmenplanung) ergab[1]).

Die sich aus den einzelnen Arbeitsmarktbilanzen ergebenden positiven oder negativen Nachfrageüberhänge nach Arbeitsplätzen werden auf das gesamte Arbeitskräftepotential der Teilgebiete bezogen und verdeutlichen jene defizitäre oder positive Arbeitsmarktsituation, wie sie für das Jahr 1977 auf der Basis der Entwicklungstendenzen in den 60er Jahren vorausgeschätzt wurde. Bei der Verwendung dieser Größe wird eine beliebige Substituierbarkeit der Arbeitskräfte unterstellt.

Wird die die Erwerbsneigung der Erwerbspersonen widerspiegelnde Erwerbsquote auch von der Inanspruchnahme des regionalen Arbeitskräftepotentials durch die Unternehmer bestimmt, kann die relative Höhe dieses Merkmals ebenfalls Auskunft über die quantitative Beschäftigungssituation geben. Aus diesem Grunde soll im Rahmen dieser Untersuchung auch diese Variable zur Kennzeichnung der quantitativen Arbeitsmarktsituation herangezogen werden. Ähnliches gilt für den Gastarbeiteranteil, genauer: den Anteil der ausländischen Erwerbstätigen an der Gesamtzahl der Erwerbstätigen[2]). Angesichts der überdurchschnittlichen Mobilität dieser Arbeitskräftekategorie kann nämlich unterstellt werden, daß sie überall dort hohe Merkmalsausprägungen erfahren muß, wo eine Tendenz zur hohen Auslastung des Arbeitsmarktes vorliegt.

Bei der Abgrenzung der regionalen Arbeitsmärkte versuchte man tendenziell, eine Minimierung der Pendelaustauschbewegungen an den Außengrenzen der Arbeitsmärkte zu erreichen. Dies konnte jedoch nicht überall voll realisiert werden. In manchen Fällen war es z. B. angesichts der unzumutbaren Pendelentfernung notwendig, Grenzziehungen entgegen der Verflechtungstatbestände vorzunehmen, an anderen Stellen führte eine starke Sogwirkung benachbarter Zentren zu relativen Auspendelbewegungen des intraregionalen Arbeitskräftevolumens. Insofern ist es möglich, einen Indikator zu konstruieren, der das Ausmaß der internen oder externen Orientierung der einzelnen regionalen Arbeitskräftepotentiale zum Ausdruck bringt. Zu diesem Zwecke bildet man die Differenz zwischen Wirtschafts- und Wohnbevölkerung und dividiert diesen Saldo anschließend durch die Wohnbevölkerung. Je größer dieser Wert ist, desto eher scheint eine Arbeitsmarktregion einen Polarisierungseffekt zu entfalten, der auch außerhalb der Regionsgrenzen lebende Erwerbspersonen bindet. Kleine bzw. negative Werte signalisieren hingegen eine externe Orientierung der Arbeitskräfte,

---

[1]) Vgl. J. LANGKAU, P. THELEN und J. VESPER, Regionale Arbeitsmarktbilanzen zur Neuabgrenzung der Fördergebiete in der Bundesrepublik Deutschland, Bonn-Bad Godesberg 1975, S. 46 ff.

[2]) Vgl. J. LANGKAU, P. THELEN und J. VESPER, a.a.O.

die längerfristig als ein Gefährdungselement angesehen werden muß. Insofern bietet sich auch diese Größe als ein Indikator zur Erfassung der Strukturgefährdung an.

Ändert sich dieser Indikator im Zeitablauf, so deutet dies auf eine zunehmende oder abnehmende Arbeitsmarktzentralität hin. Insofern wird im Rahmen der Untersuchung die Relation des die externe (interne) Orientierung der Arbeitskräfte widerspiegelnden Indikators von 1970 zu jenem von 1961 als potentielles Merkmal zur Erfassung der Strukturgefährdung angesehen und in den Katalog der relevanten Merkmale aufgenommen.

Die bisher genannten Größen brachten primär die quantitative Beschäftigungssituation zum Ausdruck. Es fehlen somit noch Variablen, die Tatbestände wie die Einkommenswertigkeit, die Aufstiegschancen, die Krisensicherheit oder die Auswertung des Qualifikationspotentials berücksichtigen. Zu ihrer Kennzeichnung sollen herangezogen werden:

— Bruttolohn- und -gehaltssumme je beschäftigten Arbeitnehmer (1969)
— die mittels der Beschäftigten pro Arbeitsstätte gemessene Betriebsgröße
— der Arbeitnehmeranteil an der Bevölkerung
— das Bruttoinlandsprodukt je Kopf der Wirtschaftsbevölkerung
— der Anteil des Beitrags des warenproduzierenden Sektors zum Bruttoinlandsprodukt am gesamten regionalen Bruttoinlandsprodukt
— der Anteil des Beitrags des Bereichs „übrige Dienstleistungen" zum Bruttoinlandsprodukt am gesamten Bruttoinlandsprodukt
— der Anteil der Beschäftigten im verarbeitenden Gewerbe an der Gesamtzahl der Beschäftigten
— der Industriebesatz und
— die Frauenerwerbsquote (Schätzwert für 1977).

Ein erster wesentlicher Teilaspekt der Einschätzung der qualitativen Arbeitsmarktsituation ist die Einkommenswertigkeit des Arbeitsplatzangebots. Sie läßt sich mittels der Löhne und Gehälter je beschäftigten Arbeitnehmer (Arbeitsstättenzählung 1970) recht gut darstellen. Hierbei ist jedoch zu beachten, daß nur die Wertigkeit des effektiven Arbeitsplatzangebots erfaßt wird, so daß häufig Einzelgebiete, in denen wenige attraktive Arbeitsplätze vorherrschen, aber ein großer Teil der Bevölkerung keine Beschäftigungsmöglichkeit findet, überdurchschnittlich hohe Merkmalsausprägungen besitzen.

Um diese Informationsprobleme, die aus einer divergierenden quantitativen Beschäftigungssituation resultieren, zu eliminieren, wird als ergänzende Größe noch das Bruttoinlandsprodukt je Kopf der Wirtschaftsbevölkerung in die Analyse einbezogen. Bei ähnlicher Altersstruktur und Erwerbsneigung der Bevölkerung wird auf diese Weise die durchschnittliche Leistungsfähigkeit der Wirtschaftsbevölkerung in den einzelnen regionalen Arbeitsmärkten zum Ausdruck gebracht. Nicht beschäftigte Arbeitnehmer werden im Nenner erfaßt und müssen den Durchschnittswert, da sich im Zähler kein von ihnen ausgehender Leistungsbeitrag niederschlägt, drücken.

Neben der Einkommenswertigkeit spielt bei der Einschätzung der regionalen Arbeitsmarktsituation vor allem die Frage nach der Verwertung der Arbeitskraftqualifikation, den betriebsinternen Aufstiegsmöglichkeiten und der konjunkturellen Krisenfestigkeit eine wichtige Rolle. Diese Tatbestände sollen mittels der restlichen Größen annäherungsweise quantifiziert werden.

Die durchschnittliche Betriebsgröße (Beschäftigte in den Arbeitsstätten des Jahres 1970) ist z. B. insofern relevant, als davon ausgegangen werden kann, daß in Großbetrieben eher die Chance des betriebsinternen Aufstiegs gegeben ist als in Klein- und Mittelbetrieben. Dies läßt sich bereits an dem höheren Angestelltenanteil der Großbetriebe nachweisen. Innerhalb der einzelnen Sektoren liegt darüber hinaus das durchschnittliche Einkommensniveau je beschäftigten Arbeitnehmer bei den Großbetrieben über dem Durchschnittsniveau der jeweiligen Branche. Schließlich kann möglicherweise auch unterstellt werden, daß Großbetriebe aufgrund der besseren Liquiditätslage eher in der Lage sind, Arbeitskräfte in Rezessionsphasen zu horten, so daß sie u. U. eine höhere Konjunkturresistenz aufweisen.

Die Frauenerwerbsquote spiegelt nicht nur die unterschiedliche Neigung weiblicher Erwerbstätiger, sich am Erwerbsleben zu beteiligen, wider, sondern auch die Chance dieser Arbeitskraftkategorie, in den Arbeitsmärkten einen Arbeitsplatz zu finden. Bei größeren Abweichungen, insbesondere bei stark unterdurchschnittlichen Merkmalsausprägungen, besteht somit die Vermutung, daß eine einseitige Arbeitsplatzstruktur vorherrscht, die weniger qualifizierte Arbeitskräfte benachteiligt. Indirekt liefert hier auch der Ausländeranteil wichtige Informationen, da davon ausgegangen werden kann, daß diese Arbeitskräfte eine unterdurchschnittliche Ausbildung besitzen.

Die Beschäftigungs- und Verwertungschancen der einzelnen Arbeitskraftkategorien werden auf entscheidende Weise von dem Bedeutungsanteil des verarbeitenden Gewerbes, der Industrie und des Dienstleistungsbereiches bestimmt. Diesem Tatbestand versuchen der Industriebesatz, der Arbeitnehmeranteil an der Bevölkerung, der Anteil der im verarbeitenden Gewerbe Beschäftigten an der Gesamtzahl der Beschäftigten, der Anteil des warenproduzierenden Gewerbes bzw. der Anteil des Bereichs „Übrige Dienstleistungen" am regionalen Bruttoinlandsprodukt Rechnung zu tragen. Indirekt wird damit auch möglicherweise die Konjunktur- oder Strukturkrisenreagibilität erfaßt, da anzunehmen ist, daß ein überproportionaler Anteil des verarbeitenden Gewerbes (u. U. in Verbindung mit über- oder unterdurchschnittlicher Betriebsgrößensituation) die Reagibilität der Arbeitsmarktregionen auf gesamtwirtschaftliche Schwankungen im Auslastungsgrad der Produktionskapazitäten bzw. sektorale Wandlungsprozesse erhöht. Da sich im Sektor „Übrige Dienstleistungen" für die Beschäftigungsentwicklung eventuell bedeutsamere Entwicklungsprozesse abspielen als im Bereich „Handel und Verkehr", dessen Expansionschancen stärker durch den Sekundärbereich determiniert werden, wird dieser Tertiärbereich im Rahmen dieser Untersuchung besonders hervorgehoben.

Es stehen somit zur Beurteilung der quantitativen und qualitativen Versorgung der Bevölkerung mit Beschäftigungsmöglichkeiten insgesamt 14 Variable (vgl. auch Tabelle 2) zur Verfügung, von denen aufgrund der eben vorgetragenen Argumentation angenommen werden kann, daß sie möglicherweise eine Information über das Ausmaß der „Arbeitsmarkt-Strukturgefährdung" zu liefern vermögen. Im folgenden Teil dieser Untersuchung soll nun auf statistische Weise geprüft werden, welche Größen von praktischer Bedeutung sind und wie sich ihre divergierende Information zu einem komplexen Indikator zur Beurteilung der Strukturgefährdung vereinigen läßt.

III. Statistische Analyse des Informationsgehaltes der Beurteilungskriterien

Zur Analyse des Informationsgehaltes der einzelnen eben angeführten Kriterien soll die Faktorenanalyse Anwendung finden[1]). Hierfür sprechen mehrere Gründe:

— Besteht zwischen den einzelnen Beobachtungsmerkmalen ein hohes Ausmaß von Interkorrelation, täuscht die Variablenzahl im Grunde eine Informationsfülle vor, die in Wirklichkeit nicht besteht. Im Extremfall kann es sogar ausreichen, bei praktischen Untersuchungen mit jenem Merkmal zu arbeiten, das die höchste Faktorenladung aufweist.

— Informieren die 14 Variablen über divergierende Tatbestände, so muß sich dies in einer größeren Zahl von Faktoren mit höherem Varianzanteil niederschlagen. Man kann dann versuchen, nach Rotation der Faktorenmatrix einen Interpretationsversuch der einzelnen Variablen vorzunehmen.

— Häufig besitzen die einzelnen Merkmale einen Informationsgehalt bezüglich mehrerer Zielbereiche. Die Faktorenanalyse trägt diesem Tatbestand insofern Rechnung, als sie den einzelnen Größen Gewichte zuordnet, die eine Zusammenfassung zu kardinal meßbaren Größen (Faktoren) gestatten.

Führt man über die 164 regionalen Arbeitsmärkte unter Zugrundelegung der oben genannten Variablen eine Faktorenanalyse durch, so zeigt sich, daß 4 Faktoren rd. 97% der Gesamtvarianz erklären. Nach Rotation der Faktorenmatrix ergibt sich die in Tabelle 4 dargelegte Struktur der Faktorenladungen. Der erklärte Varianzanteil der einzelnen Faktoren beträgt dann:

Faktor 1: rd. 16%
Faktor 2: rd. 22%
Faktor 3: rd. 31%
Faktor 4: rd. 31%

Die höchste Ladung auf den ersten Faktor weist die externe (interne) Orientierung der Arbeitsmarktbevölkerung auf. Da das Vorzeichen negativ ist, bedeutet dies (angesichts der Definition dieser Größe), daß eine zunehmende externe Orientierung einen positiven Beitrag auf die Faktorenwerte leistet. Positiv ist auch der Zusammenhang zwischen Arbeitskraftreserve (und damit potentieller Arbeitslosigkeit) und dem Faktor. Insofern scheint dieser Faktor zunächst einmal quantitative Beschäftigungsprobleme zu verdeutlichen. Hinzu tritt ein negativer Zusammenhang mit dem Arbeitnehmeranteil an der Bevölkerung, der Betriebsgröße, des Bruttoinlandsprodukts je Kopf der Wirtschaftsbevölkerung und der durchschnittlichen Lohn- und Gehaltssumme. Dies deutet darauf hin, daß dieser Faktor möglicherweise eine Strukturgefährdung widerzuspiegeln vermag. Das hohe Gewicht der externen Orientierung der Arbeitsmarktbevölkerung läßt aber vermuten, daß hier auch häufig eine problematische Abgrenzung der Arbeitsmärkte zum Ausdruck kommt.

Es ist zunächst einmal schwierig, die Frage zu beantworten, ob dieser Faktor Elemente der Strukturgefährdung zum Ausdruck bringt. Dies soll in einem späteren analytischen Schritt erfolgen. Bis dahin wird dieser Faktor neutral als externe Arbeitsmarktorientierung bezeichnet.

---

[1]) Auf eine Darstellung dieser inzwischen häufiger angewandten Methode kann hier verzichtet werden. Vgl. z. B. P. KLEMMER, Die Faktorenanalyse als Instrument der empirischen Strukturforschung, in: Methoden der empirischen Regionalforschung, 1. Teil, Hannover 1973, S. 131 ff.

Der Inhalt des Faktors 2 wird hauptsächlich durch die negativen Faktorenladungen der Erwerbsquote bzw. der Frauenerwerbsquote bestimmt. Da gleichzeitig der Arbeitskräftereservekoeffizient ein positives Vorzeichen ausweist, bedeutet dies, daß eine niedrige Erwerbsquote, insbesondere der Frauen, zumeist unfreiwilliger Art ist und möglicherweise eine „versteckte Arbeitslosigkeit" zum Ausdruck bringen kann, die vor allem die weniger Qualifizierten trifft. Daß eine solche Interpretation zutreffend erscheint, kommt auch an der positiven Ladung der durchschnittlichen Entlohnung zum Ausdruck.

Ein Fehlen von Arbeitsplätzen für weibliche Personen oder ausländische Erwerbstätige läßt nämlich häufig allein das überdurchschnittliche Entlohnungsniveau von Facharbeitskräften zur Geltung kommen und erhöht auf diese Weise die Einkommenswertigkeit der vorhandenen Arbeitsplätze. Umgekehrt ist es natürlich auch möglich, daß ein überdurchschnittliches Einkommen des Ehemannes zu einem freiwilligen Ausscheiden der Frauen aus dem Erwerbsleben führt und damit eine „freiwillige" Senkung der Frauenerwerbsquote bewirkt. Es ist darum auch hier äußerst schwierig, zu entscheiden, ob dieser Faktor eine Strukturgefährdung widerspiegelt oder nicht. Eine endgültige Beantwortung dieser Frage soll darum zunächst zurückgestellt werden. Bis dahin wird der Faktor 2 als „Negative Erwerbsbeteiligung der weiblichen Erwerbstätigen" bezeichnet.

Einfacher ist die Interpretation des dritten Faktors. Betrachtet man nämlich die Struktur der Faktorenladungen der Tabelle 4, so kommt vor allem dem warenproduzierenden Gewerbe besondere Bedeutung zu. Interessant ist auch, daß der Tertiärbereich in Gestalt der sog. „Übrigen Dienstleistungen" geradezu im Widerspruch zu der inhaltlichen Ausrichtung dieses Faktors zu stehen scheint. Insofern ist es berechtigt, diesen Faktor als Ausdruck des Bedeutungsanteils gewerblicher Produktion zu interpretieren, was u. U. auch eine gewisse Einseitigkeit des Arbeitsplatzangebots und darum möglicherweise eine gewisse Konjunktur- oder Strukturkrisenempfindlichkeit impliziert.

Eine besondere Aufmerksamkeit ist dem vierten Faktor zuzuwenden. Dies liegt nicht nur daran, daß er mit rd. 31% zu den größten der extrahierten Faktoren zählt, sondern seine Ladungsstruktur am ehesten eine Interpretation im Sinne einer Strukturgefährdung der Arbeitsmarktsituation zuläßt. Eine hohe positive Ladung des Anteils ausländischer Arbeitskräfte in Verbindung mit einer negativen Ladung des Arbeitskraftreservekoeffizienten läßt erkennen, daß hier die quantitative Beschäftigungssituation verdeutlicht wird. Darüber hinaus weist die ausgeprägt positive Ladung der durchschnittlichen Lohn- und Gehaltssumme darauf hin, daß gleichzeitig auch die qualitative Komponente des Arbeitsplatzangebots eine entsprechende Berücksichtigung findet. Gleiches gilt für das Bruttoinlandsprodukt je Kopf der Wirtschaftsbevölkerung bzw. die die Aufstiegschancen zum Ausdruck bringende durchschnittliche Betriebsgröße. Insofern wird vorgeschlagen, diesen Faktor als „Indikator zur Messung der positiven Arbeitsmarktsituation" zu bezeichnen.

IV. Überprüfung des Informationsgehaltes der Faktoren hinsichtlich der Strukturgefährdung des Arbeitsmarktes

Bei der eben vorgenommenen Interpretation der vier Faktoren wurde zumeist die Frage, ob die Faktorenwerte nun auf eine Strukturgefährdung des Arbeitsmarktes hinweisen oder nicht, offen gelassen. Im folgenden Teil wird versucht, diese Fragestellung einigermaßen verbindlich zu beantworten. Als Entscheidungskriterien dienen hierbei die Wanderungsreaktionen der Erwerbspersonen. Es wird somit geprüft, ob über die Merkmalsausprägungen dieser vier Faktoren die Wanderungsvorgänge der Erwerbspersonen statistisch erklärt werden können und welchem Faktor hierbei besondere Bedeutung zukommt. Sollte sich ein solcher statistischer Erklärungszusammenhang ergeben, kann davon ausgegangen werden, daß die Faktoren einen Informationsgehalt in bezug auf das Ausmaß der Arbeitsmarkt-Strukturgefährdung besitzen.

Besondere Aufmerksamkeit wird hierbei dem „Anteil der 15- bis 65jährigen an der Wohnbevölkerung" zugeordnet. Geht man nämlich davon aus, daß die Wanderungsbewegungen eines einzelnen Beobachtungsjahres von vielen Besonderheiten (etwa konjunkturelle Situation) bestimmt werden, vermag dieser Erwerbspersonenanteil an der Wohnbevölkerung u. U. die längerfristige Einschätzung eines Arbeitsmarktes durch das Arbeitskräftepotential zu verdeutlichen. Aus diesem Grunde soll im Rahmen einer multiplen Regressionsanalyse geprüft werden, inwieweit sich dieser Erwerbspersonenanteil über die extrahierten vier Faktoren statistisch erklären läßt.

Die Ergebnisse dieser Analyse sind in Tabelle 3 enthalten. Sie zeigen, daß über die vier Faktoren immerhin rund zwei Drittel der Gesamtvarianz des Erwerbspersonenanteils erklärt werden können. Mit Ausnahme des dritten Faktors, der die Spezialisierung der regionalen Arbeitsmärkte auf die gewerbliche Produktion verdeutlicht, liefern alle unabhängigen Variablen einen statistisch befriedigenden Erklärungsbeitrag. Nimmt man etwa den ersten Faktor, so zeigt er, daß der Erwerbspersonenanteil um so niedriger ist, je mehr sich die Arbeitskräfte eines Arbeitsmarktes bei der Arbeitsplatzsuche nach außen orientieren. Das Vorzeichen des zweiten Faktors entspricht zwar zunächst einmal nicht den Erwartungen, da eine geringe Erwerbsbeteiligung der weiblichen Erwerbspersonen nämlich positiv mit einem hohen Erwerbspersonenanteil korreliert. Ein hoher Beteiligungsanteil weiblicher Erwerbspersonen am Erwerbsleben könnte aber u. U. ein Hinweis auf ein Dominieren eines Arbeitsmarktes für weniger qualifizierte Arbeitskräfte sein und darum einen negativen Qualitätstatbestand zum Ausdruck bringen. Den Erwartungen entspricht aber der Erklärungsbeitrag des vierten Faktors, der bereits als Indikator zur Messung einer positiven Arbeitsmarktsituation interpretiert worden ist.

Als Ergebnis kann somit festgehalten werden, daß alle vier Faktoren, wenn auch mit stark divergierenden Gewichten, eine Information hinsichtlich der Arbeitsmarkt-Strukturgefährdung besitzen. Nimmt man die Regressionskoeffizienten der Tabelle 3, so kann man sie zur Gewichtung der speziellen Informationsgehalte heranziehen und einen komplexen Indikator „Strukturgefährdung" konstruieren, der folgendermaßen definiert ist:

$$\begin{aligned}\text{Strukturgefährdung} = &-0{,}2315 \cdot \text{Faktor 1}\\&+0{,}1534 \cdot \text{Faktor 2}\\&+0{,}0335 \cdot \text{Faktor 3}\\&+0{,}5816 \cdot \text{Faktor 4}\end{aligned}$$

Die Ergebnisse dieser Berechnung sind, der Größe nach geordnet, in Tabelle 4 festgehalten. Entsprechend der Struktur der Regressionskoeffizienten wird das Ausmaß der Strukturgefährdung vor allem durch den Faktor 4 geprägt.

Welches sind nun die strukturgefährdeten ländlichen Arbeitsmärkte? Um auf diese Frage eine befriedigende Antwort zu geben, kann man zunächst das Ergebnis der Tabelle 4 klassifizieren. Eine erste Möglichkeit einer derartigen Klassifikation der 164 regionalen Beobachtungseinheiten bestünde darin, alle Arbeitsmärkte, die unterhalb der ganzen oder halben Standardabweichung aller Merkmalsausprägungen des komplexen Indikators liegen, als sehr strukturgefährdet zu bezeichnen. Eine derartige Lösung des Klassifikationsproblems ist jedoch dann mit Problemen verbunden, wenn keine Normalverteilung vorliegt. Um diese Schwierigkeiten aus dem Wege zu räumen, wird im Rahmen dieser Untersuchung darum eine andere Klassifikation benutzt, der folgende Rechenschritte zugrundeliegen: Ausgehend vom Mittelwert $\bar{x}$ wird die Gesamtzahl der Arbeitsmärkte zunächst in zwei große Gruppen eingeteilt, die je nach Art der Verteilung nicht gleichgewichtig sein müssen. Für jede dieser beiden Teilgruppen wird nochmals der Mittelwert und die Standardabweichung (s_u und s_o) bestimmt. Mit Hilfe des alle Beobachtungseinheiten betreffenden Mittelwertes $\bar{x}$ und der oberen und unteren Standardabweichung (s_o und s_u) kann man nun eine Gruppierung der Beobachtungsmerkmale in fünf Gruppen vornehmen, von denen die beiden oberen und unteren Extrembereiche umfassen. Die Gruppeneinteilung sieht demnach wie folgt aus:

(1) *1. obere Extremgruppe:* Merkmalsausprägungen
 x sind gleich oder größer als $\bar{x} + 1{,}5\, s_o$

(2) *2. obere Extremgruppe:*
 $\bar{x} + 0{,}5\, s_o \leq x < \bar{x} + 1{,}5\, s_o$

(3) *Mittlere Gruppe:*
 $\bar{x} - 0{,}5\, s_u \leq x < \bar{x} + 0{,}5\, s_o$

(4) *1. untere Extremgruppe:*
 $\bar{x} - 1{,}5\, s_u \leq x < \bar{x} - 0{,}5\, s_u$

(5) *2. untere Extremgruppe:* Merkmalsausprägungen
 x sind kleiner als $\bar{x} - 1{,}5\, s_u$

Legt man dieses Verfahren zugrunde, ergeben sich folgende Klassengrenzen:

1. *Sehr günstige Arbeitsmarktsituation:*
 x gleich oder größer als 1,207

2. *Günstige Arbeitsmarktsituation:*
 x gleich oder größer als 0,790 und kleiner als 1,207

3. *Durchschnittliche Arbeitsmarktsituation:*
 x gleich oder größer als —0,616 und kleiner als 0,790

4. *Strukturgefährdete Arbeitsmarktsituation:*
 x gleich oder größer als —0,914 und kleiner als —0,616

5. *Sehr strukturgefährdete Arbeitsmarktsituation:*
 x kleiner als —0,914.

Sehr strukturgefährdet sind somit die regionalen Arbeitsmärkte:

    Cochem-Zell
    Lüchow-Dannenberg
    Daun
    Passau
    Bitburg-Prüm
    Alsfeld-Ziegenhain

Deggendorf
Neumarkt i. d. OPf.
Rothenburg o. d. T.
Cham

Vergleicht man die in der untersten Gefährdungsgruppe liegenden regionalen Arbeitsmärkte mit den Ergebnissen der Tabelle 1, welche den „ländlichen Charakter" der einzelnen räumlichen Beobachtungseinheiten verdeutlicht, so ist zu erkennen, daß alle gefährdeten Gebiete im oberen Drittel der Tabelle 1 aufzufinden sind. Sieht man diese Beobachtungseinheiten als „ländlich" an, so gelangt man zur Feststellung, daß es vor allem die ländlichen Arbeitsmärkte sind, die, gemessen an den hier verwendeten Arbeitsmarktindikatoren und den Wanderungsreaktionen der Erwerbspersonen, als strukturgefährdet bezeichnet werden können.

Akzeptiert man diese Erwerbspersonenreaktionen weiter als relevanten Maßstab zur Festlegung der den einzelnen Arbeitsmarktindikatoren zukommenden Gewichte, — was unter ausgleichspolitischen Überlegungen als einzig sinnvolle Vorgehensweise erscheint —, so wird weiter deutlich, daß angesichts der Faktorenladungen des für die „Strukturgefährdung" besonders wichtigen Faktors 4 die Bruttolohn- und -gehaltssumme je Arbeitnehmer sowie das Bruttoinlandsprodukt je Kopf der Wirtschaftsbevölkerung, die beide tendenziell die Einkommenswertigkeit des Arbeitsplatzangebots zum Ausdruck bringen, einen höheren Aussagewert in bezug auf die Gefährdungssituation besitzen als der Arbeitskraftreservekoeffizient. Nimmt man des weiteren die durchschnittliche Betriebsgröße, welche möglicherweise die Aufstiegschancen bzw. die Qualifikationsverwertung der Arbeitskräfte widerspiegelt, hinzu, so wurden die räumlichen Arbeitsmarktreaktionen der Erwerbspersonen Anfang der siebziger Jahre eher von den qualitativen als von den quantitativen Arbeitsmarktbedingungen beeinflußt. Darüber hinaus wird deutlich, daß in bezug auf die quantitativen Arbeitsmarktbedingungen der Anteil der ausländischen Erwerbstätigen an der Gesamtzahl der Erwerbstätigen u. U. die Ausschöpfung des Erwerbspersonenvolumens besser verdeutlicht als der Arbeitskraftreservekoeffizient.

V. Zusammenfassung

Der vorstehende Beitrag konzentrierte sich vor allem auf die empirische Beantwortung folgender drei Fragen:

1. Welche Arbeitsmarktregionen der Bundesrepublik Deutschland kann man angesichts ihrer geringen Bevölkerungsdichte, der vorherrschenden agrarischen Nutzung des regionalen Produktionspotentials, der unterdurchschnittlichen Größe des Arbeitsmarktzentrums sowie der peripheren Lagesituation als „ländlich" bezeichnen?
2. Welche Indikatoren eignen sich zur Erfassung der „Strukturgefährdung" der regionalen Arbeitsmarktsituation, und welches Gewicht kommt diesen Einzelmerkmalen zu?
3. Welche Arbeitsmarktregionen ländlicher Prägung erwiesen sich anfangs der siebziger Jahre als strukturgefährdet?

Mittels eines aus standardisierten Variablen bestehenden Indikators wurden die Arbeitsmarktregionen der Bundesrepublik Deutschland hinsichtlich ihres ländlichen Charakters gereiht, jedoch auf eine eindeutige Grenzziehung zwischen ländlichen und städtischen Regionen verzichtet. Herausragend ländlichen Charakter (Merkmalsausprägungen oberhalb der Standardabweichung) besitzen vor allem die Beobachtungseinheiten Lüchow-Dannenberg, Meppen, Nordfriesland, Rothenburg o. d. T., Vechta-Diepholz, Wangen und Nördlingen.

Zur Erfassung der Arbeitsmarkt-Strukturgefährdung wurden 14 Merkmale herangezogen, die die quantitative Auslastung des Erwerbspersonenpotentials, die Qualität des Arbeitsplatzangebots sowie Lageaspekte berücksichtigen. Unter dem Aspekt der statistischen Erklärung der Wanderungs- bzw. Erwerbspersonenreaktionen stellte sich heraus, daß Anfang der siebziger Jahre vor allem qualitative Aspekte die Arbeitsmarktgefährdungssituation verdeutlichen. Dies läßt die Schlußfolgerung zu, daß die Arbeitnehmer zu diesem Zeitpunkt eher auf ein interregionales Entlohnungsgefälle als auf räumliche Unterschiede im Arbeitskraftreservekoeffizienten reagierten.

Insofern sollte man der Brottolohn- und -gehaltssumme je beschäftigten Arbeitnehmer bzw. dem Bruttoinlandsprodukt je Kopf der Wirtschaftsbevölkerung einen besonderen Rangwert einräumen. Eine gleichzeitige Verwendung beider Größen erscheint jedoch wenig angebracht, da beide Größen hoch miteinander korrelieren. Da das Bruttoinlandsprodukt zumindest auf Kreisebene stets neu berechnet wird, während für den zuerst genannten Indikator nur problematische Fortschreibungswerte zur Verfügung stehen, sollte man das Bruttoinlandsprodukt je Kopf der Wirtschaftsbevölkerung bevorzugen. Angesichts der Tatsache, daß Wohn- und Wirtschaftsbevölkerung bei richtiger Abgrenzung der regionalen Arbeitsmärkte sich nicht stark unterscheiden dürfen, kann man das Bruttoinlandsprodukt auch auf die Wohnbevölkerung beziehen.

Neben diesem Bruttoinlandsprodukt je Kopf der Wirtschafts- oder Wohnbevölkerung bietet sich als zweitwichtigster Indikator zur Erfassung der Strukturgefährdung der die Auslastung des regionalen Erwerbspersonenpotentials zum Vorschein bringende Arbeitskraftreservekoeffizient an. Da sein Erklärungswert jedoch um die Hälfte unter jenem des erstgenannten Indikators liegt, sollte man ihm eine geringere Gewichtung zuordnen. Der drittwichtigste Indikator ist die Erwerbsquote, die über die Erwerbsbeteiligungschancen der Arbeitswilligen informiert und interessanterweise kaum mit dem Arbeitskraftreservekoeffizienten korreliert. Da die interregionalen Erwerbsquotenunterschiede weitgehend durch die divergierenden Merkmalsausprägungen der Frauenerwerbsquote erklärt werden, sollte man vor allem letztere als Gefährdungsindikator heranziehen. Damit würde zusätzlich ein qualitativer Tatbestand berücksichtigt, der die Arbeitsmarktprobleme einer einseitigen Arbeitsplatzstruktur zum Vorschein bringt. Als viertwichtigster Indikator kann der Anteil des Bruttoinlandsprodukts des warenproduzierenden Gewerbes am Bruttoinlandsprodukt bezeichnet werden, der deutlich macht, daß jene Regionen, die einen unterdurchschnittlichen Dienstleistungsanteil aufweisen, doch durch einen Qualitätsnachteil geprägt werden.

Angesichts dieser Überlegungen erscheinen vor allem die ländlichen Arbeitsmarktregionen Cochem-Zell, Lüchow-Dannenberg, Daun, Passau, Bitburg-Prüm, Alsfeld-Ziegenhain, Deggendorf, Neumarkt i. d. OPf., Rothenburg o. d. T. und Cham im Hinblick auf ihre Arbeitsmarktsituation strukturgefährdet.

Tabelle 1:

Komplexer Indikator „Ländlicher Raum"[1])
Ausprägung in den regionalen Arbeitsmärkten

Lfd. Nr.	Kennung	Regionale Beobachtungseinheit	Ausprägung
1.	21	Lüchow-Dannenberg	1.601
2.	26	Meppen	1.465
3.	2	Nordfriesland	1.357
4.	117	Rothenburg ob der Tauber	1.174
5.	25	Vechta—Diepholz	1.157
6.	160	Wangen	1.146
7.	130	Nördlingen	1.006
8.	153	Mühldorf—Altötting	0.988
9.	136	Passau	0.979
10.	3	Schleswig	0.950
11.	10	Stade—Bremervörde	0.929
12.	75	Alsfeld—Ziegenhain	0.859
13.	20	Uelzen	0.816
14.	4	Heide—Mehldorf	0.811
15.	154	Traunstein—Bad Reichenhall	0.792
16.	103	Bitburg—Prüm	0.765
17.	83	Daun	0.711
18.	159	Lindau	0.699
19.	17	Emden—Leer	0.689
20.	24	Nienburg (Weser)	0.686
21.	27	Lingen—Nordhorn—Rheine	0.670
22.	8	Cuxhaven	0.662
23.	78	Fulda	0.658
24.	138	Landshut	0.636
25.	107	Buchem i. Odenwald	0.620
26.	57	Korbach	0.610
27.	84	Cochem—Zell	0.609
28.	157	Kaufbeuren	0.601
29.	161	Bodensee	0.598
30.	38	Coesfeld	0.596
31.	148	Sigmaringen	0.586
32.	150	Memmingen	0.571
33.	156	Garmisch-Partenkirchen—Schongau—Weilheim	0.569
34.	131	Weißenburg i. Bayern	0.561
35.	19	Soltau	0.553
36.	113	Weiden i. d. O.-Pfalz	0.542
37.	18	Fallingbostel	0.541
38.	7	Itzehoe	0.531
39.	116	Ansbach	0.513
40.	39	Ahaus	0.512
41.	118	Schwäbisch-Hall—Crailsheim	0.494
42.	112	Neumarkt i. d. O.-Pfalz	0.473
43.	89	Bad Neustadt	0.459

Lfd. Nr.	Kennung	Regionale Beobachtungseinheit	Ausprägung
44.	135	Deggendorf	0.454
45.	158	Kempten/Allgäu	0.453
46.	77	Eschwege	0.451
47.	139	Donauwörth	0.449
48.	151	Landsberg a. Lech	0.437
49.	163	Waldshut	0.430
50.	76	Bad Hersfeld—Rotenburg	0.426
51.	121	Landau i. d. Pfalz	0.422
52.	40	Bocholt	0.416
53.	42	Kleve—Emmerich	0.404
54.	134	Cham	0.399
55.	128	Aalen	0.387
56.	149	Biberach	0.378
57.	144	Freudenstadt	0.373
58.	137	Straubing	0.371
59.	53	Holzminden—Höxter	0.366
60.	59	Meschede	0.356
61.	115	Amberg	0.329
62.	108	Tauberkreis	0.329
63.	29	Minden—Lübbecke	0.283
64.	96	Schweinfurt	0.281
65.	145	Mittelbaden	0.280
66.	101	Idar-Oberstein	0.274
67.	14	Unterweser	0.273
68.	155	Rosenheim	0.260
69.	72	Siegen—Hüttental	0.240
70.	147	Schwarzwald—Heuberg—Baar	0.237
71.	88	Gelnhausen—Schlüchtern	0.228
72.	58	Brilon	0.226
73.	50	Soest	0.220
74.	12	Lüneburg	0.199
75.	100	Bad Kreuznach	0.194
76.	92	Marktredwitz—Wunsiedel	0.191
77.	80	Westerwald	0.188
78.	15	Oldenburg	0.176
79.	41	Wesel	0.157
80.	82	Euskirchen—Schleiden	0.137
81.	129	Heidenheim—Dillingen	0.136
82.	90	Coburg	0.128
83.	114	Schwandorf i. Bayern	0.117
84.	23	Celle	0.116
85.	143	Balingen	0.114
86.	60	Arnsberg	0.113
87.	74	Marburg	0.103
88.	51	Lippstadt	0.098
89.	68	Jülich	0.070
90.	164	Hochrhein	0.057
91.	9	Bremerhaven	0.038

Lfd. Nr.	Kennung	Regionale Beobachtungseinheit	Ausprägung
92.	33	Hameln	0.028
93.	86	Limburg	0.025
94.	91	Hof	0.012
95.	127	Schwäbisch-Gmünd	0.006
96.	93	Kulmbach	—0.026
97.	52	Paderborn	—0.049
98.	102	Trier	—0.066
99.	54	Harz	—0.076
100.	1	Flensburg	—0.089
101.	97	Aschaffenburg	—0.094
102.	73	Dillenburg	—0.109
103.	71	Gummersbach	—0.156
104.	69	Düren	—0.167
105.	28	Osnabrück	—0.175
106.	109	Würzburg	—0.187
107.	16	Wilhelmshaven	—0.209
108.	124	Sindelfingen—Böblingen—Calw—Horb	—0.222
109.	132	Ingolstadt	—0.232
110.	141	Ulm	—0.240
111.	95	Bamberg	—0.248
112.	119	Heilbronn	—0.249
113.	34	Detmold—Lemgo	—0.254
114.	133	Regensburg	—0.259
115.	105	Kaiserslautern	—0.273
116.	126	Göppingen	—0.275
117.	36	Rheda—Wiedenbrück—Gütersloh	—0.284
118.	94	Bayreuth	—0.284
119.	13	Bremen	—0.291
120.	55	Göttingen	—0.302
121.	146	Freiburg	—0.305
122.	162	Konstanz	—0.343
123.	110	Erlangen—Forchheim	—0.346
124.	79	Gießen—Wetzlar	—0.363
125.	122	Pirmasens	—0.363
126.	32	Hildesheim	—0.364
127.	22	Wolfsburg	—0.367
128.	85	Koblenz	—0.376
129.	56	Kassel	—0.377
130.	37	Münster	—0.395
131.	142	Tübingen—Reutlingen	—0.399
132.	5	Kiel—Neumünster	—0.427
133.	49	Hamm—Beckum	—0.476
134.	140	Augsburg	—0.490
135.	6	Lübeck	—0.524
136.	98	Darmstadt	—0.546
137.	62	Lüdenscheid	—0.577
138.	99	Wiesbaden—Mainz	—0.619
139.	104	Saarbrücken	—0.626

Lfd. Nr.	Kennung	Regionale Beobachtungseinheit	Ausprägung
140.	61	Iserlohn	—0.637
141.	123	Pforzheim	—0.647
142.	46	Recklinghausen	—0.670
143.	81	Bonn	—0.690
144.	43	Krefeld	—0.695
145.	120	Karlsruhe—Baden-Baden	—0.700
146.	35	Bielefeld	—0.706
147.	31	Braunschweig—Salzgitter	—0.707
148.	67	Aachen	—0.716
149.	66	Mönchengladbach—Rheydt	—0.842
150.	106	Ludwigshav.—Mannheim—Heidelberg (Rh.-Neck.)	—0.862
151.	111	Nürnberg—Fürth	—0.933
152.	30	Hannover	—1.051
153.	64	Hagen	—1.080
154.	125	Stuttgart	—1.346
155.	87	Frankfurt	—1.378
156.	48	Dortmund	—1.440
157.	44	Duisburg	—1.550
158.	65	Düsseldorf—Neuss—Solingen	—1.709
159.	70	Köln—Leverkusen	—1.858
160.	152	München	—1.870
161.	63	Wuppertal	—2.326
162.	47	Bochum	—2.468
163.	11	Hamburg	—2.532
164.	45	Essen	—3.063

[1]) Der komplexe Indikator „Ländlicher Raum" besteht aus folgenden Variablen:
Einwohner je km^2
Anteil des Bruttoinlandprodukts der Land- und Forstwirtschaft am regionalen Bruttoinlandprodukt
Einwohnerzahl der größten Gemeinde des zugehörigen Arbeitsmarktes
Straßenkilometerentfernung vom Arbeitsmarktzentrum zu einem benachbarten Zentrum mit mehr als 60 000 Einwohner

Alle Variablen haben gleiches Gewicht und wurden vor der Addition standardisiert. Die erste und dritte Variable wurde zuvor invertiert, um eine Homogenisierung des Informationsgehalts zu erreichen.

Tabelle 2: *Faktorenanalyse der Zielindikatoren über 164 regionale Arbeitsmärkte 1970*
— *Struktur der Faktorenladungen der rotierten Faktorenmatrix* —

Lfd. Nr.	Zielindikator	Faktoren:			
		1	2	3	4
1	Erwerbsquote	−0,0510	−0,9533	0,1347	−0,0830
2	Arbeitskraftreservekoeffizient	0,6381	0,3254	0,0897	−0,3849
3	Anteil ausl. Erwerbstätiger an den Gesamterwerbstätigen	−0,1561	−0,1471	0,2891	0,7496
4	Externe Orientierung der Arbeitsmarktbevölkerung	−0,7440	0,0339	0,0996	0,2648
5	Veränderung d. extern. Orient. der Arbeitsmarktbevölkerung	−0,0417	−0,0017	−0,1870	−0,0930
6	Bruttolohn- und -gehaltssumme je Arbeitnehmer	−0,2310	0,4243	0,0765	0,8261
7	Betriebsgröße (Besch. je Arbeitsstätte)	−0,4114	0,3339	0,3186	0,6600
8	Arbeitnehmeranteil an der Bevölkerung	−0,5573	−0,0544	0,3004	0,6993
9	Bruttoinlandsprodukt je Kopf der Wirtschaftsbevölkerung	−0,2765	0,0445	0,2687	0,7439
10	Anteil des BIP des warenprod. Gewerbes a. BIP	−0,0932	−0,0504	0,9137	0,2437
11	Beschäftigte im verarbeitendem Gewerbe bez. auf Besch.	−0,0688	−0,3120	0,8538	0,1826
12	Industriebesatz	−0,3139	−0,0633	0,7655	0,5000
13	Anteil des BIP Übrige Dienstleistungen am BIP	0,0922	0,0467	−0,8366	0,0006
14	Frauenerwerbsquote	−0,0722	−0,9513	0,1604	−0,0647

Tabelle 3:

Regressionsanalyse über 4 Faktoren als Determinanten des Anteils der Erwerbspersonen in den Arbeitsmärkten

Unabhängige Variablen Faktoren	RegressKoeff.	T-Wert	Part. Korr.	Irrtums-W. (2 seitig)	Mult. Korr.	Korr. mit Y
1	— 0.63902	— 5.543	—0.4024	0.0	0.1617	—0.3610
2	0.42342	4.215	0.3171	0.0000	0.0578	0.2086
3	0.09246	0.912	0.0721	0.3631	0.0357	0.0638
4	1.60566	15.047	0.7665	0.0	0.1642	0.7504
Const.	61.90723	629.736				

Zahl der Beobachtungen	164	
Totale Quadratsumme	6.29279E+05	
Fehlerquadratsumme	2.52003E+02	164 F. G.
Mittlerer quadratischer Fehler	1.58493E+00	159 F. G.
Mittelwert der abhängigen Variablen	6.19072E+01	
Standardabw. des Mittelwerts	1.67323E—01	
Multiple Korrelation	0.81442	
Quadrat der multiplen Korrelation	0.66328	$F(4, 159) = 78.302$. Irrt.-W. $= 0.0$
Quadratsumme Fehler + Differenz, Kontrollsumme	2.52003E+02	

Test der Residuen auf Normalverteilung
Testgröße aus 3. Moment = — 7.279
Testgröße aus 4. Moment = 15.602

Tabelle 4:

Lfd. Nr.	Kennung	Regionale Beobachtungseinheit	Ausprägung
		Gewichteter Indikator zur Messung der Arbeitsmarktstrukturgefährdung[1]	
1.	87	Frankfurt	1.884
2.	70	Köln—Leverkusen	1.765
3.	65	Düsseldorf—Neuss—Solingen	1.647
4.	125	Stuttgart	1.467
5.	11	Hamburg	1.326
6.	152	München	1.217
7.	63	Wuppertal	1.159
8.	81	Bonn	1.079
9.	30	Hannover	1.062
10.	64	Hagen	1.022
11.	22	Wolfsburg	0.984
12.	99	Wiesbaden—Mainz	0.967
13.	106	Ludwigshav.—Mannheim—Heidelberg (Rh.-Neck.)	0.955
14.	123	Pforzheim	0.942
15.	47	Bochum	0.909
16.	44	Duisburg	0.900
17.	62	Lüdenscheid	0.836
18.	111	Nürnberg—Fürth	0.798
19.	98	Darmstadt	0.773
20.	43	Dortmund	0.769
21.	45	Essen	0.768
22.	120	Karlsruhe—Baden-Baden	0.749
23.	124	Sindelfingen—Böblingen—Calw—Horb	0.733
24.	13	Bremen	0.725
25.	36	Rheda—Wiedenbrück—Gütersloh	0.694
26.	142	Tübingen—Reutlingen	0.689
27.	61	Iserlohn	0.681
28.	37	Münster	0.665
29.	126	Göppingen	0.656
30.	35	Bielefeld	0.651
31.	43	Krefeld	0.624
32.	31	Braunschweig—Salzgitter	0.594
33.	162	Konstanz	0.586
34.	161	Bodensee	0.567
35.	68	Jülich	0.562
36.	71	Gummersbach	0.493
37.	66	Mönchengladbach—Rheydt	0.483
38.	51	Lippstadt	0.462
39.	49	Hamm—Beckum	0.451
40.	164	Hochrhein	0.449
41.	141	Ulm	0.443
42.	146	Freiburg	0.442
43.	119	Heilbronn	0.382
44.	73	Dillenburg	0.381
45.	41	Wesel	0.381

Lfd. Nr.	Kennung	Regionale Beobachtungseinheit	Ausprägung
46.	5	Kiel—Neumünster	0.366
47.	127	Schwäbisch-Gmünd	0.359
48.	104	Saarbrücken	0.345
49.	140	Augsburg	0.344
50.	147	Schwarzwald—Heuberg—Baar	0.332
51.	67	Aachen	0.309
52.	60	Arnsberg	0.300
53.	46	Recklinghausen	0.288
54.	6	Lübeck	0.277
55.	56	Kassel	0.256
56.	72	Siegen—Hüttental	0.246
57.	69	Düren	0.228
58.	33	Hameln	0.224
59.	110	Erlangen—Forchheim	0.223
60.	129	Heidenheim—Dillingen	0.222
61.	128	Aalen	0.209
62.	9	Bremerhaven	0.205
63.	143	Balingen	0.203
64.	79	Gießen—Wetzlar	0.190
65.	1	Flensburg	0.160
66.	97	Aschaffenburg	0.153
67.	52	Paderborn	0.081
68.	158	Kempten/Allgäu	0.056
69.	28	Osnabrück	0.049
70.	145	Mittelbaden	0.026
71.	85	Koblenz	0.024
72.	32	Hildesheim	0.021
73.	159	Lindau	0.010
74.	74	Harburg	—0.037
75.	132	Ingolstadt	—0.047
76.	40	Bocholt	—0.075
77.	29	Minden—Lübbecke	—0.076
78.	50	Soest	—0.079
79.	109	Würzburg	—0.099
80.	8	Cuxhaven	—0.105
81.	42	Kleve—Emmerich	—0.107
82.	144	Freudenstadt	—0.113
83.	149	Biberach	—0.121
84.	12	Lüneburg	—0.125
85.	122	Pirmasens	—0.145
86.	91	Hof	—0.153
87.	23	Celle	—0.157
88.	133	Regensburg	—0.160
89.	58	Brilon	—0.176
90.	18	Fallingbostel	—0.189
91.	76	Bad Hersfeld—Rotenburg	—0.207
92.	34	Detmold—Lemgo	—0.211
93.	156	Garmisch-Partenkirchen—Schongau—Weilheim	—0.212

Lfd. Nr.	Kennung	Regionale Beobachtungseinheit	Ausprägung
94.	59	Meschede	—0.214
95.	15	Oldenburg	—0.215
96.	19	Soltau	—0.220
97.	100	Bad Kreuznach	—0.229
98.	16	Wilhelmshaven	—0.231
99.	163	Waldshut	—0.238
100.	96	Schweinfurt	—0.240
101.	86	Limburg	—0.248
102.	160	Wangen	—0.265
103.	154	Traunstein—Bad Reichenhall	—0.266
104.	54	Harz	—0.272
105.	155	Rosenheim	—0.272
106.	94	Bayreuth	—0.274
107.	7	Itzehoe	—0.278
108.	55	Göttingen	—0.303
109.	105	Kaiserslautern	—0.320
110.	95	Bamberg	—0.334
111.	14	Unterweser	—0.369
112.	57	Korbach	—0.374
113.	148	Sigmaringen	—0.384
114.	108	Tauberkreis	—0.391
115.	24	Nienburg (Weser)	—0.392
116.	3	Schleswig	—0.393
117.	90	Coburg	—0.405
118.	118	Schwäbisch-Hall—Crailsheim	—0.417
119.	102	Trier	—0.421
120.	115	Amberg	—0.424
121.	150	Memmingen	—0.448
122.	78	Fulda	—0.469
123.	17	Emden—Leer	—0.470
124.	53	Holzminden—Höxter	—0.472
125.	157	Kaufbeuren	—0.473
126.	27	Lingen—Nordhorn—Rheine	—0.476
127.	39	Ahaus	—0.478
128.	77	Eschwege	—0.485
129.	2	Nordfriesland	—0.493
130.	93	Kulmbach	—0.495
131.	26	Meppen	—0.497
132.	139	Donauwörth	—0.508
133.	38	Coesfeld	—0.512
134.	82	Euskirchen—Schleiden	—0.530
135.	25	Vechta—Diepholz	—0.560
136.	121	Landau i. d. Pfalz	—0.572
137.	20	Uelzen	—0.575
138.	101	Idar-Oberstein	—0.583
139.	151	Landsberg a. Lech	—0.599
140.	92	Marktredwitz—Wunsiedel	—0.604
141.	131	Weißenburg i. Bayern	—0.623

Lfd. Nr.	Kennung	Regionale Beobachtungseinheit	Ausprägung
142.	4	Heide—Meldorf	—0.658
143.	10	Stade—Bremervörde	—0.663
144.	153	Mühldorf—Altötting	—0.694
145.	114	Schwandorf i. Bayern	—0.699
146.	113	Weiden i. d. O.-Pfalz	—0.713
147.	89	Bad Neustadt	—0.744
148.	107	Buchem i. Odenwald	—0.744
149.	138	Landshut	—0.831
150.	116	Ansbach	—0.846
151.	88	Gelnhausen—Schlüchtern	—0.848
152.	80	Westerwald	—0.884
153.	130	Nördlingen	—0.886
154.	137	Straubing	—0.901
155.	84	Cochem—Zell	—0.945
156.	21	Lüchow-Dannenberg	—0.965
157.	83	Daun	—0.969
158.	136	Passau	—0.998
159.	103	Bitburg—Prüm	—1.000
160.	75	Alsfeld—Ziegenhain	—1.000
161.	135	Deggendorf	—1.023
162.	112	Neumarkt i. d. O.-Pfalz	—1.086
163.	117	Rothenburg ob der Tauber	—1.127
164.	134	Cham	—1.347

[1]) Es handelt sich um das gewogene arithmetische Mittel der extrahierten Faktoren.

$g_1 = -0{,}2315$
$g_2 = +0{,}1534$
$g_3 = +0{,}0335$
$g_4 = +0{,}5816$

Die strukturgefährdeten Räume stehen am Ende der Tabelle.

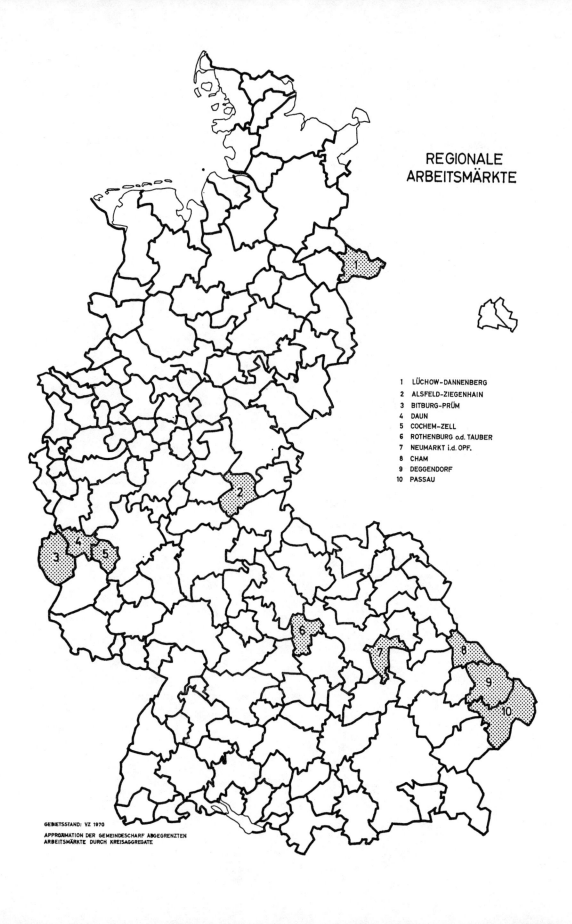

24

Ziele, Maßnahmen, Ergebnisse –
Eine kritische Bewertung

von

Karl-Hermann Hübler, Berlin

INHALT:

I. Einleitung

II. Neue Ziele für strukturgefährdete ländliche Gebiete?

III. Zur Frage der Ursachen der derzeitigen Situation in den zurückgebliebenen und zurückbleibenden Gebieten

IV. Veränderte Konzeptionen sind erforderlich

V. Zusammenfassung

I. Einleitung

Spätestens seit Erlaß des Raumordnungsgesetzes des Bundes (ROG) im Jahre 1965 wurde politisch durch das Parlament die Absicht manifestiert, Interventionen in das marktwirtschaftliche Ordnungssystem zugunsten der Realisierung bestimmter räumlicher und regionaler Zielsetzungen durch den Staat, d. h. durch Bund und Länder und andere Gebietskörperschaften (z. B. die Träger der Regionalplanung), vorzunehmen. Solche Interventionen sind im ROG im Prinzip in zwei Richtungen vorgesehen:

— einmal sollten die Lebensverhältnisse in den hinter der allgemeinen Entwicklung zurückbleibenden Gebieten (§ 2 Abs. 1, Ziff. 3 ROG) an den Bundesdurchschnitt herangeführt werden;

— andererseits waren wachstumshemmende, restriktive Maßnahmen in den Gebieten vorgesehen, die nach dem Gesetz (§ 2 Abs. 2, Ziff. 6) als Gebiete gelten, in denen eine Verdichtung von Wohn- und Arbeitsbedingungen zu unausgewogenen Wirtschafts- und Sozialstrukturen führt.

Zwischen diesen beiden polaren Gebietstypen sind von der Zielsetzung her im ROG schließlich ländliche Gebiete (§ 2 Abs. 2, Ziff. 5) benannt, für die ebenfalls eine ausreichende Bevölkerungsdichte und eine angemessene wirtschaftliche Leistungsfähigkeit sowie ausreichende Erwerbsmöglichkeiten, auch außerhalb der Land- und Forstwirtschaft, gefordert werden.

Versuche, diese 3 Gebietstypen exakt zu bezeichnen (abzugrenzen), sind zwar von Wissenschaft und Praxis vielfach versucht worden[1]), jedoch bisher nur in Ausnahmefällen zur Grundlage von regional differenzierten Maßnahmen des Bundes und der Länder gemacht worden[2]).

Die wissenschaftlichen Begründungen für die mit dem Erlaß des ROG beabsichtigten Interventionen, insbesondere in den Verdichtungsgebieten einerseits und in den zurückgeblieben und zurückbleibenden Gebieten andererseits, sind vor allem durch das Sachverständigengutachten (SARO-Gutachten)[3]) geliefert worden; solche Interventionen wurden mit der Aufgabe der „ausgleichenden Staatsfunktion" begründet. Die im SARO-Gutachten entwickelten Überlegungen sind z. T. schon sehr viel früher angestellt worden, insbesondere im Zusammenhang mit der Lösung des sogenannten Stadt-Land-Konfliktes, der vielfach durch das rasante Wachstum eines Teiles der Städte verursacht wurde[4]).

---

[1]) Vgl. z. B. die Karte „Gebietskategorien in der Bundesrepublik Deutschland — vorläufige Übersicht" im Raumordnungsbericht 1968 der Bundesregierung (Bundestagsdrucksache V/3958), S. 48; eine Interpretation der Zielsetzungen und Motive, die den Bundesgesetzgeber zur Normierung solcher Gebietstypen veranlaßt haben, sind z. B. in den Informationsbriefen zur Raumordnung (herausgegeben vom Bundesminister des Innern im Kohlhammer-Verlag) dargelegt. Vgl. ferner auch den Beitrag von P. KLEMMER in diesem Band.

[2]) Vgl. dazu die Beiträge im Heft 1/1976 der Informationen zur Raumentwicklung (herausgegeben von der Bundesforschungsanstalt für Landeskunde und Raumordnung, Bonn-Bad Godesberg), in denen das Dilemma der Raumordnungspolitik bezüglich der mangelnden Durchsetzungsfähigkeit raumordnerischer Abgrenzungen z. T. offengelegt wird, insbesondere im Beitrag von F. WAGNER: „Zweckmäßig abgegrenzte Räume für die Raumordnungspolitik."

[3]) Die Raumordnung in der Bundesrepublik Deutschland — Gutachten des Sachverständigenausschusses für Raumordnung, Stuttgart 1961.

[4]) E. HOWARD: To-morrow. A Peaceful Path of Real Reform, London, Faber & Faber, 1898, oder G. FEDER: Die neue Stadt, Berlin 1939.

Die mit dem Erlaß des ROG verknüpften Erwartungen über die Möglichkeiten solcher Interventionen haben sich nicht erfüllt. Weder ist es gelungen

- die Entwicklung der Verdichtungsgebiete nachhaltig im Sinne der Zielsetzungen des ROG zu verändern,

- noch sind die bereits bei Erlaß des ROG bekannten Probleme der zurückgebliebenen und zurückbleibenden Gebiete auch nur annähernd gelöst.

Es besteht sogar der Anlaß zu der begründeten Vermutung, daß sich das Ausmaß der Unterschiede zwischen diesen beiden polaren Gebietstypen seit 1965 noch verschärft hat, das Problemlösungspotential also im Sinne der Zielsetzungen des ROG noch vergrößert und nicht verringert wurde.

Für die überlasteten Verdichtungsgebiete sind zwar hin und wieder restriktive Maßnahmen überlegt worden[5]; abgesehen von einer Beschränkung der Zuwanderung von Ausländern, die durch administrative Regelungen 1974 eingeführt wurde, sind solche Restriktionen jedoch nicht durchgeführt worden. Die Ursachen für den Nicht-Vollzug des ROG können an dieser Stelle nicht weiter erörtert werden. Eine Dringlichkeit dieser Aufgabe ist auch derzeit für die Verdichtungsräume deswegen nicht geboten, weil in der Mehrzahl der Verdichtungsräume bereits seit Anfang der siebziger Jahre kaum noch Bevölkerungs- und Arbeitsplatzwachstum zu verzeichnen ist und in absehbarer Zeit ein solches auch nicht zu erwarten ist[6].

Einige dieser Verdichtungsräume, insbesondere die an der sogenannten Rheinschiene gelegenen, werden auch in Zukunft noch weiteres Wachstum an Bevölkerung und Arbeitsplätzen zu erwarten haben. Für diese ist die Aufgabe der Steuerung und Beschränkung des Wachstums auch derzeit noch aktuell. Jedoch zeichnet sich im politischen Bereich an keiner Stelle die ernsthafte Absicht ab, solche Restriktionen einzuführen[7].

Anders ist die Situation für jene Räume zu bezeichnen, die als wirtschaftlich zurückgebliebene Gebiete zu bezeichnen sind. Hier setzten bereits bei Anfang der fünfziger Jahre regional gezielte staatliche Aktivitäten von Bund und Ländern ein, um den wirtschaftlichen Entwicklungsstandard dieser Gebiete zu verbessern. Zu erwähnen sind die seit 1949/50 vom Bund durchgeführten Maßnahmen der regionalen Wirtschaftsförderung zur Behebung des Notstandes und der Arbeitslosigkeit in den wirtschaftsschwachen Räumen (z. B. Wilhelmshaven). Später wurden durch verstärkte sektorale Förderung der Landwirtschaft (z. B. Landwirtschaftsgesetz, 1956) und der landwirtschaftsnahen Infrastruktur (Flurbereinigung, Aussiedlungen, Wegebau, landwirtschaftlicher Wasserbau etc.), der Verkehrsinfrastruktur und im Bildungsbereich regionale Prioritäten zur Verbesserung der ökonomischen Situation in diesen Räumen von Bund und Ländern gesetzt.

---

[5] Antwort der Bundesregierung auf eine Große Anfrage der Fraktion der CDU/CSU (vom 19. 7. 1972), Bundestagsdrucksache VI 3808 vom 20. 9. 1972.

[6] Raumordnungsprognose 1990, veröffentlicht in den Informationen zur Raumentwicklung 1976, Bonn-Bad Godesberg.

[7] Im Vordergrund der derzeitigen politischen Diskussion über die Entwicklung der Verdichtungsräume steht das Phänomen einer Entleerung der Innenstädte (und die oft festzustellende Verschlechterung der Wohnumwelt dort) und die relativ ungeordnete Entwicklung des Umlandes (Stuttgart, Köln u. a.).

In den 3 Bänden der Akademie für Raumforschung „Die Zukunft des ländlichen Raumes"[8]) sind die wesentlichen Zielsetzungen, wissenschaftliche Erklärungen für die relative Wirtschaftsschwäche, für die einzusetzenden Instrumente und Maßnahmen und auch die voraussichtlichen Entwicklungstendenzen dargestellt.

Es erscheint jedoch erforderlich, darüber nachzudenken, ob die dort erzielten Forschungsergebnisse, insbesondere die, die Konzepte für die Zukunft enthalten, noch unverändert Gültigkeit haben können. Gegenüber diesen Ergebnissen erscheinen nach dem heutigen Erkenntnisstand folgende Veränderungen neue gedankliche Ansätze zu erfordern:

1. Sowohl in der Wissenschaft als auch in der Praxis besteht mittlerweile Einvernehmen darüber, daß es den „ländlichen Raum" in der Bundesrepublik nicht gibt. Schon der Gesetzgeber hat das bei Erlaß des ROG erkannt; es werden dort Grundsätze für ländliche Gebiete normiert und nicht für den ländlichen Raum. In der Vergangenheit ist dies allzuoft übersehen worden; sowohl in der Wissenschaft als auch in der politischen Praxis[9]) wurde allzuoft von dem ländlichen Raum als einem einheitlichen, homogenen problemlösungsbedürftigen Gebietstyp ausgegangen. Dabei wurde häufig übersehen, daß die Ursachen der Probleme in den verschiedenen ländlichen Gebieten sehr unterschiedlich waren und sind und sowohl Zielsetzungen als auch Lösungsmöglichkeiten für die Probleme sehr viel differenzierter notwendig sind. Diese Einsicht gewinnt erst in der letzten Zeit zunehmend an Verbreitung.

2. Alle räumlichen Entwicklungskonzepte für die wirtschaftsschwachen Räume, die Ende der fünfziger, in den sechziger und Anfang der siebziger Jahre vorbereitet und in Form von Gesetzen und Programmen verbindlich, d. h. Zielsetzungen der amtlichen Politik wurden[10]), gehen implizit von Bevölkerungs- und Arbeitswachstum als Grundannahme aus. Sie unterstellen im Regelfall, daß durch planerische Festlegungen und die dann zur Zielerreichung notwendigen staatlichen Maßnahmen, zumeist in Form von incentives, Bevölkerungs- und Arbeitsplatzzuwächse, die zunächst — dem Trend folgend vor allem in Verdichtungsräumen zuwachsen würden — im bestimmten Umfang auf ländliche Gebiete umgelenkt werden können. Anders formuliert: Bevölkerungs- und Arbeitsplätze sollten durch staatliche Anreize in diese wirtschaftsschwachen Gebiete „gelockt", potentiellen Abwanderungstendenzen aus diesen Gebieten durch solche Anreize entgegengewirkt werden. Kennzeichen dieser Politik war und ist im wesentlichen eine finanzielle Anreizpolitik, die auf andere Formen staatlicher Eingriffe weitgehend verzichtet.

Es ging — und geht vielfach noch heute — also nicht darum, vorhandene und gewachsene Strukturen in sich zu verändern, sondern im Regelfall darum, eine räumlich bessere Verteilung der Zuwächse und im Zusammenhang damit Strukturverbesserungen zu erreichen. Das Zentrale-Orte-Konzept des ROG und dessen

---

[8]) Forschungs- und Sitzungsberichte der Akademie für Raumforschung und Landesplanung, Bd. 66 (1971), Bd. 83 (1972) und Bd. 106 (1976).

[9]) So bezeichnet sich noch heute der Bundesminister für Ernährung, Landwirtschaft und Forsten als der für den ländlichen Raum zuständige Minister.

[10]) Zu nennen sind die Maßnahmen der regionalen Wirtschaftsförderung und der Agrarförderung, wie sie z. B. nach den beiden Gemeinschaftsaufgaben nach Art. 91a GG durchgeführt werden, die Verkehrswegeplanungen des Bundes und der Länder sowie die Programme und Pläne der Raumordnung und Landesplanung (Bundesraumordnungsprogramm, Landesentwicklungsprogramme und -pläne, Regionalpläne).

Konkretisierung durch die MKRO[11]), Entwicklungsachsensysteme, Bundesraumordnungsprogramm und alle Landesentwicklungsprogramme und -pläne der Flächenländer aus dieser Zeit, aber auch die Mehrzahl theoretischer Ansätze[12]) gingen davon aus. Nicht die Grundannahmen eines solchen Ansatzes (wie weit ist ein solcher Zuwachs im marktwirtschaftlichen Ordnungssystem überhaupt mit den verfügbaren Instrumenten steuerbar?) wurden erörtert, als die Wirksamkeit solcher Konzepte in der Praxis zu Zweifeln Anlaß gab, sondern vorwiegend instrumentelle Fragen (Größe der zentralen Orte und deren Mindestausstattung, Methoden der Regionalabgrenzung, Verfeinerung der Instrumente in verschiedenen sektoralen Bereichen u. dgl.).

Mindestens seit 1973/74 ist jedoch sowohl den verantwortlichen Politikern als auch Wissenschaftlern, z. T. aber auch den Betroffenen, deutlich geworden, daß wegen der begrenzten oder nicht mehr vorhandenen Zuwächse (Entwicklungspotential) eine Realisierung der o. b. Konzepte in Frage gestellt ist.

Die öffentliche Diskussion wendet sich aber nun nicht der Frage zu, ob wegen dieser veränderten Bedingungen die Grundannahmen solcher Konzepte in Frage gestellt werden müssen. Vielmehr wird derzeit durch einen stufenlosen Anpassungsprozeß der Zielnormen (Maßstabsvergrößerung durch Vergrößerung der Einzugsbereiche, Verringerung der Zentren, Reduzierung der Versorgungsstandards) versucht, Problemlösungen zu finden. Die grundsätzliche Frage, ob unter den derzeit bekannten Bedingungen überhaupt eine bessere räumliche Verteilung von Einwohnern und Arbeitsplätzen durch räumliche Steuerung der Zuwächse mit den Mitteln der Anreizpolitik und einer geänderten regionalen Infrastrukturverteilung noch durchführbar, aber auch zweckmäßig ist, wird nicht gestellt; Antworten werden deshalb auch kaum versucht[13]).

II. Neue Ziele für strukturgefährdete ländliche Gebiete?

Die zunächst global formulierten Ziele des ROG für die zurückgebliebenen oder zurückbleibenden Gebiete (dieser Begriff des ROG soll im folgenden synonym für den Begriff „Strukturgefährdete ländliche Gebiete" verwendet werden) sind seit Erlaß des ROG zunehmend konkretisiert und auch operationalisiert worden. Der Prozeß der Normierung erfolgte vor allem über den Versuch, durch die Erfassung und Konstruktion von gesellschaftlichen (sozialen Indikatoren) diese Ziele transparent und nachvollziehbar zu machen[14]).

---

[11]) Entschließung der Ministerkonferenz für Raumordnung: „Zentrale Orte und ihre Verflechtungsbereiche", abgedruckt im Raumordnungsbericht 1968, a.a.O., S. 149.

[12]) So z. B. das Konzept der ausgeglichenen Funktionsräume (Ausgeglichene Funktionsräume — Grundlagen für eine Regionalpolitik des mittleren Weges — mit Beiträgen von D. MARX, D. STORBECK, F. BUTTLER u. a., Bd. 94 der Forschungs- und Sitzungsberichte der Akademie für Raumforschung und Landesplanung, Hannover 1975) oder das Konzept der regionalen Arbeitsmärkte (P. KLEMMER und D. KRAEMER: Regionale Arbeitsmärkte. In: Beiträge zur Struktur- und Konjunkturforschung, Bd. 1, Bochum 1975).

[13]) K.-H. HÜBLER: Chancen und Gefahren für die Entwicklung des ländlichen Raumes. In: der landkreis, H. 6/1976, S. 187.

[14]) So in: Bundesraumordnungsprogramm (Raumordnungsprogramm für die großräumige Entwicklung des Bundesgebietes — Schriftenreihe des BMBau, 06002, 1975); vgl. dazu auch: „Gesellschaftliche Indikatoren für die Raumordnung". In: Empfehlungen des Beirates für Raumordnung, herausgegeben vom BMBau, 1976, S. 27 ff.

Auch ist der im ROG verwendete Begriff „Lebensbedingungen" im Bundesraumordnungsprogramm und den Landesentwicklungsprogrammen und -plänen erweitert worden im Sinne von Lebensqualität und der Erreichung von gleichwertigen Lebensbedingungen in allen Teilräumen der Bundesrepublik. Diese inhaltliche Erweiterung hatte z. B. zur Folge, daß nicht nur demografische und ökonomisch determinierte Zielwerte in die Programme Aufnahme fanden[15]), sondern auch andere Sachverhalte, mit denen die Lebensbedingungen des Einzelnen in bestimmten Räumen durch Durchschnittswerte für alle (erfaßbaren) Werte dieses jeweiligen Raumes einmal im derzeitigen Zeitpunkt ermittelt (bzw. zum Stichtag der Erhebung) und auch als Ziel normiert wurden. Bei diesen Versuchen sind allerdings mindestens 2 Begrenzungen festzustellen: einmal werden nur solche Sachverhalte erfaßt, die mittelbar oder unmittelbar räumlich determiniert (raumwirksam) sind (neuerdings wird z. B. auch versucht, Umweltstandards und auch siedlungsstrukturelle Sachverhalte zu normieren). Zum andern sind nur jene Tatbestände enthalten, die der Einflußnahme der öffentlichen Hand unterliegen (das bedeutet z. B., daß über Mitentscheidung am Arbeitsplatz oder den Schutz der Intimsphäre, um an die OECD-Indikatoren zu erinnern, keine Festlegungen im Rahmen der Raumordnung erfolgen).

Bei einer Analyse solcherart normierten Zielsetzungen für die zurückgebliebenen oder zurückbleibenden Gebiete — wie auch immer abgegrenzt — ist folgendes festzustellen:

Die Normen für gleichwertige Lebensverhältnisse — die sodann den sogenannten Disparitätenabbau als politisches Ziel implizieren — werden weitgehend von Maßstäben abgeleitet, die in hochentwickelten Verdichtungsräumen (mit überwiegend als städtisch zu bezeichnenden Lebensformen — hohe Einwohnerdichte mit speziellen sich daraus ergebenden Bedürfnissen —) als Ist-Werte gemessen wurden und als Zielwerte auf die zurückgebliebenen Gebiete übertragen werden. Quantifizierte Zielnormen sollten ursprünglich insbesondere für den Querschnittsvergleich von Teilräumen in der Analyse dienen; sie sind derzeit — abgeleitet vielfach aus Spitzenwerten solcher Ist-Werte in bestimmten Gebieten — als Normen verabsolutiert worden. Selbst mit der Einschränkung, daß die Normen nicht überall erreicht werden sollen, sondern nur Mindestwerte (Mindeststandards), bestehen erhebliche Zweifel, ob über ein solches Verfahren der Zielbestimmung langfristige Strategien für die zurückgebliebenen oder zurückbleibenden Gebiete festgelegt werden können.

Die Anwendung eines solchen Zielbestimmungsverfahrens im Wege des Querschnittsvergleichs impliziert Folgendes:

— Zu erwarten ist demnach eine permanente Erhöhung der Standards der Sachverhalte, die unter den Begriff Lebensbedingungen subsumiert werden. Werden die untersten Werte verbessert, erhöht sich der Durchschnittswert in Richtung auf die oberen Werte. Theoretisch könnte man sich in einer unendlich fernen Zeit dann eine Stabilisierung auf höchstem Niveau vorstellen.

---

[15]) Bis Anfang der siebziger Jahre lagen der Mehrzahl von Abgrenzungen und Maßnahmen für bestimmte Gebietstypen im wesentlichen nur die folgenden Daten zugrunde: Bevölkerungsveränderungen (Geburten, Sterbefälle, Wanderungen) und Aussagen zur Wirtschaftsstruktur (durch das Bruttoinlandsprodukt und die Industriedichte sowie oft der Realsteuerkraft).

— Wenn wir uns vergegenwärtigen, daß die Mehrzahl der Sachverhalte, die die Lebensbedingungen ausmachen, heute noch überwiegend vom Einkommen und vom materiellen und personellen Infrastruktur-Angebot her bestimmt wird und die Umweltqualität als operationalisierte Zielnorm[16]) — sieht man von Einzelversuchen ab — noch keine praktische Bedeutung in der räumlichen Planung erlangt hat, so wird deutlich, daß diese Normen überwiegend aus Standards und Erfahrungen in Städten oder urbanisierten Zonen abgeleitet und sodann für alle verbindlich festgelegt werden. Aber Lebensqualität kann in nicht verdichteten Räumen aus der Sicht der Betroffenen andere Zielnormen zum Inhalt haben.

Ein weiteres Kritikargument ist in dem Zusammenhang zu beachten: Der Transfer von in dicht besiedelten Gebieten entwickelten Zielnormen in die zurückgebliebenen Gebiete erscheint auch deswegen bedenklich, weil die Mehrzahl der räumlich relevanten Tatbestände, die durch gesellschaftliche Indikatoren beschrieben und normiert werden, keinesfalls flächenbezogen sind, sondern punkt- oder trassenbezogen. Arbeitsplätze, die meisten Infrastruktureinrichtungen und auch das Durchschnittseinkommen bestimmter gesellschaftlicher Gruppen ist nur willkürlich in einen Flächen- oder Raumbezug zu bringen. Querschnittsvergleiche bei der Mehrzahl der Indikatoren zwischen unterschiedlich strukturierten Gebieten sind jeweils unter diesem Vorbehalt zu sehen.

Zusammenfassend läßt sich demnach die These aufstellen, daß durch die beabsichtigte Realisierung der Forderung nach gleichwertigen Lebensverhältnissen auf dem Wege der Angleichung an den Bundesdurchschnitt eine Automatik entwickelt wird, mit deren Hilfe Zielnormen, die für urbanisierte Zonen durchaus begründet sein können, als Ziele für zurückgebliebene oder zurückbleibende Gebiete definiert werden, die zweifelhaft sein können.

Schon wenn zugegeben ist, daß auch für Verdichtungsräume Vergleiche solcher Art, die dann in der Regel oberhalb des Bundesdurchschnitts liegen, bedenklich erscheinen, weil die Lebensbedingungen oder die Lebensqualität in München durch eine Vielzahl von Faktoren bestimmt werden, die beispielsweise in Köln oder Hamburg einen anderen Stellenwert haben und umgekehrt, um so differenzierter wird dies für ländliche Gebiete. (Eine solchen Vergleich z. B. europaweit zwischen Athen, Frankfurt und London anzustellen, zeigt die Fragwürdigkeit solcher Ansätze deutlicher.)

Zu untersuchen ist deshalb, ob überhaupt eine Notwendigkeit besteht, für ländliche Gebiete oder für die zurückgebliebenen oder zurückbleibenden Gebiete einheitliche Zielnormen zu bestimmen, die dann Handlungsmaximen der räumlichen Entwicklungsplanung des Bundes, der Länder, Regionen (Landkreise) und Kommunen sowie der Fachplanungsträger sind.

Die vorstehenden Ausführungen beziehen sich zunächst auf das Verfahren oder die Methode der Zielnormierung, wie sie derzeit in der Planungspraxis gehandhabt wird. Zu untersuchen sind aber auch die Inhalte der heute von der Planungspraxis gültigen Entwicklungsziele für diese Gebiete.

---

[16]) Zwar wird der Umweltqualität in allen räumlichen Planungen verbal ein hoher Stellenwert beigemessen. Diese Umweltqualität jedoch so zu definieren, daß für sie in gleicher Weise wie z. B. zuviel dem Einkommen oder der Infrastruktur normierte Ziele festgelegt werden konnten, ist bis jetzt nicht gelungen. Die Festlegung von Immissionsgrenzwerten beispielsweise erfaßt nur einen Aspekt der Umwelt. Und die Ermittlung von Freiflächen pro Einwohner sagt noch nichts über deren Qualität, Erreichbarkeit oder Nutzbarkeit. Der Hinweis der Planungspraxis, dies sei vor allem ein Problem fehlender Daten, vernachlässigt die ungelöste Bewertungsproblematik.

Der Grundsatz der Schaffung gleichwertiger Lebensverhältnisse hat z. B. in seiner heutigen allgemein angewendeten Interpretation zu den folgenden Ergebnissen geführt:

— eine Abwanderung von Einwohnern aus den zurückgebliebenen Gebieten wird cum grano salis negativ bewertet;

— das Fehlen oder der unterdurchschnittliche Bestand an außerlandwirtschaftlichen Erwerbsmöglichkeiten (gemessen an Durchschnittswerten) wird ebenfalls generell negativ bewertet;

— die verkehrsmäßige Erschließung (z. B. gemessen an der Straßendichte pro Flächeneinheit) wird mit Normen dichter besiedelter und mit höherer Kommunikationsdichte ausgestatteter Räume verglichen und Defizite dann gleichfalls negativ bewertet.

Diese Beispiele lassen sich beliebig fortsetzen. Die Frage, ob diese zurückgebliebenen oder zurückbleibenden Räume aufgrund ihrer natürlichen und strukturellen Eignung (oder Begabung) und derzeitigen und künftigen Funktion überhaupt in Richtung auf diese Durchschnittswerte entwickelt werden sollten, bleibt weitgehend unbeantwortet.

Die Diskussion über diese Sachverhalte ist bisher vorwiegend unter den Begriffen „gleichwertige Lebensverhältnisse"[17]) und „passive Sanierung"[18]) geführt worden; allerdings bisher weitgehend am Maßstab der bisher abgeleiteten Zielnormen unter der Annahme wirtschaftlichen und demografischen Wachstums. Bemerkenswert erscheint auch, daß neuere Überlegungen zur Veränderung der Situation in bestimmten zurückbleibenden Gebieten nach wie vor von diesen Annahmen ausgehen[19]).

Die Erörterung des derzeit angewendeten Verfahrens der Zielbestimmung und die Interpretation des Ziels „Schaffung gleichwertiger Lebensverhältnisse" läßt Zweifel aufkommen, ob die heute im allgemeinen für die zurückgebliebenen und zurückbleibenden Gebiete normierten Entwicklungs- und Ordnungsziele notwendig und zweckmäßig sind. Auch wird weiter zu überlegen sein, ob diese Ziele überhaupt erreichbar sind.

---

[17]) Vgl. dazu die Beiträge von W. Ernst, D. Marx und K.-H. Hübler u. a., in: „Beiträge zum Konzept der ausgeglichenen Funktionsräume", Materialien zum Siedlungs- und Wohnungswesen und zur Raumplanung, Bd. 15, Münster 1977, sowie den Beitrag von David in diesem Band.

[18]) Zum Begriff „passive Sanierung" vgl. auch eine Empfehlung des Beirates für Raumordnung aus dem Jahre 1969 „Die Entwicklung des ländlichen Raumes", abgedruckt im Raumordnungsbericht 1970 der Bundesregierung, Bundestagsdrucksache VI/1340, S. 155.

[19]) M. Kriszio und I. Windelberg: Arbeitnehmerorientierte Regionalpolitik in Ostfriesland. In: WSI-Mitteilungen, H. 9/1972, S. 580; „Für eine arbeitnehmerorientierte Raumordnungs-, Regional- und Kommunalpolitik". In: Blätter für deutsche und internationale Politik, H. 12/1977, S. 1509; vgl. dazu die Besprechung dieses Beitrages vom Verfasser: in Raumforschung und Raumordnung, H. 1/2, 1978, S. 75.

III. Zur Frage der Ursachen der derzeitigen Situation in den zurückgebliebenen und zurückbleibenden Gebieten

In den Regionalberichten dieses Bandes wird deutlich, daß nach wie vor eine Divergenz zwischen den vorgegebenen Zielen und dem erreichten Entwicklungsstand in den zurückgebliebenen Gebieten vorhanden ist. Für einzelne Teilräume kann sogar die begründete Vermutung geäußert werden, daß sich diese Divergenz seit Erlaß des ROG vergrößert hat[20].

Verschiedene Erklärungen, weshalb Raumordnung, Landes- und Regionalplanung gerade auch für die Gebiete ihre Ziele nicht erreicht haben, sind in der letzten Zeit genannt worden. Einige dieser Erklärungen sollen hier zusammengestellt werden, obgleich nicht verkannt werden darf, daß diese z. T. auf unterschiedlichen Argumentations-Ebenen angesiedelt sind:

1. Als Ursachen für das Nichterreichen der Ziele ist vor allem die sogenannte Tendenzwende (Rückgang der Einwohnerzahlen, Stagnation oder nur geringfügiges wirtschaftliches Wachstum[21]) verantwortlich zu machen.

2. „Die Tatsache, daß die räumlichen Fehlentwicklungen im Grunde Ausdruck der gegebenen Verteilung von gesellschaftlichem Reichtum und wirtschaftlicher Macht sind, besagt aber auch, daß ihnen mit bloßen Bürgerprotesten letztlich ebensowenig beizukommen ist wie mit herkömmlichen Mitteln raumbezogener Politik"[22].

3. Schließlich wird von verschiedenen Wissenschaftlern der Komplex der Politik- und Planungsverflechtung, vor allem in vertikaler Hinsicht, als eine Ursache der geringen Wirksamkeit der Raumordnungspolitik (im Sinne der Zielsetzungen) bezeichnet[23].

4. Weitere Ursachen werden auch in der nicht ausreichenden Eignung der der Raumordnung und Landes- und Regionalplanung derzeit zur Verfügung stehenden Instrumente gesehen[24].

---

[20] In einigen der betroffenen Regionen sind die in Ziff. 2 des Beitrages erwähnten — aus Durchschnittswerten — gebildeten Zielnormen schon verlassen und wesentlich „bescheidenere" Zielsetzungen formuliert worden. Vgl. z. B. INFO der Region Trier, H. 1/1978: „Die Stabilisierung der Bevölkerung auf einem niedrigeren Niveau", die „Stabilisierung" der Arbeitslosenquote bei 6 bis 7% (rd. 50 v. H. über den Landes- und Bundesdurchschnitt) wird bereits als ein Erfolg gewertet. — Vgl. ferner die Forderungen, die G. SEELE zur Entwicklung Ostfrieslands stellt: Anmerkungen zur Strukturpolitik in Ostfriesland. In: Seminarberichte der Gesellschaft für Regionalforschung, vom Februar 1977, veröffentlicht 1978, S. 279. — Eine interessante und von bisherigen Vorstellungen über Funktionen und den relativen Vorteilen ländlicher Gebiete abweichende Einschätzung ist jüngst auch von G. GRUTZPALK dargestellt worden: „Festigung der Wirtschaftsstruktur außerhalb der Verdichtungsgebiete". In: der landkreis, 7/1978, S. 271.

[21] So der Tenor der Antwort der Bundesregierung 1977 (Bundestagsdrucksache 8/275) auf eine Anfrage der Fraktion der CDU/CSU (Bundestagsdrucksache 8/204); ferner der Beirat für Raumordnung in seiner 1976 beschlossenen Empfehlung „Die Gültigkeit der Ziele des Raumordnungsgesetzes und des Raumordnungsprogrammes unter sich ändernden Entwicklungsbedingungen", a.a.O., ferner: die Mehrzahl der Beiträge in der „Stadtbauwelt 57" (vom 31. 3. 78) u. a. von AFHELD, FÜRST, GANSER, REUTER und ROESLER.

[22] Für eine arbeitnehmerorientierte Raumordnungs-, Regional- und Kommunalpolitik, a.a.O.

[23] So insbesondere F. W. SCHARPF und F. SCHNABEL: Durchsetzungsprobleme der Raumordnung im öffentlichen Sektor. In: Informationen zur Raumentwicklung, H. 1/78. In ähnlicher Richtung ist auch die im gleichen Heft von F. WAGENER veröffentlichte Analyse zur Planungsverflechtung zu interpretieren.

5. Eine weitere Ursache für die bisherige Situation wird schließlich in dem hohen Konsensbedarf der Raumordnung, Landes- und Regionalplanung gesehen und die Unmöglichkeit, das große Konfliktpotential, das überwiegend durch die Verfassungsstruktur der Bundesrepublik (Art. 65 GG, vertikale Planungsebenen usw.) begründet ist, zu verringern[25]).

6. F. NASCHOLD[25a]) sieht schließlich die geringe Beteiligung der Raumopfer (dies sind nach seiner Auffassung insbesondere Arbeitnehmer in peripheren Gebieten, handwerkliches und kaufmännisches Kleinbürgertum und die kleinen Einzelkapitalien) in Verbindung mit der geringen politischen Thematisierung der staatlichen Planung als eine wesentliche Ursache der bisherigen Ineffizienz der Raumordnungspolitik.

Eine Reihe weiterer Ursachen werden verschiedentlich genannt, wie z. B. geringe Transparenz und Bürgernähe, zu starke Unterschiede der Methoden der räumlichen Planung in den Ländern.

Generell fällt jedoch auf, daß

— an den festgelegten oder von den gesellschaftlichen Oberzielen abgeleiteten Zielnormen kaum Korrekturen gefordert werden (Ausnahme: Kommission für wirtschaftlichen und sozialen Wandel, a.a.O.) und

— auch an dem Gesamtanspruch der Raumordnung als ressortübergreifende Querschnitts-(Total-)Planung, sieht man von den Hinweisen von F. SCHARPF und F. SCHNABEL ab, und ihrem generellen Selbstverständnis als Zielerreichungsplanung,

keine grundlegende Kritik geübt wird.

Nun gilt es zunächst festzustellen, daß es sich bei der Ursachenbeschreibung oder -erklärung über die geringe Wirkung der Raumordnungspolitik, Landes- und Regionalplanung weitgehend um Hypothesen und nur zum geringen Teil um empirisch abgesicherte Ergebnisse handelt. Die Wirkungsforschung in dem Bereich ist aus verschiedenen Gründen noch nicht in der Lage, solche Belege zu erbringen[26]).

Dessenungeachtet wird sicher kaum bestritten werden können, daß die unter den Ziff. 1 bis 6 genannten Ursachen oder Ursachenbündel insgesamt für die relativ geringe Effizienz der Planungspolitik auch in den zurückgebliebenen und zurückbleibenden Gebieten verantwortlich zu machen sind; allerdings läßt sich der Anteil der einzelnen Ursachen bisher kaum quantifizieren.

---

[24]) So insbesondere im Gutachten der Kommission für wirtschaftlichen und sozialen Wandel: Wirtschaftlicher und sozialer Wandel in der Bundesrepublik Deutschland, veröffentlicht durch den BMA, Bonn, 1976, S. 305 ff; ferner J. SCHULZ zur Wiesch: Regionalplanung ohne Wirkung? In: Archiv für Kommunalwissenschaften, Erster Halbjahresband 1978, Stuttgart; auch: K. GANSER: Raumbedeutsame Instrumente für ein Bundesraumordnungsprogramm. In: Informationen zur Raumentwicklung, H. 1/1978, S. 49.

[25]) So insbesondere SCHARPF — SCHNABEL, a.a.O.; ferner K.-H. HÜBLER: Ein Gesetzesauftrag und seine Problematik. In: Raumordnung auf neuen Wegen? Schriftenreihe der Bundeszentrale für politische Bildung, Bd. 112, Bonn 1975.

[25a]) F. NASCHOLD: Alternative Raumordnungspolitik. In: Informationen zur Raumentwicklung, H. 1/1978, S. 61.

[26]) H. WOLLMANN, G. M. HELLSTERN: Sanierungsmaßnahmen, städtebauliche und stadtstrukturelle Wirkungen (methodische Vorstudie). In: Schriftenreihe des BMBau +2.012, 1977.

Die Raumordnungspolitik selbst hätte theoretisch allerdings ein Instrument, zumindest einen Teil der Ursachen für das Nichterreichen der Ziele offenzulegen. Nach § 4 Abs. 1 ROG hat der für die Raumordnung zuständige Bundesminister die „langfristigen und großräumigen raumbedeutsamen Planungen und Maßnahmen" zusammenfassend darzustellen. Diesem Auftrag ist der zuständige Bundesminister, obwohl das Gesetz nunmehr bereits 13 Jahre in Kraft ist, bisher nicht nachgekommen. Mit dieser Darstellung, sofern sie vorläge, wären sicher geeignete Ansatzpunkte für eine Evaluierung der Raumordnungspolitik und auch der Landes- und Regionalplanung gegeben. Punktuell und eingeschränkt wird jedoch die Erledigung dieses Gesetzesauftrages über eine Regionalisierung (ex post) der raumwirksamen Mittel des Bundes versucht. Auch einige Länder bemühen sich um einen Ausbau dieses Instrumentes, das

— Informationen zur Kontrolle des Einsatzes raumordnungspolitischer Instrumente (insbesondere der Anreize) ergeben soll und

— damit Entscheidungsgrundlagen für den künftigen Einsatz raumwirksamer Mittel[27] (ex ante) liefern soll.

Das Instrument „Regionalisierung raumwirksamer Haushaltsmittel ex post" könnte für die Fragestellung des Arbeitskreises für die zurückgebliebenen und zurückbleibenden Gebiete eine Reihe von wichtigen Antworten liefern, sofern die methodischen Probleme und datenmäßigen Probleme gelöst wären.

Unter der Annahme, daß die in Ziff. 2 dieses Beitrages kritisierten Ziele für diese Gebiete als Entscheidungs- und Planungsgrundlage nach wie vor Bestand haben, wäre zu prüfen,

— ob die Verteilung öffentlicher raumwirksamer Haushaltsmittel zielgemäß oder gesetzeskonform in der Vergangenheit erfolgt ist, d. h. ob den zurückgebliebenen oder zurückbleibenden Gebieten ein überproportionaler Anteil dieser Mittel zugewiesen wurde. Die Beantwortung dieser Frage könnte auch zur Widerlegung oder zur Begründung der öfter vertretenen Behauptung dienen, daß die Entwicklung der Verdichtungsgebiete zu Lasten dieser zurückgebliebenen Gebiete bewußt oder indirekt vom Staat durch die regionale Steuerung des Einsatzes öffentlicher Mittel erfolgt ist;

— welche Instrumente der finanziellen Eingriffe des Staates (Incentives, Infrastrukturvorleistungen) besonders für die zielgerichtete Entwicklung dieser Gebiete geeignet ist: mit welchen Instrumenten könnten bessere Wirkungen im Sinne der Zielerreichung erzielt werden?

Da die Ergebnisse dieser Regionalisierung ex post beim Bund und einigen Ländern nur ausschnitthaft vorliegen, den Arbeiten z. T. unterschiedlich methodische Ansätze und unterschiedliche Erfassungszeiträume sowie unterschiedliche Abgrenzungen von Gebietstypen zugrundeliegen, ist die Beantwortung dieser Fragen derzeit nicht möglich. Dessenungeachtet lassen Einzelergebnisse einige vorsichtige Schlußfolgerungen zu:

---

[27] Zum Sachstand der methodischen Probleme und den seitherigen Ergebnissen der Regionalisierung ex post: vgl. H. 6/1977 der Informationen zur Raumentwicklung; ferner K.-D. HENKE: Methodische Probleme bei der Analyse der regionalen Inzidenz öffentlicher Ausgaben; Bd. 98 der Forschungs- und Sitzungsberichte der Akademie für Raumforschung und Landesplanung, Hannover 1975, S. 27 ff.

Im Bundesraumordnungsprogramm[28]) sind die Ergebnisse einer Regionalisierung der raumwirksamen Bundesmittel für die Haushaltsjahre 1969/70 dargestellt. Zunächst überrascht bei diesen Ergebnissen die fachliche Aufteilung dieser Mittel: die raumwirksamen Haushaltsmittel des Bundes für die Infrastrukturausgaben wiesen ein unverhältnismäßig größeres Volumen als die Ausgaben zur Förderung der Erwerbsstruktur auf.

Die hohen Ausgaben für das Nachrichtenwesen und den Verkehr deuten auf ein hohes Maß an Inflexibilität hinsichtlich geänderter räumlicher Steuerung der Mittel hin:

— lange Planungszeiträume für solche Investitionen;

— eingeschränkte Zugriffsmöglichkeiten der Bundesraumordnung, z. B. auf die Investitionen der Deutschen Bundespost und Bundesbahn (Eigenwirtschaftlichkeit u. a.).

Im Bundesraumordnungsprogramm ist die regionale Verteilung der Gebietseinheiten in 4 Karten dargestellt:

— raumwirksame Mittel insgesamt (pro Einwohner),

— raumwirksame Mittel für die Infrastruktur (absolut),

— raumwirksame Mittel für die Infrastruktur (pro Einwohner),

— raumwirksame Mittel für die Erwerbsstruktur (pro Einwohner).

Eine Interpretation dieser Ergebnisse für die zurückgebliebenen Gebiete für die Jahre 1969/70 läßt die folgenden Feststellungen zu:

1. Bei der regionalen Verteilung der raumwirksamen Mittel insgesamt pro Kopf der Bevölkerung haben 3 vorwiegend schwachstrukturierte Gebietseinheiten (Schleswig, Göttingen und Trier) die höchsten Pro-Kopf-Anteile erhalten; ebenso der Verdichtungsraum München (Olympiadeinvestitionen) einschließlich eines großen Teils des Voralpen- und Alpengebietes und das Saarland.

2. Die niedrigsten Pro-Kopf-Anteile (DM pro Einwohner) wurden für die Gebietseinheiten Münster (mit dem Strukturgebiet Westmünsterland), Westpfalz und Oberschwaben sowie des Verdichtungsraumes Rhein-Ruhr (Essen/Düsseldorf) erhalten.

3. Ein großer Teil der als strukturschwach geltenden peripheren Gebiete wie Mittelholstein, Mittelhessen (einschließlich Rhön und Vogelsberg), Ostbayern und Braunschweig (einschließlich Teile des Harzes) haben pro Kopf der Einwohner überproportional an raumwirksamen Mitteln des Bundes partizipiert.

4. Demnach kann festgestellt werden, daß ein Großteil der schwachstrukturierten Gebiete auch überproportionalen Anteil in den genannten Jahren an Bundesmitteln erhalten hat. Da allerdings bei der Analyse nur die raumwirksamen Mittel des Bundes, nicht aber die Mittel der Länder und Kommunen sowie auch nicht die privaten Investitionen erfaßt sind, lassen die Ergebnisse demzufolge nur bedingte Aufschlüsse über die gesamten staatlichen Aktivitäten zu.

Zusammenfassend läßt sich bei einer Auswertung der vom Bund vorgenommenen Regionalisierung ex post feststellen,

---

[28]) A.a.O.

— daß eine generelle Benachteiligung schwachstrukturierter peripherer Gebiete, aber auch anderer ländlicher Räume im Zeitraum 1969/70 bei der Verteilung raumwirksamer Bundesmittel nicht behauptet werden kann;

— daß jedoch für generelle Aussagen über die Verteilung der Bundesmittel ein 2-Jahres-Zeitraum für eine Bewertung der regionalen Verteilungspolitik nicht hinreichend ist (ein Mindestzeitraum etwa 10—15 Jahre wird erforderlich gehalten);

— daß erst zunächst eine vollständige Regionalisierung aller Haushaltsmittel der öffentlichen Hand (Bund, Länder und Gemeinden) brauchbare Hinweise über die Möglichkeiten staatlicher Einflußnahme auf die räumliche Entwicklung zu geben vermag;

— daß in dem Zusammenhang noch eine Vielzahl von methodischen Problemen, insbesondere die der Zurechnung (pro Kopf- oder Flächenbezug, Zurechnung von Investitionen für Flächen und Trassen (Wasserwirtschaft, Straßen) usw.) zu lösen sind.

Von der Tendenz her werden diese Aussagen auch durch Versuche einzelner Länder bestätigt.

Baden-Württemberg: In einem den Landesentwicklungsbericht[29]) ergänzenden Band sind die Ergebnisse der Regionalisierung ex post für die Jahre 1970 bis 1972 für die Sachbereiche

— Sozialpolitik, einschließlich Wohnungsbau,

— Kulturpolitik,

— Wirtschaftspolitik, einschließlich Landwirtschaft,

— Wasserwirtschaft und

— Verkehrspolitik

gegliedert und für 13 Regionen des Landes dargestellt. Abgesehen von den Verkehrsinvestitionen, den Schulinvestitionen und der Wasserversorgung (Fernwasserversorgung Stuttgart) kann aus den Ergebnissen dieses 3-Jahres-Zeitraumes nicht festgestellt werden, daß die dichter besiedelten Gebiete bei der Verteilung raumwirksamer Mittel einen höheren Anteil an Haushaltsmitteln — bezogen pro Kopf der Einwohner — erhalten hätten. Für die Förderung des gewerblichen Bereichs, dem Wohnungsbau und bestimmte Ausschnitte der Sozialpolitik (soziale Infrastruktur) sind demgegenüber in den genannten Jahren in dünner besiedelten Regionen des Landes überdurchschnittliche Zuweisungen erfolgt.

D. MICHEL kommt für das Haushaltsjahr 1972 für das Land *Nordrhein-Westfalen* zu folgenden Ergebnissen[30]): „Bei zunächst globaler Betrachtung, gemeint ist die Summe von allgemeinen und speziellen Zuweisungen, waren in den Ballungskernen ab 1972 überdurchschnittliche, in den Ballungszonen dagegen für den gesamten Analysezeitraum 1970—1975 unterdurchschnittliche Pro-Kopf-Beträge zu verzeichnen. Für die Verdichtungsgebiete insgesamt (Ballungskerne und Ballungszonen) ergibt dies — in

---

[29]) Informationen im Landesentwicklungsbericht Baden-Württemberg, Stuttgart 1975, S. 101 ff; ferner: K. NAGEL: Begründung raumwirksamer Investitionsausgaben ex post in Baden-Württemberg. In: Informationen zur Raumentwicklung, H. 6/1977.

Relation zur Einwohnerzahl gesehen — einen unter dem Landesdurchschnitt liegenden Anteil an den erfaßten Zweckzuwendungen. Für die Ländlichen Zonen bedeutet dies entsprechend überdurchschnittliche relative Anteilswerte. Allein im Jahre 1972 waren die Pro-Kopf-Beträge der Zweckzuwendungen insgesamt in den Verdichtungsgebieten einerseits und den Ländlichen Zonen andererseits annähernd gleich hoch."

Auch für *Bayern* läßt sich feststellen, daß die schwachstrukturierten Gebiete (z. B. die Regionen Westmittelfranken, Donau-Wald, Landshut, Oberpfalz-Nord und Regensburg) die höchsten Pro-Kopf-Zuweisungen im Zeitraum 1973—1976 erhalten haben[31]). Die drei erstgenannten Regionen weisen — gemessen an der Wirtschaftskraft und der Infrastrukturausstattung — die niedrigsten Werte für den Entwicklungsstand in Bayern auf.

In einer Reihe von Ende der sechziger, Anfang der siebziger Jahre vom Bundesminister des Innern geförderten Beispielsuntersuchungen[32]) ist in ausgewählten Einzelräumen von verschiedenen Gutachtern der Versuch unternommen worden, das Verfahren der regionalen Verteilung raumwirksamer Bundesmittel zu untersuchen. Da diese Untersuchungen jedoch in vorbestimmten — meist sogenannten ländlichen Räumen (Ostwestfalen-Niedersachsen, Ebermannstadt, Osnabrück und Umland) — durchgeführt und andere Zielsetzungen den Untersuchungen zugrunde lagen, sind aus ihnen für die oben genannten Fragestellungen nur bedingte Schlußfolgerungen zu ziehen.

G. MÜLLER und Mitarbeiter haben für den Raum Augsburg u. a. folgendes festgestellt[33]):

„Ins Auge fallende Tatsache ist, daß eine große Anzahl von Gemeinden mit geringen Einwohnerzahlen hohe Pro-Kopf-Ausgaben für raumwirksame Maßnahmen aufbringen. Die höchsten Ausgaben in absoluten Werten scheinen sich jedoch im Bereich der Lechachse anzuordnen."

„Eine ständige Steigerung der Ausgaben pro Einwohner mit der Gemeindegrößenklasse ist nicht bestätigt. Die statistischen Ergebnisse lassen die raumwirksamen Ausgaben der Gemeinden zwischen 3 und 5000 Einwohner als die höchsten ausweisen, dagegen sind die raumwirksamen Pro-Kopf-Ausgaben in den größeren Gemeinden (5 bis 10000 und größer als 10000 Einwohner) beträchtlich geringer. Einer Relativierung dieser Ausgaben nach Gemeindegrößenklassen mit dem Versorgungsgrad an Infrastruktureinrichtungen wäre erforderlich.

---

[30]) D. MICHEL: Zur landesplanerischen Bewertung der Verteilung raumwirksamer Mittel in Nordrhein-Westfalen. In: Informationen zur Raumentwicklung, H. 6/1977.

[31]) Landesentwicklungsprogramm Bayern, Teil D, München, 1974; ferner L. GRIMME: Die Investitionsplanung im Landesentwicklungsprogramm. In: Amtsblatt des Bayerischen Staatsministeriums für Landesentwicklung und Umweltfragen, Nr. 1/2 vom 31. 1. 1975.

[32]) Veröffentlicht wurden G. HENNINGS: Grundlagen und Methoden der Koordination des Einsatzes raumwirksamer Bundesmittel, Beiträge zum Siedlungs-Wohnungswesen und zur Raumplanung, Münster/Westfalen, 1972; G. MÜLLER und Mitarbeiter: Erarbeitung von praktisch anwendbaren Grundlagen und Methoden für die Koordinierung des Einsatzes raumwirksamer Bundesmittel (Raum Ebermannstadt), München, 1970; G. MÜLLER, R. MICHAEL und W. ISTEL: Erarbeitung von praktisch anwendbaren Grundlagen und Methoden für die Koordinierung raumwirksamer Mittel im Raum Augsburg, München, o. J.; A. KÜHN: Erarbeitung von praktisch anwendbaren Grundlagen und Methoden für die Koordinierung des Einsatzes raumwirksamer Bundesmittel in den Landkreisen Osnabrück, Melle, Wittlage, Bersenbrück und der kreisfreien Stadt Osnabrück, Akademie für Raumforschung und Landesplanung, Hannover 1972.

[33]) G. MÜLLER und Mitarbeiter, Augsburg, a.a.O., S. 142 ff. Bei einer Bewertung der Ergebnisse dieser Studie ist allerdings zu bedenken, daß im Gegensatz zu den vorerwähnten Ergebnissen eine andere Ebene (Gemeinde) untersucht wird.

Etwa umgekehrt wie die Gesamtsumme der raumwirksamen Ausgaben pro Einwohner zu den Größenklassen verhalten sich die Ausgaben für Unterhaltung und Bau von Straßen pro Einwohner (als Teil der raumwirksamen Ausgaben). Der kleinsten Gemeindegrößenklasse entsprechen die höchsten Straßenbauausgaben pro Kopf, den beiden größten Klassen die geringsten. Hier liegt mit wachsender Gemeindegrößenklasse eine Degression der Kosten für Straßenbauausgaben vor.

Die Ausgaben für raumwirksame Maßnahmen der Stadt Augsburg im Zeitraum 1967—1970 pro Einwohner 1970 überstiegen mit 834,76 DM/E. die der Gemeindegrößenklasse unter 500 Einwohner nur geringfügig. Die entsprechenden Straßenbaukosten beliefen sich in Augsburg hingegen nur auf 179,51 DM/E. in dem untersuchten Zeitraum."

H. Hunke[34]) hat den Versuch unternommen, eine Analyse der „räumlichen Aktivitäten", insbesondere für den norddeutschen Raum (ohne Schleswig-Holstein), vorzunehmen. Er hat die staatlichen Aktivitäten (Investitionen) in den Bereichen Infrastruktur, Wohnungsbau und Industriepolitik untersucht. Er kommt dabei u. a. zu den folgenden Feststellungen:

„Die staatliche Förderung und private Nachfrage hat sich in der großen Linie auf die Wiederherstellung der alten Ordnung geeignet. Merkwürdig vom heutigen Erkenntnisstand aus ist die Tatsache, daß das Umland der Agglomerationen im Vergleich mit diesem selbst so schlecht weggekommen ist. Ballungsfördernde Tendenzen haben also neben der grundsätzlichen Bevorzugung der Agglomerationen in der Politik des sozialen Wohnungsbaus keine Rolle gespielt.

Man darf an dieser Stelle, wenn auch mit gewissen Einschränkungen, wohl den Schluß wagen, daß die Infrastrukturinvestitionen trotz der späteren Bevorzugung der Nichtballungsgebiete als Komplementärinvestitionen summa summarum einen ähnlichen räumlichen Weg genommen haben wie die des Wohnungsbau. Das würde bedeuten, daß wir über die Investitionen, die zur räumlichen Festlegung von 30 bis 40 Mrd. DM Investitionen führten, und über das Ergebnis ausreichend unterrichtet sind, und der private Wohnungsbau scheint diese Entscheidungen als sinnvoll und richtig befunden zu haben. Das aber würde bedeuten, daß 21,7 Mrd. DM Infrastrukturinvestitionen und 30 Mrd. DM Wohnungsbauinvestitionen langfristig im Prinzip für die überkommene räumliche Ordnung votiert haben."

Auch durch die Nivellierung der Finanzkraft der unterschiedlichen Räume sei — so meint Hunke — der „vorher beachtliche Vorsprung der Ballungsgebiete viel kleiner geworden".

Hunke hat weiter ermittelt, daß von den nach Kriegsende bis 1957 einschließlich neu geschaffenen 305 000 Arbeitsplätzen zunächst jeder zweite und später jeder dritte aus öffentlichen Mitteln vorfinanziert worden ist. Aufgrund der Auswertung anderer Untersuchungen stellt er fest, daß in dieser Zeit rd. 90 v. H. des Industriewachstums an traditionellen Industriestandorten erfolgt ist.

„Auf die Frage, ob die Industriepolitik die leichte Abänderung der Standorte herbeigeführt hat, kann die Untersuchung keine letzte Antwort geben. Die Industriepolitik hat entscheidende Hilfestellung gegeben. Aber es erscheint nicht ausgeschlossen, daß die industrielle Entwicklung auch unbeeinflußt diesen räumlichen Weg eingeschlagen hätte. Jedenfalls ist die Tatsache nicht zu leugnen, daß der Produktivitätsanteil der sogenannten Ballungsräume 1937 60,8% der Summe der nordwestdeutschen Steuermeßbeträge betrug und 1966 60,4%. Mit anderen Worten: Wenn man den Kapitaleinsatz in der Industrieentwicklung zum Beurteilungsmaßstab

---

[34]) H. Hunke: Raumordnungspolitik, Vorstellungen und Wirklichkeit. Abhandlungen der Akademie für Raumforschung und Landesplanung, Bd. 70, Hannover 1974, S. 163 ff.

wählt, schrumpfen die räumlichen Veränderungen in den letzten 40 Jahren auf ein Minimum zusammen. Wenn allerdings der erweiterte Verdichtungsraum Braunschweig-Salzgitter-Wolfsburg auf den Ballungsraum Braunschweig (Stadt und Land) reduziert wird, so daß Salzgitter und Wolfsburg den Nichtballungsgebieten zugerechnet werden, aus denen sie nach 1935 entstanden sind, dann kann man sagen, daß in Niedersachsen-Bremen außerhalb der alten Ballungsgebiete ein neues wirtschaftliches Kraftfeld mit dem doppelten Stellenwert des Ballungsraumes Braunschweig entstanden ist."

Für das Haushaltsjahr 1968 haben R. Timmer und K. Töpfer[35]) den Versuch unternommen, eine Auswahl von raumwirksamen Bundesmitteln in Höhe von rd. 8 Mrd. DM auf die räumlichen Bezugsrahmen der Regierungsbezirke zu regionalisieren. Diese 8 Mrd. DM machten nur rd. 10% des Bundeshaushaltes aus und sie waren zudem ungleichgewichtig auf verschiedene Sachbereiche verteilt. Trotz des lückenhaften Materials ist in der Untersuchung nachgewiesen, daß

— im Bereich Industrie und Handwerk eine negative Korrelation zwischen den regionalen BIP-Werten und den verausgabten Bundesmitteln besteht;

— daß die Verkehrsinvestitionen (Bundesmittel) in den Räumen mit hohen BIP-Werten, hoher Bevölkerungsdichte und großer regionaler Straßendichte relativ am höchsten und in schwachstrukturierten Gebieten am niedrigsten sind;

— daß bei der regionalen Verteilung der Bundesmittel zur Förderung des Wohnungsbaues eine raumordnungspolitische Erklärung auf der Basis der vorliegenden Unterlagen nicht möglich war und

— daß die Ausgaben für den Agrarbereich ebenfalls schwerpunktmäßig in den „schlecht" strukturierten Regionen erfolgt ist.

Insgesamt kommen die Verfasser bei einem Versuch einer Gliederung der Regionen (Regierungsbezirke) nach bestimmten Typen „homogener Ausgabenintensität" über eine inverse Korrelationsmatrix zu dem Ergebnis, daß die wirtschaftlich hochentwickelten Regionen relativ wenig Mittel im Haushaltsjahr 1968 erhalten haben, während Regionen wie Koblenz, Trier, Südbaden, Berlin, Schleswig-Holstein, Osnabrück und Unterfranken einen überproportionalen Anteil der raumwirksamen Mittel erhalten haben.

Eingangs dieses Abschnittes sind 6 mögliche Ursachen genannt worden, die mitverantwortlich für die relative Erfolglosigkeit der Raumordnungspolitik, Landes- und Regionalplanung für die zurückgebliebenen und zurückbleibenden Gebiete zu machen sind (gemessen an den festgelegten Zielen). Eine weitere vermutete Ursache — daß diese Gebiete im Verhältnis zu Verdichtungsgebieten bei der Zuweisung von raumwirksamen Mitteln des Bundes und der Länder benachteiligt worden sind — ist selbst bei vorsichtiger Interpretation der vorliegenden empirischen Untersuchungen nicht zu bestätigen.

Aus diesen Ergebnissen kann ferner die Hypothese abgeleitet werden, daß bei einer noch stärkeren finanziellen Förderung dieser Gebiete (in der bisherigen sektoralen Verteilungsstruktur) durch öffentliche Haushaltsmittel keinerlei Grund zu der Annahme besteht, daß dann eine bessere Zielerreichung im Sinne der festgelegten Ziele (gleich-

---

[35]) R. Timmer und K. Töpfer: „Zur Regionalisierung des Bundeshaushaltes: raumordnungspolitische Bedeutung und empirische Ergebnisse". In: Bd. 98 der Forschungs- und Sitzungsberichte der Akademie für Raumforschung und Landesplanung, Hannover 1975.

wertige Lebensverhältnisse) zu erwarten ist. Diese Hypothese kann teilweise durch jüngste Beobachtungen in der Praxis bestätigt werden: in bestimmten Bereichen der Infrastruktur bestehen in einigen zurückgebliebenen Gebieten bereits Überkapazitäten. Die quantitative und qualitativ gute Ausstattung mit ausgewählten Infrastruktureinrichtungen in diesen Gebieten konnte demnach die Gesamtbedingungen der Lebensverhältnisse im Sinne der bisherigen Normen nicht wesentlich verbessern.

IV. Veränderte Konzeptionen sind erforderlich

Es kann kein Zweifel darüber bestehen, daß neue Konzepte oder Strategien für die räumliche Entwicklungspolitik nicht isoliert für bestimmte ausgewählte Gebiete eingeführt werden können. Dies ergibt sich mindestens schon aus den arbeitsteiligen Verflechtungen eines hochentwickelten Gesellschafts- und Wirtschaftssystems und auch aus den Verflechtungen der staatlichen Eingriffsmechanismen (Planungsverbund, öffentliche Finanzwirtschaft). Dessenungeachtet erscheint es zweckmäßig, exemplarisch am Beispiel dieser Gebiete einige grundsätzliche Überlegungen zum System staatlicher räumlicher Planungen anzustellen.

Veranlassung für diese Überlegungen ist der Tatbestand, daß offensichtlich eine Realisierung der festgelegten Ziele für diese Räume in absehbarer Zeit unter den derzeitigen gesellschaftlichen und ökonomischen Rahmenbedingungen nicht zu erwarten ist.

Zunächst besteht die Alternative, eine geänderte Interpretation der Ziele für diese Gebiete vorzunehmen. Diese Zieländerung wird derzeit im Zusammenhang mit der Fragestellung einer stärkeren funktionsräumlichen Arbeitsteilung und Konzepten über Vorranggebiete erörtert[36]. Diese Überlegungen können an dieser Stelle nicht vertieft werden. Vielmehr sollen einige Hinweise auf eine generelle Änderung derzeitiger Planungsansätze gegeben und sodann Folgerungen für die zurückgebliebenen oder zurückbleibenden Gebiete gezogen werden.

Zu untersuchen ist, *ob überhaupt die Notwendigkeit besteht,* für diese Gebiete *überall gleiche Zielnormen zu bestimmen,* die dann Handlungsmaximen der räumlichen Entwicklungsplanung des Bundes, der Länder, Regionen (Landkreise) und Kommunen sowie der Fachplanungsträger sind. Ausgehend von negativen Erfahrungen in anderen

---

[36]) Vgl. Gutachten der Kommission für wirtschaftlichen und sozialen Wandel, a.a.O., S. 27; ferner: K.-H. HÜBLER: Großräumige Vorranggebiete als Gegenkonzeption zu ausgeglichenen Funktionsräumen, a.a.O., S. 73; K. KUMMER, N. SCHWARZ und H. WEYL: Strukturräumliche Ordnungsvorstellungen des Bundes. In: Schriftenreihe der Kommission für wirtschaftlichen und sozialen Wandel, Bd. 102, Göttingen 1975. — H. LOWINSKI: Probleme der räumlich-funktionalen Arbeitsteilung. In: Funktion und Nutzung des Freiraumes, Materialien zum Siedlungs- und Wohnungswesen und zur Raumplanung, Bd. 3, Münster 1973; vgl. ferner auch den § 22 des Gesetzes zur Landesentwicklung NW vom 19. 3. 1974 (GVBL NW, Jg. 1974, S. 96).

Raumordnungsprogramm für die großräumige Entwicklung des Bundesgebietes, Schriftenreihe BMBau 06.002, 1974, S. 4. Voraussetzungen und Auswirkungen landesplanerischer Funktionszuweisungen mit Beiträgen von E. OTREMBA, H. LOWINSKI, W. DAHLKE, U. BRÖSSE, G. STEFFEN und H.-R. JÜRGING, H. KLAUSCH, A. LEHMANN, V. v. MALCHUS, H. KIEMSTEDT und G. NIEMEYER, Bd. 104 der Forschungs- und Sitzungsberichte der Akademie für Raumforschung und Landesplanung, Hannover 1975; vgl. ferner H. HEYKEN: Probleme einer räumlich-funktionalen Arbeitsteilung, Bd. 1.005 der Schriftenreihe Landes- und Stadtentwicklungsforschung des Landes NRW, Dortmund 1975.

Bereichen, gesellschaftliche Ziele so hinreichend genau zu konkretisieren[37]), daß sie für gesellschaftliche Planungen als operational bezeichnet werden können, muß bezweifelt werden, ob es — auch im Hinblick auf die derzeitige Prognoseunsicherheit — zweckmäßig und sinnvoll ist, allgemeine Ziele für zurückgebliebene oder zurückbleibende Gebiete in der Form zu postulieren, wie es z. B. im ROG, in den Landesplanungsgesetzen, in den Gesetzen für die Gemeinschaftsaufgaben zur Verbesserung der Wirtschaftsstruktur und der Agrarstruktur und des Küstenschutzes in den sechziger Jahren versucht wurde. Die Ziele erfüllen die folgenden Voraussetzungen nicht:

— Es fehlt ein Bezug zum vorhandenen und verfügbaren Potential (finanzielle, materielle und personelle Ressourcen, im BROP z. B. als Entwicklungspotential angesprochen; aber weder quantitativ noch qualitativ definiert). Demzufolge ist es nicht möglich, den Ressourcenbedarf, der zur Zielerreichung erforderlich wäre, hinsichtlich seines zieloptimalen Einsatzes zu ermitteln und zu bewerten.

— Es fehlt eine Orientierung der Planung an den politischen Durchsetzungsmöglichkeiten. Die besten Ziele staatlicher Planung für diese Gebiete nutzen dann nichts, ja sie können schließlich als eine Verhöhnung der Betroffenen bezeichnet werden, wenn weder Parlamente noch Regierungen den ernsthaften Willen zeigen, solche Ziele zu realisieren.

— Es fehlt ein Bezug der Ziele zu den Instrumenten der Realisierung. Die Instrumente der räumlichen Entwicklungsplanung bei Bund und Ländern haben bisher keinen maßgeblichen Beitrag zur Realisierung der festgelegten Ziele leisten können. Dies betrifft auch die raumordnerischen Instrumente wie zentrale Orte, Achsen u. a.; aber auch eine Reihe von Instrumenten der Fachpolitiken.

— Es fehlt eine hinreichende Beteiligung der durch die zukünftige Entwicklung Betroffenen. Das Problem dieser Beteiligung ist derzeit weder auf der regionalen Ebene noch auf der Landes- oder Bundesebene gelöst. Der Kritik-Hinweis, daß raumordnungspolitische Entscheidungen weitab von den Parlamenten getroffen werden und die Verbürokratisierung[38]) gerade der räumlichen Entwicklungsplanung, hat sicher auch im besonderen Maße Konsequenzen für die zurückgebliebenen und zurückbleibenden Gebiete[39]). Die Frage, ob den Zielsetzungen der gleichwertigen Lebensverhältnisse im Sinne seitheriger Definitionen eine Mehrheit der Einwohner in diesen Gebieten zustimmt, wage ich nicht zu beantworten. Es ist jedoch zu vermuten, daß hier das Meinungsspektrum, bedingt auch durch die jeweiligen ökonomischen und gesellschaftlichen Interessen, sehr weit auseinanderliegt.

---

[37]) So ist festzustellen, daß bei Bund und Ländern ursprüngliche Absichten, umfassende Aufgaben- und Ressourcenplanungen durchzuführen, derzeit nicht weiter verfolgt werden. Vgl. dazu z. B. H. Schatz: Politische Planung im Regierungssystem der Bundesrepublik Deutschland, Gutachten für die Kommission für wirtschaftlichen und sozialen Wandel, Bd. 27, Göttingen 1974.

[38]) Für eine arbeitnehmerorientierte Raumordnungs-, Regional- und Kommunalpolitik, a.a.O.

[39]) Durch eine Analyse der wenigen Protokolle über Bundestagssitzungen, die raumordnungspolitische Debatten wiedergeben, kann diese Feststellung bestätigt werden. Oft wurden Randprobleme erörtert; sofern Grundsatzentscheidungen in der Raumordnungspolitik getroffen wurden, ist das Parlament nicht beteiligt gewesen (z. B. BRO-Programm).

Vor dem Hintergrund dieser „Schwachstellen" räumlicher Planung für die zurückgebliebenen und zurückbleibenden Gebiete ist deshalb zu überprüfen, ob seitherige umfassende Planungsansätze (comprehensive planning) zugunsten partieller und sehr viel spezifischer auf den Teilraum abgestellter Planungen verändert werden sollten. Die theoretischen Begründungen für einen solchen partiellen Ansatz sind vor allem von BRAYBROOKE und LINDBLOM[40]) (disjointed incrementalism) entwickelt worden.

Dieser partielle Ansatz wird derzeit vielfach bei regionalen Entwicklungsplänen und Programmen in Ländern der 3. Welt versucht; in der Bundesrepublik sind solche Überlegungen im Zusammenhang mit räumlichen Planungen kaum erörtert und bisher expressis verbis nicht versucht worden. G. KADE und R. HUJER[41]) lehnen zwar diesen Ansatz engagiert mit folgender Begründung ab: „In einer Zeit, in der die Interdependenzen zwischen technisch-ökonomischem Wachstum und gesellschaftlichem Wandel aufgedeckt werden; in einer Zeit, in der die tiefe Kluft zwischen technologischem Entwicklungsstand und der Lösung menschlich-sozialer Probleme sichtbar geworden ist, erscheint eine ‚Planung der kleinen Schritte' geradezu selbstmörderisch." Auch HESSE[42]) kritisiert den konservativen Grundzug dieses Ansatzes.

Die Grundelemente dieser partiellen Planung sind nach MILDNER[43]):

"Prüfung der Planungsvoraussetzungen,
Bestimmung des Planungsrahmens,
Problemanalyse,
Ressourcenanalyse,
Restriktionenanalyse,
Bestimmung konkreter Zielfelder,
Maßnahmenbestimmung,
Projektion und Bewertung der Auswirkungen,
Entscheidung,
Implementation."

Dieser Ansatz kann vereinfacht wie folgt umschrieben werden: *nicht ein umfassendes Zielsystem ist Ausgangspunkt der Planung, sondern von den im jeweiligen Bezugsraum vorhandenen speziellen Problemen aus werden Lösungen entwickelt.* Auf die Verhältnisse der räumlichen Planung in der Bundesrepublik Deutschland übertragen, heißt das, spezielle Problemlösungsstrategien für Engpässe in den Teilräumen zu entwickeln und festzulegen, die sehr viel stärker aus der Sicht des jeweiligen Teilraumes konzipiert sind als Planungen, die von „oben verordneten" Zielen und Wertvorstellungen ausgehen. Es kann hier nicht der Versuch unternommen werden, Vor- und Nachteile dieses Planungsansatzes, der von bisherigen Ansätzen in der Bundesrepublik für Planungen in zurück-

---

[40]) DAVID BRAYBROOKE, CHARLES E. LINDBLOM: A Strategy of Decision — Policy Evaluation as a Social Process, New York 1963. Deutsche Übersetzung: Zur Strategie der unkoordinierten kleinen Schritte. In: Fehl/Fester/Kunert: Planung und Information, Gütersloh 1972, S. 139 ff. Eine gute Übersicht über diesen Ansatz vermittelt auch die Arbeit von ST. MILDNER: Die Problemanalyse im Planungsprozeß — Eine Studie zur Stadtentwicklungsplanung in Ländern der Dritten Welt. In: Schriftenreihe des Institutes für Regionalwissenschaft der Universität Karlsruhe, H. 10, 1976.
[41]) G. KADE und R. HUJER: Planung der kleinen Schritte und Politik des „Status quo". In: Fehl/Fester/Kunert: Planung und Information, a.a.O., S. 173.
[42]) JOACHIM JENS HESSE: Stadtentwicklungsplanung — Zielfindungsprozesse und Zielvorstellungen, Stuttgart, Berlin, Köln, Mainz 1972, S. 32 ff.
[43]) ST. MILDNER, a.a.O., S. 79.

gebliebenen Gebieten abweicht, im Detail darzustellen. Unbestritten ist, daß ein extremer Ansatz dieses Planungstyps bei völliger Vernachlässigung des Zielbezuges sicher zu ähnlichen Mißerfolgen führt wie eine umfassende Zielplanung des derzeit verwendeten Typs bei Vernachlässigung des Problem-, Ressourcen- und Zeitbezuges. Da jedoch bei einem problemorientierten Planungsansatz auch für die zurückgebliebenen und zurückbleibenden Gebiete eine Reihe der Ursachen (vgl. Abschnitt 3 dieses Beitrages), die zur bisherigen Wirkungslosigkeit staatlicher räumlicher Entwicklungsplanung beitragen, beseitigt oder verringert werden könnten, erscheinen weitergehende Überlegungen und die Sammlung von diesbezüglichen Erfahrungen an Beispielen nützlich.

Für die hier zu behandelnden Gebiete könnte ein solcher Ansatz konkret bedeuten:

— Ermittlung der gebietstypischen Probleme (Engpässe), die von den Planungsbetroffenen zu artikulieren sind;

— Ermittlung der erforderlichen Ressourcen, die zur Beseitigung der Engpässe erforderlich sind;

— Gegenüberstellung von Bedarf und Möglichkeiten, diesen Bedarf zu decken (z. B. durch finanzielle Zuwendungen übergeordneter Gebietskörperschaften und dem Einsatz anderer — auch restriktiver — Instrumente);

— Bestimmung von regionsspezifischen Zielen mit Zeitangaben, wann diese Ziele realisiert werden können;

— Maßnahmen- und Instrumenteneinsatz (dies würde insbesondere für sektorale Maßnahmen, über die übergeordnete Körperschaften zu entscheiden haben, einen größeren Gestaltungsraum in der Anwendung auf der regionalen Ebene voraussetzen).

Die Folgen eines solchen Ansatzes könnten u. a. sein:

— differenziertere Entwicklung solcher Gebiete, orientiert an den Interessen der Bewohner;

— größere Flexibilität solcher Planungen;

— eine stärkere Regionalisierung auch des räumlichen Bewußtseins;

— Gegensteuerung gegen allerorts auch in der Planung sichtbare zentralistische Tendenzen;

— realistische Konzepte an Stelle von utopischen Versprechungen;

— möglicherweise (bei Einbau entsprechender Regelungen) sparsamere Verwendung öffentlicher Mittel und Vermeidung von Fehlinvestitionen.

Da die Realisierung eines solchen Konzeptes in der Bundesrepublik eine Reihe von Änderungen in den Rahmenbedingungen zur Voraussetzung hat, werden weitere wissenschaftliche Untersuchungen und die Durchführung von Modellen in der Praxis für nützlich gehalten.

V. Zusammenfassung

In dem Beitrag wird der Versuch unternommen, einige Aspekte der Diskussion über die Entwicklung der strukturgefährdeten ländlichen oder zurückgebliebenen oder zurückbleibenden Gebiete zusammenzustellen. Es wird die Notwendigkeit begründet, Überlegungen über grundsätzliche Veränderungen der Entwicklungskonzepte anzustellen.

Im zweiten Abschnitt erfolgt eine kritische Auseinandersetzung mit der Frage, wie bisher in räumlichen Entwicklungsplanungen Ziele für die gesamten Gebiete normiert wurden.

Sodann wird eine Zusammenstellung einer Auswahl von Ursachen vorgenommen, die für die relative Wirkungslosigkeit räumlicher Entwicklungspläne für die zurückgebliebenen Gebiete verantwortlich sind. Es wird auch geprüft, inwieweit der relative Entwicklungsrückstand dieser Gebiete (gemessen an den Zielnormen) durch eine Vernachlässigung oder Nichtberücksichtigung bei den finanziellen Zuwendungen (raumwirksame Mittel) durch die übergeordneten Gebietskörperschaften bedingt ist. Als Ergebnis dieser Überprüfung wird festgestellt, daß diese Gebiete im Regelfall mindestens vergleichbare, möglicherweise sogar höhere Zuwendungen als Ballungsgebiete zugewiesen bekamen. Es wird die Hypothese vertreten, daß eine weitere Erhöhung dieser Zuwendungen keinesfalls zu einer besseren Zielerreichung in diesen Gebieten führen muß.

Schließlich wird vorgeschlagen, zu prüfen, ob künftig auf umfassende Planungsansätze, wie sie derzeit von der Raumordnung, Landes- und Regionalplanung versucht werden, zugunsten partieller Planungsansätze verzichtet werden kann (problemorientierter Ansätze). Es werden einige Hinweise zu solchen partiellen Ansätzen gegeben und einige mögliche Vorteile für die zurückgebliebenen und zurückbleibenden Gebiete aufgeführt.

Zur Versorgung der Bevölkerung in dünnbesiedelten Gebieten
– Erfahrungen und Erkenntnisse aus dem skandinavischen Raum –

von

Viktor Frhr. von Malchus, Dortmund

INHALT:

I. Zur Entwicklung des Versorgungsniveaus

II. Wissenschaftliche Untersuchungen zur Versorgungsproblematik

III. Spezielle Erkenntnisse über die Nutzung ausgewählter Versorgungseinrichtungen in dünnbesiedelten, abgelegenen Gebieten
    1. Private Einrichtungen
        a) Einzelhandel (Landwarenhandel)
        b) Sonstige private Dienste (Banken, Handwerk, Erholung, Kultur)
    2. Öffentliche Einrichtungen
        a) Schulen (Grundschulen)
        b) Sozial- und Gesundheitsdienste

IV. Zur Planung der Versorgung in dünnbesiedelten ländlichen Räumen
    1. Strategische Überlegungen zum Ausbau der Siedlungsstruktur
        a) Hierarchie der Zentralen Orte
        b) Größe der Zentralen Orte unterster Stufe
    2. Planungsmaßnahmen auf regionaler und kommunaler Ebene
        a) Planung auf regionaler Ebene
        b) Planung auf kommunaler und lokaler Ebene

V. Spezielle Förderungsmaßnahmen zur Verbesserung der Versorgung

VI. Zusammenfassung und Ausblick

I. Zur Entwicklung des Versorgungsniveaus

In den letzten Jahrzehnten ist in den skandinavischen Ländern[1]) wie auch in der Bundesrepublik Deutschland[2]) ein zunehmender *Rückgang des Versorgungsniveaus* der Bevölkerung in dünnbesiedelten ländlichen Räumen, an Wohnplätzen und in den Dörfern festzustellen. Diese Aussage gilt vor allem für die Versorgung der Bevölkerung mit Gütern und Dienstleistungen des täglichen Bedarfs im privaten Bereich und im öffentlichen Bereich. Dies bedeutet, daß u. U. in dünnbesiedelten ländlichen Räumen die Zielsetzung der Raumordnung, wonach der ländliche Raum einer Entwicklung zuzuführen ist „die der freien Entfaltung der Persönlichkeit in der Gemeinschaft am besten dient", nicht mehr gewährleistet und der raumordnerische Grundsatz der Herstellung gleichwertiger Lebensverhältnisse gefährdet ist. In zunehmendem Maße gibt es in Skandinavien ländliche Gegenden ohne Einkaufsmöglichkeiten für Waren des täglichen Bedarfs am Ort[3]). Schüler können nicht mehr am Wohnort die Schule aufsuchen und werden Fahrschüler, z. T. über unzumutbare Entfernungen. Mit der Schule und dem Lehrer verbundene Aktivitäten entfallen. Das Gemeinschaftsleben in den dünnbesiedelten Gebieten erstirbt langsam.

Hauptgrund für die Verschlechterung des Versorgungsniveaus, vor allem in den abgelegenen ländlichen Gebieten, ist die *Abnahme der Bevölkerung,* vor allem durch arbeitsplatzbedingte Abwanderungen und negative Geburtenbilanzen, woraus sich in der Regel eine zunehmende Überalterung der Bevölkerung ergibt. Sinkende Bevölkerungszahlen und abnehmende Zahl der Arbeitsplätze führen zur weiteren Verminderung von Arbeitsplätzen und mangels ausreichender Tragfähigkeit zur Schließung von Versorgungseinrichtungen. Sinkendes Versorgungsniveau beschleunigt wiederum die Abwanderung und hier schließt sich die Argumentationskette der wechselseitigen Motive, Wirkungen und Abhängigkeiten, die für das sinkende Versorgungsniveau kleinerer und größerer Räume ausschlaggebend sind.

In diesem Zusammenhang wird dann häufig von einer *„drohenden Unterversorgung"* gesprochen. Dieser Schluß wird jedoch zumeist zu früh gezogen, weil die Grundversorgung der Bevölkerung auf vielfältige Art und Weise sichergestellt werden kann. Man kann grundsätzlich entweder die Dienstleistungen zum Verbraucher bringen oder den Verbraucher an den Ort transportieren, an dem sich das Dienstleistungsangebot befindet. Die Möglichkeiten dazu sind aber zumeist ökonomisch und rechtlich beschränkt. Zwar ist es richtig, daß häufig mit der Schließung z. B. eines Lebensmittelgeschäftes in vielen ländlichen Gemeinden das Verschwinden des letzten Geschäftes dieser Art am Ort überhaupt verbunden ist, aber das Vorhandensein eines Lebensmittelgeschäftes allein

---

[1]) Vgl. z. B. G. WEISSGLAS: Studies on Service Problems in the Sparsely Populated Areas in Northern Sweden, Geographical Reports 5, Published by The Department of Geography, University of Umeå, Umeå 1975; T. ELDEN: Service og grendemiljø, NIBR arbeidsrapport 2/75, Norsk institutt for by- og regionsforskning, Oslo 1975; O. KERNDAL-HANSEN: Distribution i Glesbygden, en dansk undersøgelse, Institut for Center-Planslægning, Gentofte 1977.

[2]) Vgl. Forschungsstelle für den Handel Berlin (FfH) e. V. (Hrsg.): Die Versorgung mit Lebensmitteln in ländlichen Gebieten der Bundesrepublik Deutschland, als Manuskript vervielfältigt, Berlin 1977.

[3]) Vgl. F. NØHR; J. S. SØRENSEN; B. SVENNINGSEN; O. KERNDAL-HANSEN: Service i tyndt befolkede områder, Byplan 142, 1972, S. 3 f.

charakterisiert die Versorgungssituation der Bevölkerung eines Dorfes oder einer Gemeinde nur sehr unzureichend[4]).

Andere Versorgungsquellen (z. B. Eigenversorgung, Verkaufswagen, Versandhandel), Mobilität der Bevölkerung und Sozialstruktur der Haushalte beeinflussen die Versorgungssituation ebenfalls in sehr großem Ausmaße. Dennoch muß hier bereits hervorgehoben werden, daß mit der Schließung des ländlichen Lebensmittelgeschäftes häufig weitere Wirkungen hinsichtlich der Versorgung der Bevölkerung in kleinen Wohnplätzen und Dörfern verbunden sind. Darauf wird noch ausführlich einzugehen sein.

Vier Faktoren sind es vor allen Dingen, die die Bereitstellung eines befriedigenden Versorgungsangebotes für die Bevölkerung im ländlichen Raum nachhaltig beeinflussen:[5]

— die zumeist sinkenden *Einwohnerzahlen* eines Wohnplatzes, eines Dorfes oder einer Gemeinde durch verminderten Geburtenüberschuß und/oder größere Abwanderungen, die sich auf die Nachfrage und damit auf die Rentabilität privater und öffentlicher Versorgungseinrichtungen im starken Maße auswirkt;

— die abnehmende *Funktionsfähigkeit* und die daraus resultierenden Wandlungen in *der Siedlungsstruktur,* von der ein ausreichendes Angebot an öffentlichen und privaten Infrastruktureinrichtungen in zumutbaren Entfernungen, ein ausreichendes und differenziertes Angebot von Gütern und Dienstleistungen beeinflußt wird;

— die sich ständig verschlechternde *Arbeitsplatzsituation* in der Gemeinde und die Strukturwandlungen in dem sie umgebenden Arbeitsmarkt, für den ein stabiles, qualifiziertes und differenziertes Arbeitsplatzangebot von Bedeutung ist und

— die weitgehend daraus resultierende zurückgehende gemeindeeigene *Finanzkraft der Gemeinden,* die den Handlungsspielraum der Gemeinde hinsichtlich der öffentlichen Versorgungsinfrastruktur erheblich einengen kann.

In diesem Beitrag soll vorwiegend auf die Bedeutung der Einwohnerzahl und auf die der Siedlungsstruktur für die Entwicklung der Versorgungssituation eingegangen werden. Es ist auf der Grundlage skandinavischer Erfahrungen u. a. zu prüfen, ob es eine „Mindesteinwohnerzahl" für Wohnplätze gibt, ab wann die Rentabilität privater Versorgungseinrichtungen gefährdet ist und unter welchen Bedingungen öffentliche Versorgungseinrichtungen noch funktionsfähig gehalten werden können. Auch ist die Frage zu stellen, ob es Bedingungen gibt, unter denen eine sogenannte „passive Sanierung" empfohlen werden soll oder ob und welche aktiven Förderungsmöglichkeiten angewandt werden können.

Zu diesem Problemkreis liegen eine Vielzahl von Untersuchungen aus dem skandinavischen Bereich vor, weil dort die Fragen der Versorgung der Bevölkerung mit Gütern und Dienstleistungen in dünnbesiedelten Gebieten bereits seit Jahrzehnten eine beson-

---

[4]) Vgl. V. VANDBERG: Servicetilbud i spredtbygde områder, hrsg. vom Norsk institutt for by- og region forskning, Manuskriptdruck, Jan. 1977, S. 1; Forschungsstelle für den Handel Berlin (Hrsg): Die Versorgung mit Lebensmitteln in ländlichen Gebieten der Bundesrepublik Deutschland, a.a.O., S. 1.

[5]) Vgl. F. NØHR u. a.: Service i tyndt befolkede områder, a.a.O., S. 3—4; V. VANBERG: Servicetilbud i spredtbygede områder, a.a.O., S. 1; D. PARTZSCH: Artikel „Wohlstandsmerkmale — Notstandsmerkmale", Handwörterbuch der Raumforschung und Raumordnung, Bd. III, hrsg. von der Akademie für Raumforschung und Landesplanung, Zweite Auflage, Hannover 1970, Sp. 3814.

dere Rolle spielt und durch den Rückgang der Bevölkerung in vielen Räumen — in den dünnbesiedelten 6 nördlichsten Provinzen Schwedens von 1950 bis 1965 z. B. um rund 28,6 % — ganz besondere Aktualität erlangt hat.

Sicherlich lassen sich die Verhältnisse in der Bundesrepublik Deutschland wegen der andersartigen Ausgangssituation nicht mit denen in dünnbesiedelten Gebieten Skandinaviens direkt vergleichen. Die Bevölkerungsdichte in der Bundesrepublik ist auch in den strukturschwachen ländlichen Gebieten noch bedeutend höher als in den entsprechenden skandinavischen Räumen. Aber doch gibt es auch in Skandinavien Siedlungen, die in ihrer Größe heute und morgen von der Lage und Ausstattung her mit kleinen Orten und Wohnplätzen in den strukturschwachen Gebieten in unserem Lande verglichen werden können. Auch in der Bundesrepublik Deutschland wird es Räume geben, die in nicht allzu ferner Zukunft — insbesondere wegen ihrer arbeitsmarktpolitischen Bedingungen — in verstärkten Abwanderungssog gelangen.

Verschärft wird die Problematik derzeit durch die Tatsache, daß der Rückgang des Versorgungsniveaus in einigen, vor allem abgelegenen ländlichen Gebieten, wie z. B. in der Bundesrepublik Deutschland in Teilen der Regierungsbezirke Kassel, Lüneburg, Mittelfranken, Oberfranken, Oberpfalz, Osnabrück und Trier, im Norden und in abgelegenen Fjordlandschaften Norwegens, vor allem in den ländlichen und in den nördlichen Gebieten Schwedens und z. B. im Ringkøbing Amt an der Westküste Jütlands, sich in einer Zeit besonders bemerkbar macht, in der das Versorgungsniveau der Bevölkerung mit privaten und öffentlichen Gütern und mit Dienstleistungen in den europäischen Ländern einen bisher nicht dagewesenen Stand erreicht hat.

Im Gegensatz zu Norwegen und Schweden hat in einigen dünnbesiedelten Teilen Dänemarks eine etwas andere Entwicklung stattgefunden. So ist z. B. im Amt Vejle eine Untersuchung für den Zeitraum 1970 bis 1975 durchgeführt worden, die zeigt, daß im Zusammenhang mit der allgemeinen Abwanderungstendenz aus der København Region und den großen Provinzstädten, die kleineren Mittelstädte und Dörfer — auch in den dünnbesiedelten Gemeinden — eine Zunahme der Bevölkerung zu verzeichnen hatten, bei gleichzeitiger Abwanderung aus den umliegenden kleinsten Wohnplätzen.

II. Wissenschaftliche Untersuchungen zur Versorgungsproblematik

Der starke Arbeitsplatz- und Bevölkerungsrückgang in den ländlichen Gebieten Skandinaviens, vor allem in der zweiten Hälfte dieses Jahrhunderts, und die damit verbundene Verschlechterung der Versorgung z. B. mit Geschäften, Schulen und mit Gesundheitsdiensten, hat die Politiker, Verwaltungsfachleute und Wissenschaftler seit Jahrzehnten herausgefordert, sich intensiv mit der damit zusammenhängenden Problematik zu befassen. Besonders hervorzuheben sind in diesem Zusammenhang die umfangreichen Untersuchungen zum Nordland-Problem, die in Schweden unter dem Namen „Glesbygdsforskningen" (Project for Studies of Sparsely Populated Areas) bekannt geworden sind. Sie wurden vom Geographischen Institut der Universität Umeå in Nordschweden durchgeführt und sind beispielhaft für viele skandinavische Untersuchungen geworden.

Auf der Grundlage der regionalen Analyse- und Planungsmethoden von Isard und Mc Loughlin, der Entwicklungstheorien von Rostow und Myrdal, soziologischer und geographischer Studien vieler Wissenschaftler, wie etwa Hägerstrand, Weissglas und Wiberg, wurden in *Schweden* umfangreiche wissenschaftliche Werke und Abhandlungen zur Erforschung dünnbesiedelter Gebiete und deren Entwicklungsmöglichkeiten hervorgebracht[6]). Besonders hervorzuheben sind die Berichte der „Öffentlichen Komitees", die seit der Jahrhundertwende bedeutende Hilfen für den Entscheidungsprozeß in der schwedischen Politik geworden sind. Etwa 300 Komitees sind seither tätig geworden und haben ihre Berichte in der Serie „Statens Offentliga Utredningar (SOU)" veröffentlicht, darunter seit 1940 auch eine Reihe von Untersuchungen, die sich mit den Lebens- und Versorgungsverhältnissen in Nordschweden befassen[7]). Mitte der sechziger Jahre lebten in den dünnbesiedelten ländlichen Gebieten Schwedens etwa 23% der Gesamtbevölkerung (1,8 Mio. von 7,8 Mio. Ew.), davon 26% (0,5 Mio. Ew.) in den 6 Provinzen Nordschwedens.

Die jüngste größere Studie über dünnbesiedelte ländliche Gebiete ist die Untersuchung „Glesbygder och glesbygdspolitik" (SOU 1972: 56), die sich intensiv mit dem Versorgungsproblem auseinandersetzt. Sie stellt u. a. fest, daß

— das Versorgungsproblem in vielen ländlichen Gebieten lediglich ein *Verkehrsproblem* ist und mit entsprechenden Maßnahmen gelöst werden kann,
— die wichtigsten *Dienstleistungsfunktionen* im Bereich der Nachbarschaft, auf lokaler und auf regionaler Ebene differenziert gelöst werden müssen,
— als *zumutbare Entfernung* für die Inanspruchnahme von Dienstleistungsfunktionen 30 — 45 Minuten für einen Weg normalerweise akzeptiert werden und
— die *Erreichbarkeit* lokaler und kommunaler Versorgungszentren mit öffentlichen Verkehrsmitteln zweimal in der Woche sichergestellt sein sollte.

Als weitere wichtige Aussage der Untersuchung kann hier zunächst festgehalten werden, daß in Nordschweden 1970 eine Bevölkerungszahl von 2 200 Einwohnern im Zentralort ausreiche, um *alle Dienstleistungsfunktionen für den täglichen Bedarf* sicherzustellen. Diese Bevölkerungszahl sollte ergänzt werden durch eine Bevölkerung im „Hinterland", d. h. im Einzugsbereich, von etwa 30% der im Zentralort wohnenden Einwohner[8]). Die Bevölkerung in einem lokalen Versorgungsbereich sollte deshalb unter den oben angeführten Bedingungen nicht weniger als insgesamt 3 000 Einwohner haben, um eine ausreichende Versorgung im Versorgungsbereich sicherstellen zu können.

In *Norwegen* haben sich Verwaltung und Wissenschaft erst später intensiv mit dem Problem der Versorgung dünnbesiedelter Gebiete befaßt, vielleicht, weil der starke Strukturwandel in der Wirtschaft, vor allem in der Landwirtschaft, Forstwirtschaft und Fischerei, hier erst relativ spät eingesetzt hat und in vielen Gegenden Norwegens die Naturalwirtschaft noch bis in die jüngste Zeit hinein stark verwurzelt war. Erste Ansätze finden sich im Nord-Norwegen-Plan (1952 — 1961)[9]). Die Probleme der ländlichen

---

[6]) Vgl. G. WEISSGLAS: Studies on Service Problems in the Sparsely Populated Areas in Northern Sweden, a.a.O., S. 13—19 und 48—62.

[7]) Vgl. G. WEISSGLAS: Studies on Service Problems in the Sparsely Populated Areas in Northern Sweden, a.a.O., S. 20—47.

[8]) Vgl. G. WEISSGLAS: Studies on Service Problems in the Sparsely Populated Areas in Northern Sweden, a.a.O., S. 196.

[9]) Vgl. V. FRHR. V. MALCHUS: Artikel „Norwegen", Handwörterbuch der Raumforschung und Raumordnung, a.a.O., Bd. II, Hannover 1970, Sp. 2125 ff.

Gebiete wurden im Zuge der Regionalpolitik weitgehend nur als Arbeitsbeschaffungsproblem im Zusammenhang mit der Rationalisierung der Landwirtschaft und Fischerei gesehen.

Die Landwirtschaftswissenschaften[10]), vor allem die Ländliche Soziologie[11]), die Politischen Wissenschaften[12]) und vor allem in jüngster Zeit die wissenschaftlichen Untersuchungen auf dem Gebiet der Stadt- und Regionalforschung[13]) haben sich — insbesondere in den 70er Jahren — zunehmend mit dem Problem der Versorgung ländlicher Gebiete auseinandergesetzt. Das „Norwegische Institut für Stadt- und Regionalforschung" hat 1974 ein Forschungsprojekt über „Standortfragen von Dienstleistungsbetrieben" eingeleitet und wird dabei Standortfragen des Einzelhandels, der Kultur und Freizeit, der Gesundheits- und Sozialdienste und u. a. Bildungsfragen untersuchen. Erste Forschungsberichte liegen vor[14]).

Die Ergebnisse der Untersuchungen, vor allem die des „Norsk institutt for by- og regionforskning" (Norwegisches Institut für Stadt- und Regionalforschung, Oslo), haben sich in den Zielsetzungen staatlicher Regionalpolitik niedergeschlagen, sind in die Bereiche der Fachpolitiken eingegangen und hatten zum Teil als wissenschaftliche Anregung ihre Verwendung. Wie auch in Schweden wird das zentralörtliche System vielen Untersuchungen zugrunde gelegt und es wird von der staatlichen Regionalpolitik auf die Notwendigkeit des Ausbaus der zentralen Orte hingewiesen (vgl. Kap. IV).

Die Untersuchungen vor Ort haben vor allem ergeben, daß der *Existenz des Landhandels* und den *örtlichen Schulen* an den Wohnplätzen in dünnbesiedelten Räumen tragende Kräfte der Versorgung zukommen, insbesondere weil der Landhandel in Norwegen auch öffentliche Dienste wahrnehmen kann und weil die Lehrer über ihren Unterricht an den Schulen hinaus wichtige Funktionen im gesellschaftlichen Leben der Landgemeinden einnehmen[15]). Auf einzelne Untersuchungsergebnisse wird noch einzugehen sein.

In *Dänemark,* einem Land mit nur wenig Landesteilen, in denen die Versorgung zum Problem wird, weil es keine Landesteile gibt, die nicht innerhalb eines 20-km-Radius von Zentralorten mit mehr als 5 000 Ew. wohnen, sind diese Fragen nicht von der gleichen Bedeutung wie in Norwegen und Schweden. Dennoch beschäftigen sich, insbesondere wegen des relativ hohen Anteils der ländlichen Bevölkerung, Politiker, Verwaltung und Wissenschaft in jüngster Zeit mit der Frage der künftigen Entwicklung ländlicher Räume. Wie in den anderen skandinavischen Ländern, stehen die Fragen der schulischen Versorgung und die der Versorgung mit Waren und Dienstleistungen des täglichen Bedarfs im Vordergrund der Überlegungen zur Erhaltung der ländlichen Gemeinden.

---

[10]) Vgl. V. Frhr. v. Malchus: Wissenschaftliche Agrarpolitik im Königreich Norwegen, Berlin 1964; S. Borgan: Landbruket og den tekniske utvikling, Foredrag på Nordiske jordbuksforskeres forenings møte, 27. 6. 1973.

[11]) Vgl. H. Solli: Bygesamfunnet — utvikling eller avvikling? In: Det Norske Studentersamfund: „... som det stiger frem", Oslo 1968, S. 17—31.

[12]) Vgl. F. Kjellberg: Politiske lederskap i en utkantkommune, Tidsskrift for samfunnsforsking, Vol. 6 (1965).

[13]) Vgl. V. Vanberg: Servicetilbud i spredtbygde områder, Manuskript, NIF — Kurset, NTH 5.—7. Januar 1977.

[14]) Vgl. I. Brevik: Servicenaeringenes lokalisering Fritids — og kulturaktiviteter, hrsg. Norsk institutt for by — og regionforskning, Oslo 1976.

[15]) Vgl. T. Elden: Service og grendemiljø, a.a.O., S. 161 ff.

Den allgemeinen Fragestellungen hinsichtlich der Entwicklung ländlicher Gebiete hat sich vor allem das „Statens Byggeforskningsinstitut (SBI)" zugewandt[16]), unterstützt von einigen Spezialinstituten der „Danmarks Tekniske Højskole" und „Kunstakademits Arkitektskole".

Das „Institut for Center-Planlaegning" in Gentofte beschäftigt sich speziell mit derartigen Untersuchungen[17]) und hat bereits erste Überlegungen für die Versorgung ländlicher Gebiete in der Form eines Vorschlages zum Ausbau von Dienstleistungszentren (serviceenhed) erarbeitet[18]), die starke Ähnlichkeit mit den schwedischen und norwegischen Thesen haben und in Zukunft als Ergebnis kontrollierter Experimente von diesem Institut noch vertieft werden sollen (vgl. Kap. IV).

III. Spezielle Erkenntnisse über die Nutzung ausgewählter Versorgungseinrichtungen in dünnbesiedelten, abgelegenen Gebieten

1. Private Einrichtungen

a) Einzelhandel (Landwarenhandel)

Im Vordergrund der wissenschaftlichen Untersuchungen über die Versorgung der Bevölkerung in dünnbesiedelten Gebieten steht die Frage nach der Rationalisierung, dem Ausbau und der Erhaltung der Einkaufsmöglichkeiten. Vor allem die Frage, unter welchen Bedingungen der Landwarenhandel noch existenzfähig ist, hat in Skandinavien aktuelle Bedeutung erlangt. Die Zahl der Einzelhandelsgeschäfte in Norwegen z. B. ist von 1963 (12 600 Geschäfte) bis 1976 (8 900 Geschäfte) um etwa 30% zurückgegangen. Ungefähr die Hälfte aller Einzelhandelsgeschäfte findet sich in Norwegen in ländlichen Gebieten an Wohnplätzen mit weniger als 500 Einwohnern[19]). Hier war auch der stärkste Rückgang der Einzelhandelsgeschäfte zu verzeichnen.

Die Ursachen für den Rückgang des Landwarenhandels sind vielfältiger Art; sie sind in Ursachen, die außerhalb und innerhalb des Dorfes liegen, zu suchen. *Externe Gründe* sind vor allem die Konkurrenzsituation gegenüber Geschäften in Orten höherer Zentralität, in der Art des angelieferten Warensortiments, in der Beratung und neuerdings auch in staatlichen Subventionsmöglichkeiten zu finden. *Interne Gründe*, die das Betriebsresultat der Landhandelsgeschäfte nachhaltig beeinflussen, sind vor allem die Bevölkerungs- und Kundenentwicklung, die Kundentreue der Ortsansässigen, die Kaufkraft der Kunden und die Möglichkeit zur Übernahme zusätzlicher Betriebsaufgaben wie z. B. Tankstelle, Vermittlungs- und Versandaufgaben und Übernahme zusätzlicher Aufgaben der öffentlichen Versorgung, wie z. B. Poststelle, Arzneimittelabgabe, Touristeninformationsstelle, Informationsdienste zur Unterrichtung alter Menschen etc.

---

[16]) Vgl. Danish Building Research Institute: Urban and Regional Research in Denmark 1974—1975, 1975—1976, Hørsholm 1976.

[17]) Vgl. O. KENDAL-HANSEN: Distribution i Glesbygden, en dansk undersøgelse, a.a.O.

[18]) Vgl. F. NØHR; J. S. SØRENSEN; B. SVENNINGSEN; O. KERNDAL-HANSEN: Service i tyndt befolkede områder, Saertryk af BYPLAN 142 (1972), S. 7 f.

[19]) Vgl. V. VANBERG: Servicetilbod i spredtbygde områder, a.a.O., S. 140.

Abb. 1: *Dienstleistungen und Erwerb in einem kleinen dänischen Dorf (Landsby) mit etwa 300 Einw. im Ort und dünnbesiedelten Umland*

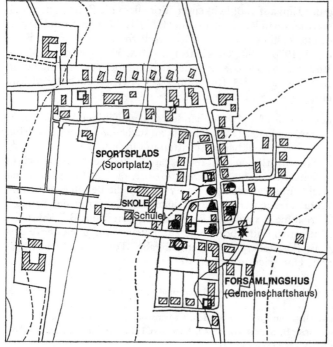

- ● Kaufmannsladen
- ○ Spezialgeschäft
- ◐ Friseur, Schuhmacher etc.
- ▲ Postamt
- ✶ Tankstelle und Service
- ■ Fabrik, Molkerei o.a.
- ☐ Handwerksbetrieb

(Das Luftbild entspricht der Planzeichnung)

Quelle: Nøhr, F. u. a.: Service i tyndt befolkede områder, a. a. O., S. 4 — 5.

Nach norwegischen *Rentabilitätsuntersuchungen* befinden sich die Einzelhandelsgeschäfte ohne zusätzliche Aufgaben mit einem Jahresumsatz von umgerechnet 250 000 DM bis 500 000 DM bereits in schwieriger wirtschaftlicher Situation und etwa zwei Drittel aller Geschäfte des Einzelhandels fallen in diese Gruppe mit weniger als 500 000 DM Jahresumsatz. Hinsichtlich der Neueinrichtung und des Ausbaus von Einzelhandelsgeschäften, die künftig besser ausgestaltet und ein etwas ausgeweitetes Warensortiment anbieten müssen, wenn sie konkurrenzfähig bleiben wollen, fordert die Organisation des Einzelhandels für die kleinste Verkaufseinheit eines sogenannten Supermarktes mit 6 — 7 Beschäftigten einen Mindestjahresumsatz von umgerechnet etwa 1,5 Mio. DM auf einer Verkaufsfläche von ca. 300 qm. Als dafür erforderlicher Kundenstamm werden 1 200 bis 1 300 Personen angesehen. Der durchschnittliche Umsatz pro Beschäftigten sollte mindestens 250 000 DM betragen. Derartige Kunden- und Umsatzzahlen sind in dünnbesiedelten ländlichen Gebieten nicht zu erreichen. Dort muß man zufrieden sein, wenn bei einem Beschäftigten der Mindestumsatz von DM 250 000 gehalten werden kann, wozu mindestens 200 Einwohner erforderlich sind. Selbst bei einer Einwohnerzahl zwischen 200 und 400 Personen und einem Umsatz von etwa 500 000 DM muß man in dünnbesiedelten, abgelegenen Gebieten Norwegens mit einer Schließung der Einzelhandelsgeschäfte in absehbarer Zeit rechnen[20]). In Dänemark kam man zu ähnlichen Ergebnissen[21]).

Diese Zahlen stimmen hinsichtlich der Tragfähigkeit recht gut mit Forschungsergebnissen aus Deutschland überein, wo als Existenzminimum eines Lebensmittelgeschäftes heute ein Jahresumsatz von etwa 200 000 DM bis 250 000 DM angesetzt wird[22]). Bei der Kalkulation der Tragfähigkeit geht man dabei von einem jährlichen Einkaufsbetrag pro Person von 2 000 DM aus. Unter der Annahme eines Kaufkraftabflusses von 50%, sind dann für das Existenzminimum eines Lebensmittelgeschäftes 200 bis 250 Einwohner am Ort erforderlich.

Verbraucheruntersuchungen in Norwegen haben ergeben, daß die ländliche Kundschaft stark an der *Erhaltung der Einzelhandelsgeschäfte* (Landhandel) am Ort interessiert ist, insbesondere wenn ihr die schwierige wirtschaftliche Situation des Händlers eröffnet wird. Sie fordert aber auch vom Landhändler ein ihren Wünschen entsprechendes Warensortiment und die Bereitschaft des Händlers zur Auslieferung der Waren. Für die Landwirtschaft ist besonders wichtig, daß auch Kraftfutter, Dünger und Kleingeräte etc. mit in das Sortiment aufgenommen werden[23]). Unter diesen Bedingungen sprach sich die Mehrheit der Kunden für eine Förderung des Landhandels durch den Staat oder durch die Gemeinde aus.

---

[20]) Vgl. V. VANBERG: Landhandeln i utkantbygder — Forbrukerundersøkelser på Stadlandet og Herefoss, hrsg. von Norsk institutt for by- og regionforskning, Oslo 1974, S. 57.

[21]) Vgl. O. KERNDAL-HANSEN: Distribution i Glebygden, en dansk undersøgelse, a.a.O., S. 7.

[22]) Vgl. G. THEUER: Nahversorgung: Problem und Lösungsansatz durch ambulante Vertriebssysteme, Der Markt, Nr. 61 (1977), S. 4.

[23]) Vgl. V. VANBERG: Landhandeln i utkantbygder — Forbrukerundersøkelser på Stadlandet og Herefoss, a.a.O., S. 58.

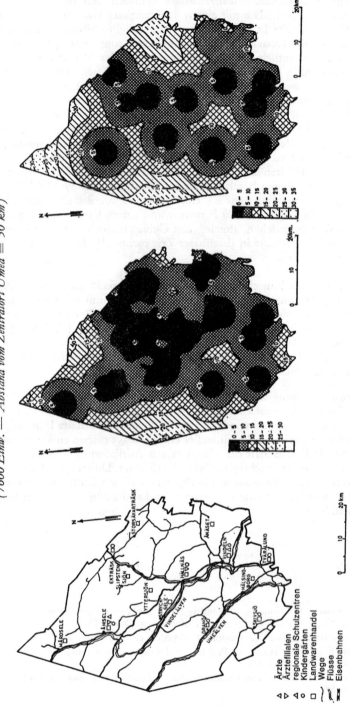

Abb. 2: Untersuchungen der Versorgungseinrichtungen und Planungsüberlegungen für die Gemeinde Vindeln/Schweden
(7600 Einw. — Abstand vom Zentralort Umeå = 50 km)

Abb. 2.1: Standorte der Versorgungseinrichtungen 1972

Abb. 2.2: Erreichbarkeit der Einzelhandelsgeschäfte (5 km gewogener Abstand) einschließlich des mobilen Einzelhandels

Abb. 2.3: Planung der Standorte für Einzelhandelsgeschäfte und künftige Erreichbarkeit

Quelle: WEISSGLAS, G. — U. WIBERG: Samhällsplanering i Glesbygd, Särtryck ur SOU 1974: 3, S. 383—389.

Andere Untersuchungen haben gezeigt, daß die Belieferung der Kunden mit Waren des Einzelhandels durch Geschäfte und durch Verkaufswagen betriebswirtschaftlich mit hohen Kosten verbunden sind. Versuche über mehrere Jahre in Schweden haben bewiesen, daß eine Versorgung durch Verkaufswagen nicht lohnend und z. B. in Dänemark, wegen des eingeschränkten Sortiments auf der Grundlage des Nahrungsmittelrechtes, kaum möglich ist[24]).

Übereinstimmend kommen deshalb alle skandinavischen Untersuchungen zu dem Schluß, daß der Landhandel am Ort von Staat und den Gemeinden unterstützt werden muß, wenn die Standorte des Handels richtig gewählt sind. Insbesondere die Schweden haben für den Landhandel im Rahmen ihrer „Glesbygd-Untersuchungen" in einzelnen Gemeinden umfangreiche Analysen zur Standortforschung vorgenommen. Ausgehend von zumutbaren Entfernungen, dem Kundenverhalten, dem Zeit- und Kostenaufwand für den Einkauf haben sie berechnet, wieviel Geschäfte an welchem Standort in einer Gemeinde vorhanden sein sollten und beabsichtigen diese Untersuchungsergebnisse in die Bauleitplanung der Gemeinden und deren Förderpolitik eingehen zu lassen[25]). Sollte sich der Landwarenhandel an einem Wohnplatz oder in einem Gemeindeteil nicht rentieren, ist vorzugsweise zu überlegen, ob man ihm andere private oder öffentliche Versorgungsaufgaben andienen kann (vgl. Kap. V).

b) Sonstige private Dienste (Banken, Handwerk, Erholung, Kultur)

Über wohl die wichtigste private Dienstleistung im kommunalen Bereich, die Leistung der Banken, wird in den skandinavischen Untersuchungen zum ländlichen Raum kaum etwas ausgesagt. Es wird lediglich vorausgesetzt, daß jede Kommune über mindestens eine Bank im Gemeindezentrum verfügt und soweit erforderlich Niederlassungen an kleinen Wohnplätzen hat[26]). Über die Größe der Niederlassung und deren Tragfähigkeit oder den Einsatz mobiler Bankstellen gibt es bisher keine Erkenntnisse.

Nicht viel anders sind die Informationen über die Entwicklungsbedingungen des Handwerks im ländlichen Raum. Auch hier liegen keine neuen Zahlen über die Entwicklung dieser Dienstleistungen vor. Wie auch in anderen Wirtschaftssektoren gibt es beim Handwerk eine Tendenz zur Vergrößerung und besseren Ausstattung der Handwerksbetriebe. Dies fördert die Abwanderung der Betriebe und der Handwerker aus dem ländlichen Raum, weil besonders in den dünnbesiedelten Gebieten häufig die für die Betriebe erforderliche Tragfähigkeit fehlt. Wegen der Vielfalt der Arten von Handwerksbetrieben ist es auch hier bisher unmöglich, generelle Richtzahlen über Größe, Einzugsbereich und erforderlichen Umsatz anzugeben. Generell kann man nur sagen, daß von der allgemeinen Tendenz, für bestimmte Arbeiten, wie z. B. für Elektroinstallationen, nur autorisierte Personen zuzulassen, neben einer allgemeinen Qualitätsverbesserung der Arbeiten auch negative Auswirkungen auf den ländlichen Raum ausgehen können, weil für diese Arbeiten in dünnbesiedelten Räumen u. U. keine Fachkraft — oder nur zu hohen Preisen — zu bekommen ist[27]).

---

[24]) Vgl. F. NØHR; J. S. SØRENSEN; B. SVENNINGSEN; O. KERNDAL-HANSEN: Service i tyndt befolkede områder, a.a.O., S. 7.

[25]) Vgl. G. WEISSGLAS; U. WIBERG: Samhällsplanering i Glesbygd, Särtryck ur SOU 1974: 3, S. 383—389.

[26]) Vgl. T. ELDEN: Service og Grendemiljø, a.a.O., S. 80.

[27]) Vgl. V. VANBERG: Servicetilbud i spredtbygde områder, a.a.O., S. 9 f.

Wie eine norwegische Untersuchung kürzlich nachgewiesen hat[28]), können für dünnbesiedelte ländliche Räume in landschaftlich schönen Gegenden die Freizeit- und Erholungseinrichtungen mit veränderten Freizeit- und Urlaubsmöglichkeiten und -gewohnheiten künftig erhöhte Bedeutung erlangen, vor allem auch in Verbindung mit Fortbildungen aller Art. In dieser Analyse werden die Entwicklungsmöglichkeiten, Standortfragen, betriebswirtschaftliche Überlegungen etc. für 15 öffentliche und private Einrichtungen (Kino, Theater, Sporteinrichtungen, Hotels, Gaststätten etc.) eingehend untersucht und bewertet.

2. Öffentliche Einrichtungen

a) Schulen (Grundschulen)

Wie auch in anderen europäischen Ländern, wurden in Skandinavien in den letzten beiden Jahrzehnten eine Vielzahl von Schulen aufgelöst bzw. zusammengelegt. Von 1950 bis 1970 wurde in Norwegen die Zahl der Schulen um die Hälfte auf etwa 2500 reduziert, wobei in den ländlichen Gebieten gleichzeitig viele große Zentralschulen entstanden. Ab 1975 wurde für alle Schüler eine 9jährige Grundschule obligatorisch. Damit verschwand auch häufig die alte Dorfschule[29]).

Auf der Grundlage der Zielsetzungen eines bestmöglichen Unterrichts wurden mehrzügige Zentralschulen geschaffen, deren Standort nicht mehr in den Dörfern bzw. Wohnplätzen zu finden ist, sondern sich zumeist in den Zentren der Gemeinden befindet. Zwar sagen die Schulgesetze nichts über die Rolle der Schule in den Dörfern aus, sie lassen aber der Bevölkerung das Recht, ihre Meinung gegenüber dem Gemeinderat zur Frage der Schulauflösungen und zur Einteilung der Schuleinzugsgebiete vor Beschlußfassung darzulegen. Die Eltern wurden dabei vor die Wahl gestellt: Zentralschule und damit bestmögliche Startchancen für ihre Kinder in der gesamten Gesellschaft oder Weiterführung der Dorfschule als Beitrag zur Erhaltung des dörflichen Milieus, wobei letzteres Argument zunächst allgemein abgewertet wurde. Viele Eltern schlossen sich deshalb zunächst dem ersten Argument an, mußten dann jedoch feststellen, daß damit viele Werte, wie z. B. die Verbindung Dorfschule-Lehrer = kultureller Mittelpunkt, sehr schnell zu existieren aufhörten[30]). Diese Erkenntnis führte in den letzten Jahren aus vielfältigen Gründen zu einer Wiederinbetriebnahme alter Schulen und auch zu einer Dezentralisierung der Schulen nach ihrer Zentralisierung.

Wie viele wissenschaftliche Untersuchungen beweisen, haben die Dörfer und Wohnplätze im ländlichen Raum eigene soziale Systeme: die dort Wohnenden solidarisieren sich und identifizieren sich mit ihrem Dorf. Diese Werte wiegen — nach Auffassung der Wissenschaftler — schwerer als die verbesserte pädagogische Betreuung an den Zentralschulen. Deshalb sprechen sich die Kenner der ländlichen Verhältnisse in Norwegen übereinstimmend für eine dezentralisierte Grundschule aus, damit die Gemeindeteile durch die Anwesenheit einer Schule ihre Identität bewahren können[31]).

---

[28]) Vgl. I. Brevik: Servicenaeringenes lokalisering — Fritids — og Kulturaktiviteter, a.a.O.
[29]) Vg. V. Vanberg: Servicetilbud i spredtbygde områder, a.a.O., S. 6.
[30]) Vgl. T. Elden: Service og Grendemiljø, a.a.O., S. 54.
[31]) Vgl. J. O. Myklebust: Skolen i lokalkulturen, Theim 1972.

Die lokale Schule ist in vielen Gemeindeteilen auch zugleich Bürgerhaus und Versammlungsstätte; dort werden gemeindliche Veranstaltungen durchgeführt und es findet dort das Vereinsleben statt. Die Schulen werden vielfach auch als Bibliothek genutzt und Informationsveranstaltungen werden dort durchgeführt. Bei all diesen Aktivitäten im Schulhaus fällt dem am Ort wohnenden Lehrer eine besondere Rolle zu. Er initiiert viele Veranstaltungen und leitet sie. Wichtigstes Argument für eine Dezentralisierung der Grundschule ist jedoch der Vorteil für die kleinen Kinder, die das Schulangebot in der Nähe ihrer Wohnung haben.

Darüber hinaus wird insbesondere in den dänischen Studien hervorgehoben, daß die Kosten pro Schulkind in den größeren Schulen die gleichen sind wie in kleinen Schulen, Teilzeitbeschäftigung von Lehrern die kostenmäßige Belastung bei kleinen Klassen nicht so wirksam werden lassen und mit kleinen Klassen und besseren Lehrer/Schülerverhältnissen auch ein willkommener beschäftigungspolitischer Effekt verbunden sein kann[32]).

b) Sozial- und Gesundheitsdienste

In Norwegen und Schweden sind die öffentlichen Sozial- und Gesundheitsdienste in den letzten Jahren stark ausgebaut worden, genügen aber immer noch nicht den modernen Anforderungen. Erklärtes Ziel war dabei der Ausbau eines einheitlichen und gleichwertigen Gesundheitsdienstes im ganzen Land, auf der Grundlage hochspezialisierter Großkrankenhäuser in den Provinzen in Kombination mit verschiedenen Typen von Gesundheitsdiensten und ihrem Personal in sogenannten lokalen „Gesundheitszentren" (helsesentra)[33]), die man auch als Kleinstkrankenhäuser bezeichnen kann. Diese Gesundheitszentren sollen mindestens drei Ärzte haben, kurze stationäre Behandlungen ermöglichen, ein Entbindungsheim einschließen, eine Zahnarztstation aufweisen, Aufgaben des Gesundheitsamtes, des Sozialamtes und des Versicherungsamtes wahrnehmen und einen umfassenden Schwesternpool für alle Aufgaben des Gesundheitsdienstes, einschließlich der Hauspflege umfassen[34]). Sie sollen mit möglichst hoher Effektivität den lokalen Bedürfnissen in den dünnbesiedelten Gebieten dienen. Unterstützt wird diese Dezentralisierung durch den hohen Ausbildungsstandard der skandinavischen Ärzteschaft[35]).

1973 gab es in Norwegen 20 derartige „Gesundheitszentren", 15 waren im Bau, 70 in Planung. Diese Zentren sollen nicht mehr als 15 000 Einwohner betreuen. Von den bisher gebauten Zentren haben die kleinsten einen Einzugsbereich von nur 1500 Einwohnern[36]). Diese Zahl entspricht ungefähr dem heutigen Einzugsbereich der die ärztliche Versorgung in dünnbesiedelten Teilen des Landes ausübenden staatlich angestellten Distriktärzte (distriktslege), der ca. 1200 Einwohner umfaßt und bei dem es u. a. große Entfernungen (60 km und mehr) und schwierige natürliche Verhältnisse (Inseln, Fjorde, Flüsse, Gebirge) zu überwinden gilt. Nach den Überlegungen der norwegischen Ärzte-

---

[32]) Vgl. O. KERNDAL-HANSEN: Distribution i Glesbygden, en dansk undersøgelse, a.a.O., S. 12.

[33]) Vgl. Stortingsmelding nr. 85 (1970—1971).

[34]) Vgl. Stortingsmelding nr. 45 (1972—1973).

[35]) Vgl. W. STOLTENBERG: Spezialisierung in Großkrankenhäusern oder Dezentralisierung, Ärztliche Tätigkeit und Krankenhausprobleme in Norwegen, Deutsches Ärzteblatt, Heft 16 (1978), S. 968—970.

[36]) Vgl. V. VANBERG: Servicetilbud i spredtbygde områder, a.a.O., S. 11.

vereinigung sollte ein Arzt mindestens 1500 Einwohner betreuen; mit Vertreter wird ein Einzugsbereich von 3000 Einwohnern als ideal angesehen. Wegen der geringen Besiedlungsdichte in den nördlichen Teilen Norwegens ist dieses Ziel nur in wenigen Gebieten des Landes zu erreichen.

In dünnbesiedelten abgelegenen Gebieten wurde der Gesundheitsdienst bisher durch Arztsprechstunden außerhalb des Amtssitzes der Ärzte gesichert. Je nach Bedarf wurden die Sprechstunden in den einzelnen Gemeindeteilen und an abgelegenen Wohnplätzen wöchentlich oder 14tägig durchgeführt[37]). In der Regel war dadurch die gesundheitliche Versorgung in allen Landesteilen sichergestellt. Durch die Errichtung der lokalen Gesundheitszentren soll nun, insbesondere durch die Erhöhung der Ärztezahl und durch die Ausweitung des Pflegepersonals, eine wesentliche Verbesserung der Versorgungssituation auch in den dünnbesiedelten Gebieten eintreten. Trotzdem wird künftig sehr darüber zu wachen sein, ob auch die abgelegenen Gemeindeteile ausreichend mit ärztlichen Diensten versorgt werden[38]), vor allem weil die Provinzkrankenhäuser nur sehr schwer und nach Überwindung großer Entfernungen, verbunden mit hohem Zeitaufwand, zu erreichen sind.

Besonders erwähnenswert in diesem Zusammenhang sind hier wiederum die interessanten schwedischen Untersuchungen zur Standortfindung der Gesundheitszentren. Unter Erreichbarkeitsgesichtspunkten, der Häufigkeit der Nachfrage nach Gesundheitsdiensten, der Alters- und Sozialstruktur der Bevölkerung und der Transportkosten werden für Gemeinden Modelle für die Standortwahl von Gesundheitseinrichtungen erarbeitet, die wichtige Entscheidungsgrundlage für die Planung in den Gemeinden sein können[39]). Der Altersstruktur der Bevölkerung kommt dabei wegen der zunehmenden Überalterung der Menschen in den ländlichen Gebieten besondere Bedeutung zu.

Bisher ist es wegen der räumlichen Größe der Gemeinden vielfach noch erforderlich, daß die Nachfrager nach sonstigen Gesundheits- und Sozialdiensten, also hauptsächlich ältere Menschen, die Gemeindezentren aufsuchen müssen, um Hilfe in Anspruch zu nehmen. Heimpflege und „Krankenschwesternhilfe zu Hause" wird in der Regel lokal organisiert und von den Gemeindezentren verwaltet.

Die „Krankenschwesternhilfe zu Hause" ist eine relativ neue Einrichtung, die sich als Schlußglied in die „Dienstleistungskette": hochspezialisiertes Krankenhaus, Krankenstation, Poliklinik und Gesundheitszentrum einfügen soll. Diese Kette soll unterstützt werden durch Krankenhotels und ambulante Dienste von hohem fachlichen Standard[40]).

Ergänzt werden die Sozial- und Gesundheitsdienste durch sogenannte „Hilfsorganisationen für zu Hause", die eine umfassende Bezeichnung sind für „Hausfrauenstellvertreter", insbesondere für kinderreiche Familien beim Ausfall der Hausfrau, für „Haushaltshilfen für ältere und funktionsgehemmte Menschen" etc. und für sonstige „Hilfsdienste" in schwierigen Situationen. Diese Hilfsdienste können auch von Nachbarn und

---

[37]) Vgl. T. Elden: Service og Grendemiljø, a.a.O., S. 76 f.
[38]) Vgl. V. Vanberg: Servicetilbud i spredtbygde områder, a.a.O., S. 12.
[39]) Vgl. G. Weissglas; U. Wiberg: Samhällsplanering i Glesbygd, a.a.O., S. 389—396.
[40]) Vgl. V. Vanberg: Servicetilbud i spredtbygde områder.

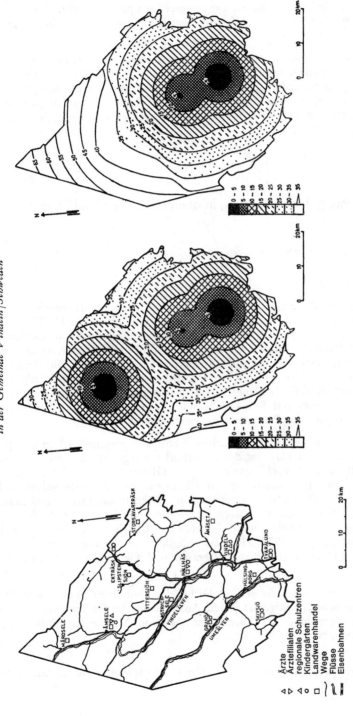

Abb. 3: Bestand, Erreichbarkeit und Planungsüberlegungen für den Gesundheitsdienst in der Gemeinde Vindeln/Schweden

Abb. 3.1: Bestand an Dienstleistungseinrichtungen 1972

Abb. 3.2: Erreichbarkeit der vorhandenen Einrichtungen des Gesundheitsdienstes (km)

Abb. 3.3: Erreichbarkeit der Einrichtungen des Gesundheitsdienstes bei reduziertem Angebot

Quelle: WEISSGLAS, G. — U. WIBERG: Samhällsplanering i Glesbygd, Särtryck ur SOU 1974: 3, S. 383—389.

Verwandten ausgeführt werden, sofern sie bei der Gemeinde als „Haushelfer" registriert sind und die Gemeinde diese Dienste angeordnet hat und überwacht. Der „Haushaltshilfsdienst" wird eine wichtige Funktion im künftigen Gemeindeleben in den ländlichen Bereichen übernehmen.

Es versteht sich von selbst, daß ein derartiger dezentralisierter Sozial- und Gesundheitsdienst für dünnbesiedelte Gebiete sehr kostenträchtig ist. Er läßt sich nur einrichten und durchführen, wenn die Bevölkerung, die eine relativ gute und ortsnahe medizinische Versorgung wünscht, in ihren Zielsetzungen durch Regierung und Parlament unterstützt werden, getragen vom Verständnis der gesamten Bevölkerung des Landes.

IV. Zur Planung der Versorgung in dünnbesiedelten ländlichen Räumen

1. Strategische Überlegungen zum Ausbau der Siedlungsstruktur

a) Hierarchie der Zentralen Orte

In *Schweden* wurde am Ende der sechziger Jahre als Ergebnis wissenschaftlicher Diskussionen festgehalten, daß bei der Planung der dünnbesiedelten ländlichen Räume (G-areas) von drei Versorgungsebenen ausgegangen werden sollte: den Nachbarschaftsdienstleistungen (Kaufmannsläden, Grundschulen, Tankstellen), den Kommunalzentren (Lokalzentren) und den sogenannten Regionalzentren mit regionalen Diensten. Man war sich aber auch darüber klar, daß Nachbarschaftsdienstleistungen kein Planungsziel für dünnbesiedelte ländliche Räume langfristig sein können, vor allem weil gleichzeitig die zumutbare Erreichbarkeit mit 30 bis 45 Minuten für einen Weg und unterschiedliche, auch mobile Versorgung bei Planungen unterstellt wurde.

Nach Vorlage des „Regionalpolitischen Aktionsprogramms" (Regional politiskt handlingsprogram, 1972: 111) hat der Ausschuß für regionale Entwicklungsplanung (Gruppen för Regional Utvecklingsplanering — GRUP) ein noch differenziertes zentralörtliches Klassifikationsschema seinen Überlegungen zugrunde gelegt[41]. Dieses Schema wich sehr stark von der Gliederung in „Wachstumszentren" und „Dienstleistungszentren", wie es in einer früheren Regierungsverordnung (1970: 75) festgelegt worden war, ab. Es entspricht auch nicht mehr den Überlegungen des Regionalpolitischen Aktionsprogramms (1972: 111), das lediglich von vier zentralörtlichen Ebenen, den Metropolen, Oberzentren, Regionalzentren und Gemeindezentren ausgeht (vgl. Abb. 4).

Die Abb. 4 zeigt deutlich die geringe Dichte der Zentralorte in Nordschweden, die jedoch das planerische Grundgerüst für die Ausformung der Siedlungsstruktur und der entsprechenden Verteilung der Dienstleistungs- und Versorgungseinrichtungen in Schweden darstellt.

---

[41]) Vgl. G. WEISSGLAS: Studies on Service Problems in the Sparsely Populated Areas in Northern Sweden, a.a.O., S. 117 f.

Auch in *Norwegen* geht die staatliche Politik bei ihren Planungen von der zentralörtlichen Siedlungsstruktur aus[42]). In den Regierungsberichten an das Parlament wird eindeutig von Zentren für Landesteile, Regionalzentren und Lokalzentren gesprochen[43]), wobei in dünnbesiedelten Gebieten bisher der Ausbau von Lokalzentren bevorzugt wurde. Die sogenannten Lokalzentren sind zumeist identisch mit den Gemeindezentren. Seit geraumer Zeit deutet sich nun — wie auch in Schweden — an, daß wegen der sinkenden Arbeitsplatz- und Bevölkerungszahl, also wegen der sich ständig verringernden Tragfähigkeit, die für die Ausstattung der Lokalzentren erforderliche Nachfrage nach Dienstleistungen nicht mehr gegeben ist. Es stellt sich also in Verbindung mit der Erreichbarkeit die Frage nach dem künftigen Ausbau der Siedlungsstruktur überhaupt und die nach der Mindestgröße der Zentralorte und ihrer Einzugsbereiche auf den verschiedenen Stufen der zentralörtlichen Hierarchie, wobei der untersten Stufe in dünnbesiedelten Gebieten zwangsläufig das größte Interesse zukommt.

Abb. 4: Zentralörtliche Einteilungen für Nordschweden

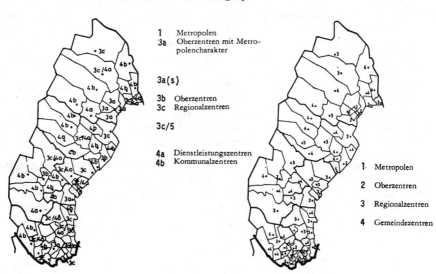

Abb. 4a: Klassifizierungsschema des Ausschusses für regionale Entwicklungsplanung (GRUP)

Abb. 4b: Klassifizierungsschema des regionalpolitischen Aktionsprogramms

Quelle: WEISSGLAS, G.: Studies on Service Problems in the Sparsely Populated Areas in Northern Sweden, a.a.O., S. 119 f.

---

[42]) Vgl. V. FRHR. V. MALCHUS: Artikel „Norwegen". In: Handwörterbuch der Raumforschung und Raumordnung, hrsg. v. der Akademie für Raumforschung und Landesplanung, Bd. II, Zweite Auflage, Hannover 1970, Sp. 2126 ff.

[43]) Vgl. St. meld. nr. 13 (1972—73). Om mål og midler i distrikts utbyggingen; St. meld. nr. 27 (1971—72), Om regionalpolitikken og lands- og landsdelsplanleggingen; V. VANBERG: Servicetilbud i spredtbygde områder, a.a.O., S. 3 f.

b) Größe der Zentralen Orte unterster Stufe

Über die Größe der Zentralen Orte ist vor allem in Schweden in den letzten 30 Jahren sehr viel nachgedacht worden. Ende der sechziger Jahre z. B. wurde auf der Grundlage einer Analyse in Skåne eine Mindestbevölkerung von 2000 bis 3000 Einwohnern für einen zentralen Ort der untersten Stufe festgelegt. Frühere Untersuchungen hatten für eine komplexe Dienstleistungsausstattung eines Zentralen Ortes 7000 bis 8000 Einwohner angenommen und ein sehr gutes Dienstleistungsangebot für Orte mit 30 000 bis 40 000 Einwohnern (Zentraler Ort + Einzugsbereich) herausgefunden.

Die große Untersuchung über Nordschweden zu Beginn der 70er Jahre hat nun auf der Grundlage einer Auswahl von privaten Dienstleistungseinrichtungen in Zentralen Orten im Untersuchungsgebiet festgestellt, wie groß ein *Zentraler Ort unterster Stufe* sein muß, um eine bestimmte Anzahl von Einrichtungen vorweisen zu können[44]), über die er verfügen muß, wenn der nächste Zentrale Ort höherer Stufe weit entfernt ist. Die Übersicht über die Verteilung der Einrichtungen auf Zentrale Orte in Abhängigkeit von unterschiedlicher Bevölkerungsgröße zeigt die Abbildung 5. Aus diesen Diagrammen wird deutlich, daß alle untersuchten Dienstleistungsunternehmen bei Orten mit einer Einwohnerzahl im Zentralort von 2000 bis 2200 Personen vorhanden sind. Rechnet man dazu noch eine Bevölkerung des Umlandes von etwa 30 % — wie man dies in den Analysen für Nordschweden herausgefunden hat — so beträgt die *Mindestbevölkerung im Zentralort unterster Stufe* in Nordschweden (Zentralort + Einzugsbereich) 2800 bis 3000 Einwohner. Diese Einwohnerzahl wird denn auch in den Ergebnissen der Untersuchungen als sogenannte „strategische Größe" bezeichnet, wobei festgestellt wird, daß ein Zentraler Ort mindestens 3000 Einwohner haben sollte, um von Abwanderungen aus dem Einzugsbereich nicht in seinen Entwicklungsmöglichkeiten beschränkt zu werden. Nur wenn eine Einwohnerzahl von 3000 Einwohnern insgesamt vorhanden ist, können die Dienstleistungsunternehmen die erforderliche Tragfähigkeit aufweisen.

Wegen der guten Erreichbarkeit höherer Zentren mit guter Dienstleistungsausstattung in den dünnbesiedelten Gebieten Dänemarks, glaubt man dort bereits die elementaren Dienstleistungen des täglichen Bedarfs in Dörfern mit Einzugsbereichen von insgesamt 1000 Einwohnern für gesichert ansehen zu dürfen, wenn den kleinen Dörfern auch für die Zukunft eine weitere Entwicklung durch zusätzlichen Wohnungsbau gestattet wird.

2. Planungsmaßnahmen auf regionaler und kommunaler Ebene

a) Planung auf regionaler Ebene

Als größter Erfolg der Planungsmaßnahmen auf regionaler Ebene in den dünnbesiedelten Gebieten Norwegens und Schwedens hat sich wohl der Ausbau der Universitäten in den Regionalzentren Aarhus, Tromsø und Umeå erwiesen. Dieser Ausbau hat die Funktion der Regionalzentren sehr gestärkt und intensiv mit zur Entwicklung der Regionen beigetragen. In Schweden und in Norwegen wurden Gebietsreformen für die

---

[44]) Vgl. G. Weissglas: Studies on Service Problems in the Sparsely Populated Areas in Northern Sweden, a.a.O., S. 123—147.

Abb. 5: Ausgewählte zentralörtliche Einrichtungen nach dem Grad ihres Vorhandenseins in Abhängigkeit von der örtlichen Bevölkerungszahl in Nordschweden 1972

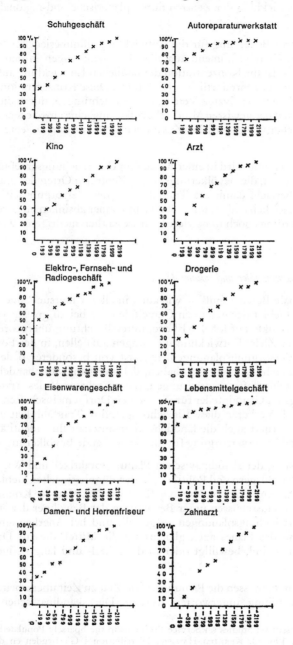

Quelle: WEISSGLAS, G.: Studies on Service Problems in Sparsely Populated Areas in Northern Sweden, a.a.O., S. 131 und 132.

Gemeinden auch in den dünnbesiedelten Gebieten durchgeführt. Bei diesen Reformen ging man von der zentralörtlichen Siedlungsstruktur aus und hat seither mit allen Mitteln versucht, die Entwicklung der Zentren durch planerische und regionalpolitische Mittel zu stärken.

Von besonderer Bedeutung für die Entwicklung dünnbesiedelter ländlicher Räume — und das geht übereinstimmend aus allen Untersuchungen in den skandinavischen Ländern hervor — ist die Konzentration der baulichen Entwicklung auf die Zentren der untersten Stufe in der zentralörtlichen Hierarchie. Diese Konzentration ist erforderlich, um den öffentlichen und privaten Versorgungseinrichtungen, durch die Erhaltung oder durch den Ausbau einer gewissen Mindestbevölkerung, eine ausreichende Tragfähigkeitsgrundlage zu sichern. Sie wird im Zusammenhang mit der Dezentralisierungspolitik gefördert.

Der Regionalplanung wird in einer Reihe von Untersuchungsergebnissen empfohlen, so z. B. für Schweden, die Bevölkerungszahl in Zentralen Orten der untersten Stufe und seinem Einzugsbereich, damit die Tragfähigkeit der Versorgungseinrichtungen nicht gefährdet wird, möglichst nicht unter 3000 Einwohner absinken zu lassen. In Dänemark kommt man, allerdings noch unbewiesen, zu wesentlich niedrigeren Zahlen[45]).

b) Planung auf kommunaler und lokaler Ebene

Der kommunale Bereich muß — wie auch in allen Untersuchungen hervorgehoben wird — für das Gebiet der gesamten Gemeinde oder bei zu großen Entfernungen für Siedlungsschwerpunkte auf lokaler Ebene, unter Beachtung übergeordneter regionaler landesplanerischer Ziele, Entwicklungsplanungen aufstellen, in der Form von Flächennutzungs- und Versorgungsplanungen. Dies ist von besonderer Bedeutung, weil eine Reihe von Untersuchungen ergeben haben, daß der Landwarenhandel, die Dorfschule mit Saal für Gemeinschaftsveranstaltungen, die Sprechstunde des Arztes und die Poststelle die wichtigsten Grundpfeiler für die kleinen Dorfgemeinschaften in dünnbesiedelten Gebieten sind. Verlieren diese Einrichtungen ihre Tragfähigkeit und hören auf zu existieren, dann verliert auch die ländliche Gemeinschaft ihre Identität[46]), weitere Abwanderungen und Unterversorgung für die verbleibende Bevölkerung sind die Folge.

Nach Auffassung der skandinavischen Planungspraktiker und Wissenschaftler muß diese Situation den Bürgern und Politikern in den dünnbesiedelten Gebieten im Zuge der gemeindlichen Planung klar vor Augen geführt werden. Von der Kommune müssen mit Hilfe von Planungsausschüssen unter Beteiligung der Bewohner der ländlichen Räume ausführliche Entwicklungsplanungen aufgestellt und bei Anerkennung und Verbindlichkeitserklärung des Planes auch gleichzeitig die Mittel, die zur Durchführung des Planes erforderlich sind, bewilligt oder in die mittel- und langfristige Finanzplanung eingefügt werden.

Falls erforderlich, müssen die Planungen von Zeit zu Zeit überarbeitet und erneut der politischen Behandlung unterworfen werden. Die skandinavischen Wissenschaftler

---

[45]) Vgl. G. WEISSGLAS: Studies on Service Problems in the Sparsely Populated Areas in Northern Sweden, a.a.O., S. 196; O. KERNDAL-HANSEN: Distribution i Glesbygden en dansk undersøgelse, a.a.O., Kap. V, o. S.

[46]) Vgl. V. VANBERG: Servicetilbud i spredtbygde områder, a.a.O., S. 20.

heben immer wieder hervor[47]), daß die Bürgerbeteiligung im Planungsprozeß immer wichtiger wird, wenn die Beschlußorgane der Gemeindeplanung weit von den betroffenen Wohnplätzen entfernt ihre verbindlichen Planungsbeschlüsse fassen müssen.

V. Spezielle Förderungsmaßnahmen zur Verbesserung der Versorgung

Die landesplanerischen und kommunalen Zielsetzungen zur Verbesserung der Versorgung in dünnbesiedelten Gebieten sollen von allen Planungsebenen bei ihrer Durchführung unterstützt werden. Darüber sind sich Politiker und Verwaltungen in Skandinavien bereits einig. Erste Ansätze dafür gibt es bereits. Wissenschaftler schlagen zumeist übereinstimmend weitergehende Maßnahmen vor. Für den öffentlichen Bereich des Schul- und Gesundheitsdienstes liegen die Initiativen hierfür beim Staat selbst. Auf den Gesundheitsdienst wurde am Beispiel Norwegens bereits ausführlich eingegangen.

Für den Schuldienst wird für Dänemark ein dezentralisiertes Schulsystem in Verbindung mit einer besseren Ausnutzung der Schulbusse und Hereinnahme dieser Busse in das öffentliche Nahverkehrssystem diskutiert, wobei vor allem an private Transportunternehmer mit kleinen Bussen gedacht ist, die zwischen den Schülertransporten Kommunikationsdienste zwischen den Wohnplätzen und den lokalen Siedlungsschwerpunkten ausführen könnten[48]).

Norwegen z. B. hat darüber hinaus durch das Handelsministerium 1976 ca. 13 Mio. nkr (= 6 Mio. DM) als Betriebs- und Investitionszuschüsse an den Landhandel in dünnbesiedelten Räumen verteilt. Voraussetzung für die Förderung waren: mehr als 4 km Abstand zum nächsten Konkurrenten, große Bedeutung für das Verbleiben der Bevölkerung in der Region, Jahresumsatz für Investitionszuschuß nicht mehr als ca. 500 000 DM, Höchstumsatz für Betriebszuschüsse ca. 400 000 DM Umsatz im Vorjahr. Das Parlament hat die Betriebszuschüsse und auch die Investitionszuschüsse ausdrücklich als mittelfristige Übergangsmaßnahme gebilligt[49]). Es will zunächst die von der Wissenschaft vorgebrachten Vorschläge prüfen. Die Regierung hat zu diesem Zweck von der Federführung des Verkehrsministeriums 1976/77 ein interministerielles „Servicekomitee" gebildet, das die Möglichkeiten prüfen soll, wie die Post, der Telefondienst und die norwegischen Staatsbahnen zusammenarbeiten können, um die negativen Folgen einer Unterversorgung der Bevölkerung abzuwenden.

Darüber hinaus hat die Wissenschaft immer wieder Vorschläge unterbreitet, insbesondere um den Landwarenhandel durch Übertragung von öffentlichen Diensten tragfähiger zu gestalten.

Die unkonventionellen Vorschläge der wissenschaftlichen Erörterung der Versorgungsfragen für die dünnbesiedelten ländlichen Gebiete laufen darauf hinaus, den Betriebszuschuß für den Landwarenhandel überflüssig zu machen. Es wurde u. a. zur Über-

---

[47]) Vgl. V. VANBERG: Servicetilbud i spredtbygde områder, a.a.O., S. 22.
[48]) Vgl. F. NØHR; J. S. SØRENSEN; B. SVENNINGSEN u. O. KERNDAL-HANSEN: Service i tyndt befolkede områder a.a.O., S. 8.
[49]) Vgl. V. VANBERG: Servicetilbud i spredtbygde områder, a.a.O., S. 18.

nahme durch den Landwarenhandel in einer „kombinierten lokalen Serviceeinheit" vorgeschlagen:[50]

— Führung der Poststelle und öffentlicher Telefondienst;
— Zusammenlegung von Warenauslieferung und Postbotendienst;
— Verkauf und Verteilung von Medikamenten;
— Toto- und Lottoannahme;
— kommunaler Bibliotheksdienst mit eventueller Lesestube für Zeitschriften;
— kommunaler und staatlicher Informationsdienst, z. B. auch für Fremdenverkehr etc.;
— Ausschankberechtigung für Bier und Wasser;
— gewisse Bankdienstleistungen;
— Tankstellendienste;
— Durchführung von Ausstellungen verschiedenster Art.

Die skandinavischen Wissenschaftler sind übereinstimmend der Auffassung, daß durch eine derartige Übertragung von öffentlichen und privaten Diensten auf den privat geführten Landwarenhandel in dünnbesiedelten ländlichen Räumen, dieser eine ausreichende Tragfähigkeit erhält, sein Sortiment ausdehnen kann und so insgesamt mit zu einer besseren Versorgung der Bevölkerung beiträgt. Voraussetzung dafür ist allerdings, daß der Kaufmann für seine öffentlichen Leistungen angemessen entlohnt wird. Der öffentlichen Hand kommt deshalb künftig im Hinblick auf eine ausreichende Versorgung der Bevölkerung mit Gütern und Diensten des täglichen Bedarfs eine besondere Rolle für die Unterstützung privater Initiativen zu, die er verantwortungsbewußt, in enger Zusammenarbeit mit den betroffenen Bürgern, wahrnehmen muß.

Recht interessant in diesem Zusammenhang sind Förderungsmaßnahmen des öffentlichen Nahverkehrs in dünnbesiedelten Gebieten Schwedens. Dort gibt es Kommunen, in denen jeder Bürger das Recht hat, mit öffentlichen Verkehrsmitteln einmal wöchentlich zum nächsten Nahversorgungszentrum und vierzehntäglich zum Kommunal- oder Regionalzentrum zu fahren. An jedem Wochentag wird ein bestimmtes Gebiet der Gemeinde verkehrsmäßig bedient. Diese Bedienung wird komplettiert durch Taxen, die Zubringerdienste leisten und durch kommunale Fahrtendienste für Körperbehinderte. Bei den Zubringerdiensten gelten die gleichen Fahrpreise wie in den Linienbussen. Die ungedeckten Kosten des Nahverkehrs werden von den Kommunalverwaltungen übernommen und zum Teil vom Staat bezuschußt. Öffentlicher Nahverkehr und Zubringerdienste werden jedoch nur schwach in Anspruch genommen, weil die meisten Familien in den entlegenen, dünnbesiedelten Gebieten mindestens über ein Auto verfügen.

Die Förderung abgelegener und dünnbesiedelter ländlicher Räume, um ihre weitere bevölkerungsmäßige Ausdehnung und eine eventuell drohende völlige Entleerung zu vermeiden, ist ein gemeinsames, wenn auch heftig diskutiertes Anliegen der Regierungen und Parlamente in Skandinavien. Niemand kann sagen, ob, wie lange und wo der Prozeß der Abwanderung, Ausdehnung und endgültigen Entleerung dünnbesiedelter ländlicher Räume aufgehalten werden kann.

---

[50] Vgl. F. NØHR; J. S. SØRENSEN; B. SVENNINGSEN u. O. KERNDAL-HANSEN: Service i tyndt befolkede områder, a.a.O., S. 8; O. KERNDAL-HANSEN: Distribution i Glesbygden, en dansk undersøgelse, a.a.O., Kap. V; V. VANBERG: Servicetilbud i spredtbygde områder, a.a.O., S. 19.

VI. Zusammenfassung und Ausblick

1. Die rückläufige Entwicklung des Versorgungsniveaus in dünnbesiedelten ländlichen Räumen in Skandinavien gibt Politikern, Verwaltungsbeamten und den Bürgern Anlaß, voller Sorge über die Zukunft dieser Räume nachzudenken, um eine „drohende Unterversorgung" mit all ihren möglichen Folgen abzuwehren. Sinkende Einwohnerzahlen, abnehmende Funktionsfähigkeit und daraus resultierende Wandlungen in der Siedlungsstruktur, sich ständig verschlechternde Beschäftigungsmöglichkeiten und die sich daraus ergebende verminderte gemeindeeigene Finanzkraft beeinflussen das Versorgungsangebot des dünnbesiedelten ländlichen Raumes nachhaltig.

Sicherlich kann man die Verhältnisse in der Bundesrepublik Deutschland nicht mit denen in den dünnbesiedelten Gebieten Skandinaviens vergleichen. Aber dennoch ergeben sich aus den Studien der skandinavischen Literatur und den lokalen Verhältnissen Gesichtspunkte und Erfahrungen, die für die künftige Politik in unserem Lande von erheblichem Interesse sein dürften, besonders weil hier und da vergleichbare Situationen künftig entstehen können.

2. Bei der Erarbeitung von Entscheidungshilfen für die praktische Politik, haben sich die skandinavischen Wissenschaftler in den letzten 10 Jahren sehr intensiv mit den planerischen und entwicklungspolitischen Fragen der Erhaltung dünnbesiedelter ländlicher Gebiete befaßt. Besonders die Schweden, aber neuerdings auch die Norweger, haben sich in eingehenden Untersuchungen mit diesen Fragen auseinandergesetzt. Die Analysen kommen u. a. zu dem Ergebnis, daß die Existenz des Landwarenhandels das Vorhandensein von örtlichen Schulen im Zusammenhang mit kulturellen Aktivitäten der Lehrer und die medizinische Versorgung die Grundpfeiler gesellschaftlicher Ordnung in ländlichen Räumen sind. Während es in der Hand von Staat und Kommunen liegt, die öffentlichen Dienste wie etwa Schulen und den Gesundheitsdienst entsprechend den Bedürfnissen der Bürger in den dünnbesiedelten Gebieten auszubauen, ist die Erhaltung des Landwarenhandels in diesen Gebieten ein wirtschaftliches Problem, das insbesondere von der Nachfrage und von den Möglichkeiten zum Angebot von speziellen Diensten abhängt, die über das herkömmliche Angebot des Landwarenhandels hinausgehen.

3. Die wissenschaftlichen Untersuchungen im skandinavischen Raum kommen zu dem Ergebnis, daß im privaten Versorgungsbereich dem Landwarenhandel bei der Versorgung der dünnbesiedelten ländlichen Räume eine Schlüsselposition zukommt. Er muß derzeit umgerechnet einen Umsatz von etwa 500 000 DM haben, um künftig existieren zu können. Dazu sind etwa 250 bis 500 Einwohner am Ort erforderlich, für Nordskandinavien z. B. eine häufig nicht zu erreichende Einwohnerzahl im Einzugsgebiet. Die ländliche Kundschaft in Skandinavien ist an der Erhaltung des Landwarenhandels sehr stark interessiert. Mobiler Landwarenhandel mit Warenbussen wurde in Schweden ausprobiert, hat sich aber wegen der hohen Kosten in dünnbesiedelten Gebieten und wegen der gesetzlich eingeschränkten Warenangebotsmöglichkeiten (Lebensmittelgesetze) nicht bewährt und wurde wieder abgeschafft. Alle wissenschaftlichen Analysen kommen deshalb zu dem Schluß, daß der lokale Landwarenhandel vom Staat und von den Gemeinden in irgend einer Form unterstützt werden muß, um die Versorgung zu sichern und das Leben in diesen Gebieten möglich zu machen.

4. Bei der Versorgung mit öffentlichen Einrichtungen und Dienstleistungen kommt den Schulen und den medizinischen Einrichtungen eine besondere Bedeutung zu. Überall im skandinavischen Raum zeigt sich, daß die Zentralisierung der Schulen insgesamt kein Erfolg war. Das Fehlen der Schule und des Lehrers am Ort wirkte sich negativ auf das dörfliche Gemeinschaftsleben und die langen Schulwege nachteilig auf die jungen Kinder aus. Deshalb ist in vielen Teilen Norwegens z. B. wieder eine Dezentralisierung der Schulen eingeleitet worden. Lehrer und Schule bilden wieder in der dörflichen Lebensgemeinschaft den kulturellen Mittelpunkt und die kleinen Kinder haben das Schulangebot in ihrer Nähe. Dänische Untersuchungen beweisen, daß die Kosten je Schüler bei ausreichendem Lehrerangebot in kleinen Klassen nicht größer sein müssen als die Kosten je Schüler in zentralisierten großen Schulen.

5. In den dünnbesiedelten ländlichen Gegenden Skandinaviens wird der Gesundheitsdienst in der Regel, so z. B. in Norwegen, durch staatlich angestellte Distriktsärzte ausgeübt, deren Einzugsbereich etwa 1200 Einwohner umfassen soll. Im Zuge des Ausbaus der Gesundheitsdienste sollen einerseits hochspezialisierte Regionalkrankenhäuser aufgebaut und andererseits sogenannte „Gesundheitszentren" in Verbindung mit Kleinstkrankenhäusern auf lokaler Ebene eingerichtet werden, die u. a. mindestens zwei Ärzte haben, kurze stationäre Behandlungen ermöglichen und ein Entbindungsheim einschließen sollen. Ausgehend von diesen Gesundheitszentren sollen künftig in den dünnbesiedelten ländlichen Räumen alle Sozial- und Gesundheitsdienste, einschließlich der Außenstellensprechstunden und Hauspflege abgewickelt werden. Besonders die Schweden haben für die Standortfindung der Gesundheitszentren sehr interessante Untersuchungen gemacht, wobei sie neben der Erreichbarkeit und den Transportkosten auch noch die wahrscheinliche Nachfrage im Zusammenhang mit der Alters- und Sozialstruktur der Bevölkerung berücksichtigen. Der Schwesternhilfe zu Hause und dem Haushaltshilfsdienst kommt bei der medizinischen Versorgung künftig eine besondere Bedeutung zu.

6. Die Planung zur Versorgung der Bevölkerung in dünnbesiedelten ländlichen Räumen legt in Skandinavien ihren Überlegungen die Zentralörtlichkeit der Siedlungsstruktur zugrunde, wobei man in der Regel von einem vierstufigen Aufbau, den Metropolen, den Oberzentren, den Regionalzentren und den Lokalzentren ausgeht. Beim Ausbau der Zentren in dünnbesiedelten ländlichen Räumen kommt den Regionalzentren für gehobene Dienste und den Lokalzentren für die ortsnahe Versorgung mit Gütern und Diensten des täglichen Bedarfs besondere Bedeutung zu. Die Schweden haben in ihren Untersuchungen im Norden ihres Landes festgestellt, daß für ein sehr gutes Dienstleistungsangebot etwa 30 000 bis 40 000 Einwohner ausreichen, eine sehr komplexe Dienstleistungsausstattung bereits bei einem Verflechtungsbereich von 7000 bis 8000 Einwohner angeboten werden kann und der Zentrale Ort unterster Stufe, das Lokalzentrum mindestens eine Größe von etwa 3000 Einwohnern im Einzugsbereich haben muß, um die wichtigsten Güter und Dienstleistungen des täglichen Bedarfs ortsnah anbieten zu können.

7. Dem Ausbau der Zentralen Orte wird wegen der überragenden Bedeutung der Versorgungs- und Beschäftigungsfunktion auch in Skandinavien außerordentliche Bedeutung beigemessen. Während man mit dem Ausbau der Universitäten wichtige Regionalzentren in dünnbesiedelten ländlichen Räumen stärken konnte, liegt die Hauptproblematik bei der Erhaltung und dem Ausbau der kleinen ländlichen Zentralorte mit 3000 Einwohnern im Einzugsbereich. Hier müssen alle Planungsebenen und alle Ausführungsebenen im Zuge der Regional- und Kommunalpolitik ein-

trächtig zusammenarbeiten, um die Lokalzentren oder Siedlungsschwerpunkte zukunftsträchtig zu entwickeln. Durch Flächennutzungspläne und Versorgungspläne muß von den Gemeindeverwaltungen unter Beteiligung der Bevölkerung eine Planung erarbeitet und politisch verabschiedet werden, die zusammen mit der Finanzplanung den verbindlichen Rahmen für den künftigen Ausbau der Zentren darstellt, die zumindest Einrichtungen des Landwarenhandels, der Schule mit allen ihren kulturellen Möglichkeiten und die medizinische Versorgung sicherstellt und bei Bedarf unverzüglich überarbeitet, fortgeschrieben und wiederum der politischen Behandlung unterworfen wird.

8. In Skandinavien hat man in den letzten Jahren eine Reihe von speziellen Förderungsmaßnahmen für die Versorgung dünnbesiedelter ländlicher Räume eingeleitet und vorgeschlagen. Norwegen z. B. gibt für den Landwarenhandel in dünnbesiedelten ländlichen Räumen unter bestimmten Bedingungen Betriebs- und Investitionszuschüsse, strebt aber zukünftig wie auch die anderen skandinavischen Länder andere Lösungen an. Diese laufen darauf hinaus, in den dünnbesiedelten ländlichen Gebieten neben einer Dezentralisierung des Schulwesens im Primarbereich und dem dezentralisierten Ausbau des Gesundheitswesens mit Hilfe von Gesundheitszentren für die Erhaltung und den Ausbau des privaten Landwarenhandels diesem eine Reihe zusätzlicher privater Dienste zu ermöglichen, wie z. B. Einrichtung einer Tankstelle, eines Bierausschanks, einer Toto- und Lottoannahmestelle und dem Medikamentenverkauf sowie öffentliche Dienste aus dem Bereich des Post- und Telegraphendienstes, dem kommunalen Bibliotheksdienst und Informationsdienst u. a. m. anzubieten, die dem Aufwand entsprechend bezahlt werden. Darüber hinaus wird der öffentliche Nahverkehr bereits sehr stark unterstützt, die Verkehrsbedienung in einigen abgelegenen Gemeinden gesichert. Die skandinavischen Regionalwissenschaftler sind der einhelligen Meinung, daß damit die Grundlage für eine ausreichende Versorgung der Menschen in dünnbesiedelten Gebieten unter bestimmten Bedingungen und bei Mithilfe der Kommunen und des Staates sichergestellt werden kann.

Zur raumordnungsrechtlichen Problematik kleinräumiger passiver Sanierung

von
C.-H. David, Dortmund

INHALT:

I. Einführung

II. Zum Begriff der kleinräumigen passiven Sanierung
   1. Zur Entwicklung des Begriffs
   2. Kleinräumigkeit

III. Ansatzpunkte für eine Eingrenzung der zu beurteilenden Tatbestände
   1. Beschränkung auf Rechtmäßigkeitsaspekte
   2. In Betracht kommende Entscheidungsträger
   3. In Betracht kommende Sanierungsbetroffene

IV. Vereinbarkeit der kleinräumigen passiven Sanierung mit dem geltenden Recht
   1. Zur Kompetenz der Raumordnung und Landesplanung für die Entscheidung über die passive Sanierung
   2. Geltung des rechtlich abgesicherten Zielsystems der Raumordnung und Landesplanung
   3. Vereinbarkeit mit den Raumordnungsgrundsätzen und den dahinter stehenden verfassungsmäßigen Grundentscheidungen
   4. Transparenz bezüglich der Kennzeichnung der für eine passive Sanierung vorgesehenen Gebiete
   5. Zur Frage erhöhter rechtlicher Anforderungen an die Beteiligung der betroffenen Landkreise und Gemeinden

V. Ausgleichsansprüche der Sanierungsbetroffenen

VI. Zusammenfassung

I. Einführung

Die Vorstellung passiver Sanierung scheint auf den ersten Blick jeder grundrechtsorientierten Raumordnungspolitik zu widersprechen. Denn passive Sanierung impliziert anscheinend doch tatenloses Zusehen von seiten der verantwortlichen Politiker, wie sich bestimmte Räume von der noch mobilen Bevölkerung entleeren und wie die dort verbleibende Bevölkerung sich selbst überlassen bleibt. Ein Staat, der sich als Sozialstaat versteht, kann so etwas keinesfalls für größere Teile des Staatsgebietes hinnehmen; aber auch bei nur kleinräumigem Umfang ist eine passive Sanierung wegen der sozialen Konsequenzen keineswegs raumordnungsrechtlich unproblematisch.

Der Rahmen für die rechtliche Beurteilung wird in erster Linie durch eine Reihe expliziter materieller Grundsätze abgesteckt, die im Bundesraumordnungsgesetz und zusätzlich noch in einigen Landesplanungsgesetzen enthalten sind. Seit Mitte der 60er Jahre hat das Raumordnungsrecht das Stadium der Selbstbeschränkung lediglich auf organisationsrechtliche Festlegungen verlassen, die Errichtung eines materiellen Zielsystems in Angriff genommen und dafür insbesondere die Voraussetzungen durch die Möglichkeit rechtlich unanfechtbarer Festlegung von Zielen der Raumordnung und Landesplanung geschaffen. Dies hat allerdings formalisiert in den Programmen und Plänen der Landesplanung zu erfolgen, die gemäß § 3 Abs. 2 BROG gebunden sind. Angesichts der gravierenden Konsequenzen, die eine passive Sanierung namentlich für die in dem betroffenen Raum verbleibenden Menschen haben kann, muß freilich das raumordnerische Zielsystem vor dem Hintergrund der von der Verfassung vorgegebenen Grundrechtsgewährleistungen gesehen und interpretiert werden. Auch wenn, wie sich aus § 3 Abs. 3 BROG entnehmen läßt, raumordnerische Festlegungen grundsätzlich keine Rechtswirkungen gegenüber dem einzelnen entfalten können sollen, so ist doch zu beachten, daß seinerzeit beim Erlaß des BROG als Argument für die Notwendigkeit einer gesetzlichen Kodifizierung des Raumordnungsrechts gerade angeführt worden ist, die Grundrechte würden u. U. leerlaufen und dies käme einer Grundrechtsversagung gleich, wenn nicht eine durch ein Bundesgesetz inhaltlich abgesicherte Raumordnungspolitik vom Raum her die Voraussetzungen für eine angemessene Wahrnehmung der Grundrechtsposition für den einzelnen ermöglicht und gesichert würde[1].

Von dieser grundrechtsorientierten Aufgabenstellung her ist die Raumordnung aufgerufen, bei der Entwicklung raumordnungspolitischer Konzeptionen auch auf die Konsequenzen für die einzelnen davon betroffenen Menschen Bedacht zu nehmen, ohne daß damit die grundsätzliche Gemeinwohlorientierung der Raumordnung aufgegeben sein soll.

II. Zum Begriff der kleinräumigen passiven Sanierung

1. Zur Entwicklung des Begriffs

Der Begriff der „kleinräumigen passiven Sanierung" oder auch nur allgemein der „passiven Sanierung" taucht in keiner gesetzlichen Vorschrift auf, wie übrigens auch nicht der Gegenbegriff der aktiven Sanierung. Im Sprachgebrauch wird wegen des Adjektivs „passiv" der Begriff „passive Sanierung" eher in einem negativen Sinn ver-

---

[1] Vgl. BIELENBERG, in ERNST-ZINKAHN-BIELENBERG: BBauG, Einl. v. § 1, Rn. 100.

standen, wobei allerdings graduelle Unterschiede bis hin zur wertneutralen Verwendung des Begriffs der passiven Sanierung im Sinne eines denkbaren raumordnungspolitischen Ziels oder Instruments feststellbar sind.

Der Begriff der passiven Sanierung stammt ursprünglich wohl aus dem Bereich der regionalen Wirtschaftsförderung und hat von daher Eingang in den Begriffsapparat der Raumordnung und Landesplanung gefunden. So hießen die z. Z. unter Notstandsgesichtspunkten abgegrenzten Vorläufer der Bundesbaugebiete Sanierungsgebiete. Unter passiver Sanierung wurde damals verstanden, daß bestimmte Gebiete mit ungünstiger Erwerbsstruktur dem freien Spiel der Kräfte überlassen bleiben könnten und die Abwanderung der Bevölkerung dort auch nicht durch öffentliche Investitionen aufgehalten werden sollte. Einer auftretenden sozialen Erosion sollte jedoch entgegengetreten werden. Dazu sollte insbesondere der völligen Abwanderung von Führungskräften entgegengewirkt, Maßnahmen der Kultur und Bildungspolitik unternommen und den Gefahren einer mangelnden Auslastung der öffentlichen Einrichtungen vorgebeugt werden. Gegebenenfalls sollte die passive Sanierung darüber hinaus durch positive Maßnahmen beschleunigt werden, etwa durch Umsiedlungsmaßnahmen, z. B. von Flüchtlingen[2]). Passive Sanierung wurde also auch damals schon nicht nur als reines Geschehenlassen, sondern durchaus auch als aktive Steuerungsmaßnahme gesehen.

Im Bereich der Landwirtschaftspolitik (Grüner Plan) wurde passive Sanierung als Handlungsalternative im Sinne eines letzten Ausweges bei Aussichtslosigkeit von investiven Maßnahmen verstanden.

Wohl unter dem Eindruck der Diskussionen um die Fassung des Bundesraumordnungsgesetzes und der schließlichen Gesetzesfassung der Raumordnungsgrundsätze in § 2 BROG ist dann der Begriff der passiven Sanierung lange Jahre weitgehend aus dem raumordnungspolitischen Sprachgebrauch, wenn auch nicht aus der wirtschaftspolitischen Diskussion[2a]), verschwunden. So taucht er etwa in den Raumordnungsberichten 1963, 1966 und 1968 nicht auf, obwohl natürlich die zugrundeliegende Problematik des Mißverhältnisses von Bevölkerungszahl und wirtschaftlicher Existenzgrundlage in zahlreichen agrarischen Problemräumen unverändert fortbestand und auch gerade in der Begründung zum Regierungsentwurf zum BROG[3]) deutlich angesprochen wurde. Tendenziell wurde allerdings die Lösung dieser Problematik, die als wesentliche Aufgabe der Raumordnung und Landesplanung herausgestellt wurde, in Richtung auf die Verhinderung einer weiteren Abwanderung der aktiven Bevölkerungsteile aus diesen Räumen gesehen und in dieser Richtung muß deshalb auch die endgültige Fassung der Raumordnungsgrundsätze verstanden werden, die von ihrem Wortlaut her zunächst einmal vorgründig eine aktive Sanierung zu favorisieren scheinen.

Eine Wende brachte dann allerdings im Anschluß an Empfehlungen des Beirates für Raumordnung vom Juni 1969 der Raumordnungsbericht von 1970[4]). Aus der Einsicht

---

[2]) Vgl. Sachverständigengutachten: Die Raumordnung in der Bundesrepublik Deutschland, 1962 (Saro-Gutachten), S. 96, 69.

[2a]) Vgl. dazu die Aufsätze von Dietrichs: Aktive oder passive Sanierung? In: Mitteilungen des Deutschen Verbandes für Wohnungswesen, Städtebau und Raumplanung, 1965, H. IV, S. 1 ff., und Gesamtwirtschaftliche Entwicklung und Raumordnung, in: Informationen des Instituts für Raumforschung (1966), Nr. 5, sowie die Ausführungen in: Informationsbriefe für Raumordnung R. 3.1.6 (Regionalpolitische Konzeptionen), S. 7 f., unter Aufnahme der durch die Jahresgutachten 1965 und 1968 des Sachverständigenrats für die Begutachtung der gesamtwirtschaftlichen Entwicklung ausgelösten Diskussion.

[3]) BT Drucks. VI/1204, S. 5 ff.

[4]) BT Drucks. VI/1340, S. 152 ff.

heraus, daß die Raumordnungsgrundsätze sich nicht gleichmäßig in allen Teilen des Bundesgebietes realisieren lassen[5]), wurde jetzt eine Differenzierung und zwar nach Maßgabe der jeweiligen Wirtschaftskraft der einzelnen Gebiete vorgeschlagen, da nur so die Raumordnung ihrer Aufgabe nachkommen könne, eine alle Fachpolitiken umfassende Strategie zu entwickeln. Für wirtschaftlich schwach strukturierte Gebiete wurde in diesem Zusammenhang erwogen, eine passive Sanierung in Betracht zu ziehen, sofern das Entwicklungspotential weder für Industrieansiedlung noch für Fremdenverkehr ausreiche. Über eine Verbesserung der allgemeinen und speziellen Bildung sollte die Mobilität der dort lebenden Menschen so erhöht werden, daß sie in anderen Gebieten ein befriedigendes Einkommen erzielen können. Für die verbleibende Bevölkerung sollte aber immerhin ein Minimum an Versorgung mit öffentlichen Dienstleistungen sichergestellt werden[6]). Der Raumordnungsbericht 1970 führte diese Gedanken weiter und detaillierte die Konsequenzen für die verbleibende Bevölkerung u. a. dahin, daß sie, falls sie ihren Wohnsitz nicht an den Rand eines Zentralen Ortes verlegen wolle, u. U. eine schlechtere Versorgung hinnehmen müsse[7]).

Damit deutete sich ein Wandel im Aufgabenverständnis der Raumordnung an, indem nämlich die Raumordnung von der Aufgabe entlastet angesehen wurde, Anpassungsvorgängen auf Grund aktueller gesellschaftlicher und sonstiger Erfordernisse unbedingt aktiv entgegentreten zu müssen. Passive Sanierung würde damit als eine durchaus neben eine aktive Sanierung zu stellende Strategiealternative angesehen, daneben aber auch als Komplementärmaßnahme zur aktiven Sanierung jedenfalls für kleinere Teilgebiete innerhalb insgesamt aktiv zu sanierender Räume in Betracht gezogen.

Mit der Aussage, daß der Grundsatz aktiver Sanierung ländlicher Räume nicht ausschließe, daß innerhalb dieser Räume kleinere Gebiete saniert werden[8]), wird dialektisch die bis dahin bestehende Antinomie aktiver und passiver Sanierung aufgelöst, ohne freilich an den sachlichen Unvereinbarkeiten etwas zu ändern. In diesem Zusammenhang ist auch durchaus die Frage aufgeworfen worden, ob dieser Wandel im Aufgabenverständnis der Raumordnung ohne entsprechende Änderung des Wortlautes der Raumordnungsgrundsätze in § 2 BROG vollzogen werden könne[9]).

Diese Diskrepanz zwischen raumordnungspolitischem Konzept und der Wortfassung des § 2 BROG ist dann in der Folgezeit durch das Bundesraumordnungsprogramm (BROP) eher verwischt, denn verschärft worden. Der im Raumordnungsbericht 1970 erreichte Detaillierungsgrad bezüglich des Erfordernisses und der Konsequenzen passiver Sanierung ist darin aufgegeben worden zugunsten allgemeiner Aussagen bezüglich eines raumordnungspolitischen Zielsystem im weiteren politischen Sinne, das Zielvorstellungen für die großräumige Entwicklung des Bundesgebietes festlegen soll, und zwar durch Konkretisierung der in §§ 1 und 2 BROG enthaltenen Ziele und Grundsätze unter Berücksichtigung der Programme und Pläne der Länder[10]). Für das raum-

---

[5]) Vgl. zu den verschiedenen Konzeptionen für den ländlichen Raum: HÜBLER: Instrumente zur Entwicklung ländlicher Gebiete, Innere Kolonisation, 1975, S. 242 ff., mit weiterführender Literatur.

[6]) Stellungnahme des Beirats für Raumordnung, abgedruckt in BT Drucks. VI/1340, Anhang S. 154/155.

[7]) BT Drucks. VI/1340, S. 39.

[8]) Raumordnungsbericht 1970, S. 39.

[9]) Vgl. ERNST: Die Raumordnungsgrundsätze. In: Raumordnung auf neuen Wegen, Schriftenreihe der Bundeszentrale für politische Bildung, Bd. 112, S. 34 (36); HÜBLER: Ein Gesetzesauftrag und seine Problematik. In: Raumordnung auf neuen Wegen, ..., S. 54 (56).

[10]) BROP, Schriftenreihe BMBau, 06.002, S. 1, 50.

ordnungspolitische Zielsystem wird von dem gesellschaftspolitischen Leitziel „Verbesserung der Lebensqualität für alle Bürger" ausgegangen, aus dem u. a das Oberziel „Schaffung gleichwertiger Lebensbedingungen" hergeleitet wird, das ein Unterschreiten bestimmter Mindestniveaus bezüglich Erwerbsmöglichkeiten und Infrastruktur ausschließen soll. Mit diesem Oberziel steht auch die weitere Konzeption einer räumlich-funktionalen Aufgabentrennung zwischen dichter besiedelten Räumen und Freiräumen mit besonderer Bedeutung für bestimmte Funktionen (Vorranggebiete) in engem Zusammenhang, wobei — ohne daß dies deutlich ausgesprochen wird — Funktionsbestimmungen denkbar sind, die faktisch auf einen Zustand hinauslaufen, wie er Ergebnis einer *passiven* Sanierung in dem in der Vergangenheit erörterten Sinne sein könnte.

Ob und in welchen Grenzen eine passive Sanierung im Rahmen der Ausweisung von Vorranggebieten, etwa für agrarische Funktionen oder etwa für Reservefunktionen, für rechtlich zulässig und mit der politischen Zielkonzeption vereinbar angesehen wird, läßt sich allerdings weder aus dem BROP noch aus den Erläuterungen der Konzeption des BROP im Raumordnungsbericht 1974 eindeutig entnehmen. Denn offen bleibt insbesondere etwa, auf welche Raumeinheiten bezogen der Forderung nach Gleichwertigkeit der Lebensbedingungen Rechnung zu tragen ist. Bei genügend großen Raumeinheiten, wie etwa den Gebietseinheiten des BROP oder auch der Regioneneinteilung der Landesplanung der Länder, ist eine passive Sanierung von Teilräumen durchaus denkbar, ohne daß sich damit ein Widerspruch zum Ziel der Gewährleistung gleichwertiger Lebensbedingungen für die Raumeinheit insgesamt ergeben muß. Der verbleibende Interpretationsspielraum ist aus dem Wortlaut des BROP heraus nicht zu erschließen. Auch der Rückgriff auf zugrundeliegende wissenschaftliche Konzepte, wie etwa solche der Entwicklungspole, der ausgeglichenen Funktionsräume[11]) oder der Raumordnungspolitik des mittleren Weges ist nur sehr begrenzt möglich, weil sich die Raumordnungspolitik diese nur partiell zu eigen gemacht hat und etwa das BROP sich gerade bezüglich des hier besonders interessierenden Aspekts der passiven Sanierung durch ein Abrücken von den detaillierten Aussagen des Raumordnungsberichts 1970 erneut einen politischen Freiraum geschaffen hat.

Überblickt man die Entwicklung des Begriffs der passiven Sanierung von der Vorlage des Saro-Gutachtens bis heute, so hat er eigentlich eher an Klarheit verloren als gewonnen. Die passive Sanierung ist aber vielleicht stärker als früher in das Gesamtkonzept einer funktionszuweisenden Raumordnungspolitik integriert und hat sich von daher aus ihrer Außenseiterstellung als Instrument bzw. Ziel gelöst.

2. *Kleinräumigkeit*

Wenn sich im Raumordnungsbericht 1970 die Feststellung findet, passive Sanierung komme jedenfalls nicht für ein Drittel der Fläche des Bundesgebietes als raumordnungs-

---

[11]) Vgl. dazu die Veröffentlichung des Arbeitskreises „Regionalpolitische Konzeption ausgeglichener Funktionsräume" der Akademie für Raumforschung und Landesplanung; Ausgeglichene Funktionsräume — Grundlagen einer Regionalpolitik des mittleren Weges, Veröffentlichung der Akademie für Raumforschung und Landesplanung, Forschungs- und Sitzungsberichte, Bd. 94, 1975, insbesondere der Beitrag von MARX, S. 1 ff.; Vgl. neuerlich auch STORBECK: Chancen für den ländlichen Raum, RuR 1976, S. 269 ff.; ferner BRÖSSE: Zur begrifflichen Klärung des Bezugs funktionsräumlicher Arbeitsteilung, RuR 1977, S. 97 ff.

politisches Konzept in Betracht[12]), so dürfte sich dies kaum auf die ins Auge gefaßte etwaige Größe eines einzelnen geschlossenen Sanierungsgebietes, sondern wohl eher auf die aufaddierte Fläche aller für eine passive Sanierung im Bundesgebiet in Betracht zu ziehenden Gebiete beziehen. Aus praktischen Erwägungen ist für das einzelne Gebiet, das für eine passive Sanierung in Betracht käme, wohl maximal von einem Teil eines Landkreises, gegebenenfalls mehrerer aneinandergrenzender Teile mehrerer Landkreise auszugehen. Gegen die passive Sanierung ganzer Landkreise spricht, daß die mit der kommunalen Neugliederung geschaffenen Kreiseinheiten gerade als lebensfähige Gebietseinheiten konzipiert worden sind. Innerhalb des Systems Zentraler Orte, bei dem als Förderungsschwerpunkte Ober- bzw. Mittelzentren in Betracht kommen, dürfte sich eine passive Sanierung in erster Linie im Bereich der Unter- und Kleinzentren vollziehen, aber damit durchaus in regionale Dimensionen hineingehen können[13]).

Was im Ergebnis unter „Kleinräumigkeit" in diesem Zusammenhang zu verstehen ist, hängt u. U. auch davon ab, welches im ungünstigsten Fall die Konsequenzen sein könnten, die die von der passiven Sanierung betroffenen Menschen treffen.

III. Ansatzpunkte für eine Eingrenzung der zu beurteilenden Tatbestände

Passive Sanierung ist explizit bislang noch nicht Gegenstand von Planungs- oder Verwaltungsentscheidungen der öffentlichen Hand gewesen. Es muß deshalb von mehr oder weniger hypothetischen Tatbeständen ausgegangen werden, was natürlich als Ansatzpunkt für eine rechtliche Beurteilung Schwierigkeiten bringt. Angenommene Fallgestaltungen könnten etwa sein:

— passive Sanierung durch entsprechende Kennzeichnung eines Gebietes in einem Regional- oder landesplanerischen Plan,

— durch Ausweisung einer entsprechenden Vorrangfunktion (agrarische Nutzung, Nutzung für militärische (z. B. Manöver-)Zwecke, Reservefunktion),

— Unterbleiben von Infrastrukturausbau- und -erneuerung unter bewußter Unterlassung einer Ausweisung der passiven Sanierung in der landesplanerischen Planung,

— Nichtgewährung eines Darlehns an ein ansiedlungswilliges Unternehmen oder Nichteinbeziehung des betreffenden Gebietes in ein Förderungsprogramm unter dem Aspekt sonst nicht weiter planerisch ausgewiesener Sanierung.

---

[12]) BT Drucks. VI/1340, S. 32.

[13]) Die Zentreneinteilung ist materiell zu verstehen, impliziert also nicht den unveränderten Fortbestand der gegenwärtigen Einteilung der Zentralen Orte nach verschiedenen Zentralitätsstufen in den einzelnen Bundesländern. Eine passive Sanierung durchweg ganzer Mittelbereiche würde allerdings die Konformität mit der raumordnerischen Gesamtkonzeption in Frage stellen, von der oben ausgegangen wird. — Konzepte großräumiger passiver Sanierung nehmen die unten behandelten extremen Konsequenzen passiver Sanierung, insbesondere im infrastrukturellen Bereich regelmäßig ebenfalls nur für die hier bezeichneten kleinräumlichen Dimensionen an, indem sie auch nach passiver Sanierung von bestimmten zu haltenden Infrastrukturstandards ausgehen, die aber eben kleinräumig unterschritten sein können.

1. Beschränkung auf Rechtmäßigkeitsaspekte

Es sollen ausgeklammert bleiben politische Zweckmäßigkeitsüberlegung, und es soll eine Beschränkung auf Rechtmäßigkeitsaspekte erfolgen. Rechtlicher Beurteilung im Zusammenhang mit der Problematik kleinräumiger passiver Sanierung zugänglich sind dabei in erster Linie die von ihrer Zweckbestimmung her unmittelbar auf den Sanierungserfolg bezogenen Planungs- oder Verwaltungsentscheidungen von Behörden, gegebenenfalls auch die Unterlassung solcher Entscheidungen.

Als Ansatzpunkt für eine rechtliche Betrachtung dagegen ungeeignet sind rein faktische Ereignisse, ferner wissenschaftliche Meinungsäußerungen, z. B. Gutachten, ferner bloße politische Absichtserklärungen. Schwieriger zu entscheiden ist die Einbeziehung bzw. Ausklammerung solcher behördlicher Entscheidungen, die zwar nicht unmittelbar auf die passive Sanierung gerichtet sind, solche Sanierungseffekte aber unter Umständen zur Folge haben, ohne jedoch darauf explizit, etwa in der Begründung, einzugehen. In solchen Entscheidungen verdeutlicht sich unter Umständen eine faktisch erfolgte, aber nicht durch Erlaß einer entsprechenden Planungs- und Verwaltungsentscheidung transparent gemachte passive Sanierung.

In erster Linie ist damit abzustellen auf formalisierte, schriftlich oder in Plänen fixierte, hinreichend konkretisierte, mit Rechtswirkungen ausgestattete Festlegung bezüglich einer kleinräumigen passiven Sanierung. Einzubeziehen sind dabei solche grundlegenden Entscheidungen, etwa in Gesetzen, Verordnungen, Programmen oder Plänen, deren Existenz für die Rechtswirksamkeit der Festlegung bezüglich der passiven Sanierung Voraussetzung ist, oder die dabei zu beachten sind.

Daneben kommt auch die bewußte Unterlassung solcher Festlegungen als Gegenstand rechtlicher Prüfung in Betracht.

2. In Betracht kommende Entscheidungsträger

Bei überschlägiger Betrachtung kommen als Entscheidungsträger bei einer kleinräumigen passiven Sanierung in erster Linie das Land, u. U. unter starker Mitwirkung des Landes auch die Landkreise, ferner als mitbeteiligte Entscheidungsträger u. U. noch die Gemeinden in Betracht. Der Bund kommt als potentieller Entscheidungsträger insbesondere in Zusammenhang mit der Schaffung von Rechtsgrundlagen in Betracht, die zu einer passiven Sanierung ermächtigen oder dabei rahmenmäßig zu beachten sind.

3. In Betracht kommende Sanierungbetroffene

Unter rechtlichen Aspekten ergibt sich die Frage der Betroffenheit bei überschlägiger Betrachtung insbesondere unter zwei Aspekten, einmal unter Rechtsschutzgesichtspunkten, zum anderen unter partizipativen Aspekten einer Demokratisierung des Planungsverfahrens. In Betracht kommen dafür in erster Linie die ansässigen Bürger, die je nach ihrer faktischen oder rechtlichen Position, etwa als Landwirte, Nutzer öffentlicher Einrichtungen etc. in sehr unterschiedlicher Weise von einer Sanierungsentscheidung berührt sein können. Betroffen können aber auch andere Private sein, z. B. private Investitionsträger. Schließlich berührt eine passive Sanierung u. U. auch Träger öffentlicher Aufgaben, insbesondere etwa die Landkreise und Gemeinden, die dabei zugleich als Entscheidungsträger an der Entscheidung über die passive Sanierung beteiligt sein können.

IV. Vereinbarkeit der kleinräumigen passiven Sanierung mit dem geltenden Recht

1. Zur Kompetenz der Raumordnung und Landesplanung für die Entscheidung über die passive Sanierung

Da passive Sanierung nicht nur die punktuelle Herausnahme des betreffenden Gebietes aus einem einzelnen fachlichen Förderungsprogramm bedeutet, sondern ein umfassendes Absenken des Investitions- und Versorgungsniveaus impliziert, kann die Entscheidung für eine passive Sanierung angesichts der komplexen Auswirkungen, die eine passive Sanierung für alle in dem betroffenen Raum wohnenden Menschen und die dort tätigen öffentlichen Institutionen hat, nicht durch die Ressortentscheidung eines einzelnen Fachressorts abgedeckt werden. Unter dem Gesichtspunkt der notwendigen überfachlichen und überörtlichen Abstimmung einer solchen Entscheidung ist deshalb das Tätigwerden der Raumordnung und Landesplanung sachlich und rechtlich unabweislich.

2. Geltung des rechtlich abgesicherten Zielsystems der Raumordnung und Landesplanung

Mit der Kompetenz der Raumordnung und Landesplanung ist auch das rechtlich abgesicherte Zielsystem der Raumordnung und Landesplanung zu beachten.

Unbeschadet des abweichenden Gebrauchs des Zielbegriffs in den Sozialwissenschaften, wie auch in der Politik, einschließlich der Raumordnungspolitik, geht das BROG von einem Rechtsbegriff der Ziele der Raumordnung und Landesplanung aus, der für die rechtliche Verbindlichkeit der planerischen Festlegungen der Raumordnung und Landesplanung namentlich gegenüber den Fachplanungen sowie der kommunalen Bauleitplanung maßgebend ist. Im Hinblick auf die Rückbindung der Ziele der Raumordnung und Landesplanung gemäß § 3 Abs. 2 BROG an die Raumordnungsgrundsätze des § 2 BROG können Ziele und Grundsätze (einschließlich etwaiger weiterer Landesraumordnungsgrundsätze) als die wesentlichen Bestandteile des rechtlich abgesicherten Zielsystems der Raumordnung und Landesplanung angesehen werden. Auch wenn im BROP von Leitzielen, Oberzielen und Zielen die Rede ist, so darf dieser Sprachgebrauch nicht darüber hinwegtäuschen, daß es sich dabei nicht um Ziele der Raumordnung und Landesplanung im Sinne des BROG handelt. Nach § 5 Abs. 1, 2 BROG werden die Ziele der Raumordnung und Landesplanung vielmehr durch die Länder über eine Aufnahme in die von ihnen aufgestellten Programme und Pläne verbindlich gemacht. Allerdings vermag auch das politische Zielsystem eine gewisse rechtliche Bedeutung bei der Interpretation des rechtlich abgesicherten Zielsystems der Raumordnung und Landesplanung zu erlangen, ohne daß diese Problematik hier vertieft werden soll. Rechtlich maßgeblich ist allerdings in jedem Fall das rechtlich verbindliche Zielsystem.

3. Vereinbarkeit mit den Raumordnungsgrundsätzen und den dahinter stehenden verfassungsmäßigen Grundentscheidungen

Die Ausweisung einer passiven Sanierung in einem landesplanerischen Plan, gegebenenfalls in einem Regionalplan, müßte angesichts der Bindung der Landesplanung an die Grundsätze des § 2 BROG diese jedenfalls beachten. Nun ist die Fassung des § 2, insbesondere im Hinblick auf den Wortlaut des Abs. 2 Nr. 3, 4, 5[14]) nicht ganz bedenkenfrei, was auch durch die oben (II. 1.) dargelegte Entwicklung des Begriffs der passiven Sanierung gestützt wird. Entscheidend ist nun, ob diese an den Wortlaut des § 2 BROG anknüpfenden Bedenken im Ergebnis durchzugreifen vermögen.

Zunächst einmal ist aus der angezogenen Vorschrift ein explizites Verbot passiver Sanierung jedenfalls nicht zu entnehmen. Die Vorschriften sind durchweg als Sollvorschriften gefaßt. Die in ihnen enthaltenen Zielvorgaben sind bei Zugrundelegung wissenschaftlicher Maßstäbe nicht unbedingt als operabel und bestimmt zu bezeichnen. Das führt allerdings nicht ohne weiteres dazu, den Raumordnungsgrundsätzen prinzipiell den Charakter rechtlicher Festpunkte für die Landesplanung der Länder zu bestreiten und sie als beliebig interpretativ aushöhlbar anzusehen.

Gegen eine isolierte rechtliche Interpretation der einzelnen Raumordnungsgrundsätze spricht ferner, daß sie, ebenso wie die öffentlichen und privaten Belange in der Bauleitplanung, gemäß § 2 Abs. 2 BROG, gegeneinander und untereinander abzuwägen sind. Insofern ist davon auszugehen, daß die in den Raumordnungsgrundsätzen enthaltenen Einzelbelange in einem Beziehungsverhältnis zueinander stehen und aus diesem interpretativen Wechselverhältnis heraus innerhalb des Gesamtrahmens bis zu einem gewissen Grade Bedeutungsverschiebungen erfahren können. Das entspricht auch ihrem Rahmencharakter, die mit der Kompetenzqualität in Zusammenhang steht, die dem Bund bei Erlaß des BROG zur Verfügung stand (Art. 75 Nr. 4 GG). Andererseits erlaubt das Abwägungsgebot des § 2 Abs. 2 BROG ebensowenig die Raumordnungsgrundsätze beliebig zu relativieren, wie allerdings auf der anderen Seite auch der einzelne Grundsatz nicht absolute und ausschließliche Beachtung verlangen kann.

Das Zurücksetzen eines in einem Raumordnungsgrundsatz enthaltenen Aspektes hinter einen anderen rechtlich billigenswerten Raumordnungsaspekt kann aus der Sicht des Abwägungsgebotes jedenfalls grundsätzlich nicht beanstandet werden.

Ebenso, wie die Raumordnungsgrundsätze in einem inneren Zusammenhang zu sehen sind, muß nun allerdings die planerische Entscheidung, die an den Raumord-

---

[14]) § 2 Abs. 2 Nr. 3, 4, 5 BROG:
3. In Gebieten, in denen die Lebensbedingungen in ihrer Gesamtheit im Verhältnis zum Bundesdurchschnitt wesentlich zurückgeblieben sind oder ein solches Zurückbleiben zu befürchten ist, sollen die allgemeinen wirtschaftlichen und sozialen Verhältnisse sowie die kulturellen Einrichtungen verbessert werden. In den Gemeinden dieser Gebiete sollen die Lebensbedingungen der Bevölkerung, insb. die Wohnverhältnisse sowie die Verkehrs- und Versorgungseinrichtungen allgemein verbessert werden. In einer für ihre Bewohner zumutbaren Entfernung sollen Gemeinden mit zentralörtlicher Bedeutung einschl. der zugehörigen Bildungs-, Kultur- und Verwaltungseinrichtungen gefördert werden.
4. Die Leistungskraft des Zonenrandgebietes ist bevorzugt mit dem Ziel zu stärken, daß in allen seinen Teilen Lebens- und Arbeitsbedingungen sowie eine Wirtschafts- und Sozialstruktur geschaffen werden, die denen im gesamten Bundesgebiet mindestens gleichwertig sind. Die Bildungs-, Kultur-, Verkehrs-, Versorgungs- und Verwaltungseinrichtungen sind vordringlich zu schaffen.
5. Es sind die räumlichen Voraussetzungen dafür zu schaffen und zu sichern, daß die land- und forstwirtschaftliche Bodennutzung als wesentlicher Produktionszweig der Gesamtwirtschaft erhalten bleibt. Die Landeskultur soll gefördert werden. Für die landwirtschaftliche Nutzung gut geeignete Böden sind nur in dem unbedingt notwendigen Umfang für andere Nutzungsarten vorzusehen. Das gleiche gilt für forstwirtschaftlich genutzte Böden. Für ländliche Gebiete sind eine ausreichende Bevölkerungsdichte und eine angemessene wirtschaftliche Leistungsfähigkeit sowie ausreichende Erwerbsmöglichkeiten, auch außerhalb der Land- und Forstwirtschaft, anzustreben. Nr. 3 Sätze 2 und 3 finden entsprechende Anwendung.

nungsgrundsätzen gemessen werden soll, im Zusammenhang mit dem raumplanerischen Gesamtkonzept gesehen werden, innerhalb dessen sie erfolgt. Steht die raumplanerische Gesamtkonzeption insgesamt mit der hinter den Raumordnungsgrundsätzen stehenden Konzeption nicht in Widerspruch und fügt sich die in Frage stehende Einzelmaßnahme konsistent in die raumplanerische Gesamtkonzeption ein, so ist für sie ein Verstoß gegen die Raumordnungsgrundsätze nicht anzunehmen, selbst wenn einzelne Formulierungen der Grundsätze Bedenken naheliegen sollten.

Im Zusammenhang mit der neuerlich stärkeren Favorisierung von Maßnahmen zur passiven Sanierung angesichts einer realistischen Einschätzung der Steuerungsmöglichkeiten der Raumordnung stößt allerdings der abwägende Umgang mit den Raumordnungsgrundsätzen an Grenzen, die durch das Gesamtbeziehungsgeflecht der Raumordnungsgrundsätze gesetzt sind. So legt in der Tat der Wandel in den raumordnungspolitischen Auffassungen seit Erlaß des BROG nahe, eine entsprechende Anpassung der Raumordnungsgrundsätze vorzunehmen und dies wird in der Literatur wie auch im politischen Raum durchaus erwogen[15]).

Es wäre nun allerdings verfehlt, die politischen Zielvorstellungen, wie sie im BROP ausformuliert worden sind, auf eine Divergenz zu den Grundsatzvorstellungen des § 2 BROG hin zu untersuchen, nachdem das BROP erklärtermaßen von der Basis des § 2 BROG ausgeht und diese detaillierten will. Mögliche Diskrepanzen müssen bei dieser Sachlage vielmehr über eine gesetzeskonforme Interpretation ausgeglichen werden. Andererseits ist nicht zu verkennen, daß extreme Interpretationen des BROP durch eine gegenwärtige Fassung des § 2 BROG Grenzen gesetzt sein können, die gegebenenfalls durch Änderung und Neufassung des § 2 BROG ausgeräumt werden müßten, selbstverständlich unter Beachtung vorrangiger Normen des Verfassungsrechts. Grundsätzlich wird man jedoch etwa das Grundkonzept des BROP, über eine raum- und siedlungsstrukturelle Aufgabenteilung die Raumordnungsaufgabe anzugehen, kaum zur Regelung des § 2 BROG in Widerspruch setzen können, die ja auch von unterschiedlichen Gebietskategorien ausgeht. Von hierher scheint es rechtlich durchaus akzeptabel zu sein, bestimmte Räume und deren Bewohner in Vergleich zu anderen Räumen und im Vergleich zur bisherigen Situation des betreffenden Raumes über eine auf eine passive Sanierung abzielende Zielsetzung schlechter als bisher zu stellen, ohne daraus einen Gegensatz zu den Raumordnungsgrundsätzen konstruieren zu können.

Unter dem Aspekt des Sozialstaatsgebotes scheint es freilich unzulässig, mit der raumordnungsmäßigen Funktionsbestimmung für einen bestimmten Raum etwa faktische Konsequenzen zu verbinden, die eine soziale und kulturelle Deprivation der in diesem Raum wohnenden Bevölkerung zur Folge haben. Vor dem Hintergrund des Sozialstaatsgebotes dürften hier die Raumordnungsgrundsätze in der Weise zu interpretieren sein, daß eine Mindestschwelle sozialer Gewährleistung nicht ohne weiteres von heute auf morgen dadurch unterschritten werden kann, daß der Staat in einem bestimmten Gebiet die Wahrnehmung seiner Daseinsvorsorgeaufgaben im Zuge einer passiven Sanierung einstellt. Die Aufrechterhaltung der öffentlichen Sicherheit und Ordnung einschließlich einer geordneten Kranken- und Unfallvorsorge sowie eine minimale Sozial- und Bildungsvorsorge muß in jedem Fall sichergestellt bleiben. Das

---

[15]) Vgl. Hübler: Ein Gesetzesauftrag und seine Problematik. In: Raumordnung auf neuen Wegen (a.a.O., Fn. 9), S. 56; ferner Ernst: Die Raumordnungsgrundsätze. In: Raumordnung ..., S. 36; vgl. ferner Empfehlung des Beirats für Raumordnung v. 16. 6. 1976.

kann freilich nicht bedeuten, daß auf dem Umweg über das Sozialstaatsgebot ein individuelles Anspruchsspektrum für die verbleibende Bevölkerung eröffnet wird, das im Ergebnis die raumordnungspolitische Entscheidung für eine passive Sanierung wieder aufhebt und gegenstandslos macht.

Bei der Beurteilung der Konsequenzen, die etwa mit einer raumordnerischen Funktionszuweisung verknüpft sind, darf nicht außer acht gelassen werden, daß erst die Ausfüllung der raumordnerischen Entscheidung durch die Fachplanung und deren Realisierung faktisch und rechtlich die nachteiligen Folgen für den betroffenen Bürger herbeiführt. Zum Beispiel führt erst das Unterbleiben weiterer Baulandausweisung durch die Gemeinde oder die Anpassung ihrer Bauleitplanung an die von der Landesplanung vorgegebenen Zielsetzungen zur Entwertung bestimmter Flächen mit der Rechtsqualität von Bauerwartungs- bzw. Bauland. Insofern wird die Problematik einer passiven Sanierung mit zunehmender Realisierung der landesplanerischen Ziele in Probleme konkretisiert, wie sie auch sonst im Zusammenhang mit behördlichen Durchführungsmaßnahmen auftreten. Erst diese schaffen in aller Regel eine rechtliche Betroffenheit für den Bürger.

4. Transparenz bezüglich der Kennzeichnung der für eine passive Sanierung vorgesehenen Gebiete

Ob passive Sanierung als landesplanerisches Planzeichen in die Darstellungstechnik der Landesplanung Eingang finden dürfte, scheint angesichts des negativen Beigeschmacks, den der Begriff hat, zweifelhaft. Beschränkung auf Eigenentwicklung oder aber wohlklingende Funktionszuweisungen dürften eher benutzt werden, um landesplanerische Absichten — passiv zu sanieren — in das entwicklungsplanerisch orientierte Aufgabenverständnis der Landesplanung einzufügen. Rechtlich stellt sich in diesem Zusammenhang die Frage, inwieweit vom Landesplanungsrecht angesichts der weittragenden nachteiligen Folgen, die mit einer solchen landesplanerischen Absicht für die betroffene Bevölkerung u. U. verbunden sind, ein Transparenzerfordernis aufgestellt wird. Hier wirkt sich aus, daß Landesplanung in erster Linie behördeninterne Koordination zum Gegenstand hat und von daher der Bürger prinzipiell keinen individuellen Anspruch auf Offenlegung der landesplanerischen Absichten haben kann.

Verfolgt die Landesplanungsbehörde die Absicht, bestimmte Gebiete passiv zu sanieren, so muß sie ein Interesse haben, dies in Form verbindlicher Ziele der Raumordnung und Landesplanung festzulegen, weil sie nur so eine Bindung und Initiierung der Fachplanungen und damit der Träger erforderlich werdender Durchführungsmaßnahmen erreichen kann. Das Transparenzerfordernis liegt also zunächst im eigenen Interesse der Koordinierungsaufgabe der Landesplanung.

Belasten könnte den betroffenen Bürger u. U. eine verschleierte, weil nicht aus den landesplanerischen Plänen ersichtliche Ausweisung einer passiven Sanierung, wobei unterschiedliche Modalitäten denkbar sind, z. B. Unterlassen einer Ausweisung überhaupt oder etwa Kaschierung durch eine bewußt irreführende Ausweisung. Hier könnte ein Interesse des Bürgers bestehen, daß die beabsichtigte passive Sanierung von der Landesplanung in ihren Plänen transparent gemacht werden muß. Die Rechts- und erst recht die Beweislage ist allerdings für den Bürger hier außerordentlich ungünstig. Eine Diskrepanz zwischen dem von der Behörde gewollten und dem im Plan Ausgewiesenen ist regelmäßig für den Bürger kaum nachweisbar und auch regelmäßig rechtlich unbeachtlich, weil durch die formalisierte Planaufstellung sich der Planinhalt gegenüber den Vorstellungen der planerarbeitenden Behörde verselbständigt. Eine Chance des Bürgers besteht allenfalls darin, daß er die Behörde an dem Inhalt des aufgestellten Planes festhalten kann, wenn diese eine inhaltswidrige Interpretation des Planes versucht.

Im Ergebnis ist das Formalisierungserfordernis, das die Landesplanungsgesetze für die Aufstellung der Ziele der Raumordnung und Landesplanung durch die verfahrensrechtliche Regelung der Aufstellung landesplanerischer Programme und Pläne aufstellen, bezogen auf den Bürger lediglich ein Reflex des Umstandes, daß die Landesplanung nur mit solchen formalisiert aufgestellten Zielen der Raumordnung und Landesplanung die kommunale Bauleitplanung und die Fachplanung zu binden vermag.

5. Zur Frage erhöhter rechtlicher Anforderungen an die Beteiligung der betroffenen Landkreise und Gemeinden

Schwere und Tragweite der raumordnerischen Entscheidung für eine passive Sanierung können nicht ohne weiteres als Gesichtspunkte dafür herangezogen werden, eine über das sonst übliche Maß der Beteiligung der Landkreise und Gemeinden an der Aufstellung landesplanerischer Ziele hinausgehende Beteiligungsintensität zu fordern[16]). Zweifellos gibt es auch andere landesplanerische Entscheidungen, die vergleichbar erhebliche Nachteile für die in den betroffenen Räumen wohnende Bevölkerung zur Konsequenz haben können. Eine Differenzierung nach Schwere und Tragweite der Festlegung bezüglich der kommunalen Beteiligung würde eine erhebliche Rechtsunsicherheit in das Verfahren hereintragen.

Immerhin ist daran zu denken, ob nicht in der raumordnerischen Entscheidung für eine passive Sanierung bezüglich der etwa nachfolgend notwendig werdenden fachplanerischen Entscheidung eine Vorwegnahme wesentlicher Inhalte liegt, so daß u. U. schon im landesplanerischen Verfahren ein an sich erst im Fachplanungsverfahren vorgesehene Beteiligung der Gemeinden und Landkreise vorgezogen erfolgen muß[17]). In der Tat besteht ein gewisses Unbehagen, daß Landesplanung, zunehmend unter Aufgabe des Anspruches Gesamtkonzeptionen zu entwerfen, mit der punktuellen Behandlung projektartiger Planungsvorhaben, z. B. dem Bau von Universitäten, Flugplätzen, Atomkraftwerken befaßt ist und damit zu ihrer eigentlichen Aufgabenstellung in Widerspruch geraten kann[18]). Die angesprochene Problematik einer Neubestimmung des Verhältnisses von Landesplanung und Fachplanung sprengt freilich den Rahmen der hier anzustellenden Überlegungen. Gewissen denkbaren Lösungsansätzen könnten allerdings bereits heute bei der Handhabung solcher Landesplanungsgesetze Rechnung getragen werden, die die Durchführung von Raumordnungsverfahren vorsehen.

---

[16]) Vgl. zur allgemeinen Problematik SCHMIDT-ASSMANN: Verfassungs- und verwaltungsrechtliche Fragen einer kommunalen Beteiligung an der Landesplanung. In: AöR 1976, S. 520 ff.; ferner DAVID: Landesplanerisches Instrumentarium und kommunale Beteiligungsmöglichkeiten. In: Die Wirksamkeit des Steuerungsinstrumentariums der Landesplanung, Akademie für Raumforschung und Landesplanung, Arbeitsmaterial Nr. 3/77, S. 22 ff.

[17]) Vgl. DAVID: Landesplanerisches Aufgabenverständnis und Partizipation. In: Der Landkreis 1975, S. 63 ff.

[18]) Vgl. dazu DAHLKE: Voraussetzungen und Auswirkungen landesplanerischer Funktionszuweisung, Einführung in rechtliche Aspekte. In: Veröffentlichung der Akademie für Raumforschung und Landesplanung, Forschungs- und Sitzungsberichte, Bd. 104, Hannover 1975, S. 11 (13 f.).

Eine beabsichtigte passive Sanierung gehört meines Erachtens zu den Anlässen, die die Durchführung eines besonderen Raumordnungsverfahrens rechtfertigen und erfordern. Im übrigen bedürften die hier angesprochenen komplexen Fragen einer künftigen Ausgestaltung des Verhältnisses von Landesplanung und Fachplanungsverfahren einer Vertiefung an anderer Stelle.

V. Ausgleichsansprüche der Sanierungsbetroffenen

Die Landesplanungsgesetze sehen Ausgleichsansprüche durchweg nur für Gemeinden vor, die mit Rücksicht auf Ziele der Raumordnung und Landesplanung ihre Bebauungspläne haben anpassen müssen, damit Entschädigungsansprüche aus Enteignung ausgelöst haben und dafür haben aufkommen müssen[19]. Der Bürger muß sich also in diesen Fällen, in denen zweifellos die Landesplanung durch ihre Pläne eine maßgebliche Ursache im Sinne einer condicio sine qua non für den Eintritt des Enteignungserfolges gesetzt hat, an die Gemeinde halten, die die Landesplanung erst gegenüber dem Bürger in rechterheblicher Weise konkretisiert. Die Landesplanungsgesetze sehen also keine unmittelbar den Bürger begünstigenden Entschädigungstatbestand vor, sondern nur einen Ausgleich zugunsten der Gemeinde, die Entschädigungsansprüche des Bürgers befriedigt hat[20].

Das steht rechtsdogmatisch in Einklang mit der Vorstellung, daß die Programme und Pläne der Raumordnung und Landesplanung keine unmittelbar gegenüber dem Bürger wirkenden Festlegungen enthalten, sondern eben nur behördenintern wirken und erst einer Umsetzung durch die Fachressorts bedürfen, weshalb die Landesplanung ja auch selbst keine Haushaltsmittel für die Durchführung ihrer Ziele zur Verfügung hat. Auch über spezielle Anspruchsgrundlagen, wie etwa die Konstruktion von Amtspflichtverletzungsansprüchen bei rechtswidrigem Handeln, oder Ansprüche aus Plangewährleistung[21], lassen sich unmittelbar individuelle Ansprüche gegenüber der Landesplanung kaum begründen. Allerdings könnten unmittelbar über die Ausgleichspflicht gegenüber den Gemeinden bei einer passiven Sanierung erhebliche Ansprüche auf die Landesplanung zukommen, wenn etwa die Gemeinde aus der landesplanerischen Entscheidung für eine passive Sanierung entsprechende Konsequenzen für die Bauleitplanung ziehen würde, indem sie etwa allen als Baugrundstücken ausgewiesenen Grundstücken die Baulandqualität wieder entzieht. Schon heute scheitern bekanntlich landesplanerische Umplanungen daran, daß die Landesplanung in diesem Fall erheblichen Ausgleichsansprüchen der Gemeinden ausgesetzt wären, weil diese ihre Bauleitplanung dann daran anzu-

---

[19] Vgl. zur allgemeinen Problematik, SCHMIDT-ASSMANN: Ausgleich landesplanerischer Planungsschäden, Schriftenreihe des Deutschen Städte- und Gemeindetages, Bd. 25, Schwartz, Göttingen; ferner NIEMEIER: Entschädigung auf Grund von Maßnahmen der Landesplanung, Veröffentlichung der Akademie für Raumforschung und Landesplanung, Abhandlungen, Bd. 54, S. 15 f.; ferner NIEMEIER: Das Recht der Raumordnung und Landesplanung in der Bundesrepublik Deutschland, Veröffentlichung der Akademie für Raumforschung und Landesplanung, Abhandlungen, Bd. 75, 1976, S. 91 ff.

[20] Nur Gemeinden könnten u. U. Wertminderung an eigenen Grundstücken auf Grund landesplanungsbedingter örtlicher Umplanungen unmittelbar von der Landesplanung ersetzt verlangen.

[21] Zusammenfassende Darstellung, z. B. bei OSSENBÜHL: Staatshaftungsrecht, JUS-Schriftenreihe, Heft 15, Beck, 1976, zur Plangewährleistung, insb. S. 176 ff.

passen hätten. So könnten auch bei einer passiven Sanierung auf die Landesplanung erhebliche Ausgleichsansprüche zukommen, deren Befriedigung früh genug im Landeshaushalt sichergestellt werden müßte.

Subventionen und Prämien, die explizit an die raumordnerische Ausweisung einer passiven Sanierung geknüpft sind, gibt es, soweit ersichtlich, nicht; denkbar wäre es allerdings durchaus, solche künftig de lege ferenda zu begründen, etwa um die Abwanderung noch zu beschleunigen oder aber der verbleibenden Bevölkerung einen Ausgleich für ihren Verbleib und für den damit für die Allgemeinheit verbundenen Vorteil, etwa wegen übernommener landschaftspflegerischer Aufgaben, zu gewähren. Insbesondere die Festlegung der Berechnungsmodalitäten, etwa für einen Funktionsausgleich, dürften hier die meisten Schwierigkeiten bereiten.

Schließlich könnte noch von Interesse sein, ob für den Fall, daß die Versorgung mit öffentlichen Dienstleistungen (Post, öffentlicher Personennahverkehr, Schulversorgung, Krankenversorgung) in Verfolg der Realisierung der raumordnerischen Entscheidung für eine passive Sanierung abgesenkt wird, nicht möglicherweise Ausgleichsansprüche auslöst, wie sie der sonst im Bundesgebiet wohnenden Bevölkerung nicht oder nur ausnahmsweise, z. B. im Katastrophenfall, zusteht (Hubschrauberversorgung).

Dies beantwortet sich allerdings nicht nach Raumordnungsrecht, sondern jeweils auf der Grundlage der Besonderheiten des betreffenden Fachrechts. Die Fachrechte sorgen tendenziell dafür, daß der Anspruch auf staatliche Daseinsvorsorge auch nach einer passiven Sanierung fortbesteht, wobei sonst und bislang so nicht übliche Maßnahmemodalitäten in Betracht zu ziehen sind, etwa für die Schul- und Verkehrsversorgung. Verbleiben etwa noch schulpflichtige Kinder in dem passiv zu sanierenden Gebiet, und widersetzen sich ihre Eltern etwa einer (subventionierten) Unterbringung in einem Internat, so wird das durch Art. 6 Abs. 2 GG geschützte Elternrecht in der Kollision mit dem aus Art. 7 Abs. 1 GG sich ergebenden staatlichen Erziehungsauftrag[22] kaum mit rechtlichen Mitteln unter Kostenersparnisgesichtspunkten zurückzudrängen sein; vielmehr werden dann aufwendige Maßnahmen, wie Stellung eines Hauslehrers zur Gewährleistung der Beschulung, in Betracht gezogen werden müssen[23]. Letztlich können weder das Sozialstaatsgebot noch auch die Grundrechte für ein passiv zu sanierendes Gebiet räumlich limitiert außer Kraft gesetzt werden.

VI. Zusammenfassung

Der Begriff der passiven Sanierung stammt ursprünglich aus dem Bereich der regionalen Wirtschaftsförderung und ist von dort in den raumordnerischen Sprachgebrauch gelangt. Während passive Sanierung zunächst in einem gewissen Gegensatz zu einer aktiven Entwicklungspolitik gesehen worden ist, ist diese Antinomie in der Folgezeit

---

[22] Vgl. zur allgemeinen Problematik Oppermann: Gutachten zum 51. Deutschen Juristentag, Gutachten C, Nach welchen rechtlichen Grundsätzen sind das öffentliche Schulwesen und die Stellung der an ihm Beteiligten zu ordnen? Beck, 1976, hier insbesondere Rnd.-Nr. 99.

[23] Vgl. wegen neuer Maßnahmemodalitäten zur Verkehrsversorgung den Beitrag von Heinze in diesem Band.

dadurch beseitigt worden, daß man die passive Sanierung kleinerer Teilräume als durchaus vereinbar mit einer auf größere Raumeinheiten bezogenen aktiven Sanierung angesehen hat. Für die Kleinräumigkeit im Zusammenhang mit einer passiven Sanierung sind bezogen auf die Verwaltungsgliederung etwa Teile eines Landkreises bzw. bezogen auf das Zentrale-Orte-System materiell in erster Linie die Bereiche von Unter- und Kleinzentren anvisiert worden. Die Entscheidung über eine passive Sanierung kann sich in Planungs- und Verwaltungsentscheidungen mit unterschiedlicher Deutlichkeit äußern: Von der ausdrücklichen Kennzeichnung in der Regionalplanung über Funktions- und Vorrangausweisung, die praktisch eine passive Sanierung zur Folge haben, bis zur bewußten Unterlassung einer planerischen Ausweisung der Absicht, passiv zu sanieren.

Die mit der passiven Sanierung verbundenen komplexen Auswirkungen, insbesondere das gravierende Absenken des Investitions- und Versorgungsniveaus, implizierten, daß hierfür nicht Entscheidungen der einzelnen Fachressorts ausreichen, sondern vielmehr unter dem Gesichtspunkt der notwendigen überfachlichen, überörtlichen Abstimmung das Tätigwerden der Raumordnung und Landesplanung sachlich und rechtlich unabweichlich ist.

Damit gilt das rechtlich abgesicherte Zielsystem der Raumordnung und Landesplanung. Zwar verbieten die Raumordnungsgrundsätze des § 2 BROG eine passive Sanierung nicht explizit, immerhin legen die Grundsätze in § 2 Abs. 2 Nr. 3, 4 und 5 BROG jedoch gewisse Bedenken nahe. Dabei ist allerdings zu beachten, daß die kleinräumige passive Sanierung nicht isoliert, sondern nur innerhalb der Gesamtkonzeption, in die sie eingebettet ist, den Raumordnungsgrundsätzen, die ihrerseits zueinander in einem Abwägungsverhältnis stehen, gegenüberzustellen ist. Von hierher kann eine Verletzung der Raumordnungsgrundsätze nicht angenommen werden, wenngleich eine gewisse Diskrepanz zwischen den gegenwärtigen raumordnungspolitischen Auffassungen und der Fassung der Raumordnungsgrundsätze von 1965 nicht zu verkennen ist. Die Transparenz landesplanerischer Absichten, kleinräumig passiv zu sanieren, ist insbesondere auch im Interesse der Landesplanung geboten, weil sie nur mit rechtlich verbindlichen Zielsetzungen steuernd auf die Bauleitplanung und die Fachplanungen einzuwirken vermag. Besondere Anforderungen für die kommunale Beteiligung an den landesplanerischen Entscheidungen betreffend einer passiven Sanierung ergeben sich weniger aus landesplanungsrechtlichen Erfordernissen i. e. S. als vielmehr im Hinblick auf die von der landesplanerischen Entscheidung u. U. ausgehenden präjudizierenden Wirkung auf das Fachplanungsverfahren, die eine vorgezogene intensive kommunale Beteiligung nahelegen könnte. Landesplanungsrechtlich ist die Durchführung eines Raumordnungsverfahrens in Betracht zu ziehen. Ausgleichansprüche durch eine passive Sanierung betroffener Bürger beurteilen sich in erster Linie nach dem die landesplanerische Entscheidung umzusetzenden Fachrecht (z. B. BBauG, Fachplanungsrecht). Weder das Sozialstaatsgebot noch die Grundrechte können jedoch für die in dem zur passiven Sanierung vorgesehenen Raum lebenden Menschen räumlich limitiert außer Kraft gesetzt werden. Das geht jedoch nicht soweit, daß durch die individuelle Berufung auf grundgesetzlich geschützte Rechtspositionen die raumordnungspolitische Entscheidung für eine passive Sanierung gegenstandslos gemacht werden kann.

Für die Daseinsvorsorge der in dem zur passiven Sanierung vorgesehenen Raum verbleibenden Menschen sind jedoch u. U. sonst und bisher nicht übliche Maßnahmemodalitäten, etwa zur Grundschul- oder Verkehrsversorgung, in Betracht zu ziehen.

Industrielle Entwicklungsmöglichkeiten für strukturgefährdete ländliche Räume

von

Friedrich Hösch, München

INHALT:

Vorbemerkung

I. Die zukünftige sozioökonomische Situation in der Bundesrepublik Deutschland
   1. Bevölkerung und Politik
   2. Der Strukturwandel in der Wirtschaft

II. Konsequenzen für strukturgefährdete ländliche Räume

III. Modelle zur industriellen Entwicklung ländlicher Räume
   1. Annahmen
   2. Modell A
   3. Modell B

IV. Zusammenfassung

Vorbemerkung

In der Vergangenheit ist die ökonomische Entwicklung in allen Staaten regional unterschiedlich verlaufen und hat zu verschiedenen Disparitäten geführt. Für den Wirtschaftspolitiker stellt sich damit die Frage, ob diese Entwicklung als gleichsam naturgewollt hingenommen werden oder ob sie durch regionalpolitische Maßnahmen korrigiert werden soll. In der Bundesrepublik Deutschland ist diese Kontroverse eindeutig zugunsten regionalpolitischer Interventionen entschieden worden: Die strukturgefährdeten ländlichen Räume sollen nicht sich selbst überlassen bleiben. Als operationales Ziel, das die Beseitigung der Strukturschwäche signalisiert, wird allgemein die Beseitigung der Einkommensdisparität betrachtet[1].

Als zentrales Instrument zur Erreichung dieses Ziels wurde in den letzten Jahrzehnten die Entwicklung des sekundären Sektors, der Industrie, angesehen. Doch hat sich leider gezeigt, daß die bisherigen Industrialisierungsmaßnahmen die Strukturschwäche verschiedener Regionen nicht zu beseitigen vermochten. Es dürfte deshalb interessant sein, der Frage nachzugehen, ob die derzeitig praktizierte Industrialisierungspolitik in strukturschwachen ländlichen Räumen in Zukunft Erfolge erzielen kann. Da dies u. E. nicht der Fall ist, wird in einem zweiten Teil nach Industrialisierungsmodellen gesucht, die mit einiger Wahrscheinlichkeit die Strukturschwäche ländlicher Räume zu beheben vermögen.

Der Ausdruck „Möglichkeit" in der Themenstellung wird daher in doppelter Bedeutung verwendet: Einmal im Sinne von Chancen bzw. genauer Industrialisierungschancen, die nach unseren heutigen Kenntnissen auf mittlere Sicht für strukturgefährdete ländliche Räume bestehen. Zum anderen wird der Ausdruck Möglichkeit im Sinne von Strategie gebraucht, wie nämlich eine Industrialisierungspolitik gestaltet sein müßte, um einen Beitrag zur Entwicklung strukturgefährdeter ländlicher Räume zu leisten.

Welche Räume als strukturschwach und ländlich angesehen werden sollen, braucht in diesem Beitrag nicht erörtert zu werden. Denn P. KLEMMER berichtet im gleichen Band über die Abgrenzungsproblematik und macht einen Vorschlag, wie der strukturgefährdete ländliche Raum operational definiert werden kann.

I. Die zukünftige sozioökonomische Situation in der Bundesrepublik Deutschland

Wenn im folgenden Kapitel die industriellen Entwicklungsmöglichkeiten für strukturschwache ländliche Räume abgeschätzt werden sollen, so bedeutet dies mit anderen Worten, eine Prognose über deren Industrialisierungsfähigkeit abzugeben. Für sozialwissenschaftliche Prognosen benötigt man bekanntlich Hypothesen über das „Verhalten" sozioökonomischer Größen und sog. Randbedingungen, die eine konkrete sozioökonomische Situation beschreiben. Eine gängige Hypothese ist z. B.: „In hochindustrialisierten Volkswirtschaften verläuft ein Strukturwandel auf Kosten von Branchen mit einem relativ hohen Anteil unqualifizierter Arbeit". Unser Prognoseproblem verlagert sich damit auf die Abschätzung der konkreten ökonomischen Situation in der Bundesrepublik Deutschland in etwa 10 — 15 Jahren, weil dadurch über die Hypothesen auch der Industrialisierungsstand für strukturschwache ländliche Räume festgelegt ist.

---

[1] Vgl. o. V.: Standortentscheidung und Wohnortwahl. Folgerungen für die regionalpolitische Praxis aus zwei empirischen Untersuchungen, Bonn, März 1974, S. 15.

Die konkrete sozioökonomische Situation eines Landes wird durch eine Vielzahl von Tatbeständen und Sachverhalten bestimmt. Die Untersuchung wird sich aber auf diejenigen Sachverhalte beschränken, die u. E. einen wesentlichen Beitrag zur künftigen sozioökonomischen Situation der Bundesrepublik Deutschland — und damit auch der strukturgefährdeten ländlichen Räume — leisten. Sie lassen sich in zwei Kategorien einteilen, nämlich „Bevölkerung und Politik" sowie „Strukturwandel in der deutschen Wirtschaft", hervorgerufen vor allem durch eine Verschiebung im Gefüge der internationalen Arbeitsteilung.

Zum besseren Verständnis der Argumentation dürfte es zweckmäßig sein, zuerst die prognostizierten globalen Strukturdaten zu betrachten, um dann über eine Regionalisierung dieser Daten die Industrialisierungschancen für die strukturgefährdeten ländlichen Räume abzuschätzen.

1. Bevölkerung und Politik

Wie die Diskussionen um die Tragfähigkeit des Raumes gezeigt haben, hängen die Industrialisierungschancen strukturgefärdeter ländlicher Räume eng mit der Bevölkerungsentwicklung, insbesondere der Entwicklung des arbeitsfähigen Teils der Bevölkerung, zusammen. In den letzten 100 Jahren konnte die deutsche Wirtschaftspolitik immer von der Annahme ausgehen, daß die Bevölkerung permanent wächst. Doch seit einigen Jahren hat sich das generative Verhalten der Bevölkerung gewandelt[2]). Die relativ hohen Geburtenraten vor allem der 60er Jahre sind jäh gefallen, so daß erstmals in der jüngsten Geschichte langfristig mit einer Abnahme der Gesamtbevölkerung gerechnet werden muß, die zum Teil erhebliche Änderungen für unser gesellschaftliches Leben bedingen dürfte[3]).

In den vergangenen Jahren wurden von verschiedenen Institutionen Prognosen über die Bevölkerungsentwicklung (Deutsche + Ausländer) in der Bundesrepublik Deutschland abgegeben, die jedoch nicht stark voneinander abweichen. Aus Gründen der Aktualität seien nachstehend die Zahlen der „Raumordnungsprognose 1990" angeführt:[4])

Tabelle 1:

	1974	1980	1985	1990
Wohnbevölkerung in Mill. — ohne Wanderung —	62,0	61,5	60,3	59,6
Wohnbevölkerung in Mill. — mit Wanderung —	62,0	60,1	58,2	57,8

Von Bedeutung dürfte lediglich die untere Zeile der Tabelle sein, in der die Rückwanderung eines Teils der ausländischen Arbeitskräfte berücksichtigt ist. Danach wird mit 57,8 Mill. Einwohnern im Jahre 1990 die Bevölkerungszahl wieder auf den Stand des Jahres 1964 fallen. Zur richtigen Würdigung dieser Bevölkerungsprognose muß

---

[2]) Vgl. K. Schwarz: Gründe des Geburtenrückgangs 1966 bis 1975 und für „Nullwachstum" erforderliche Kinderzahl der Ehen. In: Wirtschaft und Statistik, Heft 6, 1977, S. 374 ff.

[3]) Vgl. H. Wander: Wirtschaftliche und soziale Konsequenzen des Geburtenrückganges. In: Mitteilungsblatt der Österr. Ges. f. Statistik und Informatik, Heft 18, 1975, S. 72 ff.

[4]) Vgl. Raumordnungsprognose 1990. Schriftenreihe „Raumordnung" des Bundesministers für Raumordnung, Bauwesen und Städtebau, Nr. 06.012, Bonn 1977, Tab. 2 und 20.

allerdings bemerkt werden, daß es sich um eine Status-quo-Prognose handelt, die weder bevölkerungspolitische Maßnahmen der Bundesregierung noch die Konsequenzen einer Erweiterung der EG um bevölkerungsreiche Mittelmeerländer berücksichtigen kann.

Aus dem Bereich der Politik ist vor allem interessant, wie sich die öffentlichen Hilfen für die strukturgefährdeten ländlichen Räume entwickeln werden. Denn bisher haben öffentliche Mittel doch in gewissem Umfang eine Gegenwirkung auf die zentripedalen Kräfte einiger Ballungsgebiete ausgeübt, wenn auch nicht in dem Maße, wie sich das die Regionalpolitiker erhofft hatten[5]). Die derzeitigen Förderungsmaßnahmen sind deshalb in den letzten Jahren wiederholt in das Schußfeld der Kritik geraten, vor allem deshalb, weil die Fördergebiete mittlerweile fast zwei Drittel des Bundesgebietes abdecken. Mit den dadurch aufgesplitterten Mitteln lassen sich kaum noch nennenswerte Ansiedlungsanreize auf Industriebetriebe ausüben. Eine Konzentration — und damit Erhöhung — der Fördermittel auf wenige Schwerpunktorte ist bisher am Widerstand der Bundesländer gescheitert; daß sich hier in absehbarer Zukunft gravierende Änderungen ergeben werden, ist kaum zu erwarten.

Erschwerend kommt noch hinzu, daß sich in den letzten Jahren selbst in dichter besiedelten Regionen Strukturschwächen gezeigt haben; auch diese Räume drängen bereits an die öffentlichen Fördermittel. Außerdem lassen Finanzierungsengpässe in Bundes- und den Länderhaushalten immer wieder die Diskussion um eine Einschränkung der regionalen Fördermittel aufkommen[6]).

Diese wenigen Gesichtspunkte mögen schlaglichtartig zeigen, daß die regionalen Probleme in der wirtschaftspolitischen Prioritätenliste nach unten gerutscht sind. Die Annahme, daß die Hilfen für strukturschwache ländliche Räume in absehbarer Zukunft bestenfalls auf ihrer bisherigen Höhe verharren werden, ist u. E. deshalb nicht zu pessimistisch. Darüber darf auch die Forderung des Bundesraumordnungsprogramms[7]), Entwicklungspotential in strukturgefährdete Gebiete zu leiten, nicht hinwegtäuschen; solange keine konkreten Maßnahmen genannt werden, wie dieser Forderung nachzukommen sei, wird es erfahrungsgemäß lediglich eine Forderung bleiben.

2. Der Strukturwandel in der Wirtschaft

Seit dem sog. Ölschock um die Jahreswende 1973/74 ist die deutsche Gesellschaft für strukturelle Wandlungen in der Wirtschaft hellhörig geworden. Strukturwandlungen sind zwar für eine dynamische Wirtschaft etwas Selbstverständliches, doch werden sie seit kurzem erstmals öffentlich im Hinblick auf ihre Konsequenzen für verschiedene Lebensbereiche diskutiert. Da, wie erwähnt, die begründete Vermutung besteht, daß die Strukturwandlungen eine entscheidende Determinante für die industrielle Entwicklungsfähigkeit strukturgefährdeter ländlicher Räume abgeben, müssen wir uns im folgenden mit mehreren ihrer Aspekte beschäftigen.

---

[5]) Eine Zusammenschau empirischer Untersuchungen über die durch Förderungsmaßnahmen hervorgerufene Struktur der angebotenen Arbeitsplätze, der Entwicklung von Beschäftigung, Löhnen und Gehältern, der Persistenz von Ansiedlungen, der Einkommenseffekte sowie der Verteilungswirkungen findet sich bei F. BUTTLER/K. GERLACH/P. LIEPMANN: Grundlagen der Regionalökonomie, rororo studium 102, Reinbeck 1977, S. 149 ff.

[6]) Vgl. z. B. Der Platow Brief Nr. 23 v. 27. 2. 78, in dem von einer beabsichtigten Kürzung bzw. Aufhebung der Zonenrandförderung und der Investitionszulage berichtet wird.

[7]) Vgl. Raumordnungsprogramm für die großräumige Entwicklung des Bundesgebiets (Bundesraumordnungsprogramm). Schriftenreihe des Bundesministers für Raumordnung, Bauwesen und Städtebau, Nr. 06.002, Bonn 1975, S. 5.

Strukturwandlungen stellen bekanntlich ein vielschichtiges Phänomen dar. Unter dem Blickwinkel des strukturgefährdeten ländlichen Raumes dürften u. E. drei Seiten des Strukturwandels von besonderer Bedeutung sein, und zwar die Entwicklung des gesamtwirtschaftlichen Arbeitsplatzpotentials — und damit zusammenhängend, die Entwicklung des Arbeitsplatzangebots in einzelnen Wirtschaftszweigen sowie die zunehmende Qualifikation der Arbeitskräfte.

Die Prognosen führender Wirtschaftsforschungsinstitute weisen auf ein stagnierendes bzw. abnehmendes gesamtwirtschaftliches Arbeitsplatzangebot hin. Stellvertretend für die verschiedenen Schätzungen, die in der Tendenz jedoch alle übereinstimmen, sei die des Instituts für Arbeitsmarkt- und Berufsforschung (IAB) der Bundesanstalt für Arbeit angeführt[8]), weil sie sektoral tief gegliedert ist. Da es sich um einen relativ langen Prognosezeitraum handelt, hat das IAB auf der Grundlage unterschiedlicher Voraussetzungen verschiedene Modellvarianten berechnet. Einen „Mittelweg" beschreibt die Modellvariante III, die deshalb im folgenden betrachtet werden soll.

Variante III unterstellt für den Zeitraum 1975/80 eine globale jährliche Wachstumsrate von 4,5%, was in etwa dem Wunschdenken der Wirtschaftspolitiker entspricht. Für den Zeitraum 1980/90 werden im Modell alternativ jährliche Wachstumsraten von 4,5%, 3,5% und 2,5% zugrunde gelegt. Modellvariante III hat damit folgendes Aussehen:

Tabelle 2:

	Zahl der Arbeitsplätze in Mio		
1973		26,66	
1974		26,26	
1975		25,30	
1980		25,70	
Wachstum	4,5%	3,5%	2,5%
1985	26,20	25,67	25,08
1990	26,83	25,72	24,60

Die erste Spalte, die für 1990 26,83 Mio Arbeitsplätze prognostiziert, dürfte kaum von Bedeutung sein. Denn 4,5% jährliches Wachstum würde heißen, daß die sog. goldenen 60er Jahre eine Fortsetzung fänden. Wenn man jedoch die Erfahrungen der jüngsten Vergangenheit berücksichtigt und sich lediglich die durchschnittlichen jährlichen Wachstumsraten der Jahre 1971/75 in Höhe von 1,8% vor Augen führt, dürfte die Voraussetzung von 4,5% kaum als realitätsnah zu bezeichnen sein. Bei einer globalen jährlichen Wachstumsrate von 3,5%, die in der zweiten Spalte unterstellt ist und u. E. der Realität am nächsten kommt, wird aber im Jahre 1990 nicht einmal mehr der Arbeitsplatzbestand des Jahres 1974 erreicht.

[8]) Vgl. W. KLAUDER/P. SCHNUR: Mögliche Auswirkungen der letzten Rezession auf die Arbeitsmarktentwicklung bis 1990. Modellrechnung nach 26 Sektoren und globale Arbeitsmarktbilanz unter alternativen Annahmen. In: Mitteilung aus der Arbeitsmarkt- und Berufsforschung, Heft 3, 1976, S. 237 ff.

Noch schwerwiegendere Probleme für den strukturgefährdeten ländlichen Raum dürfte aber der zweite Aspekt des Strukturwandels bringen, und zwar die Zusammensetzung bzw. die sektorale Aufgliederung des gesamtwirtschaftlichen Arbeitsplatzpotentials. Denn die Tatsache, daß das gesamtwirtschaftliche Arbeitsplatzpotential relativ konstant bleibt, bedeutet ja nicht, daß sich in den nächsten eineinhalb Jahrzehnten nicht erhebliche Verschiebungen in der Zusammensetzung dieses Potentials ergeben. Die Stellung der Bundesrepublik Deutschland im System der internationalen Arbeitsteilung wird sich wandeln. Aus vielfältigen Gründen, von denen hier lediglich die Umweltbelastung, die hohen Lohnstückkosten und die zunehmende Industrialisierung in Entwicklungsländern erwähnt seien, werden zahlreiche traditionelle Produktionen in der Bundesrepublik Deutschland in Zukunft nicht mehr konkurrenzfähig sein. Die Tendenz dürfte wegführen von der Produktion lohnintensiver Massengüter, deren Herstellung durch ausgereifte Technologie und einen hohen Anteil unqualifizierter Arbeit gekennzeichnet ist[9]). Wir werden uns damit abzufinden haben, daß in Zukunft das Schwergewicht der wirtschaftlichen Aktivität in Deutschland nicht mehr nur auf der Fertigung von Endprodukten liegen wird, sondern sich verstärkt auf die Herstellung von Systemen zur Produktion von Endprodukten verlagern wird; die „Produktion" von Blaupausen, wie diese manchmal bildhaft bezeichnet wird, dürfte erheblich zunehmen.

Das IAB hat versucht, auch den sektoralen Strukturwandel in bezug auf die Arbeitsplätze bis zum Jahre 1990 abzuschätzen[10]). Wie die nachstehende Tabelle für einige markante Wirtschaftszweige zeigt, ist teilweise mit beträchtlichen Verschiebungen zu rechnen, vor allem für die in strukturschwachen Gebieten wichtige Land- und Forstwirtschaft. Zugrunde liegt wiederum die Modellvariante III:

Tabelle 3: Arbeitsplätze nach Wirtschaftszweigen in v. H.

	1975	1980	1990
Land- u. Forstwirtschaft	7,22	4,67	3,87
Warenproduzierendes Gewerbe	45,69	45,20	44,16
darunter:			
Steine, Erden, Glas	1,52	1,29	1,18
Eisen- und NE-Metallverarbeitung	3,23	2,75	2,56
Textil	1,53	1,27	1,07
Leder und Bekleidung	2,07	1,84	1,61
Nahrungs- und Genußmittel	3,62	3,28	3,11
Baugewerbe	7,12	6,99	6,61
Chemie und Mineralöl	3,85	4,15	4,16
Handel und Verkehr	18,42	18,57	18,51
Dienstleistungsunternehmen	12,09	14,19	15,08
darunter:			
Banken und Versicherungen	2,65	3,20	3,48
Staat	13,90	14,33	15,10

---

[9]) Vgl. A. STEINHERR/J. RUNGE: Weniger Arbeit, mehr Hirn. In: Wirtschaftswoche Nr. 10 v. 3. 3. 78, S. 60.

[10]) Vgl. W. KLAUDER/P. SCHNUR, a.a.O., S. 264 f.

Die Entwicklung zur sog. Dienstleistungsgesellschaft wird sich nach dieser Prognose auch in Zukunft vollziehen. Der sekundäre Bereich, der in den vergangenen 100 Jahren permanente Zuwachsraten zu verzeichnen hatte, stagniert, wenn sich auch innerhalb dieses Sektors Verschiebungen ergeben werden. Der für strukturgefährdete ländliche Räume zentrale Sektor Land- und Forstwirtschaft büßt im Zeitraum 1975/90 fast die Hälfte seiner Arbeitsplätze ein.

Obwohl sich die Prognose über die Entwicklung der Land- und Forstwirtschaft mit dem diesbezüglichen Teil der „Raumordnungsprognose 1990" deckt[11]), muß sie aus heutiger Sicht doch stark angezweifelt werden. Denn der in Tabelle 3 zwischen 1975 und 1990 zum Ausdruck kommende relative Verlust von landwirtschaftlichen Arbeitsplätzen beträgt in absoluten Zahlen ca. 830 000[12]). Es erscheint aber mehr als fraglich, ob auch nur ein Teil der Arbeitskräfte, die nach dieser Prognose freigesetzt werden müßten, einer angelernten oder ungelernten Tätigkeit in der heimischen Industrie — wie bisher üblich — nachgehen kann. Die Löhne dieser Personengruppe sind nämlich in der Vergangenheit überproportional gestiegen, so daß es für die Unternehmer interessant — und wegen des internationalen Wettbewerbs auch notwendig — wurde, diese Art von Tätigkeit durch Kapital zu substituieren oder in Niedriglohnländern zu investieren.

Bevor die Konsequenzen der globalen Arbeitsplatzverschiebungen innerhalb der drei Produktionssektoren für den strukturgefährdeten ländlichen Raum analysiert werden können, soll aber noch ein dritter Aspekt des strukturellen Wandels betrachtet werden, und zwar die zunehmende Qualifikation der Arbeitskräfte.

Die Einstellung der deutschen Bevölkerung zum Besuch weiterführender Schulen hat sich seit dem 2. Weltkrieg stark gewandelt. War in früheren Jahrzehnten der Besuch einer Realschule oder gar des Gymnasiums für die Angehörigen vieler Bevölkerungsschichten eine Ausnahme, die in der Regel von einem ganz bestimmten Berufsziel diktiert war, ist der Besuch einer besseren Schule heute schon weitgehend zu einem Konsumgut geworden. Wenn auch die Einführung verschiedener neuer Schultypen die Vergleichbarkeit beeinträchtigt, so vermögen die folgenden Zahlen doch ein ungefähres Bild der Veränderungen im Bildungsbereich zu geben: Im Jahre 1950 gingen im Bundesgebiet ca. 620 000 Schüler auf die höhere Schule, im Jahre 1975 ca. 1,86 Mio allein auf das Gymnasium. Im Sommersemester 1951 waren ca. 118 000 Studenten an den deutschen Hochschulen eingeschrieben, im Wintersemester 1976/77 lag die vergleichbare Zahl bei ca. 800 000[13]). Gewiß sind in diesem Zeitraum viele berufliche Tätigkeiten anspruchsvoller geworden sowie neue Berufe, wie die der Textverarbeitung, entstanden, die hochqualifizierte Arbeitskräfte erfordern. Doch läßt sich damit die große Zahl von Gymnasiasten und Hochschülern allein nicht erklären. Jedenfalls wird aber in der Bundesrepublik Deutschland zur Zeit in hohem Maße Humankapital gebildet, das die internationale Wettbewerbsfähigkeit der Wirtschaft auch in Zukunft sichern kann.

II. Konsequenzen für strukturgefährdete ländliche Räume

Über eine (mehr oder minder mögliche) Regionalisierung der angeführten globalen Strukturdaten lassen sich die industriellen Entwicklungschancen für strukturgefährdete ländliche Räume abschätzen:

---

[11]) Vgl. Raumordnungsprognose 1990, a.a.O., Tab. 6.

[12]) Vgl. W. KLAUDER/P. SCHNUR, a.a.O., S. 261.

[13]) Vgl. Statistisches Jahrbuch für die Bundesrepublik Deutschland 1952, S. 71. — Statistisches Jahrbuch 1977 für die Bundesrepublik Deutschland, S. 325.

Es wäre vermessen anzunehmen, daß sich der prognostizierte Bevölkerungsrückgang einseitig auf die Ballungsgebiete beschränken wird. Ja nicht einmal gleichmäßig in Stadt und Land dürfte die Bevölkerung abnehmen. Wie nämlich aus den Beiträgen von R. KANDT und M. KNIEPER in diesem Band deutlich wird, muß in den strukturgefährdeten ländlichen Gebieten mit einem überdurchschnittlichen Absinken der Geburtenrate gerechnet werden. Ländliche Regionen, die ihre Abwanderungsverluste bisher durch die hohe Geburtenrate in etwa ausgleichen konnten, werden in Zukunft mit einem überproportional hohen Bevölkerungsrückgang konfrontiert werden. Da in der Regel der aktive Teil der Bevölkerung abwandert, ist ferner eine zunehmende Überalterung der dort ansässigen Bevölkerung kaum zu vermeiden.

Die regionalisierte Prognose der Bevölkerungsentwicklung zeigt diese Konsequenz recht deutlich. Wenn sich auch die aktualisierten Gebietseinheiten des Bundesraumordnungsprogramms nicht vollständig mit den regionalen Arbeitsmärkten decken, so kann doch in etwa abgeschätzt werden, daß die von P. KLEMMER mit „sehr strukturgefährdet" eingestuften ländlichen Arbeitsmärkte[14]) in den Gebietseinheiten liegen, für die bis 1990 die größten Bevölkerungsverluste vorausgesagt werden[15]). Wenn man dann bedenkt, in welch hohem Maße die Industrialisierungsmöglichkeiten von der Bevölkerungsdichte abhängen, werden die minimalen industriellen Entwicklungschancen dieser Gebiete deutlich.

An dieser Entwicklung vermögen auch die regionalen Förderungsmaßnahmen kaum etwas zu ändern. Es kann zwar nicht übersehen werden, daß in den letzten drei Jahrzehnten in erheblichem Umfang neue Arbeitsplätze in ländlichen Räumen geschaffen wurden. Doch ob diese Industrialisierungspolitik erfolgreich in dem Sinne war, daß sich eigenständige Entwicklungszentren gebildet haben, vermag mangels einer effektiven Erfolgskontrolle der Regionalprogramme nicht endgültig beurteilt zu werden; u. E. ist dies aber zu verneinen. Gemessen an der Zahl der geschaffenen bzw. erhaltenen Arbeitsplätze werden nämlich Industrialisierungserfolge vorgespielt, die bei qualitativer Betrachtung den Keim künftiger Strukturprobleme bereits in sich tragen[16]). Die in den ländlichen Räumen angesiedelten bzw. expandierenden Betriebe gehören in der Regel Branchen an, deren Bedeutung innerhalb der deutschen Volkswirtschaft laufend abnimmt; es sind dies Betriebe der Bereiche Steine und Erden, Eisen- und NE-Metallverarbeitung, Leder, Textil und Bekleidung sowie Bau [17]), d. h. Bereiche, deren Produkte einen verhältnismäßig geringen Anteil an Humankapital aufweisen. Für alle diese Wirtschaftszweige werden laut Tabelle 3 unterdurchschnittliche Entwicklungschancen prognostiziert. Sie sind zum Teil in die ländlichen Räume ausgewichen[18]), weil in den dichtbesiedelten Gebieten der Kostendruck zu groß geworden war und sie dort keine Zukunftschancen mehr sahen. Mit staatlichen Hilfen wurde und wird ihnen in ländlichen

---

[14]) Vgl. den Beitrag von P. KLEMMER in diesem Band.

[15]) Vgl. Raumordnungsprognose 1990, a.a.O., Tab. 21.

[16]) Vgl. K. GERLACH/P. LIEPMANN: Konjunkturelle Aspekte der Industrialisierung peripherer Regionen — dargestellt am Beispiel des ostbayerischen Regierungsbezirks Oberpfalz. In: Jahrbücher f. Nationalökonomie u. Statistik, Heft 1, 1973, S. 1 ff.

[17]) Vgl. H. DICKE: Welche Branchen sind gefährdet? In: manager magazin, Heft 1, 1978, S. 14 ff.

[18]) Fast alle seit 1970 im Raum Nördlingen angesiedelten Betriebe gehören den genannten Branchen an; vgl. dazu den Beitrag von H. G. VILL in diesem Band.

Räumen ein temporäres Überleben ermöglicht, bis sie von der ausländischen Konkurrenz auch dort verdrängt werden[19]).

Da es sich bei den Industrieansiedlungen im ländlichen Raum in der Regel nicht um sog. Wachstumsindustrien handelt, ist eine selbständige regionale Entwicklung kaum gewährleistet. Solche strukturgefährdeten ländlichen Räume bedürfen permanenter staatlicher Unterstützung, wenn sie ihren Entwicklungsstand halten wollen. Ja es muß sogar damit gerechnet werden, daß der bisherige Entwicklungsstand sich nur mit zunehmenden Staatshilfen aufrecht erhalten läßt, weil in Zukunft der Arbeitsplatznachschub aus den Ballungsgebieten — wie noch zu zeigen sein wird — ausbleiben dürfte. Es ist aber nicht abzusehen, ob dauerhaft die Bereitschaft besteht, öffentliche Mittel in Räume zu pumpen, die allein nicht lebensfähig sind. Das Wiederaufflammen der Diskussion um eine passive Sanierung läßt eher vermuten, daß künftig aus einem nicht unerheblichen Teil der strukturgefährdeten ländlichen Räume Kapital und Arbeit abgezogen werden.

In der Vergangenheit war festzustellen, daß die industrielle Entwicklung ländlicher Regionen von der gesamtwirtschaftlichen Entwicklung profitierte. Denn ein Teil der neu geschaffenen Arbeitsplätze konnte in ländliche Räume gelenkt werden. Man spricht in diesem Zusammenhang vielfach von einem sog. Überschwappeffekt, d. h. nach dieser Auffassung werden industrielle Arbeitsplätze nur dann im ländlichen Raum geschaffen, wenn temporäre Sättigungstendenzen an Arbeitsplätzen in dicht besiedelten Gebieten auftreten. Da dieser Überschwappeffekt mit der Stagnation der Arbeitsplatzzahlen nicht mehr erwartet werden kann, dürfte die Einrichtung neuer industrieller Arbeitsplätze in strukturgefährdeten ländlichen Räumen nur noch vereinzelt möglich sein.

Was die strukturgefährdeten ländlichen Räume zur Kompensation der genannten sozioökonomischen Entwicklungsprozesse entgegensetzen können, ist relativ wenig. Das Argument eines großen und willigen Arbeitskräftereservoirs zieht bei den Unternehmern schon heute nicht mehr. Es werden vermehrt Facharbeiter benötigt, und diese sind in den strukturgefährdeten ländlichen Räumen in der Regel schwerer zu gewinnen als in Ballungsgebieten, wie viele Unternehmer resignierend kundtun. Auch klagen Industrie- und Handelskammern, daß in ländlichen Regionen seßhafte Facharbeiter bewußt lange Pendlerwege und -zeiten in Ballungsgebiete in Kauf nehmen, weil ihnen die dortigen Arbeitsplätze mehr Sicherheit vor konjunkturellen Risiken versprechen. Insgesamt gesehen kann deshalb der Schluß gezogen werden, daß die Stagnation und branchenmäßige Verteilung der Arbeitsplätze den strukturgefährdeten ländlichen Räumen keine industriellen Entwicklungschancen läßt.

Als problematisch für die Industrialisierung strukturgefährdeter ländlicher Räume dürfte sich ferner die zunehmende Qualifikation der dort ansässigen Arbeitskräfte erweisen. Die möglichen Vorteile einer guten Ausbildung sind im ländlichen Raum rasch erkannt worden, so daß eine wachsende Zahl junger Menschen das Abschlußzeugnis einer weiterführenden Schule vorweisen kann. So stieg der Anteil der Landjugend, der weiterführende Schulen besucht, von 9% im Jahre 1955 auf 19% im Jahre 1968 und ist weiter im Steigen begriffen. Die Zunahme der Bildungsbereitschaft schlägt sich aber nicht nur in einem verstärkten Besuch der Realschule und des Gymnasiums nieder, sondern vermag ebenso in der beruflichen Ausbildung beobachtet zu werden. Es kann deshalb heute

---

[19]) Vgl. dazu die diesbezüglichen Prognosen der Raumordnungsprognose 1990, a.a.O., Tab. 17—1 bis 17—4.

nicht mehr von einer geringeren Bildungsdichte in ländlichen Räumen gegenüber Verdichtungsräumen gesprochen werden[20]).

Industriebetriebe in strukturgefährdeten ländlichen Räumen werden bekanntlich vielfach in Form sog. verlängerter Werkbänke geführt, und der Dienstleistungssektor ist nur mäßig ausgebildet, d. h. der Anteil an qualifizierten Arbeitsplätzen liegt in strukturgefährdeten ländlichen Räumen weit unter dem Durchschnitt[21]). Es wird deshalb für junge Menschen mit höherwertiger Ausbildung immer schwieriger, in ihrer Region einen angemessenen Arbeitsplatz zu finden. Wenn sie nicht unter Qualifikation eingesetzt werden wollen, müssen sie entweder lange Pendelwege in Kauf nehmen oder abwandern[22]). Es werden sich in Zukunft vor allem die fehlenden Arbeitsplätze im Dienstleistungssektor bemerkbar machen, welche die wachsende Zahl besonders von Realschulabsolventen aufnehmen könnten.

Der industrielle Sektor unserer Wirtschaft vermag deshalb in absehbarer Zukunft kaum einen Beitrag zu leisten, der generell die Strukturgefährdung ländlicher Räume vermindern oder gar beseitigen könnte. Singuläre Industrialisierungserfolge werden mit dieser Feststellung allerdings nicht ausgeschlossen, vor allem wenn es sich um Betriebe handelt, die aus Gründen des Umweltschutzes in den Ballungsgebieten wachsenden Schwierigkeiten entgegensehen.

III. Modelle zur industriellen Entwicklung ländlicher Räume

Die bisherigen Ausführungen haben deutlich werden lassen, daß die Industrialisierungspolitik in der derzeit praktizierten Form kaum zur Entwicklung der strukturgefährdeten ländlichen Räume beitragen kann. Diese Tatsache darf jedoch nicht so interpretiert werden, als ob das Instrument „Industrialisierungspolitik" prinzipiell untauglich wäre, bei der Entwicklung des strukturgefährdeten ländlichen Raumes mitzuhelfen. Denn in sozioökonomischen Systemen spielen auch die äußeren Umstände, wie die konkrete Situation einer Region oder die Intensität und Nachhaltigkeit des Instrumenteneinsatzes eine Rolle und beeinflussen die Wirksamkeit eines Instruments oft entscheidend. Da das Ziel „Entwicklung des strukturgefährdeten ländlichen Raumes" vor allem die ökonomische Entwicklung zum Inhalt hat, wäre es töricht, auf das Instrument Industrialisierungspolitik zu verzichten. Es soll deshalb im folgenden versucht werden, die derzeitige Industrialisierungspolitik so zu modifizieren, daß sie die in sie gesetzten Erwartungen erfüllen kann. Die übergeordnete Fragestellung, ob eine Industrialisierungspolitik für den strukturgefährdeten ländlichen Raum bei der prognostizierten Bevölkerungs- und Arbeitsplatzentwicklung aus gesamtgesellschaftlicher und gesamtwirtschaftlicher Sicht überhaupt zweckmäßig ist, muß bei unserer Betrachtung ausgeklammert

---

[20]) Vgl. E. Mrohs: Sozialstruktur und regionales Bildungsgefälle. In: Strukturwandel und Strukturpolitik, Beiträge zur agrarischen und regionalen Entwicklung in der Bundesrepublik Deutschland, Bonn 1973, S. 260 f.

[21]) Vgl. H. Spehl u. a.: Folgewirkungen von Industrieansiedlungen. Empirische Ermittlung und regionalpolitische Beurteilung der Einkommens- und Verflechtungswirkungen, Bonn 1975, S. 76.

[22]) Vgl. K. Schwarz: Planung unter veränderten Verhältnissen — demographische Aspekte. In: Planung unter veränderten Verhältnissen, Forschungs- und Sitzungsberichte der Akademie für Raumforschung und Landesplanung, Bd. 108, Hannover 1976, S. 7.

bleiben; die Themenstellung impliziert den Wunsch nach einer Industrialisierung strukturgefährdeter ländlicher Räume.

Aus Platzgründen vermag in die Modelle nur eine beschränkte Anzahl von Beziehungen zwischen relevanten soziöokonomischen Größen aufgenommen zu werden. Es kann sich demnach nur um grobe Modelle handeln, die aufgrund der faktischen Gestaltungsmöglichkeiten zwangsläufig im politischen Bereich ansetzen müssen.

Die nachstehenden Modelle besitzen zwar einen Realitätsbezug, doch kann ihnen ein erheblicher Teil Spekulation nicht abgesprochen werden. Denn es liegen keine Erfahrungen vor, ob die erwarteten Industrialisierungs- und damit Entwicklungserfolge für eine Region auch tatsächlich eintreten bzw. ob der politische Wille überhaupt vorhanden sein wird, der Industrialisierungspolitik durch die Schaffung der notwendigen Voraussetzungen zu der erwarteten Wirksamkeit zu verhelfen.

Wegen dieses spekulativen Bestandteils sind die Modelle den verschiedensten kritischen Einwänden schutzlos ausgeliefert. Doch wäre der Vorwurf, daß die Modellaussagen zwar in der Theorie Gültigkeit besäßen, in der Praxis aber nicht zu verwirklichen seien, zu hart, ja er ginge an der Sache vorbei. Denn die Entwicklung neuer Modelle bzw. neuer Ideen braucht nun einmal Gedankenfreiheit. Die Modelle sollten deshalb nicht durch — wenn auch noch so berechtigte — kritische Einwendungen „abgeschossen" werden, sondern es sollte versucht werden, sie so zu modifizieren, daß sie auch den Einwendungen standhalten.

Spekulationen dürfen aber nicht mit Utopien verwechselt werden, d. h. mit Modellen, welche wichtige faktische Gestaltungsmöglichkeiten in einem gesellschaftlichen System ignorieren. Da nach den Erklärungen aller im Bundestag vertretenen Parteien die marktwirtschaftliche Ordnung in der Bundesrepublik Deutschland auch in Zukunft unangetastet bleiben soll, werden nachstehend nur Variationen einer Industrialisierungspolitik diskutiert, die auf einer marktwirtschaftlichen Basis beruhen.

1. Annahmen

Allen nachstehenden Modellen liegt die Annahme zugrunde, daß der Umfang der Fördermittel, die bisher von den öffentlichen Händen für die Regionalentwicklung aufgebracht werden, konstant bleibt; die Realisierung eines derartigen Modells soll also nicht mehr öffentliche Mittel beanspruchen, als bisher ausgegeben wurden. Ferner wird unterstellt, daß nur noch sog. Wachstumsindustrien förderungswürdig sind[23]. Wir sind nämlich der Auffassung, daß nur mit Wachstumsindustrien eine permanente Subventionierung von Industrien im strukturgefährdeten ländlichen Raum vermieden und ein eigenständiger Entwicklungsprozeß eingeleitet werden kann.

Es wird hierbei nicht übersehen, daß die Einordnung eines Wirtschaftszweiges in die Wachstumsindustrien subjektiv ist und nur aus einer Status-quo-Sicht heraus erfolgen kann; denn Beispiele, wie der Steinkohlenbergbau in den 50er Jahren, zeigen, wie schnell eine derartige Einordnung revidiert werden muß. Wenn trotzdem eine diesbezügliche Prognose gewagt wird, so können aus heutiger Sicht die Büromaschinenindustrie und

---

[23]) Vgl. dazu auch G. STRASSERT: Regionale Strukturpolitik durch Wirtschaftsförderung — Ansatzpunkte und Probleme einer sektoralen Differenzierung der regionalen Wirtschaftsförderung. Abhandlungen der Akademie für Raumforschung und Landesplanung, Bd. 73, Hannover 1976.

die Datenverarbeitung sowie Teile der chemischen Industrie, der Elektrotechnik und der Kunststoffverarbeitung zu den Wachstumsindustrien gerechnet werden[24]). Als Kriterium für wachstumsträchtige Produktionszweige bietet sich eine mehrjährige, weit überdurchschnittliche Umsatzausweitung an.

2. Modell A

Das erste Modell kann kurz mit Schwerpunktbildung bei der Industrieförderung überschrieben werden und steht der bisherigen Industrialisierungspolitik für strukturgefährdete ländliche Räume am nächsten. Die derzeitige Industrialisierungspolitik erweist sich vor allem aus zwei Gründen als wenig effektiv: Einmal wird jeder Betrieb einer jeden Branche gefördert, wenn er nur einige wenige Voraussetzungen erfüllt. Zum anderen ist die Zahl der Förderorte bzw. -regionen zu groß, so daß die relativ knappen Mittel in kleine Beträge für ein Unternehmen aufgespalten werden müssen. Der derzeitige Förderhöchstsatz von 25% der Investitionssumme übt deshalb keinen Sog auf standortsuchende Betriebe aus.

Nach den bisherigen Erfahrungen orientieren sich gut geführte Unternehmen an den traditionellen Standortfaktoren und sehen evtl. Zuschüsse höchstens „als willkommene Verringerung des Investitionsrisikos"[25]) an. Würden jedoch die Fördermittel auf Wachstumsindustrien und wenige zentrale Orte beschränkt, dann ließen sich Fördersätze erreichen, die ein Ansiedlungskriterium für Unternehmen abgeben könnten, und zwar, auch für solche Unternehmen, die aufgrund ihrer herausragenden Marktstellung auf Fördermittel nicht angewiesen sind und deshalb die Agglomerationsvorteile der Ballungsgebiete weiter nutzen würden.

Es ist ferner kaum anzunehmen, daß Wachstumsindustrien wegen einmaliger (Investitions-)Vorteile den Standort wechseln bzw. neue Produktionsanlagen in strukturgefährdeten Räumen aufbauen. Es müßte zusätzlich solange eine Subventionierung der in strukturgefährdeten ländlichen Räumen angesiedelten Betriebe stattfinden, bis sich ein eigenständiger Entwicklungspol mit eigenen Agglomerationsvorteilen herausgebildet hat. Die Subventionierung könnte in Form von Steuerermäßigungen bei der Gewerbesteuer, der Gewinn- oder Vermögensbesteuerung erfolgen und dürfte vielleicht 10—15 Jahre beanspruchen.

Für die Flächenstaaten der Bundesrepublik sollten u. E. maximal je 3—5 Entwicklungspole ausgewiesen werden; die Zahl 3 gilt für die kleinen, die Zahl 5 für die räumlich ausgedehnten Bundesländer. Die zu entwickelnden zentralen Orte werden von den Bundesländern nach einheitlichen Kriterien vorgeschlagen und in das Förderprogramm der Bundesregierung aufgenommen. Als Auswahlkriterien könnten die Arbeitsmarktindikatoren dienen, die P. KLEMMER zur Abgrenzung der strukturgefährdeten ländlichen Räume verwendet[26]).

---

[24]) Vgl. S. APELOIG: Investitionen in Bayern stärker auf Wachstumsbereiche konzentriert — Vergleich der Investitionstätigkeit der Industrie in Bayern und in der Bundesrepublik —. In: ifo-schnelldienst, Heft 35/36, 1977, S. 23.

[25]) H. BREDE: Bestimmungsfaktoren industrieller Standorte. Eine empirische Untersuchung, Berlin/München 1971, S. 101.

[26]) Vgl. den Beitrag von P. KLEMMER in diesem Band.

Die Förderung nur einiger weniger Orte bzw. Regionen bedeutet dabei nicht, daß die anderen strukturschwachen ländlichen Räume einer passiven Sanierung überlassen werden sollen. Denn bei der geschilderten Fördermethode darf angenommen werden, daß in den Förderregionen relativ rasch ein sich selbstverstärkender Entwicklungsprozeß abläuft, der einen weiteren Mitteleinsatz überflüssig macht. Mit den frei werdenden Mitteln könnten dann nach dem gleichen Prinzip andere Schwerpunktorte entwickelt werden. Die Beschränkung der Fördermaßnahmen auf einige wenige Orte bedeutet also nicht die Negierung einer generellen weiträumigen Entwicklung des Bundesgebietes, sondern lediglich ihre zeitliche Streckung mit der Wirkung, daß auf diese Weise die Industrieansiedlung und damit die Entwicklung des strukturgefährdeten ländlichen Raumes sehr viel effektiver gestaltet werden kann. Eine Regionalentwicklung nach diesem Modell hat demnach eine sehr große Ähnlichkeit mit dem Bausparprinzip, das die Eigenheimbildung insgesamt verstärkt und beschleunigt, wenn die Sparbeträge aller Sparer sukzessive für ein einziges Objekt eingesetzt werden.

3. Modell B

Beim zweiten Modell der Industrialisierungspolitik wird das Investitionsrisiko, das erfahrungsgemäß in der Anfangsphase eines Betriebes vor allem wegen zahlreicher marktmäßiger Unwägbarkeiten besonders hoch ist, vom Staat getragen, wenn die Unternehmung in einem strukturgefährdeten ländlichen Raum ihren Standort wählt. Das Modell hat grob gesprochen folgendes Aussehen: Der Staat übernimmt die gesamten Investitionskosten. Dies könnte so vor sich gehen, daß der private Unternehmer die neue Betriebsstätte plant, die Grundstückskäufe einleitet und die maschinelle Ausrüstung ordert. Alle Rechnungen werden aber vom Staat bezahlt, der auch Eigentümer des Unternehmens ist. Der Betrieb wird an den privaten Unternehmer verpachtet, der sämtliche Folgelasten zu tragen hat.

Um zu verhindern, daß Bankrotteure oder Möchtegern-Unternehmer auf Kosten des Steuerzahlers ökonomisch aktiv werden, sind verschiedene Restriktionen vorzusehen:

— Das Modell kommt nur für Unternehmer bzw. Unternehmen in Frage, die sich bereits bewährt haben. Da es sich faktisch um einen Personalkredit handelt, muß deren Seriosität über jeden Zweifel erhaben sein; sie müssen einen Namen zu verlieren haben.

— Mit dem Unternehmer bzw. Unternehmen ist ein Pachtvertrag zu schließen, dessen Laufzeit sich über den durchschnittlichen Abschreibungszeitraum des Anlagekapitals erstreckt.

— Das in unserer Wirtschaftsordnung die ökonomische Staatstätigkeit möglichst gering gehalten werden soll, sind Regelungen vorzusehen, welche diese Betriebe rasch in private Hände überführen. Dies könnte derart geschehen, daß die Betriebe jederzeit von Privaten erworben werden können und zwar zu einem Preis, der anfangs erheblich, später mit fallenden Raten unter dem Marktwert des Unternehmens liegt. Doch sollte dem Pächter für ca. 10 Jahre ein Vorkaufsrecht eingeräumt werden.

— Um den Pächter an einer frühzeitigen Übernahme des Betriebs zu interessieren, braucht kein Pachtzins bezahlt zu werden. Sämtliche Gewinne müssen jedoch als Kaufpreisraten abgeführt werden. Zur Vermeidung von Gewinnverschiebungen wird mit dem Pächter-Geschäftsführer nur ein relativ geringer, jedoch an den Betriebserfolg gekoppelter, „Unternehmerlohn" vereinbart.

Eine Behörde ist in der Regel nicht in der Lage, die unternehmerischen Qualitäten und die Seriosität eines Bewerbers zu beurteilen. Es ist deshalb an die Gründung einer privatwirtschaftlich organisierten staatlichen Entwicklungsbank zu denken, die nach den üblichen bankmäßigen Kriterien über ein Projekt entscheidet. Auf diese Weise könnte auch das marktmäßige Risiko der erzeugten Produkte in erträglichen Grenzen gehalten werden.

An diesem Modell lassen sich leicht gewisse Modifikationen vornehmen. So könnte die staatliche Entwicklungsbank die gesamte Investitionssumme als zinsloses Darlehen über den durchschnittlichen Abschreibungszeitraum des Anlagekapitals gewähren. Der Unternehmer wäre von Anfang an Eigentümer. Allerdings müßte dann während der Laufzeit des Darlehens eine Veräußerung des Betriebs vertraglich ausgeschlossen werden. Ferner müßten sämtliche Gewinne, die über einen gering zu bemessenden „Unternehmerlohn" — der aber mit dem Betriebserfolg steigen soll — hinausgehen, zur Rückzahlung des Darlehens verwendet werden.

Auch die Beteiligungsverhältnisse an dem Betrieb zwischen der Entwicklungsbank und dem Unternehmer sowie die Rücklaufmodalitäten lassen sich variieren, wenn die finanzielle Situation des Käufers stärker berücksichtigt werden soll. Ja sogar ein Beitrag zur viel zitierten Mittelstandspolitik wäre in diesem Modell möglich.

Jedes sozioökonomische System ist bekanntlich ein interdependentes System. Industrialisierungsmaßnahmen zugunsten der strukturgefährdeten ländlichen Räume werden deshalb Gegenmaßnahmen anderer Regionen, vor allem der Ballungsgebiete, hervorrufen; der Verlierer bei dieser Auseinandersetzung steht dabei allerdings von Anfang an fest. Wenn deshalb nicht das „politische Feld" bereitet ist, können die vorgeschlagenen Industrialisierungsmodelle keine Wirkung entfalten. So muß mit den großen Kommunen zumindest ein Gentlemen's Agreement vereinbart werden, um die Industrialisierungsbemühungen für die strukturgefährdeten ländlichen Räume nicht von vorneherein zum Scheitern zu verurteilen.

IV. Zusammenfassung

Als regionalpolitisches Hauptziel für strukturgefährdete ländliche Räume wird heute die „Beseitigung der Einkommensdisparität" angesehen. Da es sich hierbei um ein ökonomisches Ziel handelt, werden zur Erreichung dieses Ziels auch ökonomische Mittel eingesetzt.

Seit dem 2. Weltkrieg spielt das Mittel „Industrialisierungspolitik" die zentrale Rolle bei der Entwicklung strukturgefährdeter ländlicher Räume. Da dieses Mittel in der Vergangenheit jedoch meist nicht den gewünschten Erfolg gebracht hat, war es interessant, der Frage nachzugehen, ob die Industrialisierungspolitik in ihrer derzeitigen Ausprägung in den nächsten 10—15 Jahren einen Beitrag zur Verminderung oder gar Beseitigung der Strukturgefährdung ländlicher Räume zu leisten vermag.

Die Beurteilung der Industrialisierungschancen strukturgefährdeter ländlicher Räume läuft auf eine Abschätzung der künftigen sozioökonomischen Struktur in der Bundesrepublik Deutschland hinaus, die u. E. von der Bevölkerungsentwicklung, den regionalen Fördermitteln sowie dem Strukturwandel in der deutschen Wirtschaft ganz wesentlich determiniert wird.

Alle Prognosen weisen langfristig auf einen globalen Bevölkerungsrückgang hin, weil die Nettoreproduktionsrate bei weitem nicht mehr den Bevölkerungsstand gewährleistet. Ferner läßt sich mit dem bisherigen Umfang an Fördermitteln kaum noch dem Sog der Ballungsgebiete entgegenzuwirken. An eine Erhöhung der Mittel für strukturgefährdete ländliche Räume ist aber kaum zu denken, zumal auch schon einzelne Verdichtungsgebiete sich um Fördermittel bemühen.

Aufgrund von Verschiebungen im Gefüge der internationalen Arbeitsteilung ist für die Bundesrepublik Deutschland mit einem weiteren Strukturwandel zu rechnen. Die mittelfristigen Prognosen, von denen stellvertretend die des Instituts für Arbeitsmarkt- und Berufsforschung angeführt wurde, sprechen von einer Konstanz der globalen Arbeitsplatzzahlen. Zwischen den einzelnen Sektoren wird es jedoch zum Teil erhebliche Verschiebungen geben: Die Zahl der Arbeitsplätze im tertiären Bereich wird zunehmen, der sekundäre Sektor stagniert, während die Land- und Forstwirtschaft bis 1990 fast die Hälfte der Arbeitsplätze verliert. Als dritter Aspekt des Strukturwandels darf auch die zunehmende Qualifikation der Arbeitskräfte nicht unterschätzt werden.

Über eine Regionalisierung der künftigen globalen Strukturdaten lassen sich die industriellen Entwicklungschancen für strukturgefährdete ländliche Räume abschätzen. Aufgrund von Geburtenrückgang und Abwanderungen werden in allen von P. KLEMMER mit „sehr strukturgefährdet" bezeichneten ländlichen Räumen überproportionalstarke Bevölkerungsverluste eintreten, die außerdem von einer Überalterung der Bevölkerung begleitet werden. Die Bevölkerungsverluste werden durch die bisherigen Fördermaßnahmen kaum verhindert werden können, zumal von der Förderung in der Vergangenheit vor allem Branchen profitieren, die den Keim künftiger Strukturprobleme in sich tragen. Bei Konstanz der globalen Arbeitsplatzzahlen sind auch keine sog. Überschwappeffekte mehr zu erwarten, die Arbeitsplätze in strukturgefährdete ländliche Räume bringen könnten. Da ferner in strukturgefährdeten ländlichen Räumen zahlreiche Betriebe als sog. verlängerte Werkbänke geführt werden, wird es für die besser ausgebildeten jungen Landbewohner zunehmend schwieriger, einen qualitativ hochwertigen Arbeitsplatz in der heimischen Industrie zu finden. Insgesamt gesehen vermag deshalb der industrielle Sektor unserer Wirtschaft kaum einen Beitrag zur Beseitigung der Strukturgefährdung ländlicher Räume zu leisten.

Aufgrund dieser negativen Bilanz wurde in einem weiteren Abschnitt der Arbeit nach Modellen der Industrialisierungspolitik gesucht, die mit einiger Wahrscheinlichkeit die Strukturgefährdung ländlicher Räume zu beheben vermögen. Es konnte sich aus Platzgründen jedoch nur um grobstrukturierte Modelle handeln, die außerdem spekulative Elemente enthalten. Ferner fußen die Modelle auf der Annahme, daß nicht mehr öffentliche Mittel als bisher beansprucht werden und daß nur noch Wachstumsindustrien gefördert werden.

Modell A verlangt eine Schwerpunktbildung. Nur Investitionszuschüsse, die weit über den bisherigen Sätzen liegen, können einen Standortfaktor bilden. Auch sollen jeweils nur 3—4 Orte in den Flächenstaaten der Bundesrepublik gefördert werden. Haben diese sich zu einem selbsttragenden Wachstumspol entwickelt, werden neue Förderorte ausgewiesen.

Im Modell B übernimmt der Staat das Investitionsrisiko. Der Unternehmer, der strengen Bedingungen genügen muß, pachtet lediglich den Betrieb. Es soll aber durch eine attraktive Kaufpreisgestaltung sichergestellt werden, daß das Unternehmen möglichst rasch in private Hände übergeführt wird. Wie ferner gezeigt wurde, lassen sich an diesem Modell leicht Modifikationen vornehmen.

Bei einer Industrialisierung strukturgefährdeter ländlicher Räume ist mit Gegenmaßnahmen der Verdichtungsgebiete zu rechnen. Die Modelle können deshalb ihre Wirkung nur entfalten, wenn mit den großen Kommunen zumindest ein Gentlemen's Agreement geschlossen wird, damit die Industrialisierungsbemühungen für strukturgefährdete ländliche Räume nicht von vorneherein zum Scheitern verurteilt sind.

Landnutzungsformen für strukturgefährdete ländliche Räume

von

Hartwig Spitzer, Gießen

INHALT:

I. Strukturen und Landnutzungsformen
  1. Strukturgefährdete ländliche Räume
  2. Lage im Staatsgebiet
  3. Siedlungsstruktur
  4. Bevölkerungsentwicklung
  5. Landwirtschaftliche Arbeitskräfte
  6. Landwirtschaftliche Betriebsgrößenstruktur
  7. Landschaftstyp und Flächenarten-Verhältnis
  8. Landwirtschaftliche Produktionsleistung und Ertragslage
  9. Landwirtschaftliche Spezialisierungsgrade und Produktionsrichtungen

II. Modellvorstellungen und Strategien
  1. Zur Besiedlung
  2. Zur Erschließung
  3. Zu regionalen Funktionen
  4. Zur Nutzungsintensität
  5. Zur Entwicklungsmöglichkeit

III. Zukünftige Entwicklung der Landnutzung
  1. In Räumen mit entwicklungsfähiger Landwirtschaft
  2. In Räumen mit kaum entwicklungsfähiger Landwirtschaft
     a) Entwicklung der regionalen Funktionen
     b) Extensive Formen der Landbewirtschaftung
     c) Agrarstrukturpolitische und regionalpolitische Folgerungen

IV. Zusammenfassung

V. Literatur

I. Strukturen und Landnutzungsformen

1. Strukturgefährdete ländliche Räume

Räume, deren Arbeitsplatzversorgung mittelfristig nicht ausreichend gesichert ist, werden von KLEMMER (11)*) als strukturgefährdet bezeichnet. Dabei erstreckt sich dieses Kriterium sowohl auf die Zahl der Arbeitsplätze als auch auf die Arbeitsplatzstruktur, welche mittelfristig stabil, den qualitativen Ansprüchen der Arbeitskräfte genügend und ein Durchschnittseinkommen garantierend ausgebildet sein muß, um als ausreichend bezeichnet zu werden.

Der ländliche Charakter der Räume wird durch geringe Bevölkerungsdichte und hohen Anteil der Land- und Forstwirtschaft am Bruttoinlandsprodukt insgesamt in dem Gebiet ausgedrückt. Außerdem werden die Einwohnerzahl der größten Gemeinde des zugehörigen Arbeitsmarktes und die Entfernung des Arbeitsmarktzentrums zum benachbarten Zentrum mit mehr als 60 000 Einwohner zur Bestimmung herangezogen.

Beide Kriterien, Strukturgefährdung und ländlicher Charakter, treten bei Abgrenzung auf Kreisbasis nach dem Gebietsstand von 1970 in 25 regionalen Arbeitsmärkten mit insgesamt 65 kreisfreien Städten und Landkreisen der Bundesrepublik Deutschland auf (siehe Karte im Beitrag KLEMMER (11)). Diese strukturgefährdeten ländlichen Räume nehmen 14,2 v. H. der Fläche des Bundesgebietes ein, in ihnen wohnen dagegen nur rund 3,4 Millionen Menschen, also 5,6 v. H. der Bevölkerung der Bundesrepublik.

Eine Abgrenzung mit sozio-ökonomischen Daten stellt stets eine Momentaufnahme des sozio-ökonomischen Prozesses dar. Der Tatbestand der Strukturgefährdung ländlicher Räume wird mit hinreichender Plausibilität dargestellt. Im Zeitablauf bildet der sozio-ökonomische Prozeß jedoch die räumlichen Strukturen um, woraus sich auch neue Abgrenzungen ergeben müssen. Für die Gebiete selbst folgt daraus, daß sie die Kategorien wechseln können. Es ergeben sich drei Gruppen und Entwicklungsmöglichkeiten derartiger Räume:

(1) Absteiger — Eintritt in die,
(2) Verweiler — Verbleiben in der,
(3) Aufsteiger — Austritt aus der

Kategorie der strukturgefährdeten ländlichen Räume.

2. Lage im Staatsgebiet

Strukturgefährdete ländliche Räume sind alle durch Abgelegenheit gekennzeichnet, die jedoch in zwei Varianten auftritt. Einmal bezieht sie sich auf die Randlage im Staatsgebiet, auf die *staatliche Peripherie,* und zum anderen auf die Randlage von Räumen im Innern des Staatsgebietes, auf die *regionale Peripherie.* Beide Arten der Randlage bedeuten in der Regel auch Abgelegenheit zu Verdichtungsgebieten. In der Bundesrepublik finden sich bei weitem die meisten strukturgefährdeten ländlichen Gebiete in Randlagen des Staatsgebietes. Es sind dies die Kreise entlang der niederländischen Grenze (vor-

---

*) Ziffern in Klammern verweisen auf die Literatur am Schluß dieses Beitrages.

wiegend das Emsland), der Raum Uelzen, Lüchow-Dannenberg, Osthessen, die Eifel und vor allem Ostbayern. Dagegen tritt die regionale Abgelegenheit bei der kreisweisen Abgrenzung nur vereinzelt auf; so in den Arbeitsmarktregionen Rothenburg o.d.T., Buchen i. O. und Nördlingen.

Diese Verteilung der strukturgefährdeten ländlichen Räume ist eine Eigentümlichkeit der Bundesrepublik und nicht ohne weiteres auf andere Staatsgebiete übertragbar. So treten etwa in Frankreich und in Spanien viel mehr strukturgefährdete ländliche Gebiete im Innern des Landes auf.

Das Verteilungsmuster würde sich auch für das Bundesgebiet ändern, wenn es möglich wäre, auf kleinräumigerer Basis — zum Beispiel mit Gemeindedaten — eine entsprechende Abgrenzung vorzunehmen. Dadurch würden sich in den geschlossenen großen ländlichen Gebieten mit Strukturgefährdung Einbrüche durch kleinere Räume ohne Strukturgefährdung ergeben. Vor allem aber kämen die tatsächlich vorhandenen kleinräumigen regionalen Randlagen in größerer Zahl zum Vorschein. Sie haben für die Schaffung geeigneter Landnutzungsformen eigene Bedeutung.

Die Abgelegenheit der Gebiete hat sich historisch entwickelt und unterliegt auch Änderungen. Alte Randlagen im Staatsgebiet sind zum Beispiel das Emsland und der Bayerische Wald. Neu hat sich dagegen die Abgelegenheit für Osthessen und den Raum Uelzen, Lüchow-Dannenberg durch die Bildung der Grenze zur DDR eingestellt. Umgekehrt könnte durch eine Vertiefung der Europäischen Gemeinschaft die Eifel als Grenzraum zu Frankreich den Charakter der Abgelegenheit allmählich verlieren.

Diese Dynamik bei der Bildung von Randlagen im Staatsgebiet findet ihr Gegenstück in der Veränderung regionaler Randlagen, die vor allem durch innerstaatliche Grenzänderungen und Wandel in der Siedlungsverdichtung bewirkt werden können.

Für beide Arten der Randlage lassen sich unterschiedliche Entwicklungsstrategien formulieren (s. Kapitel II). Grundsätzlich müssen sie das Ziel verfolgen, durch die Beseitigung oder Milderung der Abgelegenheit auch zum Abbau der Strukturgefährdung beizutragen.

3. Siedlungsstruktur

Die strukturgefährdeten ländlichen Räume weisen, wie schon die Begriffsbestimmung vermuten läßt, keine größeren Städte auf. Die sich damit ergebene weitgehend dezentrale Siedlungsstruktur soll für Landnutzungszwecke einmal unabhängig von der Gliederung in zentrale Orte und Verwaltungseinheiten, vielmehr nach der tatsächlichen räumlichen Verteilung der Siedlungsstandorte betrachtet werden.

Die größten Siedlungen sind demnach die Arbeitsmarktzentren, die den Charakter von Landstädten in der Größe von Klein- oder Mittelstädten zwischen 12 000 und 50 000 Einwohnern haben. Ihr Umland ist mit einem Netz von Siedlungen unterschiedlicher Verdichtung besiedelt, welche sich im wesentlichen aus den drei Grundtypen landwirtschaftlicher Siedlungen, dem

    — Haufendorf,
    — Weiler (der Gehöftgruppe) und dem
    — Einzelgehöft

zusammensetzen. Diese Siedlungsformen sind meistens in historisch langen Zeiträumen entstanden und weisen viele, in der Siedlungsgeographie erforschte Subtypen auf. Sie haben aber auch in den letzten Jahrzehnten während der außerordentlich starken Bautätigkeit in der Bundesrepublik deutliche Entwicklungsschübe, etwa durch die Ausdehnung der Haufendörfer oder die Aussiedlungsmaßnahmen für landwirtschaftliche Betriebe, erfahren.

Die Grundtypen der landwirtschaftlichen Siedlung treten nicht nur in ausschließlicher, sondern auch in gemischter Form in den Gebieten auf. Am wichtigsten, besonders im Hinblick auf die hier anzustellenden Überlegungen, sind folgende regionale Siedlungsstrukturtypen

(1) Haufendorftyp = Landstadt + Haufendörfer
(2) Mischtyp = Landstadt + Haufendörfer + vereinzelte Gehöfte (meist größerer landwirtschaftlicher Betriebe)
(3) Weilertyp = Landstadt + Weiler
(4) Streusiedlungstyp = Landstadt + Einzelgehöfte

Da Land stets von Siedlungen aus genutzt wird, stehen Landnutzungsformen und regionale Siedlungsstrukturen und ihre Entwicklungen in Wechselbeziehungen.

4. Bevölkerungsentwicklung

Die 65 als strukturgefährdete ländliche Gebiete abgegrenzten kreisfreien Städte und Landkreise haben eine Bevölkerungsdichte von 96 Einw/qkm. Nimmt man nur die Landkreise, so sind es 88 Einw/qkm. Im Vergleich mit dem Bundesdurchschnitt von 248 Einw/qkm im Jahre 1971 ergibt sich also eine ausgesprochene Dünnbesiedlung. Sie ist vor allem das Ergebnis von starken Abwanderungen aus den strukturgefährdeten Gebieten, deren Geburtenüberschüsse in den letzten Jahrzehnten überdurchschnittlich hoch waren. Die in den letzten Jahren eingetretenen Geburtenrückgänge im Bundesgebiet und die sich darauf aufbauenden Bevölkerungsprognosen zeigen weitere Abnahmen der Bevölkerungszahlen in den strukturgefährdeten ländlichen Gebieten an. Diese Abnahmen können überdurchschnittlich hoch werden, wenn — wie es SCHWARZ (5) annimmt — das generative Verhalten der Bevölkerung der peripheren Räume sich an das der Verdichtungsgebiete angleicht und außerdem bei insgesamt abnehmender Bevölkerungszahl der Bundesrepublik Teilgebiete, wie die Außenzonen der Verdichtungsgebiete, ihre bisherige Attraktivität behalten und weiterhin mit Zunahmen rechnen können.

Derartige überdurchschnittliche Abnahmen der Bevölkerungszahlen würden jedoch ausbleiben, wenn sich das Arbeitsplatzangebot in Betrieben des sekundären und tertiären Sektors deutlich verbessern ließe. Die Aussichten dafür sind allerdings nicht groß. HOESCH (8) legt dar, daß die gesamtwirtschaftliche Lage und der Konkurrenzdruck der Ballungsgebiete eine Zunahme der industriellen Arbeitsplätze im ländlichen Raum nicht erwarten lassen. Im Dienstleistungsbereich können bei Berücksichtigung neuer Entwicklungen und staatlicher Regionalpolitik in einzelnen Fällen und Gebieten noch eher zusätzliche Arbeitsplätze im ländlichen Raum geschaffen werden — siehe ALEWELL und

Rittmeier (3) — jedoch nicht in dem Maße, daß sich die Lage insgesamt nachhaltig bessern würde. Somit muß mit einer weiteren Abwanderung der Bevölkerung aus den strukturgefährdeten ländlichen Gebieten gerechnet werden.

Neben dieser Abwanderung in andere Räume — der interregionalen Wanderung — wird auch mit intraregionalen Wanderungsbewegungen in den strukturgefährdeten ländlichen Gebieten zu rechnen sein. So wäre ein Wachstum der Arbeitsmarktzentren und Kernsiedlungen zu Lasten der in der Fläche liegenden Kleinsiedlungen und zugeordneten Ortsteile denkbar und hätte Konsequenzen auf die Landnutzungsformen.

5. Landwirtschaftliche Arbeitskräfte

Die Entwicklung der Bevölkerungszahl hängt in den hier zu behandelnden Gebieten noch sehr von dem landwirtschaftlichen Arbeitsmarkt ab. Agrarhistorisch ist der Zusammenhang zwischen dem Ausbau nichtlandwirtschaftlicher Arbeitsmärkte und der Umwandlung der Agrarstruktur durch Abzug der Arbeitskräfte aus der Landwirtschaft nachgewiesen. So haben sich die größeren landwirtschaftlichen Betriebsstrukturen beispielsweise in den Gebieten um Frankfurt/M., Hannover, Köln oder Paris gebildet, wenn die überschüssigen Arbeitskräfte ganz abgewandert sind. Wurde nur der Beruf gewechselt und nicht der Wohnort, dann sind die Nebenerwerbslandwirtschaften, vor allem im südwestdeutschen Raum entstanden. Dieser sich über Jahrzehnte hinziehende Prozeß wird, wenn auch in Phasen unterschiedlicher Stärke, sicherlich weiter ablaufen.

Die Phasen treten bei Betrachtung kürzerer Zeiträume hervor und sind hinsichtlich ihrer Einflußkräfte und regionalen Unterschiede von de Haen und von Braun (5) untersucht worden. Danach wird einmal der Einkommenseinfluß deutlich. Je höher die außerlandwirtschaftlichen Einkommen steigen und je größer ihr Abstand zu den landwirtschaftlichen Einkommen ist, desto höher ist die Abzugsrate bei den Arbeitskräften aus der Landwirtschaft. Nachfrage nach Arbeitskräften und Sicherheit der Arbeitsplätze in Zeiten der Hochkonjunktur wirken in die gleiche Richtung. Erhöhung der landwirtschaftlichen Einkommen und Rezession im industriellen Bereich wirken dagegen bremsend auf die Abwanderung aus der Landwirtschaft.

Bemerkenswert sind jedoch die Unterschiede bei Differenzierung nach der Altersstruktur der landwirtschaftlichen Arbeitskräfte. Dann ergibt sich eine altersbedingte Freisetzung landwirtschaftlicher Arbeitskräfte, die von der gegenwärtigen strukturellen und konjunkturellen Arbeitsmarktlage weitgehend unabhängig ist und autonom abläuft. Diese Freisetzung ist in den Gebieten mit bisher starkem Agrarstrukturwandel (und starken Arbeitsmärkten) besonders hoch. In Gebieten mit bisher schwächerem Agrarstrukturwandel, zu denen die hier betrachteten strukturgefährdeten ländlichen Räume im besonderen Maße zählen, tritt dagegen der „autonome Reststrukturwandel" nur schwach auf. Der Bestand an Arbeitskräften ist dort insgesamt, also auch in jüngeren Jahrgängen, noch weniger abgebaut. Es besteht eine größere Arbeitskraftreserve oder anders ausgedrückt, leistet die Landwirtschaft hier, unter Hinnahme von interregionalen Einkommensunterschieden, einen höheren Beitrag zur Arbeitsplatzbeschaffung als in anderen Gebieten.

6. Landwirtschaftliche Betriebsgrößenstruktur

Die Zusammenhänge zwischen Agrarstrukturwandel und Arbeitsmarktlage lassen sich auch durch die Analyse der landwirtschaftlichen Betriebsgrößenstruktur, speziell der sozio-ökonomischen Betriebstypen, bestätigen.

Der Lohnarbeitsbetrieb, als großflächig wirtschaftende Einrichtung, ist in den betrachteten Gebieten nur sehr selten, in manchen Kreisen überhaupt nicht anzutreffen. Auch der bodenreiche bäuerliche Familienbetrieb, dessen Größe deutlich über der Mindestgröße des landwirtschaftlichen Vollerwerbsbetriebes liegt, ist unterrepräsentiert. Die größte Bedeutung hat der bodenarme Familienbetrieb, in dessen Gruppe sowohl entwicklungsfähige Vollerwerbsbetriebe als auch nichtentwicklungsfähige Haupterwerbsbetriebe — sogenannte Übergangsbetriebe — ohne ausreichendes Einkommen auftreten. Gebiete mit verhältnismäßig hohen Anteilen von entwicklungsfähigen Vollerwerbsbetrieben kommen auch bei Strukturgefährdung vor. Das gilt zum Beispiel für Dithmarschen, Uelzen und das Straubinger Gäu. Größer sind dagegen die Gebiete mit niedrigen Anteilen an entwicklungsfähigen Vollerwerbsbetrieben, aber hohen Anteilen an Haupterwerbsbetrieben. Sie dominieren in strukturgefährdeten ländlichen Gebieten, denn der Nebenerwerbsbetrieb, als letzter hier wichtiger Typ, ist ebenfalls unterrepräsentiert. Zwar gibt es unter den betrachteten Landkreisen solche mit hohen Anteilen der Nebenerwerbsbetriebe, aber sie sind nicht die Regel.

In Übersicht 1 wird als Beispiel die landwirtschaftliche Betriebsgrößenstruktur der strukturgefährdeten ländlichen Räume in Hessen mit den übrigen Räumen Hessens verglichen. Dabei sind drei Betriebsgrößengruppen, unter 15 ha, 15—30 ha und über 30 ha, gebildet worden. Der Flächenanteil der Betriebe über 30 ha, bei denen die entwicklungsfähigen Vollerwerbsbetriebe zu suchen sind, ist in den strukturgefährdeten ländlichen Räumen mit 12,8 % gegenüber 18,5 % deutlich kleiner als in den übrigen Räumen.

Übersicht 1: *Landwirtschaftliche Betriebsgrößenstruktur in Hessen 1971 (7)*

Landwirtschaftliche Betriebsgrößengruppen ha LF	v. H. der landwirtschaftlichen Fläche	
	Strukturgefährdete ländliche Räume in Hessen*)	Übrige Räume in Hessen
unter 15	47,6	42,1
15 — 30	39,6	39,4
über 30	12,8	18,5
insgesamt	100,0	100,0

*) Die acht ehemaligen Landkreise: Alsfeld, Lauterbach, Eschwege, Fulda, Hersfeld, Hünfeld, Rotenburg, Ziegenhain.

Bei den kleinen Betrieben unter 15 ha LF liegt umgekehrt der Anteil in den strukturgefährdeten ländlichen Räumen deutlich höher, während die Anteile in der Gruppe von 15—30 ha LF in beiden Räumen gleich sind.

Somit kann man sagen, daß die Betriebsgrößenmischungen sich in den strukturgefährdeten Räumen mehr im unteren Bereich konzentrieren, als das in den übrigen Räumen der Fall ist. Die Erklärungen dazu geben die Abhängigkeit der landwirtschaftlichen von der gesamtwirtschaftlichen Entwicklung und die langfristige Lage auf dem Arbeitsmarkt. Hohe Anteile von großen landwirtschaftlichen Betrieben und von kleinen Nebenerwerbsbetrieben sind Folgen langanhaltender guter außerlandwirtschaftlicher Arbeitsplatzalternativen, und gerade an diesen mangelt es in den strukturgefährdeten Räumen seit jeher.

7. Landschaftstyp und Flächenarten-Verhältnis

Strukturgefährdete ländliche Räume sind nicht an einen bestimmten *Landschaftstyp* gebunden. In dem Bundesgebiet treten sie, bei der Abgrenzung auf Kreisbasis, zum Teil in der norddeutschen Tiefebene und hier vor allem in den Moor- und Geestgebieten des Emslandes, sowie in den Marschen und in Teilen der Lüneburger Heide auf. Der zweite betroffene Landschaftstyp ist das Mittelgebirge. Die Eifel, das Osthessische Bergland, die Rhön, Teile des fränkischen Berglandes und besonders der Oberpfälzer und der Bayerische Wald haben Anteil an den strukturgefährdeten ländlichen Räumen. Es handelt sich dabei jedoch nur um den *kleineren Teil der Gesamtheit der deutschen Mittelgebirge*, so daß es falsch wäre, Strukturgefährdung und Mittelgebirgslage gedanklich gleich zu setzen. Das wird besonders deutlich, wenn man den dritten, an den strukturgefährdeten ländlichen Räumen beteiligten Landschaftstyp betrachtet, nämlich die Beckenlandschaften und Bördengebiete, vertreten durch das Straubinger Gäu (Niederbayerisches Ackergäu) und das Nördlinger Ries.

Die Hauptflächenarten dieser Gebiete sind der Wald, die landwirtschaftliche Fläche und das Öd- und Unland einschließlich der dazugehörigen Gewässerflächen. Die Landnutzung hat sich durch eine Verschiebung der *Flächenarten-Verhältnisse* gewandelt. Bis auf die letztgenannten Beckenlandschaften haben die beteiligten Gebiete hohe Waldanteile, die jedoch in der Vergangenheit noch größer waren. Landbewirtschaftung war das oberste Ziel der Landnutzung der vergangenen Jahrhunderte, und das führte zur Rationalisierung der Waldnutzung, möglichst weiten Ausdehnung und Intensivnutzung der landwirtschaftlichen Fläche und zur Urbarmachung der Sumpf-, Moor- und Heidegebiete. Dadurch haben die Ödlandanteile in den genannten Ackerbaugebieten und Mittelgebirgslagen ihren Niedrigststand erreicht und sind auch im Emsland nur noch im geringen Maße zu senken.

Die *Sozialbrache*, als Vorstufe des Ödlandes, hat in den strukturgefährdeten ländlichen Räumen keine große Bedeutung. Das ist einleuchtend, weil mit Strukturgefährdung ein nicht ausreichendes Arbeitsplatzangebot gemeint ist und in solchen Fällen erfahrungsgemäß das landwirtschaftliche Flächenpotential möglichst vollständig genutzt wird. So betrug die „nicht mehr landwirtschaftlich genutzte Fläche" in den strukturgefährdeten ländlichen Räumen nur 0,6 v. H., in den übrigen Räumen des Bundesgebietes dagegen 1,1 v. H. der Gesamtfläche (10). Lediglich auf Flächen, die nicht mit Maschinen bewirtschaftbar sind, also vor allem Steilhanglagen und engen Wiesentälern, wird die landwirtschaftliche Nutzung auch bei fehlenden außerlandwirtschaftlichen Arbeitsalternativen eingeschränkt. Deswegen sind zum Beispiel die Anteile der „nicht mehr landwirtschaftlich genutzten Fläche" in den Kreisen Deggendorf, Passau und Weiden in der Oberpfalz überdurchschnittlich hoch. In solchen Fällen liegen aber weniger soziale als natürlich bedingte Gründe für das Brachfallen vor.

8. Landwirtschaftliche Produktionsleistung und Ertragslage

Da die verschiedensten Landschaftstypen an den strukturgefährdeten ländlichen Räumen teilhaben, kann es nicht verwundern, daß auch die landwirtschaftlichen Erzeugungsbedingungen vielfältig sind. Die abgegrenzten 65 kreisfreien Städte und Landkreise enthalten 14,2 v. H. der landwirtschaftlichen Fläche des Bundesgebietes und erzeugen darauf 13,1 v. H. der landwirtschaftlichen Produktionsleistung[1]). Diese Räume leisten also insgesamt einen schwach unterdurchschnittlichen Beitrag zur Agrarproduktion. Das erklärt sich aus der ungünstigeren Verteilung der Ertragslagen als im Bundesgebiet und nicht etwa daraus, daß *nur* schlechte landwirtschaftliche Gebiete beteiligt wären.

Die besten Ertragslagen des Bundesgebietes, in denen sehr gute natürliche Standortbedingungen mit sehr guten Absatzmöglichkeiten in Verdichtungsgebieten zur intensivsten Agrarproduktion mit Sonderkulturanbau führen, fehlen erklärlicherweise in den dünnbesiedelten strukturgefährdeten ländlichen Räumen. Jedoch sind gute Ertragslagen mit überdurchschnittlichen landwirtschaftlichen Produktionsleistungen vertreten. Beispiele dafür sind die Kreise

        Straubing   mit 3390 DM/ha,
        Nördlingen   mit 3013 DM/ha und
        Uelzen   mit 2682 DM/ha.

1971 betrug der Bundesdurchschnitt 2356 DM/ha.

Daneben stehen Gebiete mit mittlerer Produktionsleistung, so zum Beispiel die Kreise

        Eschwege   mit 2539 DM/ha,
        Dithmarschen   mit 2339 DM/ha und
        Grafschaft Bentheim mit 2239 DM/ha.

Schließlich haben auch die schlechten Ertragslagen mit niedrigen Produktionsleistungen ihre Anteile. Beispiele dafür sind die Kreise

        Bitburg-Prüm   mit 1921 DM/ha,
        Leer   mit 1659 DM/ha und
        Weiden i. d. O.   mit 1561 DM/ha.

9. Landwirtschaftliche Spezialisierungsgrade und Produktionsrichtungen

Die Vielseitigkeit der landwirtschaftlichen Erzeugung und die konkrete Produktionsrichtung hängt einmal von den natürlichen Standortbedingungen und zum anderen aber maßgebend von der Betriebsgrößenstruktur ab. Das sei zunächst am Beispiel des zu den strukturgefährdeten ländlichen Räumen gehörenden osthessischen Landkreises Hersfeld-Rotenburg veranschaulicht. Von ihm sind alle 6273 landwirtschaftlichen Betriebe — von den flächenlosen, nur tierhaltenden bis zu den größten Betrieben — auf ihren Spezialisierungsgrad untersucht worden. Damit wird das Ausmaß der Einseitigkeit beziehungsweise Vielseitigkeit der Produktionsstruktur gemessen. Darstellung 1 gibt

---

[1]) Kalkulierter Geldwert der landwirtschaftlichen Produktion s. KEIM (10).

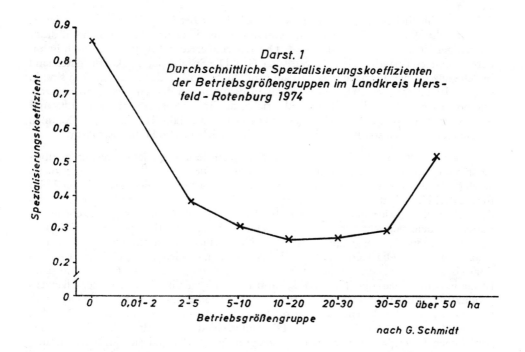

Darst. 1
Durchschnittliche Spezialisierungskoeffizienten der Betriebsgrößengruppen im Landkreis Hersfeld-Rotenburg 1974

nach G. Schmidt

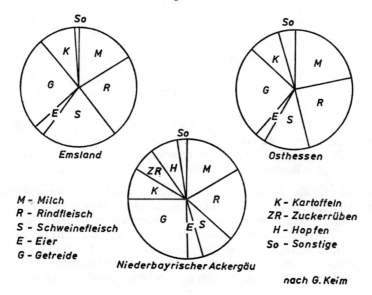

Darst. 2
Landwirtschaftliche Produktionsstruktur in drei ausgewählten Wirtschaftsgebieten 1971

Emsland
Osthessen
Niederbayrischer Ackergäu

M - Milch
R - Rindfleisch
S - Schweinefleisch
E - Eier
G - Getreide
K - Kartoffeln
ZR - Zuckerrüben
H - Hopfen
So - Sonstige

nach G. Keim

die unterschiedlichen Spezialisierungskoeffizienten der Betriebsgrößengruppen wieder. Je höher die Werte bei 1 liegen, desto einseitiger und je mehr sie sich 0 nähern, desto vielseitiger ist die Produktionsstruktur. Der Kurvenverlauf ist typisch und auch in anderen Gebieten bestätigt; siehe G. Schmidt (16). Die Spezialisierungskoeffizienten sind in den ganz kleinen Betrieben bis 2 ha am größten. Sie sinken dann stark ab und sind in den Betrieben zwischen 10 ha und 30 ha am niedrigsten, um danach wieder anzusteigen. Die bodenarmen bäuerlichen Familienbetriebe, die in der Spanne zwischen 10 ha und 30 ha zu suchen sind und die, wie gesagt, in den strukturgefährdeten ländlichen Räumen dominieren, haben also die vielseitigste landwirtschaftliche Produktionsstruktur.

Neben dem etwas abstrakten Ausdruck des Spezialisierungsgrades interessieren selbstverständlich die konkreten Produktionsrichtungen. Diese sind allerdings sehr gebietsabhängig und können hier ebenfalls nur beispielhaft erwähnt werden. Darstellung 2 gibt für die drei hier wichtigsten Landschaftstypen und Ertragslagen je ein Beispiel der Produktionsstruktur. Sie sind von Keim (10, Tabelle 2) auf Wirtschaftsgebietsebene ermittelt worden. Betrachtet man zunächst nur die Anteile der tierischen Produktion an der Agrarproduktion insgesamt, so sind die Unterschiede zwischen dem Emsland und Osthessen gering. Die Tierproduktion liefert in beiden Gebieten über 60% der Produktionsleistung. Im Niederbayerischen Ackergäu sind es dagegen nur 48,6%. Im Emsland ist die bodenunabhängige Tierproduktion bedeutender als in Hessen. In der Pflanzenproduktion ist der Getreidebau mit etwa 25% der Produktionsleistung fast gleich stark vertreten. Auch die Anteile der Kartoffelproduktion schwanken nur zwischen 8,4% und 10,6% der Produktionsleistung. Die Unterschiede liegen darin, daß im Niederbayerischen Ackergäu die Zuckerrübenerzeugung mit 6,1% und die Hopfenerzeugung mit 7,7% der Produktionsleistung als Intensivkulturen zusätzlich auftreten. — Also zeigen sich zwar deutliche feine Unterschiede im Produktionsprogramm, die auf die verschiedenen Standortbedingungen zurückgehen; die Grundstruktur ist jedoch recht einheitlich, und das hat seine Ursache in der beschriebenen kleinbäuerlichen Betriebsgrößenstruktur.

II. Modellvorstellungen und Strategien

1. Zur Besiedlung

Für die Beurteilung vorgefundener und die Suche nach neuen, geeigneten Landnutzungsformen sind Modellvorstellungen über grundsätzliche Ziele erforderlich, aus denen dann Strategien für die Entwicklungsmöglichkeiten resultieren. Der erste daraufhin zu betrachtende Bereich ist der der Besiedlung.

Zunächst stellt sich für die strukturgefährdeten ländlichen Räume die Frage, ob sie besiedelt oder entsiedelt werden sollen. Die bisherige Besiedlung unterliegt, aus genannten Gründen, der Gefahr weiterer Bevölkerungsverdünnung. Eine daraus abgeleitete Modellvorstellung zur *Entsiedlung* größerer Gebiete, die sich etwa der Größe eines Landkreises nähern, ergäbe jedoch die falsche Strategie. David (4) legt die rechtliche Fragwürdigkeit einer solchen Vorstellung dar. Die wirtschaftlichen Vorteile durch Einsparung von Infrastrukturkosten wären geringer als vielleicht angenommen wird, denn neben den eingesparten entstehen auch neue Kosten für die Erhaltung einer Mindestausstattung des Gebietes sowie für die Gewährleistung der inneren Sicherheit und der erschwerten, wenn auch extensiv betriebenen Landnutzung. Vor allem aber ist es eine Illusion, zu glauben, daß eine Entsiedlungsstrategie in der Bundesrepublik politisch durchsetzbar wäre.

Für die verbleibende Modellvorstellung der Besiedlung haben jedoch unterschiedliche Strategien Geltung. Grundsätzlich sind die Verdichtungsstrategie und die Verdünnungsstrategie denkbar, nur kommt erstere höchstens für einzelne strukturgefährdete ländliche Räume, nicht aber für diese als Ganzes in Betracht, da ihr die zu erwartende Bevölkerungsentwicklung im Bundesgebiet insgesamt entgegensteht.

Bei der Verdünnung sind zwei Formen möglich. Einmal kann es zu einer *gleichmäßigen Verdünnung* kommen, während welcher sich die Abnahme der Bevölkerungszahl auf alle Teile der regionalen Siedlungsstruktur in gleichen Raten erstreckt. Das führt zunächst zur Verkleinerung der einzelnen Siedlungstypen und bei fortschreitenden Abnahmeraten zu folgender Schrumpfungsbewegung: Die besonders exponiert liegenden Einzelgehöfte werden teilweise aufgegeben, sie wandeln sich von Dauerwohnsitzen zu Freizeit- und Ferienwohnsitzen. Weiler schrumpfen zu Einzelgehöften, Haufendörfer zu Weilern und auch die Landstädte verkleinern sich.

Zum anderen kann sich eine *ungleichmäßige Verdünnung* einstellen, durch die die einzelnen Teile der regionalen Siedlungsstruktur im unterschiedlichen Maße von Abnahmen betroffen werden. Die dabei vorherrschende Strategie wäre die einer gezielten *intraregionalen Kontraktion*. Sie kann im Extrem dazu führen, daß die Landstädte als Arbeitsmarktzentren trotz Verdünnungstendenz in dem Gebiet als Ganzes noch wachsen, also punktuelle Verdichtung stattfindet. Das hat überproportionale Abnahmen in den zugeordneten Siedlungen zur Folge. Diese können ebenfalls ungleichmäßig ablaufen und zwar dergestalt, daß die peripheren Einzelgehöfte und Weiler und/oder nichtzentralen Orte aufgegeben werden, während die Kernorte erhalten bleiben. Dadurch vergröbern sich die Maschen des ländlichen Siedlungsnetzes, es bleibt aber bei einer räumlich gestreuten Siedlungsstruktur.

Innerhalb der ungleichmäßigen Siedlungsverdünnung kann außerdem, gewissermaßen als Unterströmung, die weniger bedeutsame, aber in einigen Gebieten doch wichtige Strategie der *regionalen Dispersion* von Siedlungsbauten verfolgt werden. Mit ihr läßt sich eine Vielzahl Einzelobjekte von den Zentren in die Peripherie ansiedeln. Hierzu gehören zum Beispiel Zweitwohnsitze, Freizeiteinrichtungen und neue Formen landwirtschaftlicher Nebenerwerbssiedlungen.

Das Land kann sowohl bei gleichmäßiger als auch bei ungleichmäßiger innergebietlicher Siedlungsverdünnung ordnungsgemäß bewirtschaftet werden. Im ersten Fall ist es organisatorisch möglich, die bisherigen Formen der Landbewirtschaftung auf absehbare Zeit beizubehalten. Der zweite Fall macht organisatorisch Änderungen erforderlich, die jedoch bewältigbar sind. Landwirte und Landarbeiter werden dann Pendler, aber nur über Entfernungen bis zu etwa 10 Kilometern. Es kommt zu einer stärkeren räumlichen Trennung zwischen Wohnhaus und Wirtschaftsgebäude und hinsichtlich der Bodennutzung werden teilweise neue Formen zu verbreiten sein (s. Kapitel III./2.). — Alle diese Bedingungen werden in Ansätzen bereits mancherorts erfüllt.

2. Zur Erschließung

Großräumig und interregional kann der Strukturgefährdung dadurch entgegengewirkt werden, daß man die Abgelegenheit beseitigt oder doch vermindert. Hierfür kommt, außer der planerisch nicht beeinflußbaren Änderung der Staatsgebiete, die verstärkte Erschließung, speziell die Verkehrserschließung der Gebiete in Betracht. Dabei ergeben sich für die beiden Arten der Randlage unterschiedliche Strategien.

In den Randlagen der Staatsgebiete kann die Abgelegenheit durch eine *Anbindungsstrategie* vermindert werden. Diese Art der Randlage läßt sich zwar nicht beseitigen, aber es ist möglich, durch gute Verkehrsanbindung an die Zentralräume die Voraussetzungen für die gewerbliche Wirtschaft, die Besiedlung und Landnutzung zu verbessern. Teilweise mag dadurch auch die Siedlungsverdünnung angeregt werden, aber doch nicht allgemein. Auf jeden Fall sichert eine gute Verkehrsanbindung die Mindestbesiedlungsdichte und gewährleistet somit die Landbewirtschaftung in allen Gebietsteilen.

In den Randlagen der Regionen, im Innern von Staatsgebieten, erscheint eine *Aufsaugstrategie* angebracht. Mit ihr soll durch die Ausbildung von Verkehrsnetzen (nicht nur einzelne Achsen oder Stränge) und ihrer Verknüpfung mit denen dichtbesiedelter Gebiete die Abgelegenheit vermindert werden. Diese läßt sich, bei entsprechender Verdichtung der Verkehrsnetze, sogar in manchen Fällen ganz beseitigen.

Es wird bei der Verfolgung der genannten Strategien zuerst an die Verkehrserschließung und innerhalb dieser vor allem an die Straßenerschließung gedacht, denn ihr kommt bei der Entwicklung ländlicher Räume die Bedeutung von Vorrangmaßnahmen zu. Daneben gehört aber zu einer ausreichenden Erschließung der entsprechende Ausbau von Kommunikationsnetzen, Leitungen, Gewässern und Entwässerungssystemen. Erst dann kann von voller gebietlicher Erschließung gesprochen werden.

Weiterhin ist für Landnutzung und Landbewirtschaftung der *Ausbau* des *nichtklassifizierten Wirtschaftswegenetzes* und der mit ihm verbundenen Grabensysteme von maßgebender Bedeutung. Der Umfang dieses Erschließungssystems wird oft unterschätzt. Es kommt auch bei ihm darauf an, geschlossene und miteinander verknüpfte Netze zu erstellen, die ihrerseits an die Erschließungsnetze höherer Ordnung angebunden sind. Einzelne Erschließungsstränge genügen nicht. Erst flächendeckende und miteinander verbundene Netze machen eine Mehrfachnutzung des Landes, vor allem zwischen Landbewirtschaftung und Erholung, im ausreichenden Maße möglich. Dabei wird selbstverständlich nicht von einer gleichmäßigen, sondern von einer ungleichmäßigen Dichte der Erschließungsnetze ausgegangen, die mit der Intensität der Landnutzung variiert.

3. Zu regionalen Funktionen

Die Gebiete stehen in Arbeitsteilung zueinander und übernehmen Funktionen füreinander. Von den Modellvorstellungen zur zweckmäßigen Gestaltung dieser interregionalen Funktionen ist zunächst die der gebietlichen *Hilfsmittelfunktion* zu nennen. Danach wird das Staatsgebiet soweit genutzt, wie sich das im Dienste einer rein wirtschaftlichen Wachstumsstrategie, die kaum über mittelfristige Zeiträume hinaus angelegt ist, als erforderlich erweist. Dann können, bei starker regionaler Konzentration von Siedlung und Wirtschaft, erhebliche Teile des Staates ungenutzt bleiben.

Dem steht die Vorstellung einer gebietlichen *Organismusfunktion* gegenüber. Bei ihr stellt das Staatsgebiet einen Organismus dar, dessen Regionen als Organe dem Ganzen dienen. Mit einer Strategie der vollständigen Gebietsnutzung werden alle Teile des Staatsgebietes in die Landnutzung in der Annahme einbezogen, daß dabei der Gesamtnutzen höher ist, als er es bei Nichtnutzung einiger Gebiete wäre. Dazu werden langfristige Zeiträume betrachtet. — Zumindest in hochentwickelten Ländern mit verhältnismäßig kleiner Fläche und dichter Besiedlung, wie der Bundesrepublik, ist diese Modellvorstellung und Strategie die vorzüglichere.

Die Gebiete haben auch spezielle Eignungen und intraregionale Funktionen, woraus sich, wie GERCKE (6) darlegt, Funktionszuweisungen für strukturgefährdete ländliche Räume ableiten lassen. Übereinstimmend damit wird für die Landnutzung von regionaler Multifunktionalität ausgegangen. Die Gebiete erfüllen stets mehrere Funktionen und ihre Flächen werden von mehreren Nutzungsarten, direkter und indirekter Art, genutzt. Für sie wird die Strategie der *geordneten Mehrfachnutzung* verfolgt, die in zwei Bereichen Ordnungsabsichten hat. Einmal muß die Rangordnung der Funktionen und Nutzungsarten festgelegt werden. Dabei sind in den meisten Fällen Vorrangfunktionen beziehungsweise Hauptnutzungsarten zu bestimmen. In einigen Fällen wird auch von funktioneller Gleichrangigkeit ausgegangen werden müssen, in denen die Mehrfachnutzung durch eine Kombination von mehreren gleich wichtigen (oder unwichtigen) Nutzungsarten ihre Regelung erfährt. Zum anderen müssen die Zielbeziehungen der Nutzungsarten geordnet werden. Es sollen diejenigen Landnutzungsformen sowie Kombinationen von Funktionen und Nutzungsarten gewählt werden, bei denen im Fall von Zielkonflikten die Nutzungsbeschränkungen möglichst klein bleiben. Entsprechend sind die Fälle mit Zielergänzungen möglichst weit auszudehnen; siehe SPITZER (18, 19).

4. Zur Nutzungsintensität

Wenn man auch davon ausgeht, daß alle Gebiete und Flächen in irgendeiner Form Nutzen stiften, so bleibt doch die Frage nach der Nutzungsintensität offen. Die Modellvorstellung über extrem niedrige Nutzungsintensität ist die der Wildnis für ganze Gebiete. Überließe man im Bundesgebiet große zusammenhängende Flächen sich selbst, so würde sich Urwald mit den Nutzungsarten Wassersammlung, Luftreinigung, Jagd und begrenzter Holzgewinnung bilden. Nach dem bisher Ausgeführten bedarf es keiner weiteren Begründung, daß es utopisch wäre, dieser Modellvorstellung Lösungschancen für große Teile der strukturgefährdeten ländlichen Räume zuzusprechen. Natürliche Sukzession kommt in gut erschlossenen, wenn auch dünnbesiedelten Räumen durchaus in Betracht, aber nur für Gemarkungsteile. In ländlichen Räumen mit starken Arbeitsmärkten, wie beispielsweise dem Dillgebiet, können dagegen großflächige Lösungen zweckmäßig sein (1). In den strukturgefährdeten ländlichen Räumen mit schwachen Arbeitsmärkten hat aber die möglichst vollständige Landbewirtschaftung Vorrang. Hier setzt sich mehr die Modellvorstellung einer gepflegten, geordneten Landschaft durch. Sie wird von der Bevölkerung und der Administration gewollt und hat auch in den Landschaftspflegesetzen der Bundesländer ihren Ausdruck gefunden.

Dabei wäre jedoch eine Vielzahl von Nutzungsintensitäten anzustreben. Die Einrichtung gepflegter und geordneter Landschaften darf nicht in allen Landesteilen zu ständig steigender Flächenproduktivität führen. Ein Teil der Flächen ist so auszulegen, daß überhaupt keine Produktion von ihnen anfällt, ein anderer Teil bedarf der extensiven Landnutzungsformen. In den guten landwirtschaftlichen Ertragslagen und bei Aufrechterhaltung der bisher herrschenden Agrarstruktur wird in den strukturgefährdeten ländlichen Räumen allerdings ein erheblicher Anteil der Flächen auch intensiv agrarisch genutzt werden.

5. Zur Entwicklungsmöglichkeit

Die bisher favorisierten Modellvorstellungen und Strategien führen zu dem Bild von besiedelten, erschlossenen, mehrfach genutzten und gepflegten Landschaften in den strukturgefährdeten ländlichen Gebieten. Daraus könnte der Eindruck entstehen, daß die dazu erforderlichen Ordnungen eine starre Fixierung der Landnutzungsformen bewirken würden. Diesem sich möglicherweise einstellenden Eindruck soll jedoch die Modellvorstellung einer möglichst großen Variabilität der Landnutzung entgegengestellt werden, die MOEWES (14) entwickelt und mit der „Fähigkeit, eine Erweiterung, Einengung oder völlige Änderung der Nutzung ... vorzunehmen" beschreibt. Es müssen Landnutzungsformen gefördert werden, die gut veränderbar sind und mit möglichst geringem Änderungsaufwand neuen Bedingungen angepaßt werden können. Dazu gehört die Beurteilung der Bestandteile der Investitionsvorhaben der Landnutzung auf ihre Anpassungsfähigkeiten. Wenn die jeweils mobileren und flexibleren Alternativen bevorzugt werden, erhöhen sich die Entwicklungsmöglichkeiten der Landnutzung, und das ist für strukturgefährdete Räume, die letztlich aus diesem Zustand herausgeführt werden sollen, besonders wichtig.

III. Zukünftige Entwicklung der Landnutzung

1. In Räumen mit entwicklungsfähiger Landwirtschaft

Ein beträchtlicher Teil der strukturgefährdeten ländlichen Räume hat, wie in Kapitel 1.8 dargelegt, gute natürliche Ertragslagen mit überdurchschnittlichen landwirtschaftlichen Produktionsleistungen. Da in ihnen, dem Abgrenzungskriterium der Strukturgefährdung entsprechend, die Industrie- oder Dienstleistungsfunktionen wenig bedeutsam und auch nur gering entwicklungsfähig sind, fällt hier der Landwirtschaft ohne Zweifel auch weiterhin die regionale Hauptfunktion zu. Räume wie das Niederbayerische Ackergäu, das Nördlinger Ries, die Schwalm oder das Eschweger Becken werden agrarische Kerngebiete bleiben. Ihre Aufgaben bestehen in einer kostengünstigen Nahrungsmittelproduktion durch rationelle Landbewirtschaftung und der Bindung von Arbeitskräften an die Landwirtschaft mit mindestens industriegleichen Einkommen.

Zu einem ähnlichen Ergebnis kommt man für diejenigen strukturgefährdeten ländlichen Gebiete, in denen mittlere natürliche Standortbedingungen mit guten Verhältnissen bei der landwirtschaftlichen Siedlungsstruktur, der Betriebsgrößenstruktur und den wirtschaftlichen Erzeugungsbedingungen kombiniert sind. Dazu zählen ein Teil der norddeutschen strukturgefährdeten ländlichen Räume wie Uelzen, Dithmarschen und Teile der Randlagen an der niederländischen Grenze.

Alle diese Räume haben eine insgesamt entwicklungsfähige Landwirtschaft, die auch für weitere Spezialisierung der Produktion geeignet ist. Das bestimmt den Einsatz der regionalpolitischen und agrarstrukturpolitischen Instrumente. Die landwirtschaftliche hat vor anderen Nutzungsarten Vorrang. Die bisherige Agrarstrukturpolitik von Bund und Ländern war für diese Gebiete im wesentlichen richtig. Neben den klassischen Landeskultur- und Flurbereinigungsmaßnahmen wurden die entwicklungsfähigen landwirtschaftlichen Vollerwerbsbetriebe speziell gefördert. Damit sind der langsame aber stetige Prozeß der Betriebsvergrößerung und die Maßnahmen zur Rationalisierung von Produktions- und Absatztechnik unterstützt worden. Diese Politik sollte für diese Agrargebiete auch fortgesetzt werden. Bei anhaltender Wirtschaftsrezession wird sich der landwirtschaftliche Anpassungsprozeß verlangsamen, aber langfristig gibt es zu ihm keine Alternative. Für eine schnellere Entwicklung mit merklicher Veränderung der Landnutzungsformen fehlen dagegen die Voraussetzungen. Sie müßte die rigorose Verdrängung des bodenarmen Familienbetriebes zum Ergebnis haben. Das ist aber nicht durchzusetzen und auch nicht zu verantworten, solange keine zufriedenstellenden außerlandwirtschaftlichen Erwerbsalternativen angeboten werden können.

2. In Räumen mit kaum entwicklungsfähiger Landwirtschaft

a) Entwicklung der regionalen Funktionen

Neben den oben besprochenen bleibt ein anderer Teil strukturgefährdeter ländlicher Räume, in denen die Landwirtschaft wenig entwicklungsfähig ist. Die Begrenzung der Entwicklungsfähigkeit ergibt sich vor allem durch die schlechten natürlichen Standortbedingungen, wie nicht mechanisierbare Hanglagen, ungünstige Flurform (Waldwiesentäler), schlechte Bodenqualitäten und Grundwasserverhältnisse. Unterstützt werden diese natürlichen noch durch wirtschaftliche Ungunstbedingungen, wie etwa sehr kleine Betriebsgrößen und schlechte Absatzmöglichkeiten für die Agrarprodukte. Man wäre geneigt, von Gebieten mit *nicht* entwicklungsfähiger Landwirtschaft zu sprechen, müßte diese Aussage aber auf die vorhin erwähnten klassischen Formen der landwirtschaftlichen Entwicklung beschränken. Unkonventionelle Möglichkeiten der Entwicklung bestehen aber auch für die Landwirtschaft dieser Gebiete; außerdem treten in allen Teilräumen herausragende Einzelfälle auf, denen man die Entwicklungsfähigkeit nicht absprechen soll. Deswegen wurde die Bezeichnung „kaum entwicklungsfähige Landwirtschaft" gewählt. Gebiete dieser Art sind, wie gesagt, in den strukturgefährdeten ländlichen Räumen nur zum Teil zu finden. Der andere, flächenmäßig größere Teil liegt in arbeitsmarktmäßig günstigeren Räumen.

Wenn die Landwirtschaft kaum entwicklungsfähig ist, kann sie nur regionale Nebenfunktionen erfüllen. Die Hauptfunktionen fallen auf die Forstwirtschaft, Wasserwirtschaft, das Erholungswesen, den flächenbezogenen Umweltschutz, oder aber der Raum erhält Reservefunktionen zugewiesen. Dementsprechend sind auch erhebliche Änderungen der Landbewirtschaftung möglich, die mit der in Kapitel 2.1 genannten intraregionalen Kontraktion von ländlichen Siedlungen zusammenhängen können.

Am bedeutsamsten ist das erneute *Vordringen der Waldgrenze*. Die in der Rodungsperiode und in den Jahrhunderten der unbedingten landwirtschaftlichen Produktionssteigerung fast minimierten Waldflächen werden sich besonders auf Flächen ohne

Nutzungsalternativen wieder ausdehnen. Diese Entwicklung ist bereits im Gange. KOHL (12) analysiert das in einem Beispielsgebiet für einen Zeitraum von über 150 Jahren. Die Klima- und Bodenverhältnisse lassen auf allen hier in Betracht kommenden Standorten Waldbau zu. Das ist ein nicht zu unterschätzender Vorteil im Vergleich zu anderen Klimazonen, etwa im Mittelmeerraum. Allerdings besteht zwischen den früheren und heutigen Waldlandschaften der Unterschied, daß letztere durch die rationelle Waldbewirtschaftung dichtere und geschlossenere Baumbestände aufweisen. Dadurch wird es in manchem Teilraum sinnvoll sein, der Ausdehnung der Waldflächen Maximalgrenzen zu setzen. Die Siedlungen benötigen umliegende Freiflächen, die Erholungsnutzung erfordert ebenfalls Mindestanteile von Freiflächen in der Landschaft und außerdem gibt es auch in ertragsarmen Gebieten relativ gute Standorte, auf denen die landwirtschaftliche Nutzung die bessere Nutzungsalternative darstellt. Solange die Wirtschaftsrezession anhält, wird ohnehin wieder verstärkt an den bisherigen landwirtschaftlichen Flächen festgehalten werden.

b) Extensive Formen der Landbewirtschaftung

Für die nicht in Wald umzuwandelnden Flächen müssen neben den herkömmlichen Formen der Landbewirtschaftung, mit denen in der Regel intensive Nutzung angestrebt wird, neue, extensive Formen in größerem Umfange vorgesehen werden. Dafür gibt es schon manche Einzelbeispiele und Modellversuche. Bei ihnen ist das Hauptziel der Bewirtschaftung die Offenhaltung und Pflege der Landschaft und nicht die Erzeugung von Agrarprodukten. Folgende Gruppen extensiver Bewirtschaftungsformen kommen in Betracht:

(1) Produktionsloses Offenhalten der Landschaft,
(2) Paralandwirtschaftliche Nutzung,
(3) Extensive Viehhaltung,
(4) Extensive Bodennutzung.

Die einfachste Form des produktionslosen Offenhaltens ist gegeben, wenn bei geringer Graswüchsigkeit nur im Abstand von mehreren Jahren die hochgewachsenen Büsche beseitigt werden, wobei das Schnittgut im mulching-Verfahren nicht geborgen wird. Neben diesen mechanischen werden auch chemische Verfahren der Offenhaltung erprobt, bei denen man wuchshemmende Mittel spritzt. Außerdem gibt es Versuche des biologischen Offenhaltens durch züchterische Auswahl niedrigwachsender Grasmischungen.

Paralandwirtschaftliche Nutzung verlangt gleiche oder ähnliche Verfahren der Bodenbewirtschaftung wie für landwirtschaftliche Zwecke, nur daß nicht Agrarprodukte erzeugt, sondern Dienstleistungen bereitgestellt werden. Dazu zählen Skigelände, Liftanlagen, Golfplätze, Wildgatter u. a. Für diese speziellen Erholungsflächen ist mit der Offenhaltung die Beseitigung des Schnittgutes erforderlich.

Am eingehendsten werden die extensiven Formen der Viehhaltung diskutiert. Besonders sind es die

— Haltung von Pensionsrindern,
— Mutterkuhhaltung,
— Weidemast von Bullen,
— Färsenaufzucht,
— Koppelschafhaltung,
— Wildhaltung (Rot- und Damwild).

Die Mutterkuhhaltung ergibt in den Kalkulationen die günstigsten Ergebnisse. Auf die Ausdehnung der Koppelschafhaltung werden Hoffnungen gesetzt. Ihr Erfolg hängt vor allem von der Bereitstellung des Winterfutters ab.

Zur extensiven Bodennutzung zählt auf dem Grünland die Produktion von Verkaufsheu oder Heubriketts. Diese Verfahren sind die logische Fortsetzung des produktionslosen Offenhaltens ohne Beseitigung des Schnittgutes. Sie erfordern eine gewisse Großflächigkeit und nicht zu starke Hängigkeit des Geländes. Das ist auch bei der extensiven Nutzung des Ackerlandes, für die vor allem der Getreidebau in Betracht kommt, von Vorteil. Er ist auf geeigneten Ackerlagen selbst in ertragsarmen Gebieten relativ unproblematisch. Das Problem liegt bei der Grünlandnutzung.

In fast allen Instituten für landwirtschaftliche Betriebslehre der Bundesrepublik sind Modellkalkulationen zu den extensiven Formen der Landbewirtschaftung angestellt worden. Die wirtschaftlichen Ergebnisse schwanken mit den unterstellten Bedingungen. Nur in Ausnahmefällen ergeben sich Gewinnmöglichkeiten, die jedoch im Vergleich zu den intensiven Formen der Landbewirtschaftung niedrig sind. Das kann nicht verwundern, denn bei hoher Intensität lassen sich die Fixkosten je Produkt besser senken und die Produktionskapazitäten besser ausnutzen als bei Extensität. Die extensiven Nutzungsformen werden also in der Regel privatwirtschaftlich unrentabel sein. Das müßte sinkende Bodenpreise und die Tendenz der Pachtpreise gegen Null zur Folge haben; s. REINKEN (15). Aktuell ist aber die gegenteilige Tendenz zu beobachten. Extensive Formen der Landbewirtschaftung können demnach ohne staatliche oder kommunale Bewirtschaftungszuschüsse keinen nennenswerten Umfang erreichen. Die Kalkulationen ergeben einen Bedarf an Zuschüssen zwischen 150 — 500 DM/ha. Daraus läßt sich ein hoher Aufwand an öffentlichen Mitteln für Bewirtschaftungszuschüsse ablesen. Die relative Vorzüglichkeit der Nutzungsalternativen ist deswegen nach der Zielfunktion einer Minimierung der Bewirtschaftungszuschüsse zu ermitteln.

Infolge dieser wirtschaftlichen Tatbestände leuchtet es auch ein, daß die Landschaftspflege durch bestehende landwirtschaftliche Betriebe in den Modellkalkulationen bessere Ergebnisse erbringt als durch neu zu errichtende Landauffangbetriebe. Am zweckmäßigsten erscheint es, extensive Formen der Landbewirtschaftung mit landwirtschaftlichem Nebenerwerb zu verbinden.

c) *Agrarstrukturpolitische und regionalpolitische Folgerungen*

Es ist leichter, sich neue Formen der Landbewirtschaftung auszudenken und sie in Einzelbeispielen zu verwirklichen als ihnen gebietlich bestimmende Geltung zu verschaffen. Dazu bedarf es langer Zeiträume mit guter gesamtwirtschaftlicher Konjunktur und der gezielten öffentlichen Förderung der gewünschten Landnutzungsformen. Die Förderungsinstrumente für landwirtschaftliche Vollerwerbsbetriebe sind in den hier zu betrachtenden Gebietsteilen und für die neuen Landnutzungsformen wenig wirksam. Das darf nicht verwundern, denn sie wurden für andere Zwecke konzipiert. Für alternative, sektorale und regionale Zielvorstellungen sei auf die Veröffentlichung des Arbeitskreises „Leitvorstellungen zur Entwicklung ländlicher Räume" (2) verwiesen. Hier seien deswegen nur einige für die strukturgefährdeten ländlichen Räume hinzugefügt.

In den Räumen, die eine wenig entwicklungsfähige Landwirtschaft aufweisen, haben *regionale* Förderungsprogramme mehr Aussicht auf Erfolg. Sie können einmal für alle Gebiete gleichen Typs gelten, wie das beispielsweise mit der früheren Abgrenzung der

„von Natur aus benachteiligten Gebiete" oder im „Bergbauernprogramm" geschehen ist. Zum anderen sind auch spezifische, auf das einzelne Gebiet zugeschnittene Förderungsprogramme, wie beispielsweise das Emslandprogramm (9) oder das Albprogramm (13), möglich.

Hinsichtlich der Landnutzung müssen sich derartige Programme mit der *Mindestfreifläche* beziehungsweise dem zweckmäßigen Waldanteil an der Gesamtfläche auseinandersetzen. Wichtig ist, daß nicht einzelne landwirtschaftliche Betriebsgrößengruppen, etwa nur die Haupterwerbsbetriebe, sondern alle Landbewirtschaftung und Landschaftspflege betreibenden Einrichtungen in eine Förderung einbezogen werden. Gesonderte Förderung verdienen nicht die Kapazitäten, sondern die neuen Formen der Landnutzung, deren Verbreitung angestrebt wird. Auch bei extensivsten Landnutzungsformen muß auf den Flächen eine landeskulturelle Mindestausstattung erhalten bleiben; s. SPITZER (18). Dazu gehört vor allem ein ausreichendes Wege- und Gräbennetz.

Diese die Landnutzungsformen direkt beeinflussenden Maßnahmen sind im wesentlichen eingeführt, sie bedürfen aber noch des Ausbaus und der Verstärkung. Allerdings sollen nicht nur sie zur Abwehr nachlassender Landnutzung und zur wirtschaftlichen Belebung eingesetzt werden. Dazu sind weitere regionalpolitische Maßnahmen, die von dem herkömmlichen Instrumentarium abweichen, erforderlich.

Der Förderung des Fremdenverkehrs und dem Interesse an Zweitwohnsitzen dient die Öffnung des Wirtschaftswegenetzes für die Erholungssuchenden. Dieses muß planmäßig für eine Mehrfachnutzung ausgelegt und erweitert werden. STRASZBURGER (20) macht dazu Vorschläge.

Die Nutzung des Landes durch Bewohner und Besucher des Gebietes hängt fast ganz von der Benutzung privater Kraftfahrzeuge ab. Der Ausbau neuer öffentlicher Verkehrsunternehmen mit ausreichendem Angebot erscheint für periphere ländliche Räume nicht durchführbar und würde, selbst wenn er gelänge, viel zu aufwendig sein. Deswegen sollte man sich mit dem *privaten Kraftfahrzeug* als entscheidendem Verkehrsmittel abfinden und seine Haltung in diesen Gebieten fördern. Wirtschaftliche Unterstützung müßte Taxiunternehmen und auch Zweitwagenhaltern, die sozial schwache Verkehrsteilnehmer befördern, gewährt werden. Entscheidend ist nicht die Frage, ob öffentliche oder private Verkehrseinrichtungen in die Förderung einbezogen werden, sondern wie in den einzelnen Gebieten die Verkehrsversorgung für die nicht mit Kraftfahrzeugen ausgerüsteten Bevölkerungsteile des ländlichen Raumes am kostengünstigsten sichergestellt werden kann.

Schließlich sollte die *Besiedlungsattraktivität* der betrachteten Gebiete gesteigert werden. Ein mit der Landnutzung direkt verbundenes Mittel dazu wäre die Förderung der Bebauung im Außenbereich von geschlossenen Ortslagen. Der Bedarf an Bauplätzen dieser Art ist erheblich und wird von den Genehmigungsbehörden nur mit Mühe eingegrenzt. Zweitwohnsitze, moderne Formen der Hobby- und Nebenerwerbslandwirtschaft, neue, auf den privaten Kraftfahrzeugverkehr abgestimmte Freizeitsiedlungen, zeitgemäße Abwandlungen der Schrebergartenbewegung des vorigen Jahrhunderts müßten ermöglicht werden. Dazu wären in den regionalen Raumordnungsplänen und Flächennutzungsplänen Gemarkungsteile auszuweisen, für die die Gemeinden Bebauungspläne zur Freizeitsiedlung ausweisen könnten. Derartige Vorschläge mögen vielleicht diejenigen Fachleute erschrecken, die vor einer „Zersiedlung" der Landschaft warnen. Dieser Begriff ist jedoch zu überdenken. Die Attraktivität mancher ländlicher

Gebiete beruht auf einer Streusiedlungsform, die nichts anderes ist, als das Ergebnis einer Zersiedlung in früherer Zeit. Eine großzügige Freigabe von Flächen für Freizeitsiedlung könnte erreichen, daß den strukturgefährdeten ländlichen Räumen damit allmählich eine Schicht von Interessenten und Landnutzern zuwächst, auf die sie vielleicht in Zukunft dringend angewiesen sein werden.

IV. Zusammenfassung

Die Landnutzungsformen strukturgefährdeter ländlicher Räume werden von dem Tatbestand schwacher regionaler Arbeitsmärkte maßgebend beeinflußt. Negative Wanderungsbilanzen bei der Bevölkerung legen Modellvorstellungen und Strategien zu veränderten regionalen Strukturen nahe. Die geringen Aussichten für die Schaffung neuer Arbeitsplätze im industriell-gewerblichen Bereich dieser Räume haben die bisherige Abwanderung der Arbeitskräfte aus der Landwirtschaft langsamer verlaufen lassen als in Gebieten mit besseren Arbeitsplatzalternativen. Diese Entwicklung wird zumindest für die Dauer der gegenwärtigen Wirtschaftsrezession anhalten. Ein Ergebnis dieser Lage ist die besonders starke Ausprägung des flächenarmen bäuerlichen Familienbetriebes und die möglichst vollständige Bewirtschaftung aller landwirtschaftlich nutzbaren Flächen.

Hinsichtlich der Landnutzung kommen Modellvorstellungen und Strategieüberlegungen zu dem Ergebnis, daß die Flächen auch bei veränderten Siedlungsstrukturen und partiellen Verdünnungstendenzen geordnet genutzt werden können. Allerdings ist hier zwischen den Teilen der strukturgefährdeten ländlichen Räume mit guten und mittleren und solchen mit schlechten landwirtschaftlichen Produktionsbedingungen zu unterscheiden. Für erstere kann die bisherige Agrarstrukturpolitik im wesentlichen fortgesetzt werden, denn die Landwirtschaft behält aufgrund der Schwäche der anderen Sektoren Vorrangstellung. In den strukturgefährdeten ländlichen Räumen mit kaum oder nicht entwicklungsfähiger Landwirtschaft sind dagegen agrarstrukturpolitische und vor allem regionalpolitische Änderungen erforderlich. Sie betreffen die Landnutzungsformen, in denen verstärkt agrarische mit nichtagrarischen Funktionen verbunden werden müssen und legen die Betonung regionaler vor betrieblicher Förderungsinstrumente nahe.

V. Literatur

1. Agrarsoziale Gesellschaft: Landschaftsrahmenplan Dillkreis.
2. Akademie für Raumforschung und Landesplanung (Hrsg.): Die Zukunft des ländlichen Raumes, 3. Teil, Forschungs- und Sitzungsberichte, Bd. 106, Hannover 1976.
3. Alewell, K. und Rittmeier, B.: Dienstleistungsbetriebe als Gegenstand von Regionalförderungsmaßnahmen. Zentrum für regionale Entwicklungsforschung der Justus-Liebig-Universität Gießen, Schriften Bd. 4, Verlag der ssip-Schriften, Saarbrücken 1977.
4. David, C.-H.: Zur raumordnungsrechtlichen Problematik kleinräumiger passiver Sanierung. Beitrag in diesem Band.

5. DE HAEN, H. u. v. BRAUN, J.: Regionale Veränderungen des Arbeitseinsatzes in der Landwirtschaft — Demographische Analyse und arbeitsmarktpolitische Schlußfolgerungen —. In: Standortprobleme der Agrarproduktion, Schriften der Gesellschaft für Wirtschafts- und Sozialwissenschaften des Landbaues e. V., Bd. 14, S. 221 ff., München 1977.

6. GERCKE, F.: Funktion und Funktionszuweisungen für strukturgefährdete Räume. Beitrag in diesem Band.

7. Hessische Gemeindestatistik 1970: Landwirtschaft — Bd. 4, Teil 1 Hess. Stat. Landesamt Wiesbaden.

8. HÖSCH, F.: Industrielle Entwicklungsmöglichkeiten für strukturgefährdete ländliche Räume. Beitrag in diesem Band.

9. HUGENBERG, G.: Die Emslanderschließung 1950—1972. Emsland-GmbH, Meppen 1973.

10. KEIM, G.: Regionale Spezialisierung und regionale Konzentration der Agrarproduktion in der Bundesrepublik Deutschland. Dissertation Gießen 1976. Landwirtschaft — Angewandte Wissenschaft, H. 189, Münster-Hiltrup 1976.

11. KLEMMER, P. und Mitarbeiter: Abgrenzung strukturgefährdeter ländlicher Räume. Beitrag in diesem Band.

12. KOHL, M.: Dynamik der Kulturlandschaft im oberen Lahn-Dillkreis. Wandlungen von Haubergswirtschaft und Ackerbau zu neuen Formen der Landnutzung in der modernen Regionalentwicklung. Dissertation Gießen 1978.

13. Ministerium für Ernährung, Landwirtschaft, Weinbau und Forsten Baden-Württemberg. Albprogramm Stuttgart 1971.

14. MOEWES, W.: Zur Variabilität der Landnutzung. In: Grundlagen und Berichte zur Landnutzung, AVA — Arbeitsgemeinschaft zur Verbesserung der Agrarstruktur in Hessen, Wiesbaden 1975.

15. REINKEN, G.: Zielvorstellungen der Landwirtschaft und deren regionale Konsequenzen. In: Die Zukunft des ländlichen Raumes, 3. Teil Forschungs- und Sitzungsberichte der Akademie für Raumforschung und Landesplanung, Bd. 106, Hannover 1976.

16. SCHMIDT, G.: Betriebliche und regionale Spezialisierung der Agrarproduktion — dargestellt an Beispielen aus Rheinland-Pfalz und Hessen, Dissertation Gießen 1978.

17. SCHWARZ, K.: Unterschiede und Entwicklung der regionalen Geburtenhäufigkeit. Vortrag vor der Landesarbeitsgemeinschaft Hessen-Rheinland/Pfalz-Saarland der Akademie für Raumforschung und Landesplanung am 1. 7. 77 in Kassel.

18. SPITZER, H.: Regionale Landwirtschaft, Paul Parey, Hamburg und Berlin 1975.

19. SPITZER, H.: Die Verbundnutzung als Ordnungsform der Mehrfachnutzung. In: Beiträge zur Landnutzungsplanung, AVA-Arbeitsgemeinschaft zur Verbesserung der Agrarstruktur in Hessen, Wiesbaden 1976.

20. STRASZBURGER, H.: Möglichkeiten der regionalen Erschließung durch Ergänzungen am Wirtschaftswegenetz. Dissertation Berlin 1976.

Probleme einer ausreichenden Versorgung mit Schul- und Bildungseinrichtungen in strukturgefährdeten ländlichen Gebieten

von

Willy Heidtmann, Bielefeld-Bethel

INHALT:

I. Determinanten der schulischen Versorgung
   1. Pädagogische Anforderungen an die Zügigkeit des Schulsystems
   2. Zumutbarkeit der Schulwegentfernung
   3. Generatives Verhalten und räumliche Mobilität der Bevölkerung

II. Exemplarische Darstellung der Versorgungssituation im Schul- und Bildungsbereich
   1. Räumliche Tragfähigkeit für allgemeinbildende Schulen
   2. Regionale Disparitäten in der beruflichen Bildung
   3. Weiterbildung im ländlichen Raum

III. Konsequenzen für die Schul- und Bildungspolitik in dünnbesiedelten Räumen

IV. Zusammenfassung

I. Determinanten der schulischen Versorgung

Die Versorgungssituation im Schul- und Bildungsbereich hängt von verschiedenen Faktoren ab. Als wichtigste Bestimmungsfaktoren sind dabei zu nennen: die Zügigkeit des Schul- und Bildungssystems, d. h. die Zahl der Parallelklassen oder -gruppen pro Schülerjahrgang, die Zumutbarkeit und Belastbarkeit im Schülertransportverkehr, das Schüleraufkommen in Abhängigkeit von generativem Verhalten und Mobilität der Bevölkerung und schließlich die Siedlungsstruktur, die Bevölkerungsdichte und das Verkehrserschließungssystem. Im dünnbesiedelten ländlichen Raum sind alle genannten Faktoren für die Tragfähigkeit von Bildungsversorgungssystemen von erheblicher Bedeutung. Daher sollen sie kurz dargestellt und insbesondere unter dem Gesichtspunkt ihrer Mindestanforderungen untersucht werden. Dabei wird die Fragestellung zunächst ganz bewußt auf das allgemeinbildende Schulwesen beschränkt.

1. *Pädagogische Anforderungen an die Zügigkeit des Schulsystems*

Die Frage der Zügigkeit des Schulsystems oder einzelner Schularten wird in den Schulgesetzen der Länder recht unterschiedlich behandelt. Wenn überhaupt etwas zu dieser Frage gesagt wird, dann handelt es sich meistens um eine Mindestanforderung. So wird als Mindestanforderung für die Grundschule, die in den meisten Bundesländern die Klassen 1 bis 4 umfaßt, mindestens eine Gliederung nach Jahrgängen bestimmt. Im Regelfall soll diese Schule zweizügig gegliedert und nur ausnahmsweise einzügig oder gar zweiklassig angelegt sein. Die schulformunabhängige Orientierungsstufe, die die Klassen 5 und 6 erfaßt, soll nach dem niedersächsischen Schulgesetz mindestens 6zügig sein[1]. Das Schulverwaltungsgesetz in Nordrhein-Westfalen bestimmt in einer kürzlich neu eingefügten Vorschrift, die durch ein im Frühjahr 1978 durchgeführtes Volksbegehren wieder zu Fall gebracht worden ist, daß die sog. Kooperative Schule, die die Orientierungsstufe und alle anschließenden Bildungswege der Sekundarstufe I einschließt, in der Regel mindestens vierzügig gegliedert sein soll. Gleichzeitig wird eine Obergrenze eingeführt: die Kooperative Schule soll nicht mehr als 8 Züge haben[2].

Unter Pädagogen besteht weitgehend Einigkeit darüber, daß die wenig gegliederte Regelschule das Lernangebot nicht ausreichend differenzieren kann. Eine zweizügige Schule bietet danach in jedem Fall bessere Möglichkeiten, auf Neigung und Begabungen der Schüler einzugehen als eine zweiklassige. Die Frage, ob die Lernchancen der Schüler auch durch eine zu große Schule beeinträchtigt werden, soll hier nicht untersucht werden, da die „Mammutschule" nicht das Problem im strukturgefährdeten ländlichen Raum ist. Für die Zügigkeit eines Schulsystems sind auch die Klassenfrequenzen, d. h. die Zahl der Schüler je Klasse oder Gruppe, sowie die Schüler-Lehrer-Relationen von Bedeutung. Je größer die Klassenfrequenz und je höher die Schüler-Lehrer-Relation, um so ungünstiger sind die Bedingungen für das Unterrichten und Lernen. Mit anderen Worten: Mit einer Senkung der Schülerzahlen je Klasse und Lehrer können die Lern- und Bildungschancen erheblich verbessert werden. Überdies kann auch die Zügigkeit eines Schulsystems bei rückläufigen Schülerzahlen durch Reduzierung der Klassenfrequenzen bis zu einem bestimmten Punkt aufrechterhalten werden. Dieser Punkt

---

[1] Vgl. § 6 Abs. 2 des Nds. Schulgesetzes.

[2] Vgl. § 5a des Schulverwaltungsgesetzes des Landes Nordrhein-Westfalen, der durch ein Volksbegehren wieder außer Kraft gesetzt wurde.

ist in erster Linie ökonomisch determiniert, d. h. die Bildungskosten je Schüler steigen so stark an, daß sie nicht mehr aufgebracht werden können oder sollen. Die folgenden in der Übersicht 1 zusammengestellten „Orientierungswerte" sind dem Bildungsgesamtplan von 1973 und dem Generalschulbauplan[3] des Landes Schleswig-Holstein entnommen.

Übersicht 1: *Orientierungsdaten: Schüler-Lehrer-Relation und Klassenfrequenz*

Schulart	Schüler/Lehrer lt. BGP*)		Klassenfrequenz lt. GSP**)
	1980	1985	(Schlesw.-Holstein)
Grundschule	25—22	23—19	30
Hauptschule	22—20	20—18	30
Realschule			28
Gymnasium (Kl. 5—10)			25
Gymnasium (Kl. 11—13)	14	14—12	25
Berufsschule (Teilzeit)	44	40	—
Sonderschule	12	11	18

*) Bildungsgesamtplan der Bund-Länder-Kommission für Bildungsplanung.
**) Generalschulbauplan der schlesw.-holsteinischen Landesregierung, KM-Erl. vom 2. 11. 1970.

Der Zusammenstellung sind zwei wichtige Informationen zu entnehmen. Es wird eine Verminderung der Schülerzahl je Lehrer bzw. Klasse aus pädagogischen Gründen angestrebt und für realisierbar gehalten. Die angestrebten Orientierungswerte vermindern sich — wenn einmal von Berufs- und Sonderschulen abgesehen wird — mit der „Höhe" des Schultyps. In der Sekundarstufe II werden erheblich geringere Klassenfrequenzen für sinnvoll gehalten als in der Sekundarstufe I.

Gegenwärtig beträgt die durchschnittliche Klassengröße aller allgemeinbildenden Schulen 22,6 Schüler (1975/76: 23,3); an Grund- und Hauptschule befinden sich 26,4 Schüler im Durchschnitt in den Klassen (1966/67: 32,2)[4]. Die reduzierten Klassenfrequenzen sind dabei nicht nur auf eine Vergrößerung des Klassenangebots und höhere Lehrerzahlen, sondern auch auf einen zunehmenden Geburtenrückgang zurückzuführen, der sich in den Grundschulen bereits nachhaltig auswirkt.

Die Frage, die im weiteren Verlauf dieses Beitrags zu diskutieren wäre, lautet: Wo liegt die bildungsökonomisch und pädagogisch vertretbare Untergrenze der Klassenfrequenz, bei der das vorhandene Schulsystem noch aufrechterhalten werden kann? Diese Frage kann auch andersherum gestellt werden. Von welcher Schülerzahl an besteht eine Verpflichtung des Staates, eine Schule einzurichten? In Niedersachsen

---

[3] Zitiert nach: Kreisentwicklungsplan Dithmarschen 1977—1981, 1. Fortschreibung, Heide 1976. Die Landesregierung weist in einer Stellungnahme zum Kreisentwicklungsplan darauf hin, daß die dem Generalschulbauplan entnommenen Einwohnerrichtwerte, Klassenfrequenzen und Übergangsquoten angesichts des Geburtenrückgangs inzwischen überholt sind.

[4] Süddeutsche Zeitung vom 4. 1. 1978.

ist beispielsweise dann eine Grundschule einzurichten oder in Betrieb zu halten, wenn wenigstens 15 Schüler je Schuljahrgang vorhanden sind; in Schleswig-Holstein ist dieser Wert auf 18 Schüler je Jahrgang festgelegt. Bevor etwas näher auf diese Fragestellung eingegangen werden soll, sind zunächst noch einige weitere Bestimmungsfaktoren der schulischen Versorgung zu untersuchen.

2. Zumutbarkeit der Schulwegentfernung

Anders als in der Stadt fallen auf dem Lande für viele Schüler Wohnort und Schulort teilweise erheblich auseinander. Viele Schüler sind Schulpendler, die täglich mehr oder weniger weite Schulwege zurücklegen müssen. Die Länge der durchschnittlichen Schulwege korrespondiert dabei u. a. mit Größe und Zentralisierungsgrad des Schulsystems und der Schülerdichte im Raum. Zentralschulen bedingen durchweg längere durchschnittliche Schulwege als dezentralisierte Schulsysteme. Zunehmende räumliche Schülerdichte verkürzen und abnehmende räumliche Schülerdichten verlängern ceteris paribus durchschnittliche Schulwegentfernungen.

Eine Variation der Schulweglängen ist nicht unbegrenzt möglich. Die physische und psychische Belastbarkeit der Schüler, die mit wachsendem Lebensalter zunimmt, setzt eine Grenze in der Vergrößerung der Entfernungen bzw. des dafür notwendigen Zeitaufwandes. Fachleute sprechen in diesem Zusammenhang von der Zumutbarkeit der Schulwegentfernung. Obwohl in den letzten Jahren eine Reihe von Untersuchungen aus medizinischer, psychologischer und soziologischer Sicht über die Zumutbarkeitsfrage durchgeführt worden sind, konnten überzeugende Ergebnisse noch nicht gefunden werden. Die jeweils genannten Zeitangaben der Zumutbarkeit sind meistens Schätzwerte, die nicht unmittelbar aus den Untersuchungsergebnissen abgeleitet wurden[5]). Diese Werte schwanken zwischen 30 und 60 Minuten. Untersuchungen an Berufspendlern zeigen meistens, daß die durchschnittliche Fahrzeit nur in wenigen Ausnahmefällen die 30-Minuten-Grenze überschreitet[6]). Es wäre sinnvoll, diesen Wert auch in der regionalen Schulplanung zu verwenden, zumindest solange, bis die Wissenschaft bessere Daten liefert. Die Kilometerlänge des Schulweges ist bei vorgegebener Zeit mit der Qualität des benutzten Verkehrsmittels in bestimmten Grenzen variabel. Ein kreuzungsfreies Schienenverkehrsmittel mit wenigen Haltepunkten kann in 30 Minuten beispielsweise einen erheblich längeren Weg zurücklegen als ein Omnibus, der wiederholt Zeitverzögerungen im Berufsverkehr in Kauf nehmen muß.

In diesem Zusammenhang muß auch darauf hingewiesen werden, daß der notwendige Verkehrsaufwand für den Schülertransport nicht unwesentlich durch topographische Struktur und Siedlungsstruktur des Schuleinzugsbereiches beeinflußt wird. In Streusiedlungsgebieten muß ein Schulbus die gleiche Schülerzahl erheblich länger fahren als in Gebieten mit wenigen geschlossenen Ortschaften, um zur Schule zu gelangen.

---

[5]) Vgl. R. Hansen, K. Zippel: Schülertransport — ein Element der Infrastruktur im Bildungswesen. In: Infrastruktur im Bildungswesen, Forschungs- und Sitzungsberichte der Akademie für Raumforschung und Landesplanung, Bd. 107, Hannover 1976, S. 115 ff.

[6]) R. Hansen, K. Zippel, a.a.O., S. 121.

3. Generatives Verhalten und räumliche Mobilität der Bevölkerung

Zwischen der im Einzugsbereich einer Schule vorhandenen Bevölkerungszahl sowie deren Veränderungen und dem Schüleraufkommen bestehen enge Zusammenhänge. Ist die Bevölkerung in ihrer Sozial- und Altersstruktur und in ihrem Bildungsverhalten für längere Zeit keinen allzu großen Schwankungen ausgesetzt, dann läßt sich die Größe des Einzugsbereiches aus der Mindestschülerzahl relativ leicht ableiten. Die folgende Zusammenstellung verdeutlicht diesen Zusammenhang am Beispiel des Landkreises Dithmarschen[7]).

Übersicht 2: *Schülerzahlen und Einzugsbereiche*

Schulart	Schülerzahl	Zügigkeit	Frequenzen (Schüler)	Einzugsbereich (Einwohner)	v. H.*)
Grundschule	120	1	30	1 700 — 1 900	6,3
Hauptschule	300	2	30	7 500 — 8 000	3,8
Realschule	336	2	28	15 000 — 20 000	1,7
Gymnasium (Kl. 5—10)	300	2	25		
Gymnasium (Kl. 11—13)	225	3	25	24 000 — 28 000	1,1

*) Schülerzahl bezogen auf max. Einwohnerzahl des Einzugsbereichs in v. H.

Den in der Zusammenstellung dargestellten Daten liegt eine durchschnittliche Geburtenrate von 18 Lebendgeborenen je 1000 Einwohnern zugrunde. Dieser Wert wird heute auch in weiten Teilen des ländlichen Raumes nicht mehr erreicht. Verantwortlich dafür ist ein verändertes generatives Verhalten, dem sich auch die Landbevölkerung mit einer gewissen Zeitverzögerung inzwischen angepaßt hat. Es ist hier nicht der Ort, die Problematik des Geburtenrückgangs weiter zu vertiefen. Dazu kann auf eine in den letzten Jahren stark angewachsene Fachliteratur verwiesen werden[8]).

Die Konsequenzen des Geburtenrückgangs in dünnbesiedelten Gebieten liegen auf der Hand: Die Tragfähigkeit des Raumes für gegliederte Schulversorgungssysteme wird in hohem Maße gefährdet. Der vom generativen Verhalten ausgehende Einfluß ist hier unmittelbar wirksam, denn die Neugeborenen eines Jahres sind sechs Jahre später die ABC-Schützen der ersten Klassen. Auch das Wanderungsverhalten der Bevölkerung, die sog. räumliche Mobilität, ist für die Schülerpopulation eines Gebietes von erheblicher Bedeutung. Dies ist vor allem dann der Fall, wenn regelmäßig Wanderungsverluste hingenommen werden müssen. Im allgemeinen wandern relativ junge Familien aus strukturschwachen Gebieten ab, um sich bessere Berufs- und Erwerbschancen in städtischen Räumen zu suchen. Damit wandern gleichzeitig Schüler ab,

---

[7]) Vgl. Kreisentwicklungsplan Dithmarschen, a.a.O., S. 41.

[8]) M. WINGEN: Rahmensteuerung und Bevölkerungsbewegung als gesellschaftspolitische Aufgabe. Aus: Politik und Zeitgeschichte vom 31. 12. 1977, mit weiteren Verweisen, vgl. auch Geburtenrückgang — Konsequenzen für den ländlichen Raum, Schriftenreihe für ländliche Sozialfragen, Heft 73, Hannover 1975.

so daß die negative Tendenz des Geburtenrückgangs durch negative Wanderungsbilanzen noch verstärkt wird.

Letztlich bewirken die sich verstärkenden demographischen Negativtendenzen eine weitere Verminderung der Bevölkerungsdichte. Die folgende Übersicht verdeutlicht den Zusammenhang zwischen Einwohnerzahl im Einzugsbereich, Wegentfernung und Bevölkerungsdichte[9]).

Übersicht 3: *Bevölkerungsdichte und Einzugsbereiche*

Bevölkerungsdichte Einw./qkm	Bevölkerungszahl im Einzugsbereich bei R = ... km			
	7	10	15	20
25	3 800	7 900	17 700	31 400
50	7 700	15 700	35 300	62 800
100	15 400	31 400	70 700	125 700

Aus der Zusammenstellung läßt sich leicht erkennen, welche Schülerzahlen — nach Jahrgängen gegliedert — bei einer Geburtenrate von beispielsweise 10 Lebendgeborenen pro Tausend Einwohner zu erwarten sind. Bei diesen relativen geringen Schülerzahlen ist auch zu berücksichtigen, daß der zugrundegelegte Radius lediglich die Luftlinienentfernung angibt. In der Wirklichkeit kann getrost von der doppelten Wegentfernung ausgegangen werden[10]). In Gebieten mit einer Einwohnerdichte von 50 Personen je qkm und einer Geburtenrate von 10 Promille ergibt sich eine Jahresstärke von 70—80 Schülern, bei durchschnittlichen Wegentfernungen von 10—15 km. Was herauskommt, wenn Bevölkerungsdichte und Geburtenrate weiter sinken, läßt sich leicht errechnen.

II. Exemplarische Darstellung der Versorgungssituation im Schul- und Bildungsbereich

Die Versorgungsproblematik des Schul- und Bildungswesens im strukturgefährdeten ländlichen Raum, die schon an den Zahlen der Übersicht 3 deutlich wurde, soll an einigen Beispielen noch etwas genauer untersucht werden. Zunächst soll die Tragfähigkeit des Raumes für Schulen des Primar- und Sekundarbereichs I in ausgewählten Nahbereichen des Kreises Dithmarschen geprüft werden. Daran schließt sich eine kurze Darstellung der beruflichen Bildungssituation in peripheren ländlichen Gebieten an. Den Abschluß bildet ein Exkurs über Probleme der Weiterbildung.

1. *Räumliche Tragfähigkeit für allgemeinbildende Schulen*

Der fortgeschriebene Kreisentwicklungsplan Dithmarschen 1977 bis 1981 enthält in seinem Schul- und Bildungsteil noch die revisionsbedürftigen Daten des General-

---
[9]) Vgl. W. Heidtmann: Auswirkungen des Geburtenrückgangs auf die infrastrukturelle Ausstattung ländlicher Räume. In: Geburtenrückgang ..., a.a.O., S. 71.
[10]) Vgl. R. Hansen, K. Zippel: Schülertransport ..., a.a.O., S. 117.

schulbauplans des Landes Schleswig-Holstein von 1970, auf die bereits an anderer Stelle hingewiesen wurde. In ihrer Stellungnahme zum Kreisentwicklungsplan führt die schleswig-holsteinische Landesregierung u. a. dazu aus: „Während der Generalschulbauplan von 1970 noch von etwa 18 Lebendgeborenen je 1000 Einwohner mit einer nur leicht abfallenden Tendenz ausgehen konnte, ist die Geburtenrate im Jahre 1976 — in diesem Umfang nicht vorhersehbar — tatsächlich unter 10 Lebendgeborenen je 1000 Einwohner abgesunken. Der Generalschulbauplan von 1970 zielte darauf ab, ein Netz von ausgewogen verteilten Schulstandorten aufzubauen. Jetzt dagegen geht es im wesentlichen darum, die vorhandene Struktur der neuen Entwicklung anzupassen. Das Kultusministerium hat inzwischen durch den Erlaß vom 5. 10. 1976 für die Fortschreibung des Generalschulbauplanes neue Rahmenbedingungen festgelegt, die auf diese Entwicklung zugeschnitten sind. Namentlich durch die Absenkung der Mindestgrößen von Schulen wird es möglich sein, trotz sinkender Schülerzahl den Bestand des Schulnetzes weitgehend zu garantieren und in weitem Umfang auch kleinere Schulen zu erhalten"[11]).

Die folgenden Übersichten 4 und 5 enthalten einige Schlüsseldaten zur schulischen Situation in ausgewählten Nahbereichen des Kreises Dithmarschen. Auch wenn die Schülerjahrgangszahlen im vorliegenden Fall geschätzt werden mußten und teilweise von den tatsächlichen Zahlen abweichen können, so wird im Grundschulbereich doch folgendes deutlich. Auch in den einwohnerschwächeren Nahbereichen ist ein gut ausgebautes Netz gegliederter Schulen vorhanden. Lediglich in einem Fall wird eine Grundschule unterhalten, die nicht mehr vollzügig arbeitet und über deren Fortbestand bei der Neufassung des Generalschulbauplanes entschieden werden soll.

Nunmehr sind allerdings von Jahr zu Jahr gravierendere Veränderungen zu erwarten, da zunehmend geburtenschwächere Jahrgänge eingeschult werden. Dieser Wandel darf nicht von vornherein als Verschlechterung der schulischen Versorgungssituation angesehen werden. Der Rückgang der Schülerzahlen kann zumindest solange als echte Verbesserung angesehen werden, solange eine Senkung der Klassenfrequenz möglich ist. Rutschen die Geburtenraten allerdings erheblich unter die 10 Promille-Grenze, dann wird das Versorgungsnetz im Grundschulbereich weitmaschiger angelegt werden müssen.

Die Frage der Mindestschülerzahl für Grundschulsysteme stellt in den Beispielsräumen bis auf weiteres noch kein vordringliches Problem dar. Selbst bei Beibehaltung der gegenwärtigen Klassenfrequenzen sind noch gewisse Dezentralisierungsmöglichkeiten vorhanden, ohne daß die Vollgliederigkeit des Systems dabei aufgegeben werden müßte. Da sich die Schülerpopulation nicht gleichmäßig in den Nahbereichen verteilt, könnte es allerdings — bei einem weiteren Absinken der Geburtenraten — an nichtzentralen Grundschulstandorten im Nahbereich zu der Frage kommen, ob und in welchem Umfang eine Senkung der Klassenfrequenz zur Aufrechterhaltung der Schule notwendig und vertretbar ist. Bei einer Untergrenze von beispielsweise 15 Schülern je Klasse ist mit einer Gefährdung der „peripheren" Grundschulstandorte indes nicht zu rechnen.

Im Bereich der Hauptschulen wurden vor allem in den letzten Jahren zahlreiche weniggegliederte Schulen aufgelöst und gleichzeitig zwei- und dreizügige Systeme geschaffen. Die einzügige Hauptschule stellt nunmehr nur noch die Ausnahme dar. Aller-

---

[11]) Abgedruckt im Anhang des Kreisentwicklungsplanes Dithmarschen.

Übersicht 4: Grundschulsysteme in ausgewählten Nahbereichen des Kreises Dithmarschen

Zentraler Ort einschl. Nahbereiche*)	Einwohner 31. 12. 1975**)	Schülerjahrgangsstärke (geschätzt)***)	vorhandene Grundschulen			mögliche vollgegliederte Systeme
			1-zügig	2-zügig	3-zügig u. mehr	
Brunsbüttel (MB)	12 100	181	1	1	1	6
Meldorf (UB)	14 000	210	2		1 (4-zügig.)	7
Albersdorf (LZO)	7 200	108		1		3
Hennstedt (LZO)	5 200	78			1	2
St. Michaelisdonn (LZO)	6 900	103	1	1		3

*) MB = Mittelbereich, UB = Unterbereich, LZO = Ländlicher Zentralort inkl. Nahbereich.
**) Gerundet.
***) 6% der Nahbereichsbevölkerung.

dings dürften sich angesichts der reduzierten Schülerzahlen in den Grundschulen und angesichts des relativ hohen Realschüleranteils künftig Schwierigkeiten bei der Aufrechterhaltung des zentralisierten Hauptschulsystems ergeben. Für eine begrenzte Zeit könnte das Problem auch hier durch ein Absenken der Klassenfrequenzen gelöst werden. Die Zweizügigkeit sollte als Mindesterfordernis unter allen Umständen gehalten werden. Anderenfalls müßten wieder pädagogische Nachteile im Vergleich zu den Hauptschülern in Verdichtungsgebieten in Kauf genommen werden, die nicht zu vertreten wären. Es sollte auch alles vermieden werden, was die Hauptschule zu einer „Restschule" für bildungsschwache und unmotivierte Schüler abqualifiziert. Die Hauptschule muß neben Realschule und Gymnasium eine gleichwertige Bildungseinrichtung im Sekundarbereich bleiben, die in ihrem Einzugsbereich eine wichtige Bildungsfunktion wahrnimmt.

In den bildungspolitischen Auseinandersetzungen der letzten Jahre hat die Eigenständigkeit der verschiedenen Schularten eine bedeutende Rolle gespielt. Dadurch wurden schulartenübergreifende integrierte Schulsysteme, die in dünnerbesiedelten Räumen durchaus sinnvoll sein können, vielfach verhindert. Indes gilt nach wie vor, daß — insbesondere bei abnehmenden Schülerzahlen — eine Zusammenfassung des ganzen Schülerjahrgangs an einem Standort erheblich zur Verbesserung der Bildungschancen und zur Stabilisierung der Siedlungsstruktur im ländlichen Raum beitragen kann.

Übersicht 5: Haupt- und Realschulsysteme in ausgewählten Nahbereichen des Kreises Dithmarschen

Zentraler Ort einschl. Nahbereich	Schülerjahrgangsstärke Hauptschule; geschätzt*)	vorhandene Hauptschulen			mögliche 2-züg. Systeme (Hauptschule)	Realschulen		
		1–2-züg.	2-züg.	3-züg. u. mehr		Zahl	Schüler	Züge
Brunsbüttel (MB)	81			1	2	1	463	2–3
Meldorf (UB)	93			1	3	1	515	3
Albersdorf (LZO)	48		1		1	1	506	3
Hennstedt (LZO)	35	1			1	1	305	2
St. Michaelisdonn (LZO)	46		1		1	1	347	2

*) 4% der Nahbereichsbevölkerung.

2. Regionale Disparitäten in der beruflichen Bildung

Die berufliche Bildung hat in der breiten Öffentlichkeit ebenso wie in Wissenschaft und Politik bis in die jüngste Zeit hinein nur ein geringes Interesse gefunden. Unter dem Druck geburtenstarker Jahrgänge, die jetzt die Schulen verlassen und berufliche Ausbildungsplätze suchen, hat sich neuerdings eine gewisse Verschiebung in der bildungspolitischen Prioritätenskala zugunsten der beruflichen Bildung ergeben. Mit dem langandauernden öffentlichen Desinteresse an den Fragen der beruflichen Bildung hängt es auch zusammen, daß nur eine relativ lückenhafte und unbefriedigende Datenlage vorhanden ist[12].

Einen Einblick in die regionalen Unterschiede der beruflichen Bildung vermittelt die folgende Übersicht 6. Es handelt sich dabei um Daten auf der Basis von Gebietseinheiten des Bundesraumordnungsprogramms, die in der Regel mehrere Arbeitsamtbezirke, Landkreise oder Mittelbereiche umfassen. Wegen der Größe der Gebietseinheiten muß bei den Daten mit beachtlichen Nivellierungseffekten gerechnet werden, d. h. bei kleinräumiger Betrachtungsweise kämen erheblich größere regionale Disparitätenausprägungen zum Vorschein als es jetzt der Fall ist[13]. Immerhin zeigen auch die vermutlich stark nivellierten Daten über die berufliche Bildungssituation in den peripher gelegenen Gebietseinheiten gegenüber den verdichteten Gebietseinheiten noch teilweise größere Unterschiede an. So ist die Nachfrage nach betrieblichen Ausbildungsplätzen des „dualen Systems" in den peripheren Räumen erheblich höher als in den verdichteten Räumen. Andererseits sind in diesen abgelegenen Gebietseinheiten vielfach sehr viel weniger Ausbildungsstellen — bezogen auf die Zahl der Schulabgänger — vorhanden als in den Ballungsgebieten. Die Daten über den Besuch weiterführender Schulen, den Besuch von Hochschulen und Universitäten und über Arbeitslosenquoten Jugendlicher sind für die abgelegenen Räume ähnlich ungünstig wie die bisher genannten Zahlen. Die Konsequenz heißt für viele Jugendliche angesichts dieser schlechten Ausgangslage dann meistens nur: abwandern. Die Übersicht macht deutlich, in welche Richtung die jugendlichen Wanderungsströme auch in der Mitte der siebziger Jahre noch gehen. Sie gehen nach wie vor in die großen Ballungsräume. Ein großer Teil derjenigen, die einen Ausbildungsplatz bekommt, wandert übrigens nach Abschluß der Ausbildung ab. Nicht selten wurde und wird hier in Berufen ausgebildet, für die es in der Nähe des Wohnortes keine Beschäftigungsmöglichkeit gibt oder für die überhaupt kein Bedarf mehr vorhanden ist[14].

---

[12] Vgl. U. Schwarz, F. Strooss: Zur regionalen Ungleichheit der beruflichen Bildungschancen und Vorschläge zum Abbau des Gefälles, Mitt. aus dem IAB, Heft 2, S. 121 ff.; es handelt sich um eine der ersten verdienstvollen Untersuchungen auf dem Gebiet der regionalen Disparitätenforschung im Bereich der beruflichen Bildung.

[13] K. Ganser: Regionalisierung von Maßnahmen der beruflichen Bildung, Informationen zur Raumentwicklung, Heft 11/1977, S. 808.

[14] Rolf Derenbach weist in seinem Beitrag „Zur Abgrenzung von Problemregionen der betrieblichen Betriebsausbildung", Informationen zur Raumentwicklung, Heft 11, 1977, S. 836, darauf hin, daß zwischen den Ausbildungsberufen und den Erwachsenenberufen erhebliche Disparitäten bestehen. „Während 70% der Ausbildungsberufe auf Tätigkeiten in der Produktion vorbereiten, zählen nur 45% der Erwachsenenberufe zu den entsprechenden Berufsfeldern".

Übersicht 6: Daten zur beruflichen Bildungssituation in ausgewählten Gebietseinheiten*)

Gebietseinheit**)	Berufliche Ausbildungsplätze in v. H. der Schulabgänger (1976)	Nachfrage nach „dualen" Ausbildungsplätzen v. H. je Jg. (1975)	Besuch weiterführender Schulen in v. H. (1975)	Studierende in v. H. der 18—24jähr. (1975)	Wanderung der 18—24jähr. in v. H. der Altersgruppe (1975)	Arbeitslosenquote der 18—24jähr. (1976)
Lüneburg (4)	68	74	55	4	−54	5,0
Ems (7)	64	80	43	1	−21	7,9
Westpfalz (27)	45	78	36	6	−39	7,4
Niederbayern (33)	55	84	37	1	− 5	6,3
Hamburg (3)	68	68	66	16	+29	4,1
Frankfurt (24)	72	65	61	16	+24	3,9

*) Die Daten sind dem Beitrag K. GANSER, „Regionalisierung von Maßnahmen der beruflichen Bildung", Informationen zur Raumentwicklung, H. 11, 1977, entnommen und unter Berücksichtigung der hier interessierenden Fragestellung neu zusammengestellt worden.
**) Gebietseinheiten des Bundesraumordnungsprogramms.

3. Weiterbildung im ländlichen Raum

Die Situation der Weiterbildung im ländlichen Raum ist sowohl hinsichtlich der Angebotsseite als auch hinsichtlich der Nachfrageseite bislang noch sehr undurchsichtig. Es gibt ebensowenig ein lückenloses Bild über Quantität und Qualität der angebotenen Weiterbildungsveranstaltungen wie über Zahl und Zusammensetzung der Teilnehmer dieser Tagungen, Seminare und Kurse.

Schon aus diesem Grunde sind generelle Aussagen zur Situation der Weiterbildung im ländlichen Raum, geschweige denn zur Lage in strukturgefährdeten Regionen bislang nicht möglich. Möglich sind jedoch partielle Aussagen über das Weiterbildungsverhalten bestimmter Bevölkerungsgruppen.

Bezüglich der hier interessierten Fragestellung sind insbesondere die Ergebnisse einer Untersuchung über das Weiterbildungsverhalten von Landfrauen bedeutsam[15]). Es handelt sich dabei um eine repräsentative Befragung von landwirtschaftlich tätigen Frauen in der Bundesrepublik. Danach hat 30% dieser Frauen, im Klartext also ein Drittel aller Bäuerinnen noch nie an einer Veranstaltung der Weiterbildung teilgenommen. 24% der Bäuerinnen, haben in den Jahren von 1973 bis 1976 einmal eine Bildungsveranstaltung besucht[16]). Aus dieser Untersuchung geht deutlich hervor, daß nur ein relativ kleiner Teil der Bäuerinnen an Veranstaltungen der Weiterbildung teilnimmt, die diesen Namen auch verdienen. Wer einmal im Jahr einen Abendvortrag besucht, der kann im allgemeinen nicht von sich behaupten, er habe sich nun weitergebildet.

Fragt man nach den Gründen für die überraschend geringe Bildungsbeteiligung in diesem Bereich, dann wird immer wieder auf die Faktoren „zu geringes Angebot" (49%), „keine Verkehrsverbindung" (24%) oder „zu viele Umstände" (57%) hingewiesen[17]). Wenn die Angaben hinsichtlich Angebotsdefiziten und mangelnder Erreichbarkeit der Veranstaltung zutreffend sind, dann ist das Weiterbildungsverhalten anderer Bevölkerungsgruppen im ländlichen Raum ähnlich wie bei den Bäuerinnen einzuschätzen. M. a. W., wenn dies zutreffend ist, und es gibt eigentlich keinen Grund, das zu bezweifeln, dann wird der ganz überwiegende Teil der Landbevölkerung von der Weiterbildung überhaupt nicht erreicht. Es gibt auch gute Gründe für die Annahme, daß nur ein verhältnismäßig kleiner Kreis von hochmotivierten und engagierten Personen regelmäßig und intensiv Weiterbildung betreibt.

Zusammenfassend läßt sich im Blick auf strukturgefährdete ländliche Räume feststellen, daß eine weitere Verschlechterung im Bereich der Weiterbildung kaum mehr eintreten kann. Flächendeckende Versorgungssysteme, wie sie in den Weiterbildungsgesetzen einiger Bundesländer angestrebt werden, werden in diesen Gebieten für sich genommen, auch noch nicht allzuviel Besserung bringen.

III. Konsequenzen für die Schul- und Bildungspolitik in dünnbesiedelten Räumen

Der vorliegende Beitrag konnte sich nur schlaglichtartig auf einige Problembereiche der Schul- und Bildungssituation im strukturgefährdeten ländlichen Raum konzentrieren. Wichtige Fragen, die die Schul- und Bildungspolitik nicht weniger Sorgen bereiten,

---

[15]) W. BOMMERT, E. BÜTTNER: Bildungsverhalten der Landfrauen, Forschungsgesellschaft für Agrarpolitik und Agrarsoziologie, Heft 244, Bonn 1977.

[16]) Ebenda, S. 48.

[17]) Ebenda, S. 42.

mußten ausgegliedert werden. Hierzu zählen insbesondere das Bildungsangebot für geistig und körperlich behinderte Schüler sowie das Angebot an Veranstaltungen der Weiterbildung durch kommunale Volkshochschulen und andere Träger. Indes, auch hier werden die vorhandenen Versorgungssysteme durch eine abnehmende Schülerpopulation gefährdet.

Was ist nun zu tun? Die Antwort ist einfach und auch nicht neu: Zunächst ist die Strukturgefährdung des Raumes durch eine koordinierte und integrierte Landentwicklungspolitik zu bekämpfen. Arbeitsmarktpolitik, Infrastrukturpolitik und Bildungspolitik müssen Hand in Hand gehen. Des weiteren ist eine regionale Schulentwicklungspolitik erforderlich, die keine kommunalpolitischen Extratouren zuläßt und das verfügbare „Bildungspotential" sinnvoll dezentralisiert. Durch die pädagogisch durchaus zu empfehlende Senkung der Klassenfrequenz kann häufig ein Abbau der vorhandenen Versorgungsnetze vermieden werden. Dies gilt insbesondere für den Grundschulsektor, der in den durchschnittlichen Klassenstärken meistens noch einen Puffer hat, so daß über eine Verminderung der Klassengrößen die vorhandene Netzstruktur weitgehend erhalten bleiben kann. Die pädagogischen Argumente für die ortsnahe Grundschule rechtfertigen es ohne weiteres, einen Standort nicht eher aufzugeben, bis ein einzügiges System mit durchschnittlich 15 Schülern je Klasse nicht mehr aufrechtzuerhalten und zu sichern ist. Obwohl gesicherte repräsentative Ergebnisse nicht vorliegen, kann doch angenommen werden, daß diese Untergrenzen in der Mehrzahl der peripheren ländlichen Gebieten noch nicht erreicht sind.

Teilweise anders ist die Situation in den Schulen der Sekundarbereiche I und II, den beruflichen Schulen sowie den Einrichtungen der Fort- und Weiterbildung zu beurteilen. In den meisten Hauptschulen ist der Spielraum für eine Senkung der Klassenfrequenzen und der Zügigkeiten nicht mehr sehr groß. Hier bleibt vielfach bei abnehmenden Schülerzahlen nur eine Verlängerung der Schulwege als letzte Möglichkeit übrig, es sei denn, die Bildungspolitiker könnten ihre ideologischen Ängste überwinden und integrierten Schulsystemen in dünnbesiedelten Räumen zum Durchbruch verhelfen.

Das mit Abstand größte Sorgenkind in den strukturgefährdeten ländlichen Gebieten ist die berufliche Bildung. Dort, wo geeignete betriebliche Ausbildungsplätze nicht vorhanden sind, sollten überbetriebliche Ausbildungsplätze geschaffen und angeboten werden. Wesentlich ist dabei nicht, daß die schulentlassenen Jugendlichen von der Straße kommen, sondern daß sie einen Beruf erlernen, mit dem sie sich im Anschluß an die Ausbildung auch eine eigene Existenz aufbauen können. Dabei wäre es wünschenswert, daß mit Hilfe der regionalen Wirtschaftspolitik und der Arbeitsmarktpolitik geeignete Arbeitsplätze in Wohnortnähe geschaffen werden. Zusammenfassend läßt sich feststellen, daß die Tragfähigkeit der strukturgefährdeten ländlichen Räume bezüglich des Schul- und Bildungssystems gegenwärtig noch nicht erschöpft ist. Sie könnte auch noch eine ganze Zeit gesichert werden, wenn der gefährdete ländliche Bereich in den Förderungsprogrammen der öffentlichen Hand einen höheren Rang als bisher erhält.

IV. Zusammenfassung

Für die Versorgungssituation im Schul- und Bildungsbereich sind verschiedene Bestimmungsfaktoren maßgebend. Generatives Verhalten der Bevölkerung, Altersstruktur und Bevölkerungsdichte im Raum beeinflußen wesentlich das Schüleraufkommen. Zügigkeit und Klassenfrequenz sind nicht zuletzt pädagogisch relevante Faktoren, die über Funktionsfähigkeit und Effiziens eines Schulsystems etwas aussagen. Die Versorgungsprobleme in peripheren ländlichen Räumen bestehen in erster Linie in einer ausreichenden Schülerpopulation, die es infolge abnehmender Geburtenhäufigkeiten und ständiger Wanderungsverluste immer schwieriger werden läßt, ausreichend gegliederte Bildungsangebote vorzuhalten. Wegen der nach Schularten unterschiedlichen pädagogischen Differenzierungsanforderungen tritt auch diese Problematik schulartenspezifisch auf. Es scheint so, daß die Schwierigkeiten im Grundschulbereich noch am ehesten lösbar sind. Eine exemplarische Überprüfung der Grundschulsituation in ausgewählten Nahbereichen des Kreises Dithmarschen hat ergeben, daß die vorhandene Netzstruktur recht stabil ist und bis zum Erreichen der angenommenen Untergrenzen (einzügige Gliederung und 15 Schüler je Klasse) noch eine lange Zeit gesichert werden kann.

Im Hauptschulbereich ist offenbar die Grenze der Tragfähigkeit für gegliederte Systeme vielfach schon erreicht. In diesen Fällen wird sich eine Verlängerung der Schulwegentfernung nicht immer umgehen lassen. Die beste Lösung könnte allerdings darin bestehen, die verschiedenen Schularten des Sekundarbereichs in den dünnerbesiedelten Gebieten zu integrierten Schulversorgungssystemen zusammenzufassen. Dadurch könnte auch ein wichtiger Beitrag zur Erhaltung ländlicher Siedlungsstrukturen geleistet werden. Im Bereich der beruflichen Bildung scheint die Situation für die Jugend nicht selten hoffnungslos zu sein. Den vorliegenden Daten zufolge ist nicht nur ein großes Defizit an Ausbildungsplätzen vorhanden, viele betriebliche Lehrstellen sind auch für eine qualifizierte Berufsausbildung nicht geeignet. Hier hilft nur eine energische berufliche Ausbildungspolitik weiter, die mindestens überbetriebliche Ausbildungsmöglichkeiten in den strukturgefährdeten ländlichen Gebieten anbietet. Es ist immer noch besser, daß beruflich gut qualifizierte Fachkräfte abwandern, als daß unzureichend ausgebildete junge Menschen auf dem Lande oder in der Stadt einen Einstieg in ihr berufliches Leben nicht finden.

Versorgung mit Gesundheitsleistungen in strukturgefährdeten ländlichen Räumen

von
Manfred Pflanz, Hannover

INHALT:

I. Problemlage

II. Methoden und Begriffe der Bedarfsplanung
  1. Allgemeines
  2. Zielbestimmung
  3. Bedarf — Nachfrage — Angebot
  4. Indikatoren von Angebot, Nachfrage und Bedarf
  5. Planungseinheiten
  6. Beziehungen zwischen Indikatoren der medizinischen Versorgung und sozio-ökonomischen Indikatoren
  7. Zwischenbilanz

III. Instrumente der medizinischen Bedarfsplanung in der Bundesrepublik Deutschland
  1. Bedarfsplanung in der kassenärztlichen Versorgung
  2. Krankenhausbedarfsplanung
  3. Die Rolle der Kommune bei der medizinischen Bedarfsplanung

IV. Medizinische Versorgung in vier strukturschwachen ländlichen Räumen
  1. Zur Methodik
  2. Landkreis Dithmarschen
  3. Landkreis Bitburg-Prüm
  4. Landkreis Donau-Ries (Nördlingen)
  5. Landkreis Meppen
  6. Zusammenfassende Betrachtung der medizinischen Versorgung in vier strukturgefährdeten ländlichen Räumen

V. Flankierende und ergänzende Maßnahmen
  1. Verbesserung des Transportes der Patienten
  2. Sozialstationen, Hauspflegedienste und Gemeindeschwestern
  3. Selbsthilfe

VI. Zusammenfassung und Schlußfolgerungen

I. Problemlage

Erhaltung und Wiederherstellung der Gesundheit gehören zu den wichtigsten Grundbedürfnissen des Menschen, die in den fortgeschrittenen Industriegesellschaften auch als Grundrechte betrachtet werden. Zur Befriedigung dieser Grundbedürfnisse stehen in allen Kulturen und in allen Nationen speziell ausgebildete und erfahrene Personen sowie Einrichtungen von unterschiedlichem Organisationsgrad zur Verfügung. Alles, was der Befriedigung der genannten Bedürfnisse dient, wird unter dem Begriff der „Gesundheitsleistungen" zusammengefaßt. Dieser Begriff ist eher eine euphemistische Umschreibung der Tatsache, daß die Nachfrage nach „Gesundheitsleistungen" weit weniger der Erhaltung und Pflege von Gesundheit dient, sondern vielmehr der Beseitigung von Krankheit. Zutreffender ist es daher, von den „Leistungen der medizinischen Versorgung" zu sprechen, also einen Begriff zu verwenden, der den größten Teil der hier in Frage stehenden Leistungen abdeckt.

Wenn Erhaltung und Wiederherstellung von Gesundheit nicht mehr als Privilegien, sondern als Grundrechte betrachtet werden, so wird auch mit Nachdruck die Chancengleichheit gefordert, die Durchsetzung des Rechtes auf Gleichbehandlung, welches im Artikel 3 des Grundgesetzes verankert ist und in allen demokratischen Gesellschaften ernstgenommen wird. Daraus kann ein Anspruch abgeleitet werden, in allen Regionen dieselben Möglichkeiten zu haben, medizinische Leistungen in Anspruch zu nehmen. Schon lange ist es daher eine Aufgabe der Wissenschaft gewesen, Ungleichheiten der Versorgung oder des Gesundheitszustandes der Bevölkerung nachzuweisen; nicht selten waren Ergebnisse solcher Untersuchungen Anlaß zu mehr oder minder tiefgreifenden Reformen im Gesundheitswesen.

Während früher Ungleichheiten im Gesundheitszustand auf krasse Unterschiede der Lebensbedingungen zurückgeführt wurden, ist dafür in letzter Zeit eher die ungleichmäßige medizinische Versorgung angeschuldigt worden. Dabei wird von der Annahme ausgegangen, daß der Gesundheitszustand vorwiegend durch die Leistungen der Medizin beeinflußt werde. Stimmt man dieser Annahme zu, reduziert sich das Problem ungleicher Chancen, das Recht auf Gesundheit durchzusetzen, auf das einer ungleichmäßigen medizinischen Versorgung. Im Mittelpunkt von Maßnahmen zur Abhilfe steht dann die Herstellung einer gleichmäßigen Verteilung von Ärzten und Krankenhausbetten, also eine reine Verteilungspolitik. Diese bei uns weit verbreitete Auffassung übersieht allerdings, daß die Beziehung zwischen medizinischer Versorgung und Gesundheitszustand der Bevölkerung problematisch ist; neuere Erkenntnisse widerlegen die einseitige Doktrin einer Gleichsetzung von medizinischer Versorgung und Gesundheitszustand[1]. Vielmehr handelt es sich um komplexe Zusammenhänge, deren unzulässige Vereinfachung einer Erfüllung der Forderung „optimale Gesundheit für Alle" im Wege stehen kann.

In der Bundesrepublik Deutschland steht nach wie vor im Mittelpunkt der Diskussion über Ungleichheiten gesundheitlicher Chancen die medizinische Versorgung

---

[1] Neuerdings wird auch von den Mitgliedsnationen der Weltgesundheitsorganisation anerkannt, daß die Gesundheit eines Volkes nicht nur von der medizinischen Versorgung, sondern in erheblichem Maße von der sozio-ökonomischen Entwicklung aller Sektoren einer Gesellschaft abhängt. In der „Deklaration von Alma-Ata" vom September 1978 wurde diese Erkenntnis zu einer wesentlichen Richtschnur für die Gesundheitssysteme aller Nationen erklärt.

mit ihren Indikatoren „Verteilung von Ärzten und Zahnärzten" sowie „Verteilung von Krankenhausbetten". Es wird auf die teilweise erheblichen Unterschiede in der Arztdichte und Bettenzahl zwischen einigen Regionen hingewiesen. Disparitäten der gesundheitlichen Versorgung sind ein weltweites Problem, doch gehört die Bundesrepublik Deutschland zu den Ländern, in denen die Verteilung von Ärzten und Gesundheitseinrichtungen gleichmäßiger ist als in fast allen anderen Ländern vergleichbarer Größe und Struktur. Die relativ günstige Stellung der Bundesrepublik hat ihre Gründe vor allem in der im internationalen Maßstab relativ hohen Zahl von Ärzten und Krankenhausbetten, in der günstigen Honorierungsweise der Ärzte durch ein die überwiegende Mehrheit der Bevölkerung erfassendes Krankenkassensystem sowie in allgemeinen regionalstrukturellen Bedingungen.

Als das Bundesverfassungsgericht im Jahre 1960 das Prinzip der Niederlassungsfreiheit des Kassenarztes anerkannt hatte[2]), glaubten viele, daß durch die Marktmechanismen ohne jede Lenkung eine gleichmäßige Verteilung niedergelassener Allgemein- und Fachärzte eintreten würde. Spätestens Ende der sechziger Jahre mußte man jedoch erkennen, daß die Marktmechanismen dazu nicht ausreichten. Die Klagen der Bevölkerung über eine unzureichende ärztliche Versorgung — insbesondere auf dem Lande und in Stadtrandgebieten — häuften sich. Solche Klagen traten vor allem auf in Neubaugebieten oder in Gemeinden, in denen ein langjährig ansässiger Arzt verstarb, ohne daß es möglich war, einen Nachfolger zu gewinnen. Solche Klagen beschäftigten in zunehmendem Maße auch die Parlamente.

Diese Situation veranlaßte die Bundesregierung im Jahre 1970, die Frage der ärztlichen Versorgung durch Kassenärzte in der Bundesrepublik Deutschland durch die Sachverständigenkommission zur Weiterentwicklung der sozialen Krankenversicherung beim Bundesarbeitsministerium prüfen zu lassen. Etwa gleichzeitig wurde im Rahmen der Vorarbeiten zum Krankenhausfinanzierungsgesetz auch die Frage der Krankenhausbedarfsplanung diskutiert.

Die Sachverständigenkommission kam 1973 zu dem Schluß, daß bei uns eine ärztliche Unterversorgung auf dem Lande und in Stadtrandgebieten bestehe. Es wurden auch Vorschläge gemacht für Maßnahmen, die geeignet erschienen, eine gleichmäßige ärztliche Versorgung herzustellen[3]). Jedoch ist es der Sachverständigenkommission weder gelungen, Zahlen vorzulegen, durch welche die Ungleichheit der ärztlichen Versorgung objektiv dokumentiert werden könnte, noch war es der Kommission möglich Richtlinien zu erarbeiten für Kriterien, nach welchen eine Region als „unterversorgt", „ausreichend versorgt" oder „überversorgt" bewertet werden kann. Die Sachverständigenkommission hat sich skeptisch geäußert gegenüber allen Maßzahlen, die lediglich eine Relation zwischen Arztzahl und Zahl der Einwohner herstellen.

Die Empfehlungen der Sachverständigenkommission zur Weiterentwicklung der sozialen Krankenversicherung haben wesentlich zur Vorbereitung des Gesetzes zur Weiterentwicklung des Kassenarztrechts vom 28. 12. 1976[4]) beigetragen, auf dessen

---

[2]) Urteil des Bundesverfassungsgerichts vom 23. 3. 1960 — 1 BvR 216/51 — (BVerfGE Bd. 11 S. 30).

[3]) Sachverständigenkommission zur Weiterentwicklung der Sozialen Krankenversicherung: Empfehlung zur Verbesserung der Sicherstellung der kassenärztlichen/kassenzahnärztlichen Versorgung in ländlichen Gebieten und in Stadtrandgebieten (20. 4. 1973). In: Sozialpolitische Informationen VI/30, 5. Okt. 1973.

[4]) Gesetz zur Weiterentwicklung des Kassenarztrechts vom 28. 12. 1976 (BGBl I S. 3871).

Zielsetzungen und Bestimmungen weiter unten eingegangen wird. Nach diesem Gesetz ist es Aufgabe des Bundesausschusses der Ärzte und Krankenkassen, die Richtlinien zur Bedarfsplanung zu erlassen, die im Dezember 1977 verabschiedet wurden[5]).

II. Methoden und Begriffe der Bedarfsplanung

1. Allgemeines

Während Gesundheitsplanung in der Bundesrepublik Deutschland lange Zeit unsystematisch und vor allem ohne Berücksichtigung des vor allem im Ausland entwickelten wissenschaftlichen Instrumentariums betrieben wurde, liegen neuerdings mehrere Publikationen vor, die in differenzierter Weise die Probleme der medizinischen Bedarfsplanung behandeln[6]). Die hier angeführten Veröffentlichungen sind gute Beispiele für die gegenseitige Durchdringung von systematisch-modellhaften wissenschaftlichen Ansätzen und empirischen Analysen; die praktische Bewährungsprobe steht allerdings noch aus.

2. Zielbestimmung

Das Gesetz zur Weiterentwicklung des Kassenarztrechts versucht in dem neuen § 368 Abs. 3 RVO eine allgemeine Zielbeschreibung der kassenärztlichen Bedarfsplanung:

> „Ziel der Sicherstellung der kassenärztlichen Versorgung ist es, den Versicherten und ihren Familienangehörigen eine bedarfsgerechte und gleichmäßige ärztliche Versorgung, die auch einen ausreichenden Not- und Bereitschaftsdienst umfaßt, in zumutbarer Entfernung unter Berücksichtigung des jeweiligen Standes der medizinischen Wissenschaft und Technik sowie der Möglichkeiten der Rationalisierung und Modernisierung zur Verfügung zu stellen."

Diese Zielbestimmung wurde kritisiert, weil sie sich ausschließlich auf die Verteilung konzentriert, aber nicht die Ziele der Versorgung selbst angibt; ferner wurde darauf hingewiesen, daß sie mit unscharfen Begriffsbestimmungen arbeite. Sie läßt die Interdependenzen zwischen verschiedenen Sub-Systemen des Gesundheitssystems außer acht.

---

[5]) Bundesausschuß der Ärzte und Krankenkassen: Richtlinien über die Bedarfsplanung in der kassenärztlichen Versorgung (Bedarfsplanungs-Richtlinien — Ärzte); Beilage 28/77 zum Bundesanzeiger Nr. 237 vom 20. Dez. 1977.

[6]) Vgl. WILHELM F. SCHRÄDER und VOLKER VOLKHOLZ (Hrsg.): Regionale Analyse der medizinischen Versorgung. TU Berlin 1977 (Strukturforschung im Gesundheitswesen, Bd. 2).
Zentralinstitut für die kassenärztliche Versorgung in der Bundesrepublik Deutschland: Kassenärztliche Bedarfsplanung (Gutachten des Instituts für Gesundheits-Systemforschung, Kiel). Köln-Lövenich: Deutscher Ärzte-Verlag GmbH, 1977.
Wissenschaftliches Institut der Ortskrankenkassen: Kassenärztliche Bedarfsplanung-Analyse der regionalen Verteilung von Ärzten und Zahnärzten — Ziele und Methoden der Planung — Planungsmodell Heilbronn. Schriftenreihe des Wissenschaftlichen Institutes der Ortskrankenkassen, Bd. 1 Bonn 1978.
MANFRED PFLANZ: Ambulante ärztliche Versorgung und Bedarfsrechnungen. In: MANFRED PFLANZ: Die soziale Dimension in der Medizin, S. 329—341. Stuttgart: Hippokrates Verlag, 1975.

Schließlich muß nach der Berechtigung gefragt werden, die ärztliche Bedarfsplanung ausschließlich auf die Planung der Kassenärzte einzuschränken und dabei außer acht zu lassen, daß erhebliche Segmente der ärztlichen Versorgung sich außerhalb des kassenärztlichen Systems abspielen. In diesem Sinne hatte bereits das Bundesverfassungsgericht eine übergreifende Verpflichtung des Staates zur ärztlichen Versorgung der Bevölkerung, vor allem in dünn besiedelten Gebieten festgestellt und dazu gesagt:

> „Im übrigen ist es eine nicht auf die Kassenmitglieder beschränkte Aufgabe der allgemeinen staatlichen Gesundheitsfürsorge, Maßnahmen zur ärztlichen Versorgung in dünn besiedelten Gebieten zu treffen. Die Sorge für die rechte Verteilung der ärztlichen Praxen auf das ganze Land ist deshalb nicht Aufgabe der Krankenkassen allein".[2], [7]

Im wesentlichen werden die Ziele, wie sie oben beschrieben werden, von dem Wunsch der Bevölkerung bestimmt, in zumutbarer Entfernung einen Allgemein- und Facharzt anzutreffen. Mit dem globalen Ziel der Gesundheitspolitik, den Gesundheitszustand der Bevölkerung zu bessern, stehen sie nur in losem Zusammenhang. Um dieses Ziel zu erreichen, ist weit mehr erforderlich als eine gleichmäßige Verteilung von Ärzten, ja eine solche kann diesem Ziel unter Umständen sogar im Wege stehen.

3. Bedarf — Nachfrage — Angebot

Der Begriff der „Bedarfsplanung" könnte zu dem Schluß führen, die Planung sollte dem Ziele dienen, den *Bedarf* zu decken. Dies würde allerdings voraussetzen, daß man den Bedarf kennt. Bedarf hat zwei Seiten, eine subjektive und eine objektive. Bedarf entsteht in der Regel aus einem subjektiven Bedürfnis heraus. Ein objektiver Bedarf läßt sich nur erkennen, wenn man einen Zustand objektiv feststellen kann, über dessen Behandlungsnotwendigkeit und -art allgemeine Übereinkunft herrscht. Obwohl es derartige Zustände gibt — z. B. in der Zahnmedizin oder bei einigen akuten und chronischen Krankheiten — sind die zu ihrer Feststellung erforderlichen Methoden im allgemeinen so aufwendig, daß sie bestenfalls modellhaft einige Aspekte des „objektiven medizinischen Bedarfs" einer Bevölkerung beleuchten können.

Unter *Nachfrage* versteht man den Wunsch, medizinische Hilfe in Anspruch zu nehmen. Nicht immer entspringt die Nachfrage einem Bedarf; viele medizinische Leistungen werden aus prophylaktischen oder administrativen Gründen nachgefragt. In der Regel führt die Nachfrage zur Inanspruchnahme. Ein nachgefragter Arztbesuch kann jedoch auch unterbleiben, etwa wenn der Patient auf eine Warteliste gesetzt wird und er schon vor dem Untersuchungstermin keine Notwendigkeit zum Arztbesuch mehr empfindet.

Das *Angebot* besteht aus den Einrichtungen und Personen im Gesundheitswesen, die zur Untersuchung, Behandlung oder Rehabilitation von Kranken, aber auch zur Durchführung präventiver Maßnahmen zur Verfügung stehen. Die Schwierigkeit der Beschreibung des Angebots besteht darin, daß es aus einer Vielzahl differenzierter Anbieter besteht.

---

[7] Zit. nach HANS TÖNS: Die Bedarfsplanung in der kassenärztlichen Versorgung. Verlag der Ortskrankenkassen, Bonn 1977. S. 17. Dort wird von der Kassenseite aus diese Verpflichtung des Staates in bemerkenswerter Weise kommentiert.

Das Kernproblem der Bedarfsplanung im Gesundheitswesen ist, daß Bedarf und Nachfrage in erheblichem Ausmaß durch das Angebot erzeugt werden[8]). Jeder Arztpraxis, jede medizinische Institution übt einen „Sog" aus, da von der Institution der jeweilige Bedarf erzeugt werden kann. Leicht nachweisbar ist dies an der „sekundären Nachfrage", die vom Anbieter erzeugt wird durch seinen diagnostischen und therapeutischen Plan. Bei dieser Sachlage kann man TÖNS[8]) nur beipflichten, daß es eine angebotsunabhängige Messung des Bedarfs an ärztlichen Leistungen nicht oder nur eingeschränkt geben kann.

4. Indikatoren von Angebot, Nachfrage und Bedarf

Üblicherweise sind die Indikatoren für die ärztliche Versorgung die Relationen Ärzte/Bevölkerung, aufgegliedert in Allgemein-, Fachärzte und Zahnärzte. Diese Zahl — ein typischer Angebotsindikator — ist aber nur wenig aussagekräftig. Am besten ist es, einige der wichtigsten Elemente der Kritik an diesen einfachen Indikatoren aufzuzählen und jeweils eine kurze Begründung zu geben.

a) Alter und Geschlecht der Ärzte sind von Bedeutung, weil sie beide die Arbeitsbelastung des Arztes mitbestimmen und auch einen Hinweis darauf geben, wann Ersatz zu schaffen ist.

b) Daneben spielen auch altersunabhängige Leistungs- und Produktivitätsziffern eine Rolle. Zusätzliches Personal und technische Ausstattung können das Leistungsvolumen der Praxis erheblich vermehren. Die Scheinzahl allein gibt übrigens nur unzureichend Auskunft über das Leistungsvolumen.

c) Für die Planung sind die Fachgebiete einzeln auszuweisen. Allgemeinärzte können zwar auch viele Probleme anderer Fachgebiete feststellen und behandeln, aber dies gilt nicht umgekehrt. Ebenso sind die Fachgebiete untereinander nur in beschränktem Ausmaße gegenseitig vertretbar[9]). Da Internisten, Frauen- und Kinderärzte oft direkt, also ohne Überweisung aufgesucht werden, bezeichnet man einen Teil der Tätigkeit dieser drei Fachgruppen als „primärärztliche Versorgung", die mit der allgemeinärztlichen zusammengefaßt wird. Das übliche Verfahren, in allen Fachgebieten jenen Patientenanteil als „primärärztlich versorgt" zu bezeichnen, der direkt mit einem Krankenschein gekommen ist, ist als sehr grobes Maß zu betrachten[10]). Allerdings haben in letzter Zeit die kassenärztlichen Vereinigungen dieses Maß wesentlich verbessert, indem auch das Leistungsspektrum der einzelnen Fachgruppen mitberücksichtigt wurde.

d) Bestimmte Eingriffe und technische Verrichtungen können nicht von allen Ärzten einer bestimmten Fachrichtung durchgeführt werden. Besondere Qualifikations-, Qualitäts- und Ausstattungsmerkmale sollten daher in die Planung einbezogen werden.

e) Die Verhältniszahlen verletzen meist die statistische Grundregel, daß Zähler und Nenner derselben Grundgesamtheit zugehören müssen. Um korrekte Ziffern für

---

[8]) Vgl. HANS TÖNS, a.a.O., S. 28/29.

[9]) Eine Reihe von Allgemeinpraxen ist kaum noch unterscheidbar von internistischen Fachpraxen. Umgekehrt steht die innere Medizin der Allgemeinmedizin fachlich nahe. Daß sich manche Frauenärzte als zuständig für alle Gesundheitsprobleme von Frauen betrachten, wird vor allem von den Allgemeinmedizinern nicht als legitim angesehen.

[10]) Vgl. Wissenschaftliches Institut der Ortskrankenkassen a.a.O., S. 82.

Arzt/Bevölkerungs-Relationen zu errechnen, müßte man wenigstens unterteilen in Ärzte, die voll zur kassenärztlichen Versorgung zugelassen sind, solche die nur Ersatzkassenpatienten behandeln und schließlich Ärzte, die keinerlei Kassenpatienten behandeln, also nur privatärztlich tätig sind. Entsprechend müssen diese Zahlen auf die gesamte Zahl der Versicherten, die der Ersatzkassenversicherten oder der Privatversicherten, oder — wenn alle drei Ärztegruppen gemeinsam genommen werden — auf die ganze Bevölkerung bezogen werden. Bei Frauen- und Kinderärzten sind entsprechende Geschlechts- bzw. Altersgruppen zu werten.

Diese Berechnungen werden zusätzlich erschwert dadurch, daß im allgemeinen die Bevölkerung des Einzugsbereichs unbekannt ist; die Berechnung des Pendleranteils stellt nur eine unzureichende Korrektur dar, solange nicht bekannt ist, wo die Pendler ihre ärztliche Versorgung nachfragen; entsprechendes gilt für Urlauber.

f) Neben dem Bevölkerungsbezug spielt bei der kassenärztlichen Bedarfsplanung auch der Begriff der „zumutbaren Entfernung" eine Rolle. Dieser kann nicht einheitlich definiert werden, sondern ist abhängig von der Region (Stadt oder Land), vom Fachgebiet (zumutbare Entfernung bedeutet etwas anderes für den Weg zum Allgemeinarzt als zum Facharzt) und den Verkehrsverhältnissen. Es werden zwar Richtzahlen diskutiert[11]), jedoch gehen in ihre Festlegung subjektive Entscheidungskriterien ein, da es in einem dichtbesiedelten Gebiet wie der Bundesrepublik kaum Entfernungen zum Arzt geben dürfte, die im Krankheitsfalle eine ernsthafte Gefährdung darstellen, also vom gesundheitlichen Standpunkt aus unzumutbar sind. Eine Berechnung des Wissenschaftlichen Instituts der Ortskrankenkassen hat zudem gezeigt, daß auch bei völlig gleichmäßiger Verteilung der Ärzte auf Grund von Bevölkerungszahlen die Entfernung zwischen Patient und Arzt im Durchschnitt immer eine Funktion der Bevölkerungsdichte ist[12]). Beide Argumente stützen die Aussage, daß die „zumutbare Entfernung" ein weniger brauchbarer Begriff ist als etwa „maximale Entfernung" zum Arzt.

g) Während es sich bisher vorwiegend um Verteilungs- bzw. Verhältniszahlindikatoren handelte, muß auch eine zweite Gruppe von Indikatoren berücksichtigt werden, die Zugänglichkeitsindikatoren[13]). Für die Zugänglichkeit zum Arzt kann eine Rolle spielen, ob er Hausbesuche macht, ob in dem Gebiet ein Not- oder Bereitschaftsdienst besteht, ob der Arzt lange Wartelisten hat und sich überlastet fühlt usw.

h) Eine Reihe von Variablen sind noch nicht genannt worden, die bisher weniger diskutiert wurden. Eine wichtige Variable der Angebotsseite sollte der durchschnittliche Zeitaufwand sein, den sich der Arzt auf Grund seiner Praxisorganisation für den einzelnen Patienten leisten kann. Bei den in der Bundesrepublik im internationalen Vergleich sehr geringen Kontaktzeiten zwischen Patient und Arzt[14]) erscheint dies kein unwesentliches Merkmal für die Bedarfsplanung[14a]).

---

[11]) Wissenschaftliches Institut der Ortskrankenkassen, a.a.O., S. 72/73.

[12]) Wissenschaftliches Institut der Ortskrankenkassen, a.a.O., S. 73.

[13]) Wissenschaftliches Institut der Ortskrankenkassen, a.a.O., S. 82ff.

[14]) Vgl. J. R. MÖHR, K. D. HAEHN: Verdenstudie (Strukturanalyse allgemeinmedizinischer Praxen). Schriftenreihe des Zentralinstituts für die kassenärztliche Versorgung in der Bundesrepublik Deutschland, Bd. VII. Köln-Lövenich: Deutscher Ärzte-Verlag GmbH, 1977.
Nach dieser Publikation beträgt in einer Gruppe von Allgemeinpraxen der Medianwert des Patientenkontaktes 1,7 Minuten.

[14a]) Diese relativ kurzen Kontaktzeiten stehen in unmittelbarem Zusammenhang damit, daß die Versicherten in der Bundesrepublik pro Jahr den Arzt durchschnittlich mehr als doppelt so häufig aufsuchen als dies bei der Bevölkerung der meisten anderen Länder üblich ist.

Neben den Angebotsindikatoren gibt es eine Reihe von *Nachfrageindikatoren,* auf deren Bedeutung DEBOLD und SCHRÄDER[15]) hingewiesen haben. Es handelt sich hierbei um Indikatoren, welche die Zahl konsumierter Leistungen in einer Region angeben, etwa Arztkontakte, Hausbesuche, Laborleistungen usw. Diese Indikatoren sind allerdings noch wenig ausgearbeitet. Bisher gibt es in der Bundesrepublik Deutschland erst Voruntersuchungen im Bereich einzelner Ortskrankenkassen, die jedoch noch nicht zu allgemein anwendbaren Ergebnissen geführt haben.

Wenn oben gesagt wurde, daß es keine angebotsunabhängigen *Bedarfsindikatoren* gibt, so darf doch der Versuch nicht aufgegeben werden, vorhersehbare Bedarfsgrößen zu bestimmen.

Ein Ansatz zur Bedarfsbestimmung ist es, unter Verzicht auf die Feststellung der absoluten Größenordnung des Bedarfs die Unterschiede im Bedarf (gemessen am Nachfrage- bzw. Leistungsspektrum) nach Alter, Geschlecht und evtl. sozialen Merkmalen (Sozialschicht, Kassenzugehörigkeit, Beruf usw.) bei der Planung zu berücksichtigen. Für Gebiete mit einer demographischen Umschichtung — etwa bei vorhersehbarer Vergrößerung des Rentneranteils — läßt sich auch das zu erwartende Mehrvolumen an Leistungen abschätzen. Ferner läßt sich in gewissen Grenzen der Umfang gewisser Leistungen, etwa Mutterschafts- oder Früherkennungsleistungen, abschätzen und vorhersagen.

Während es zur Zeit keine zuverlässigen Methoden zur Feststellung der Krankheitshäufigkeit und des dadurch entstehenden Bedarfs an medizinischen Leistungen gibt, sind in England Vorschläge gemacht worden, die altersstandardisierte Mortalität der einzelnen Gebiete als Bedarfsindikator einzuführen[16]). Die Überlegung dabei ist, daß ein sehr hoher Leistungsanteil, insbesondere an teuren Krankenhausleistungen, in den letzten Wochen und Monaten vor dem Tode anfällt. Diese Überlegung und ihre Umsetzung in Allokationsmodelle ist allerdings in England auf Kritik gestoßen. Immerhin können solche Arbeiten einen Anstoß geben, über Bedarfsindikatoren nachzudenken, die sich aus dem Gesundheitszustand der Bevölkerung herleiten. Über solche Gesundheitsindikatoren gibt es zur Zeit, besonders in den USA, eine intensive Diskussion[17]), die jedoch kaum in absehbarer Zeit zu einer Verbesserung der Bedarfsplanung führen wird.

5. Planungseinheiten

Es ist mehrfach gefunden worden, daß die Unterschiede in der ärztlichen Versorgung umso gravierender sind, je kleiner die regionalen Einheiten waren, die für die Analyse herangezogen wurden[18]). Die Unterschiede zwischen Bundesländern sind nicht so er-

---

[15]) PETER DEBOLD und WILHELM F. SCHRÄDER: Nachfrageorientierte Territorialindikatoren für die regionale Planung im Gesundheitswesen. In WILHELM F. SCHRÄDER und VOLKER VOLKHOLZ, a.a.O.

[16]) Department of Health and Social Security: Sharing resources for health in England; Report of the Resource Allocation Working Party. London: HMSO 1976.

[17]) Vgl. ROBERT L. BERG (ed.): Health status indexes. Proceedings of a conference conducted by Health Services Research, Tucson, Arizona, Oct. 1—4, 1972. Chicago: Hospital Research and Educational Trust, 1973.

R. L. BERG: 1976 Health status indexes conference. Hlth Serv.Res. 11(4): 335—348 (1976).

[18]) Vgl. mehrere Beiträge zu dem Buch von WILHELM F. SCHRÄDER und VOLKER VOLKHOLZ a.a.O. sowie Wissenschaftliches Institut der Ortskrankenkassen, a.a.O.

heblich wie die zwischen den Planungsbereichen des Bundesraumordnungsprogrammes oder gar zwischen den Kreisen.

Es scheint sich die Auffassung durchzusetzen, daß die allgemeinärztliche Versorgung am ehesten auf Gemeindeebene, die fachärztliche Versorgung auf Kreisebene oder sogar kreisübergreifend zu planen ist[19]).

Es muß auch noch einmal auf das Problem der Zahl der zu versorgenden Bevölkerung aufmerksam gemacht werden. Einmal stellt sich die Frage, ob bzw. wie die Pendlerrate und die Zahl der Urlauber zu berücksichtigen ist. Ebenso problematisch ist die Erfassung der bereichsübergreifenden Inanspruchnahme ambulanter ärztlicher Leistungen sowie von Krankenhausleistungen.

6. Beziehungen zwischen Indikatoren der medizinischen Versorgung und sozio-ökonomischen Indikatoren

Viele Beobachtungen sprechen dafür, daß die ungleiche Verteilung des medizinischen Angebotes nicht zufällig ist. Besonders benachteiligt sind in den Städten die Arbeiterviertel und auf dem Lande die strukturgefährdeten Räume[20]). Diese Tendenz ist deutlicher für die Verteilung der Fachärzte als für die von Allgemeinärzten. Allerdings wäre es voreilig, aus solchen einfachen Korrelationen Schlußfolgerungen auf Benachteiligungen bestimmter Bevölkerungsgruppen zu ziehen. Ein Beispiel soll das beleuchten: Die Ansammlung der Kinderärzte im Stadtzentrum und ihre geringe Zahl in Wohngebieten mit kinderreichen Arbeiterfamilien ist nicht nur in der Bundesrepublik zu beobachten. Solange wir nicht wissen, ob Arbeiterfamilien mit ihren kranken Kindern eher zu Allgemein- als zu Kinderärzten gehen, weil in ihren Wohngegenden kaum Kinderärzte vorhanden sind, oder ob sich Kinderärzte nicht in diesen Gebieten niederlassen, weil es dort eher Tradition ist, mit Kindern zum Allgemeinarzt zu gehen, ist es sehr schwer, diese Verteilungsungleichheit zu bewerten. Vielfach sind auch Fachärzte im Stadtzentrum verkehrstechnisch günstiger zu erreichen als in einem anderen peripher gelegenen Wohngebiet. Daß es echte Benachteiligungen für die medizinische Versorgung bestimmter Bevölkerungsgruppen gibt, soll mit diesen Bemerkungen nicht bestritten werden.

Bei Allgemein- und Zahnärzten spielt eine Erscheinung eine Rolle, die als „regionale Persistenz" bezeichnet wird[21]). Darunter versteht man das Verbleiben der Ärzte in Gebieten, die von einer Abwanderung der Bevölkerung betroffen sind. Dadurch ist vermutlich zu erklären, daß die Arztdichte der Allgemeinärzte bei einer regionalen Analyse am ehesten mit der Zahl der über 65jährigen Einwohner korreliert, jedoch nicht mit sozio-ökonomischen Indikatoren[22]).

---

[19]) Vgl. HANS TÖNS, a.a.O.

[20]) Auch hierfür finden sich mehrere empirische Beispiele aus der Bundesrepublik und Berlin (West) in dem Buch von WILHELM F. SCHRÄDER und VOLKER VOLKHOLZ a.a.O.

[21]) Vgl. WILHELM F. SCHRÄDER: Regionale Persistenz von Einrichtungen der medizinischen Versorgung am Beispiel der ambulanten zahnärztlichen Versorgung in der Bundesrepublik Deutschland. In: WILHELM F. SCHRÄDER und VOLKER VOLKHOLZ a.a.O.

[22]) In einer eigenen Untersuchung über die allgemeinärztliche Versorgung in Niedersachsen mit der Methode der schrittweisen Regression erklärt der Prozentsatz der über 65 Jahre alten Einwohner den größten Teil der Gesamtvarianz (unveröffentlichte Untersuchungen mit ELLEN WOLF und HARTMUT HECKER).

7. Zwischenbilanz

Dieser methodische Abriß war erforderlich, um die Ergebnisse der Analyse der medizinischen Versorgung in vier strukturgefährdeten ländlichen Räumen besser verstehen zu können. Die Methodenbetrachtung zeigt ganz klar, daß es sich bei der medizinischen Versorgung um ein äußerst komplexes Problem handelt, das nicht mit simplen Indikatoren und Planungsinstrumenten zu lösen ist. Wenn man allerdings alle notwendigen Details berücksichtigt, wird eine regionale Planung der medizinischen Versorgung fast unmöglich. Es gäbe keine Norm- oder auch nur Durchschnittswerte, an die man sich halten könnte, und jedes Urteil über eine allgemeine oder fachspezifische Unterversorgung könnte nur auf lokaler Ebene durch die Selbstverwaltungsgremien oder die kommunalen Körperschaften gefällt werden. Hierdurch käme es einerseits zu bedarfsgerechten Lösungen, andererseits möglicherweise zu endlosen Auseinandersetzungen. Angesichts der zu erwartenden starken Zunahme der Zahl der Ärzte in der Bundesrepublik in den nächsten Jahrzehnten werden sich solche Probleme nicht mehr in solcher Schärfe stellen wie in der Vergangenheit. Gleichzeitig muß man aber wohl auch erkennen, daß nur dann die Wünsche der Bevölkerung nach einer ausgewogenen und bedarfsgerechten medizinischen Versorgung erfüllbar sind, wenn eine beträchtliche Überversorgung besteht, d. h. wenn mehr Ärzte der einzelnen Fachgruppen zur Verfügung stehen als für die Erzielung eines guten Gesundheitszustandes notwendig ist[23]).

III. Instrumente der medizinischen Bedarfsplanung in der Bundesrepublik Deutschland

1. Bedarfsplanung in der kassenärztlichen Versorgung

Das am 1. Januar 1977 in Kraft getretene Gesetz zur Weiterentwicklung des Kassenarztrechts[24]) definiert in § 368 Abs. 3 RVO die Ziele der kassenärztlichen Versorgung und gibt die erforderlichen Maßnahmen zur Umsetzung an. Hiermit wird eine Bedarfsplanung vorgeschrieben, die mit Raumordnung und Landesplanung sowie Krankenhausbedarfsplänen abzustimmen ist (§ 368 Abs. 4 RVO) und deren Form und Inhalt in Bedarfsplanungsrichtlinien festgelegt sind, die vom Bundesausschuß der Ärzte und Krankenkassen beschlossen wurden[25]). Hierin wird festgelegt, wie Planungsbereiche abzugrenzen sind und welche Parameter berücksichtigt werden müssen. Bedarfspläne sind nunmehr jährlich vorzulegen. Sie setzen ein gut funktionierendes Informationssystem voraus, das zur Zeit von den Kassenärztlichen Vereinigungen vorbereitet wird, teilweise allerdings schon einige Zeit existiert. Diese Informationen sind auf Planungsblätter einzutragen, die den Krankenkassen vorzulegen sind und in den entsprechenden Ausschüssen behandelt werden. Diese sehr ins Detail gehenden Planungsblätter enthalten die Zahl der Einwohner, die Zahl der Pendler, Kreis- und Ortsstrukturdaten, Daten über Fachrichtung und Alter der Ärzte sowie über die Ausstattung der Arztpraxen und vieles mehr. Um eine Vorstellung von diesen Planungsblättern zu geben, wird hier das Planungsblatt J wiedergegeben, welches die fachärztliche Versorgung eines Planungsbereiches betrifft.

---

[23]) Dies bezieht sich natürlich nur auf den Teil der Einflüsse auf den Gesundheitszustand, die unmittelbar von der medizinischen Versorgung abhängig sind.

[24]) Vgl. Fußnote 4.

[25]) Vgl. Fußnoten 5 und 7.

FACHÄRZTLICHE VERSORGUNG (FÄV)

PB-Nr.: _____ Kreis-Planungsbereich: _____ Einwohnerzahl am: _____

PLANUNGSBLATT SOLLBERECHNUNG — J

Angelegt am: _____ Stand am: _____ Blatt ___ von ___ Blättern

Arztgruppe	RECHN. BEDARF		AKTUELLER IST-STAND						BEREINIGTER IST-STAND		Grund für Ist-Bereinigung
	Mittlere Meßzahl gem. Abs.D/3 der BPR ind. jeweils gelt. Fassung	Bedarf an Ärzten lt. Meßzahl	Ärzte insgesamt	Zugel. Ärzte mit voller Tätigk.	\multicolumn{4}{c}{darunter nach Statusgruppen}		Minderungs-bewert. der Ärzte mit ein-geschränkt. Tätigk.	Effektiver Ist-Stand (Sp.4./.10)	
					Beteiligte Ärzte mit voller Tätigk.	mit einge-schränkt. Tätigk.	Sonstige Ärzte mit voller Tätigk.	mit einge-schränkt. Tätigk.			
1	2	3	4	5	6	7	8	9	10	11	12
1 Augenärzte	24 500										
2 Chirurgen	47 500										
3 Frauenärzte	16 000										
4 HNO-Ärzte	30 000										
5 Hautärzte	41 000										
6 Internisten	10 000										
7 Kinderärzte	25 000										
8 Nervenärzte	50 000										
9 Orthopäden	37 000										
10 Radiologen	60 000										
11 Urologen	66 000										
12	...	...									
Zwischensumme:	...	...									
13 Anästhesisten	...	...									
14 Kinder u. Jugendpsychiater	...	...									
15 Laborärzte	...	...									
16 Mund u. Kieferchirurgen	...	...									
17 Neurochirurgen	...	...									
18 Phatologen	...	...									
19 Pharmakologen	...	...									
20											
21											
22											
23											
24											
25											
26											
27 Fachärzte insgesamt											
28 Allgemein-/Prakt. Ärzte	2 400										
29 INSGESAMT											

Planungsblatt J für die kassenärztliche Bedarfsplanung (nach Töns, a.a.O.)

Hier kann nicht auf weitere Details eingegangen werden. Für die folgenden Ausführungen sind aber noch einige Voraussetzungen zu erwähnen. Ein wichtiger Bestandteil der Bedarfsplanung sind Richtzahlen, die sog. Meßzahlen der erwähnten Richtlinien, die sich im wesentlichen am Bundesdurchschnitt orientieren. Das „Soll" entspricht also dem gegenwärtigen Bundesdurchschnitt. Es sind folgende Bevölkerungszahlen pro Arztgruppe als Meßzahlen eingeführt worden:

Allgemeinarzt	2 400
Augenarzt	24 500
Chirurg	47 500
Frauenarzt	16 000
Hautarzt	41 000
HNO-Arzt	30 000
Internist	10 000
Kinderarzt	25 000
Nervenarzt	50 000
Orthopäde	37 000
Röntgenologe	60 000
Urologe	66 000

Für die beteiligten und ermächtigten, also nicht voll an der kassenärztlichen Versorgung teilnehmenden Ärzte, wird ein entsprechender Korrekturfaktor benutzt.

Von einer Unterversorgung wird gesprochen, wenn die Meßzahl der Allgemeinärzte um 15%, die der Fachärzte um 40% unterschritten wird. Wenn die Verhältniszahl von einem Allgemeinarzt auf 2 400 Einwohner nicht erreicht wird, wird nach folgendem Schlüssel die allgemeinärztliche Versorgung bestimmt, und zwar indem die Zahl der entsprechenden Fachärzte mit den entsprechenden Leistungsanteilen multipliziert wird:

Allgemeinärzte	1,0
Kinderärzte	0,6
Internisten	0,6
Frauenärzte	0,4
Orthopäden	0,3
Chirurgen	0,25
Nervenärzte	0,2

Die Richtlinien enthalten weder eine Äußerung darüber, ob es nicht auch erforderlich sein kann, eine ärztliche Überversorgung anzunehmen und zu beseitigen[26], noch ob es Verfahren gibt, das „Soll" nicht auf Grund des bestehenden Bundesdurchschnittes, sondern sachgerechter zu bestimmen.

2. Krankenhausbedarfsplanung

Im Krankenhausfinanzierungsgesetz[27] sowie in den Krankenhausgesetzen der Länder wird auch die Forderung nach einer Bedarfsplanung im Krankenhauswesen erho-

---

[26] In einigen kassenärztlichen Vereinigungen wurden allerdings bereits Maßnahmen zur Erkennung und Beseitigung einer „Überversorgung" diskutiert (persönl. Mitteilung von Herrn Schüttrumpf, KV Schleswig-Holstein).

[27] Gesetz zur wirtschaftlichen Sicherung der Krankenhäuser und zur Regelung der Krankenhauspflegesätze (KHG) v. 29. Juni 1972 (BGBl I S. 1009).
Vgl. auch Bundesregierung, Bericht über die Auswirkungen des Krankenhaus-Finanzierungsgesetzes. Drucksache 7/4530 vom 30. 12. 1975, besonders S. 203 ff.

ben[28]). Allerdings fehlt es hier noch an einheitlichen und unanfechtbaren Richtlinien. Man muß bedenken, daß das Krankenhausfinanzierungsgesetz in einer Zeit entstand, in der man durch staatliche Lenkungsmaßnahmen die Planung neuer Krankenhäuser nach rationalen Gesichtspunkten erzwingen wollte. An einen Bettenüberhang wurde damals weniger gedacht. Ferner war für die Finanzierung die Bettenzahl des Hauses von einer großen Bedeutung; die magische Grenze von 100 Betten sollte nach Auffassung vieler Gesundheitspolitiker nicht unterschritten werden.

Von einer Planung der durch das Krankenhausfinanzierungsgesetz zu finanzierenden Häuser hat sich die Bedarfsplanung vielmehr auf die gesamte Bettenzahl einer Region verschoben. Angesichts der darin gebundenen Interessen erstaunt es nicht, daß die von einzelnen Landesregierungen vorgelegten Bedarfspläne, die ohne Ausnahme eine Reduzierung der Bettenzahl, insbesondere auch durch Schließung kleinerer Krankenhäuser, vorschlagen, starker Kritik unterworfen sind. Besonders umstritten ist die Frage, ob Belegkrankenhäuser zu schließen bzw. in Pflegeheime umzuwandeln sind, oder ob nicht gerade sie eine wichtige Quelle bevölkerungsnaher Versorgung sind.

Noch weniger als bei der ambulanten ärztlichen Versorgung kann man bei der Krankenhausplanung allein auf Grund von Durchschnittswerten oder theoretischen Richtzahlen bestimmen, wieviele Krankenhausbetten, fachspezifisch gegliedert, zur Versorgung einer bestimmten Bevölkerung erforderlich sind. Vielmehr müssen hier auch demographische und medizinische Indikatoren benutzt werden, was angesichts des Fehlens einer Diagnosenstatistik allerdings Zukunftsmusik bleiben wird. Ein einleuchtendes Beispiel ist jedoch der Bettenbedarf, der sich auf Grund der Geburtenziffern vorhersagen läßt; dies betrifft nicht nur Betten für Entbindungsfälle und für Kinder, sondern auch chirurgische Betten, die für Operationen zur Verfügung stehen, die vor allem im Kindesalter vorgenommen werden (z. B. die sog. Blinddarmoperation, Mandelentfernungen usw.).

3. Die Rolle der Kommunen bei der medizinischen Bedarfsplanung

Wenn, wie oben ausgeführt, soviele lokale Besonderheiten bei der medizinischen Bedarfsplanung zu berücksichtigen sind, wäre es naheliegend, daß die Kommunen ihren Sachverstand und ihren Einfluß bei der Planung geltend machen können. Dies war bei der Vorbereitung zum Gesetz zur Weiterentwicklung des Kassenarztrechtes ursprünglich vorgesehen, wurde aber fallengelassen. Somit sind heute die Kommunen zwar häufig Adressat der Beschwerden seitens der Bevölkerung, wenn die medizinische Versorgung unzureichend erscheint, jedoch haben sie keinerlei rechtliche Gestaltungsmöglichkeiten. Zur Zeit besteht kein übergreifendes Planungsinstrument, welches auf lokaler Ebene die in Interdependenz stehenden Teile der medizinischen Versorgung übergreifend plant, also neben der ambulanten ärztlichen und zahnärztlichen Versorgung auch die Krankenhausversorgung, die Sozialdienste (z. B. Sozialstationen), Hauskrankenpflege usw.

---

[28]) Vgl. KURT J. J. SCHMAILZL: Die Krankenhausbedarfsplanung der Länder. In WILHELM F. SCHRÄDER und VOLKER VOLKHOLZ a.a.O., S. 272.

IV. Medizinische Versorgung in vier strukturgefährdeten ländlichen Räumen

1. Zur Methodik

Die Daten für die medizinische Versorgung der vier strukturgefährdeten ländlichen Räume wurden auf folgende Weise erhoben: Die Zahlen für die kassenärztliche/kassenzahnärztliche Versorgung wurden von den zuständigen Kassenärztlichen/Kassenzahnärztlichen Vereinigungen zur Verfügung gestellt[29]. Die Erhebungsjahre und Daten sind nicht immer identisch. Die Zahlen konnten mit dem Landesdurchschnitt verglichen werden. Diese Zahlen sind nicht identisch mit denen, die in den vier Situationsanalysen der jeweiligen Landkreise angegeben werden; es war nicht möglich, die Gründe für die Diskrepanzen aufzuklären.

Die Zahlen für die Krankenhäuser und die Krankenhausbetten wurden von den zuständigen Landesministerien bzw. den Statistischen Landesämtern zur Verfügung gestellt.

Den jeweiligen Informanten der Kassenärztlichen Vereinigungen und der Landesministerien wurde ein vorläufiger Bericht zur Verfügung gestellt; diese wurden um Korrekturen, auch der Interpretationen gebeten. Gleichzeitig wurde angefragt, ob zwischenzeitlich weitere Planungsdaten zur Verfügung stehen.

Schließlich wurden die Allgemeinen Ortskrankenkassen der betreffenden vier Landkreise angeschrieben und gefragt, ob aus ihrer Sicht in Gemeinden oder Gebieten spezifische Probleme der kassenärztlichen Versorgung bestehen. Obwohl in der Vergangenheit gerade die Ortskrankenkassen zu Beobachtungen über eine eventuelle Unterversorgung beigetragen haben, antworteten alle angeschriebenen Ortskrankenkassen ausweichend oder gar nicht.

2. Landkreis Dithmarschen

Die Meßzahlen für die kassenärztliche Versorgung liegen für die Allgemeinärzte deutlich über, bei den Fachärzten etwas unter dem Landes- und dem Bundesdurchschnitt:

	Einwohner pro Arzt (1976)	
	Dithmarschen[30]	Schleswig-Holstein
Allgemeinärzte	2 048	2 404
Fachärzte	3 121	2 572

Das Durchschnittsalter der Allgemeinärzte liegt etwas über dem Landesdurchschnitt, das der Fachärzte etwas darunter. Weniger als jeder zweite Allgemeinarzt, aber nur jeder achte Facharzt ist über 65 Jahre alt.

---

[29] Ich danke den vier zuständigen Kassenärztlichen und Kassenzahnärztlichen Vereinigungen sowie den Landesministerien bzw. den Statistischen Landesämtern für die viele Mühe, die sie sich mit der Beantwortung meiner Fragen gegeben haben.

[30] Am 30. 9. 1977 betrugen die Zahlen 2 134 Einwohner pro Allgemeinarzt und 2 770 Einwohner pro Facharzt.

68,7% der Bevölkerung wohnt 2 km oder weniger von einem Allgemeinarzt entfernt und nur 3,4% benötigen mehr als 6 km, um zu einem Allgemeinarzt zu gelangen. Die Entfernungen zu den Facharztsitzen sind natürlich weiter; am ungünstigsten liegt Marne, von wo aus bis zu 29 km zurückzulegen sind zu bestimmten Facharztgruppen.

Die Kassenärztliche Vereinigung Schleswig-Holstein bemüht sich in diesem Kreis um eine Verbesserung der Versorgungslage. So sind vom Schleswig-Holsteinischen Ärztefonds bzw. von der Kassenärztlichen Vereinigung Ärztehäuser in Büsum, St. Michaelisdonn, Wesselburen und Marne errichtet worden.

Im Kreis Dithmarschen sind 53 Zahnärzte tätig, das ist ein Zahnarzt auf 2 459 Einwohner. Diese Zahl entspricht dem Soll der Richtlinien (ein Zahnarzt auf 2400 Einwohner), sie ist aber ungünstiger als der Landesdurchschnitt von 2150 Einwohnern pro Zahnarzt; bis zum Jahre 1980 strebt die Kassenärztliche Vereinigung sogar einen Landesdurchschnitt von einem Zahnarzt auf 2000 Einwohner an.

Die Bettendichte betrug im Jahre 1976 im Kreis Dithmarschen 5,4/1000 Einwohner, im Landesdurchschnitt 5,2/1000. Mit Wirkung vom 1. 10. 1977 wurden 4 der bisherigen 6 Krankenhäuser geschlossen (Kreiskrankenhaus Meldorf, Städt. Krankenhaus Heide, Zweckverbandskrankenhaus Marne und Zweckverbandskrankenhaus Wesselburen). Das Kreiskrankenhaus Heide ist als Schwerpunktkrankenhaus mit 420 Betten erhalten geblieben und wird durch Zusatzeinrichtungen ständig weiter ausgebaut. Das Kreiskrankenhaus Brunsbüttel wurde auf 240 Betten aufgestockt.

Die aufgegebenen Krankenhäuser wurden bzw. werden anderen Funktionen zugeführt. Im ehemaligen Kreiskrankenhaus Meldorf wurden ein Facharztzentrum sowie eine Sozialstation eingerichtet. Das ehemalige Krankenhaus der Stadt Heide soll zu einem Alten- und Pflegeheim umgebaut werden; dort soll auch eine Sozialstation eingerichtet werden. Das Bemühen des Kreises geht dahin, in jedem zentralen Ort einschließlich der ländlichen Zentralorte eine Sozialstation einzurichten.

3. Landkreis Bitburg-Prüm

Die kassenärztliche Versorgung im Landkreis Bitburg-Prüm zeigt eine ausreichende Versorgung mit Allgemeinärzten, aber eine ungenügende Versorgung mit Fachärzten. Im Jahre 1978 betrug die Verhältniszahl für Allgemeinärzte 2373 Einwohner pro Arzt und für die Fachärzte 4095. Sämtliche Facharztgruppen bleiben hinter den Meßzahlen zurück. Diese schlechte fachärztliche Versorgung wird darauf zurückgeführt, daß ein Großteil der fachärztlichen Versorgung durch die in Trier ansässigen Ärzte erfolgt. Dies ist allerdings bei den Entfernungen nicht unproblematisch.

Die durchschnittliche Entfernung, die ein Patient zu einem Allgemeinarzt zurücklegen muß, beträgt 6 km, die maximale Entfernung beläuft sich auf 16 km. Die durchschnittlichen Entfernungen zu Fachärzten liegen weit höher, die maximale Entfernung liegt bei 25—30 km.

Auf Grund der Bedarfspläne wurde kein Arztsitz als „dringlich zu besetzen" ausgeschrieben.

Bei der großen Zahl von Fremdenverkehrsübernachtungen stellt sich die Frage, ob durch die Urlauber eine zusätzliche Belastung für die ärztliche Versorgung entsteht. Diese Frage wird von den lokalen Ärzten verneint.

Die Zahl der Krankenhausbetten pro 1000 Einwohner liegt in diesem Kreis bei 6,6 und liegt demnach unter dem Landesdurchschnitt von 7,7. In den Landeskrankenhausplan wurden die drei Krankenhäuser (Clemens-August-Krankenhaus in Bitburg, Städt. Krankenhaus St. Josef in Neuerburg und St. Joseph-Krankenhaus in Prüm) aufgenommen mit insgesamt 568 Betten (entsprechend einer Bettenzahl von 6,3). Für das Krankenhaus in Neuerburg ist eine Modernisierung, für das Krankenhaus in Prüm ein Neubau vorgesehen. Der Kreis hat damit nur ein Krankenhaus der Regelversorgung und zwei Krankenhäuser der Grundversorgung.

Es ist besonders hervorzuheben, daß es durch einen intensiven Einsatz verschiedener Maßnahmen gelungen ist, die Säuglingssterblichkeit 1977 auf weniger als die Hälfte des Wertes des Jahres 1973 zu senken.

4. Landkreis Donau-Ries (Nördlingen)

Im Jahre 1976 wurden im alten Landkreis Nördlingen folgende Arztziffern erreicht:

Allgemeinärzte 2155 } Einwohner pro Arzt
Fachärzte 2634

Mit dem 1. 4. 1978 hat sich vor allem die fachärztliche Versorgung verbessert, die allgemeinärztliche dagegen verschlechtert:

Allgemeinärzte 2371 } Einwohner pro Arzt
Fachärzte 2155

Das Durchschnittsalter der niedergelassenen Fachärzte unterscheidet sich nicht vom Landesdurchschnitt, während das der Allgemeinärzte mehr als 2 Jahre unter dem Landesdurchschnitt liegt.

Der geringe Rückgang an Allgemeinärzten dürfte durch die Neuzulassung von primärärztlich tätigen Fachärzten mehr als ausgeglichen worden sein. Nach Auskunft der Kassenärztlichen Vereinigung befinden sich alle Arztsitze in zumutbarer Entfernung von den Gemeinden.

Im Landkreis Donau-Ries sind 41 Zahnärzte niedergelassen, entsprechend einer Dichte von 2857 Einwohnern pro Zahnarzt. Damit besteht in diesem Gebiet ein Defizit an Zahnärzten.

Über die Krankenhausversorgung wurden uns keine Zahlen mitgeteilt. Bettenausnutzung und Verweildauer liegen im Landesdurchschnitt. Das besondere Problem dieses Landkreises liegt in der großen Zahl kleinerer Krankenhäuser (8 Krankenhäuser), so daß auf Dauer eine Stillegung einiger Häuser unvermeidbar sein dürfte.

5. Landkreis Meppen[31]

Im Landkreis Meppen entfallen (1977)
- auf einen Allgemeinarzt 3406 Einwohner
- auf einen Facharzt 2448 Einwohner
- auf einen Zahnarzt 3265 Einwohner.

Die Versorgung bessert sich langsam, aber läßt noch zu wünschen übrig. Eine besonders starke Unterversorgung mit Allgemeinärzten besteht in Meppen (4540 EW/Arzt), Haren (4113 EW/Arzt) und Twist (3938 EW/Arzt). Im Landkreis gibt es keinen niedergelassenen Nervenarzt.

Die durchschnittliche Entfernung zum Allgemeinarzt beträgt 6 km, die weiteste Entfernung 10 km. Die Entfernungen zu den Fachärzten liegen durchschnittlich zwischen 6 und 12 km, mit einem Maximum von 22 km.

Die Zahl der Krankenhausbetten beträgt 7,6/1000 Einwohner. Von den 4 Krankenhäusern wird eines mit 35 Betten nicht mehr gefördert. Im Vergleich zu anderen Gebieten besteht in diesem Kreis ein Bettenüberhang.

6. Zusammenfassende Betrachtung der medizinischen Versorgung in vier strukturgefährdeten ländlichen Räumen

Es läßt sich nicht generell sagen, daß die vier ausgewählten Landkreise Zeichen einer medizinischen Unterversorgung aufweisen. Wir stellen in einer Tabelle noch einmal die besonders wichtige Zahl der Einwohner pro Allgemeinarzt (Stand 1976) in dem betreffenden Landkreis und im Landesdurchschnitt zusammen:

	Kreis	Landesdurchschnitt
Dithmarschen	2048	2404
Bitburg-Prüm	2513	2189
Nördlingen	2155	2147
Meppen	3384	2335

Nur in Dithmarschen und Nördlingen ist die allgemeinärztliche Versorgung als gut zu bezeichnen. In Bitburg-Prüm besteht nach den neuen Richtlinien noch keine Unterversorgung. Nur in Meppen kann man davon sprechen, daß hier auch eine Strukturge-

---

[31] Das Institut für Epidemiologie und Sozialmedizin der Medizinischen Hochschule Hannover hat mehrere Analysen der Sterblichkeit in den niedersächsischen Landkreisen durchgeführt. Dabei war aufgefallen, daß in den ausgewerteten Jahren 1968—71 der Landkreis Meppen eine über dem Landesdurchschnitt liegende Säuglings- und Allgemeinsterblichkeit hatte. Insbesondere war die Zahl der Todesfälle an ischämischen Herzkrankheiten und an Magenkrebs erhöht. Diese Zahlen gaben Anlaß zu Überlegungen, ob nicht in diesem Kreis infolge eines schlechteren Gesundheitszustandes ein erhöhter Bedarf an medizinischen Leistungen besteht. Diese These wurde dem Leiter des Gesundheitsamtes sowie zwei Chefärzten vorgelegt, aber sie läßt sich aus klinischer Erfahrung weder unterlegen noch widerlegen. Aus diesem Grunde wird auf die Diskussion der Beziehungen zwischen medizinischer Versorgung und ungünstigem Gesundheitszustand verzichtet, solange keine neueren und genaueren Zahlen vorliegen. Die Arbeiten haben aber darauf hingewiesen, daß solche Beziehungen aufgrund regionaler Analysen der Sterbefälle und der medizinischen Versorgung sinnvoll und notwendig sind.

fährdung der medizinischen Versorgung besteht. Mit Ausnahme des ehemaligen Landkreises Nördlingen bestehen jedoch überall Engpässe in der Versorgung mit Fachärzten. In der letzten Zeit geht der Trend allerdings dahin, daß sich in den genannten Kreisen kaum noch Allgemeinärzte, jedoch vermehrt Fachärzte niederlassen. Gerade die Facharztdichte hat sich in allen Kreisen in den letzten Jahren deutlich verbessert. Dies kann durchaus auch der primärärztlichen Versorgung zugutekommen.

Die Zahnarztdichte ist nur im Landkreis Dithmarschen ausreichend. Die Engpässe der zahnärztlichen Versorgung werden sich vermutlich schwerer beseitigen lassen, da die Nachwuchssituation im Zahnarztberuf ganz allgemein wesentlich schlechter als beim Arztberuf ist.

Die Krankenhausversorgung ist in den untersuchten Kreisen sehr unterschiedlich. Sie steht in einem umgekehrten Verhältnis zur Arztdichte. Es besteht kein Anlaß, eine Unterversorgung mit Krankenhausbetten anzunehmen, im Gegenteil scheint überall ein Überhang an Betten zu bestehen, der im Rahmen der Krankenhausbedarfspläne teilweise bereits zu Umstrukturierungen führte.

V. Flankierende und ergänzende Maßnahmen[32]

1. *Verbesserung des Krankentransportes*

Einige Schwächen der ärztlichen Versorgung lassen sich ausgleichen durch ein verbessertes Transportsystem, welches den Kranken zum Arzt bringt. Gemeint ist nicht der überall gut organisierte Rettungsdienst, der im allgemeinen Krankentransporte unter erheblichem Kostenaufwand durchführt. Eher wird daran gedacht, daß ein Kleinbus, der einer Arztpraxis oder einem Arzthaus angegliedert ist, derartige Transporte kostengünstiger übernehmen könnte. Entsprechende Versuche in anderen Ländern waren positiv, jedoch könnte es sein, daß die Struktur der ambulanten ärztlichen Versorgung bei uns solche Versuche erschwert. Auch ein flexibles öffentliches Verkehrsmittel könnte diese Funktion des Transportes von Kranken zum Arzt und nach Hause übernehmen. Diese Frage des Krankentransportes ist leider bei den Richtlinien zur Bedarfsplanung, insbesondere bei der Diskussion um den Begriff der „zumutbaren Entfernung" ganz außer acht gelassen worden.

2. *Sozialstationen, Hauspflegedienste und Gemeindeschwestern*

In vielen Bundesländern befinden sich Sozialstationen im Aufbau, die teilweise die bisherige Tätigkeit der Gemeindeschwester ersetzen, aber auch darüber hinaus tätig

---

[32] Der Arbeitsgruppe „Strukturgefährdete ländliche Räume" wurde 1976 ein Manuskript zur Diskussion vorgelegt mit dem Titel „Konkrete Vorschläge für neue und funktionsspezifische Angebotsformen bei der Infrastrukturausstattung sowie für die Regionalisierung im Bereich des Gesundheitswesens". Dieses Manuskript wurde in leicht veränderter Form inzwischen veröffentlicht:
MANFRED PFLANZ: Modelle des Gesundheitswesens. Prakt. Arzt 13(14): 2944—2956 (1976).
Darin werden vor allem Maßnahmen besprochen, die bei einer gravierenden Unterversorgung zum Tragen kommen können. Angesichts der zu erwartenden Ärzteschwemme haben derartige Überlegungen bei uns vermutlich nur geringe Bedeutung.

werden sollten. Durch eine gute funktionierende Sozialstation kann der Arzt erheblich entlastet werden, insbesondere wenn eine enge Kooperation zwischen dem Personal der Sozialstationen und dem niedergelassenen Arzt besteht. Dasselbe gilt für die Hauspflegeorganisation sowie die Gemeindeschwestern.

Es ist zu bedauern, daß kein der sehr effektiven kassenärztlichen und Krankenhausbedarfsplanung entsprechendes Instrument zur Planung derartiger unterstützender medizinischer Dienste besteht. Gerade auf diesem Gebiet ist eine Vielzahl von Maßnahmen — beginnend mit der Ausbildung und der Regelung der Finanzierung — erforderlich, da hier keinerlei Marktmechanismen wirksam sind und keine entsprechenden wirtschaftlichen Anreize bestehen.

3. Selbsthilfe

Neben der medizinischen Versorgung durch Krankenhäuser, niedergelassene Ärzte und Sozialstationen kann ein Ausbau der Selbsthilfe von Gemeinden und von kranken Individuen eine wesentliche Unterstützung sowohl des Gesundheitssystems als auch des gesundheitsbezogenen Verhaltens darstellen. Dabei ist nicht nur an die problemzentrierten Selbsthilfegruppen gedacht, die eine gewisse Konzentration von Personen mit einem bestimmten Problem in Städten und größeren Gemeinden voraussetzen, sondern an für ländliche Gebiete geeignete Formen der gesundheitlichen Selbst-, Nachbarschafts- und Gemeindehilfe. Nach Auffassung vieler Sozialmediziner scheint hier noch ein großes Potential an gesundheitsfördernden und krankheitsbehandelnden Kräften zu bestehen, die sich mehr als die medizinischen Einrichtungen der Mentalität der Einwohner anpassen können.

VI. Zusammenfassung und Schlußfolgerungen

In den letzten Jahren ist in der Bundesrepublik auf Grund von Klagen seitens der Bevölkerung sowie von Ergebnissen systematischer Untersuchungen das Problem der ungleichmäßigen, und das heißt an bestimmten Stellen unzureichenden medizinischen Versorgung diskutiert worden. Diese Diskussion führte zu parlamentarischen Aktivitäten, deren Ergebnis die Schaffung gesetzlicher Grundlagen der Bedarfsplanung für die ambulante ärztliche und zahnärztliche Versorgung sowie den Krankenhausbereich war. Die Grundfrage, auf welche Weise der Bedarf an medizinischer Versorgung bestimmt werden kann, ist dabei weitgehend ausgeklammert worden. Aus diesem Grunde befaßt sich der vorliegende Beitrag ausführlich mit den Begriffen Angebot, Nachfrage und Bedarf und versucht eine Übersicht über die möglichen Indikatoren zu geben. Als Zwischenbilanz wird dabei festgestellt, daß man für eine befriedigende Bedarfsplanung so viele verschiedene Aspekte und Maßzahlen berücksichtigen müßte, daß sich die Planung wiederum in individuelle Entscheidungen bzw. Einzelverhandlungen aufzulösen droht. Vermutlich ist eine den Planungszielen und den Wünschen der Bevölkerung entsprechende medizinische Versorgung nur dann optimal durchführbar, wenn eine erhebliche Überversorgung mit Ärzten besteht.

In einem nächsten Abschnitt wird auf die durch das Gesetz zur Weiterentwicklung des Kassenarztrechts vom 28. 12. 1976 geschaffenen Richtlinien zur kassenärztlichen Bedarfsplanung in der Bundesrepublik Deutschland eingegangen. Kurz wird auch die Problematik der Krankenhausbedarfsplanung gestreift.

Eine Analyse der medizinischen Versorgung von vier ausgewählten strukturgefährdeten ländlichen Räumen zeigt, daß dort keineswegs generell eine Unterversorgung besteht. Obwohl es in fast allen Kreisen Engpässe der fach- und der zahnärztlichen Versorgung gibt, ist die Versorgung mit Allgemeinärzten nur im Landkreis Meppen unzureichend. Auch die Krankenhausversorgung ist als gut bis ausreichend zu bezeichnen; in einigen Kreisen besteht jedoch das Problem, daß es zu viele kleine Krankenhäuser gibt.

Angesichts der zunehmenden Arztzahl in der Bundesrepublik ist in allen Gebieten mit einer Verbesserung der Versorgung zu rechnen; nur die Versorgung mit zahnärztlichen Leistungen wird auch in Zukunft, besonders in strukturgefährdeten ländlichen Räumen, Engpässe aufweisen.

Abschließend wird darauf hingewiesen, daß durch eine Verbesserung des Transportsystems, durch die Schaffung von Sozialstationen und ähnlichen Einrichtungen sowie durch eine Stärkung der Selbsthilfe der Bevölkerung bestehende Engpässe der medizinischen Versorgung weitgehend beseitigt werden können.

Insgesamt läßt sich der Schluß ziehen, daß die medizinische Versorgung ein komplexes System ist, welches in Interdependenz zu anderen Systemen steht. Dementsprechend war zu erwarten, daß in strukturgefährdeten ländlichen Räumen die Versorgung mit Gesundheitsleistungen schlechter ist als in günstiger strukturierten Räumen; diese Vermutung wurde auch nahegelegt durch eine Reihe von empirischen Untersuchungen, die zwischen sozio-ökonomischen Indikatoren und der ambulanten ärztlichen Versorgung Korrelationen fanden. Die Fall-Analyse von vier strukturgefährdeten ländlichen Räumen hat diese Erwartung jedoch nicht generell bestätigt. Obwohl es in einigen der Landkreise Engpässe der ambulanten ärztlichen Versorgung gibt, sind sie nur in Einzelfällen, d. h. bei bestimmten Fachrichtungen und in bestimmten Gegenden der Landkreise gravierend. Obwohl wir einen solchen Vergleich nicht vorgenommen haben, ist doch zu vermuten, daß die medizinische Versorgung der vier Landkreise besser ist als die von entsprechenden Gebieten anderer Länder. Da sich die Ansprüche ändern, neue Versorgungsstrukturen eingeführt werden (z. B. psychotherapeutische Versorgung durch Psychologen) und das Nachrücken von Allgemeinmedizinern trotz einer zu erwartenden „Ärzteschwemme" zunehmend problematisch wird, wird es trotz aller Bedarfsplanung und großer Anstrengungen in absehbarer Zeit neue Unzufriedenheit mit der medizinischen Versorgung geben.

Die entscheidende Frage läßt sich jedoch nicht beantworten: Welchen Nutzen hat die medizinische Versorgung für die Gesundheit der Bevölkerung? Trotz großer Ärztedichte, trotz hoher Ausgaben für Gesundheitsleistungen, trotz rasanter Fortschreitens der Medizintechnik in Praxis und Krankenhaus, trotz einer weit überdurchschnittlichen Anzahl von Arztkontakten pro Bevölkerungseinheit spricht doch nichts dafür, daß bei uns die Bevölkerung weniger Krankheiten hat, im Krankheitsfalle mit größerer Wahrscheinlichkeit wiederhergestellt wird oder mehr gesunde Jahre leben wird als die Bevölkerung vergleichbarer Länder. Wenn über weite Strecken dieses Beitrages nach üblichem

Wortgebrauch Bedarfsplanung mit Planung des Angebotes gleichgesetzt wurde, so soll doch wenigstens zum Schluß der Hinweis nicht unterlassen werden, daß das Primäre die Gesundheit ist und nicht die Versorgung mit Gesundheitsleistungen. Eine Untersuchung des Gesundheitszustandes der Bevölkerung strukturgefährdeter ländlicher Räume wäre daher nicht nur eine Herausforderung für die Wissenschaft, sondern auch für die verantwortlichen Gesundheitspolitiker und nicht zuletzt für die betroffenen Bürger der Landkreise selbst.

Entwicklungstendenzen und Möglichkeiten der Nahverkehrsversorgung dünnbesiedelter ländlicher Räume*

von

G. Wolfgang Heinze, Berlin

INHALT:

I. Der Hintergrund

II. Die konkrete Lage

III. Entwicklungs- und Versorgungskonzeptionen

IV. Neue Instrumente

V. Perspektiven

*) Eingang des Manuskripts: 22. März 1978

I. Der Hintergrund

Obwohl Dauerthema raumordnungspolitischer Diskussionen, deuten doch verschiedene Entwicklungen der letzten Jahre auf grundsätzliche Veränderungen in der verkehrspolitischen Behandlung des ländlichen Raumes. Beispiele, wie die versuchte Integration von Bahn- und Postbussen in einer gemeinsamen Holding, die Schaffung von Verkehrsverbünden in der Fläche, die Erprobung von Anrufbus-Systemen, der Einsatz von Linientaxis in dünnbesiedelten Gebieten und zahlreiche andere Maßnahmen auf Bundes-, Landes- und Gemeindeebene lassen zumindest das Ende einer Phase deutlicher Konzeptschwäche erkennen. Die Ursachen dieser vorwiegend institutionellen und instrumentellen Neuorientierung, die mit Zieländerungen grundsätzlicher Art nicht gleichgesetzt werden sollte, sind vor allem zu sehen in:

— der relativen Wirkungslosigkeit von verkehrsseitigen Maßnahmen zur Wirtschaftsförderung im ländlichen Raum, wenn vom Fremdenverkehr abgesehen wird,

— Langzeitwirkungen früherer Raumordnungs- und Verkehrspolitik, die nun vor allem im unteren Grenzbereich schmerzhafte kontraktive Anpassungsprozesse auslösen und

— zusätzlichen und in diesem Umfang unerwarteten Restriktionen, die den verbliebenen Entscheidungsspielraum noch weiter verengen.

Von zentraler Bedeutung dürfte dabei die relative Erfolglosigkeit des gesamten verkehrspolitischen Instrumentariums im Dienste einer eher vagen Raumordnungspolitik gewesen sein. Trotz zunehmenden Verständnisses für die längst überfällige Integration in eine übergeordnete Raum- und Siedlungsplanung war es der Verkehrsplanung nicht möglich, die Entleerungsprozesse des ländlichen Raumes in positiver Weise nachhaltig zu beeinflussen.

Wachstumspolitisch erfolgten viele verkehrsseitige Maßnahmen trotz des unlösbaren Widerspruchs zwischen den hohen tatsächlichen wie vermeintlichen Produktivitätsvorteilen siedlungsstruktureller Verdichtung einerseits und der Begrenztheit einer — demokratisch wohl nur durchsetzbaren — Raumordnungspolitik andererseits, die sich auf weitgestreute Fördermaßnahmen in besonders strukturschwachen ländlichen Räumen beschränkte. So konnte es nicht ausbleiben, daß sich jede Verbesserung der Erreichbarkeitsverhältnisse im Raum in erster Linie als verbesserte Erreichbarkeit der Verdichtungsräume für die ländliche Bevölkerung auswirkte und zeitlich begrenzte (Pendler) oder endgültige Abwanderungsbewegungen beschleunigte.

Grundlage dieses instrumentellen Neuorientierungsprozesses bildete die Abkehr von der einseitigen Mobilitätsinterpretation, die sich in der Zahl zurückgelegter Kilometer pro Kopf und Zeiteinheit erschöpfte[1]. Gestützt wurde diese planungsphilo-

---

[1] Zur zeitgenössischen Kritik an der bisherigen Mobilitätspolitik und Verkehrsplanungspraxis vgl. STEPHEN T. ATKINS: Transportation Planning: Is There a Road Ahead? In: Traffic Engineering & Control, Vol. 18 (1977), No. 2, S. 58—62; G. WOLFGANG HEINZE: Straßenverkehrsplanung im gesellschaftlichen Wandel. Kritische Anmerkungen zu einem großen internationalen Kongreß. In: Informationen, Institut für Raumordnung, Jg. 23 (1973), Heft 24, S. 595—622; ders.: Grundfragen bisheriger Verkehrsplanung. Eine kritische Zwischenbilanz. In: Die Mitarbeit. Zeitschrift zur Gesellschafts- und Kulturpolitik, Jg. 24 (1975), Heft 3, S. 228—242; derselbe: Land- use Resources and Transport. In: European Conference of Ministers of Transport (ECMT/CEMT), Sixth International Symposium on Theory and Practice in Transport Economics, Transport and the Economic Situation, OECD Publication, Paris 1976, S. 193—242; WOLF LINDER: Der Fall Massenverkehr, Frankfurt/Main 1973;

sophische Mobilitätsdiskussion durch neue theoretisch-empirische Ansätze (wie z. B. von Böhme 1970, Hägerstrand 1974, Thomson 1974), die in der These eines konstanten Reisezeitbudgets gipfelten (vor allem durch Goodwin 1973 und Zahavi 1974, 1976)[2]). Danach verhalten sich Reisedauer (= Fahrtweite) und Reisehäufigkeit wegen des relativ festen Reisezeitbudgets innerhalb einer bestimmten Bandbreite substitutiv, so daß jede reisezeitverkürzende Baumaßnahme insgesamt zusätzliche oder weitere Fahrten an anderer Stelle verursacht. Damit erfährt das Downs'sche Gesetz (1962) eine neue, auf den induzierten Neuverkehr gerichtete Erklärung[3]). Dadurch aber wird das Standardargument der Verkehrsingenieure weiter entkräftet, durch die Beseitigung von Kapazitätsengpässen ließen sich auch längerfristig grundsätzliche Verkehrsentlastungen erreichen.

Die Rückbesinnung der Verkehrswissenschaft auf den sozialen Endzweck jedes Transportvorganges rückte vielmehr die Erreichbarkeit von Wohnungen, Arbeitsplätzen und anderen Einrichtungen zur Ausübung sozialer Aktivitäten wieder in den Mittelpunkt. Eine Ursache wie Folge dieses Vorganges bildete die Einsicht, gruppenspezifische Disparitäten der Verkehrsversorgung durch Durchschnittsbetrachtungen weitestgehend verdrängt zu haben. Diese „soziale Frage" im Verkehr dürfte weniger auf ein neues Gerechtigkeitsverständnis bei der Versorgungssituation mit Kaufkraft, Gütern und Dienstleistungen zurückgehen als vielmehr auf Langzeitwirkungen und Rückkopplungseffekte von Maßnahmen von Planungsträgern unterschiedlicher Zielfunktion. So unterstellte die Siedlungsplanung bei ihren Projekten eine künftige weitgehende Verfügbarkeit des einzelnen über einen eigenen Pkw und übersah das — besonders für den strukturschwachen ländlichen Raum gravierende — Problem der Alten und ganz Jungen, der Hausfrauen und Arbeitslosen, der Ausländer und Behinderten, aber auch der Besucher und Touristen. Die damit verbundene verstärkte räumliche Trennung sozialer Funktionen ließ den Anteil des Individualverkehrs weiter steigen und die Bedienungsqualität des öffentlichen Personennahverkehrs (ÖPNV) sinken.

Wolf Linder, Ulrich Maurer und Hubert Resch: Erzwungene Mobilität. Alternativen zur Raumordnung, Stadtentwicklung und Verkehrspolitik, Köln und Frankfurt/M. 1975; Karl Oettle: Thesen für ein Umdenken in der verkehrlichen Infrastrukturplanung. In: Landschaft und Verkehr, Schriftenreihe des Deutschen Rates für Landespflege, Heft 22, Bonn 1974, S. 87—90; Vance Packard: Die ruhelose Gesellschaft. Ursachen und Folgen der heutigen Mobilität, Düsseldorf und Wien 1973; Hans Retzko und Thomas Sieverts: Podiumsdiskussion. In: Beiträge zu Verkehr in Ballungsräumen, Schriftenreihe der Deutschen Verkehrswissenschaftlichen Gesellschaft, B 24, Köln und Berlin 1975; The Independent Commission on Transport: Changing Directions, Coronet Books, London 1974.

[2]) Vgl. U. Böhme: Grundlagen zur Berechnung des städtischen Personenverkehrs, Dissertation TU Dresden, 1970; P. B. Goodwin: A Hypothesis of Constant Time Outlay on Travel, in: Proc. PTRC Summer Meeting, University of Sussex, England, June 1973; T. Hägerstrand: Der Einfluß des Verkehrs auf die Lebensqualität. In: Europäische Verkehrsministerkonferenz (CEMT), 5. Internationales Symposium über Theorie und Praxis in der Verkehrswirtschaft. Der Verkehr im Jahrzehnt 1980—1990, OECD: Paris 1974; J. M. Thomson: Grundlagen der Verkehrspolitik, Bern und Stuttgart 1978; Y. Zahavi: Travel Time Budget and Mobility in Urban Areas, Final Report, FHWA PL 8183, US Department of Transportation, Washington 1974; ders.: Travel Characteristics in Cities of Developing and Developed Countries, March 1976, World Bank Staff Working Paper No. 230.
Vgl. auch die ausführliche Diskussion bei G. Wolfgang Heinze: Raumentwicklung und Verkehrsentstehung, als mehrdimensionales Verteilungsproblem. Zur Gestaltungskraft des Verkehrssystems in neuerer Sicht. In: Berichte zur Raumforschung und Raumplanung (Wien), Jg. 21 (1977), Heft 2, S. 7—27; derselbe: Zur Theorie des Verkehrswachstums. In: Schriftenreihe des Instituts für Verkehrsplanung und Verkehrswegebau, Technische Universität Berlin, Berlin 1978, S. 1—45.

[3]) Vgl. A. Downs: The Law of Peak-Hour Expressway Congestion. In: Traffic Quarterly, Jg. 16 (1962), Nr. 3, S. 393—409.

Viele „captive riders" wurden auf diese Weise zu „captive drivers". Unkoordinierte staatliche Bemühungen zum Auffangen der — letztlich verkehrsseitig erst ermöglichten — Entleerungsprozesse im ländlichen Raum verzichteten auf einen erheblichen Teil ihrer beabsichtigten und möglichen Wirkungen: Einerseits wurden die zentralen Einrichtungen der zentralen Orte für die Bewohner ihres Einzugsgebietes ausgebaut, die Nicht-Pkw-Besitzer unter ihnen als wichtigste Benutzergruppe aber andererseits von deren Inanspruchnahme insofern relativ ausgeschlossen, als gleichzeitig das Angebot an Leistungen des allein allgemein zugänglichen ÖPNV eingeschränkt wurde. Die Forderung nach „kostendeckenden" Tarifen der öffentlichen Verkehrsmittel bedeutet damit vor dem Hintergrund eines Pkw-orientierten räumlichen Trennungsprozesses von Einrichtungen zur Ausübung sozialer Funktionen wenig anderes als daß die sozial schwächeren Bevölkerungsteile allein diesen Teil der externen Kosten einer räumlichen Entwicklung übernehmen sollen, die weder von dieser Schicht gewünscht noch verursacht wurde. Unter der Voraussetzung, daß diese Bevölkerungsteile in ihrer Lebensqualität besonders beeinträchtigt worden sind — wofür zumindest im städtischen Rahmen vieles spricht —, würde dies heißen, daß sie dafür jetzt sogar ein zweites Mal bezahlen sollen.

Diese Gewichtsverlagerung von den bisher dominierenden wachstumspolitischen, produktionsorientierten Maßnahmen zur Verbesserung der Fernerreichbarkeit zu stärker verteilungspolitischen, konsumorientierten Maßnahmen zur Verbesserung der Naherreichbarkeit im ländlichen Raum dürfte nicht unabhängig von der zunehmend ambivalenten Einstellung zur Verkehrspolitik als Instrument arbeitsmarktorientierter Regionalpolitik gesehen werden. Nach mehreren Jahrzehnten überschätzter verkehrsinduzierter Wirkungen, vor allem im Bereich der Tarifpolitik, auf sozioökonomische Entwicklungsprozesse im Raum fielen weite Teile der deutschen Verkehrswissenschaft seit Ende der 50er Jahre in das andere Extrem. Aus der Tatsache eines relativ geringen Anteils der betriebswirtschaftlichen Transportkosten an den gesamten betriebswirtschaftlichen Kosten deutete man vorschnell auf ein weitgehendes Unvermögen verkehrspolitischer Maßnahmen, regionale Wachstumsprozesse induzieren zu können[4]).

Inzwischen wird zunehmend eingesehen, daß die heutigen Raumstrukturen von Erreichbarkeitsänderungen geprägt wurden und auf hochwertigen Verkehrsstrukturen beruhen. Daraus erklären sich die abnehmenden Grenznutzen weiterer expansiver konventioneller Verkehrserschließung ebenso wie trotzdem mögliche gravierende Änderungen der Flächennutzung bei Entwicklungssprüngen der Verkehrstechnologie und nicht zuletzt die starken Wirkungen kontraktiver Maßnahmen im Bereich der Verkehrsversorgung. Verbesserungen der Erreichbarkeitsverhältnisse können — je nach ihrem Gewicht — Rationalisierungs-, Anstoß- und Integrationseffekte haben. Gleichzeitig können soziale Folgekosten, Entleerungsprozesse und soziale Entfremdung aber diese überkompensieren und Disparitäten und Desintegrationstendenzen begünstigen[5]). Da sämtliches soziale Geschehen in Raum und Zeit stattfindet, sind die Wirkungen von Erreichbarkeitsveränderungen in der Marktwirtschaft so komplex,

---

[4]) Zur neueren Diskussion vgl. die abwägenden Beiträge des Sammelbandes „Verkehrstarife als raumordnungspolitisches Mittel", Forschungs- und Sitzungsberichte der Akademie für Raumforschung und Landesplanung, Band 120, Hannover 1977.

[5]) Vgl. G. WOLFGANG HEINZE: Raumentwicklung und Verkehrsentstehung als mehrdimensionales Verteilungsproblem. Zur Gestaltungskraft des Verkehrssystems in neuerer Sicht. In: Berichte zur Raumforschung und Raumplanung (Wien), Jg. 21 (1977), Heft 2, S. 7—27.

daß die Möglichkeit ihrer zuverlässigen kleinräumigen Prognose zunehmend skeptischer beurteilt wird[6]).

Für die Erklärung expansiver wie kontraktiver sozio-ökonomischer Prozeßverläufe ist entscheidend, wie Erreichbarkeitsveränderungen von der Bevölkerung vor allem zweck- und verkehrsmittelspezifisch wahrgenommen und bewertet werden und inwieweit sie räumliche Verhaltensänderungen auslösen[7]). Wegen des weiten Haltestellenabstands im ÖPNV-Netz des ländlichen Raumes kommt dabei der Einschätzung der fußläufigen Entfernungen besondere Bedeutung zu. So wurde z. B. in empirischen Versuchen ermittelt, daß 5 Minuten Gehzeit zu einer Haltestelle subjektiv wie 12 Minuten Fahrzeit im öffentlichen Verkehrsmittel empfunden wurden[8]).

Dieser Prozeß verkehrspolitischer Neuorientierung wurde durch zum Teil unerwartete Restriktionen erheblich beeinflußt. Erhöhte sich mit abnehmender Effizienz konventioneller verkehrspolitischer Maßnahmen der Stellenwert siedlungsstruktureller Veränderungen, so führte die Änderung des generativen Verhaltens der Bevölkerung zum Verlust der dafür erforderlichen Bevölkerungsmasse.

Beschränkte die konjunkturelle Entwicklung expansive Lösungen, so verhindert die Existenz verfassungsrechtlicher Versorgungsansprüche ebenso umfassendere Sanierungsmöglichkeiten kontraktiver Art[9]). Auch im politischen Bereich dürfte der Entscheidungsspielraum immer enger werden: es ist sicher die wahltaktisch gewichtigere Hälfte der Wahlbevölkerung, die sich mit dem Kauf eines eigenen Pkws auch das formale Recht auf nahezu unbegrenzte individuelle Mobilität erworben hat. Einschränkungen dieses Rechtes werden in der Regel erst zu spät akzeptiert und damit politisch durchsetzbar. Mit weiteren Bevölkerungsverlusten und steigender Pkw-Dichte verringert sich zudem laufend das politische Gewicht der „sozialen Randgruppe" mit ÖPNV-Orientierung. Lassen sich Kosten allgemein als monetarisierte Nachteile im Hinblick auf die Erreichung eines vorgegebenen Ziels definieren, so ergibt sich aus einer Zieländerung oder Einschränkung des Zielbündels eine veränderte Wirkungsbewertung und damit eine neue Zuordnung von Wirkungen zur Kosten- oder Nutzenseite. Umweltpolitisch haben restriktionsbedingte Zieländerungen zugunsten des Beschäftigungsziels in den letzten Jahren die Durchsetzung eines erweiterten ökonomischen Rationalitätsverständnisses erneut verzögert. Mit anderen Worten: viele bedenkliche primäre, sekundäre und tertiäre Konsequenzen erhöhter Erreichbarkeit bleiben wegen der engen kurzfristigen und monetären Perspektive des traditionellen Wirtschaftlichkeitsziels als externe Kosten noch immer außerhalb der Rechnung[10]).

Die Auswirkungen dieser Einsichten sind nicht unerheblich:
— Verkehrs-, Stadt- und Raumentwicklung werden zunehmend als lediglich verschiedene Aspekte des gleichen Problems gesehen. Damit wird eine integrierte räumliche Strukturpolitik möglich.

---

[6]) Vgl. dazu M. R. STRASZHEIM: Researching the Role of Transportation in Regional Development. In: Land Economics, Jg. 48 (1972), Nr. 3, S. 212—219.

[7]) Vgl. D. EBERLE: Entwicklung eines komplexen theoretischen Erklärungskonzeptes für räumliches Verkehrsverhalten und seine Umsetzung in Forschungsansätze für Siedlungsachsen. In: Zur Problematik von Entwicklungsachsen, Forschungs- und Sitzungsberichte der Akademie für Raumforschung und Landesplanung, Band 113, Hannover 1976, S. 241—253.

[8]) Vgl. K. WALTHER: Die Fußweglänge zur Haltestelle als Attraktivitätskriterium im öffentlichen Personennahverkehr. In: Verkehr und Technik, Jg. 26 (1973), Heft 10, S. 444—446, Heft 11, S. 480 bis 484.

[9]) Vgl. dazu vor allem C.-H. DAVID: Raumordnungsrechtliche Probleme kleinräumiger passiver Sanierung, Beitrag in diesem Band.

[10]) Vgl. G. WOLFGANG HEINZE: Raumentwicklung und Verkehrsentstehung, a.a.O.

— Der Verkehr wird als eine notwendige, aber keinesfalls hinreichende Bedingung raumwirtschaftlicher Entwicklung begriffen. „Entwicklung" setzt das Erkennen und das Nutzen von Entwicklungschancen voraus. Damit wird die Notwendigkeit stärker verhaltensorientierter interdisziplinärer Lösungsansätze anerkannt.

— Die Grenzen konventioneller expansiver Verkehrspolitik werden deutlicher. Moderne Verkehrspolitik beinhaltet in zunehmendem Maße kontraktive Änderungen der Erreichbarkeitsverhältnisse in Räumen höchster Attraktivität. Auch von vergleichsweise konservativen Straßenverkehrsplanern wird heute in Verdichtungsräumen der vollständige Übergang des Berufsverkehrs auf öffentliche Verkehrsmittel angestrebt.

— Die allseits anerkannte Existenz verkehrsseitiger sozialer Disparitäten haben den Verteilungsaspekt wieder in den Vordergrund gerückt. Die Erreichbarkeitsverhältnisse der einzelnen Bevölkerungsteile haben als Indikator die bisher benutzten Ausstattungs- und Leistungsgrößen abgelöst. Mit der besonderen Betonung des Versorgungsaspektes der Bevölkerung zu Lasten des direkten güterverkehrsorientierten Produktivitätsaspektes der Wirtschaft des Raumes und bei sich verschärfenden demographischen wie finanziellen Restriktionen konzentriert sich das Interesse auf Maßnahmen kostenneutraler Leistungssteigerung innerhalb gegebener Kapazitäten.

— Obwohl verkehrspolitische Maßnahmen im Hinblick auf das Ziel „expansive wirtschaftliche Entwicklungsprozesse" somit immer stärker flankierenden Charakter tragen, ist auf Seiten einzelner Träger der offiziellen Verkehrspolitik die Tendenz unverkennbar, die in den Verdichtungsräumen nun begrenzte Planungs- und Bautätigkeit in die ländlichen Räume auszulagern. Bei der Prioritätenreihung vorgegebener Projekte der Bundesverkehrswegeplanung wurde deshalb die Raumordnung in bisher unbekanntem Maße einbezogen[11]). Der Großteil dieser Planungstätigkeit ist jedoch individualverkehrsorientiert, wobei Autobahnen fast immer als Verbindungen zwischen Verdichtungsgebieten konzipiert werden und diese über wechselseitige Stimulations- oder einseitige Sogeffekte letztlich wirtschaftlich besonders begünstigen. Hinzu kommt die Umweltbelastung des ländlichen Raumes als Ausgleichsraum.

— Verschiedene bereits genannte Aspekte lassen Zieländerungen erkennen. Hierzu gehören auch erhebliche Maßstabsänderungen. Die finanziellen und administrativen Schwierigkeiten aktiver Raumordnungspolitik ließen bereits in den letzten Jahren den Eindruck einer Gewichtsverlagerung hin zur Stadtentwicklungspolitik entstehen. Neuere Entwicklungen haben diesen Eindruck verstärkt. Bestand bisher die Tendenz der Raumordnungspolitik, in Gestalt der Mittelzentren zu viele zu kleine Entwicklungsschwerpunkte zu fördern, so deuten sich gegenwärtig verschiedentlich Panikreaktionen an, wegen der demographischen und finanziellen Restriktionen alle Ressourcen primär auf die Verdichtungsgebiete als Entwicklungs-

---

[11]) Vgl. hierzu vor allem: Vollzug des Raumordnungsprogramms durch Fernstraßenplanung. In: Bundesforschungsanstalt für Landeskunde und Raumordnung (Hrsg.), Informationen zur Raumentwicklung, Jg. 2 (1975), Heft 8.

schwerpunkte konzentrieren zu wollen. Die über die weitere Nachfrageentwicklung damit verbundenen Risiken für die weitere ÖPNV-Versorgung des ländlichen Raumes liegen auf der Hand.

II. Die konkrete Lage

Bei der Verkehrsversorgung eines ländlichen Raumes handelt es sich um die Abwicklung

- des Lokal- oder Nahverkehrs, d. h. des Verkehrs zwischen den Gemeindeteilen sowie zu den Nachbargemeinden (Querverkehr),
- des Regionalverkehrs, d. h. des Verkehrs zu den nächstgelegenen Mittel- und Oberzentren,
sowie
- des Fernverkehrs, d. h. des Verkehrs zu anderen als den nächstgelegenen Mittel- und Oberzentren sowie zu entsprechend entfernten Flächenzielen.

Diese Mehrstufigkeit der erforderlichen Verkehrsversorgung verstärkt sich durch die erheblichen Unterschiede in den auf den einzelnen Relationen zu erwartenden Verkehrsaufkommen sowie durch das vorhandene Verkehrssystem. Das zu erwartende Aufkommen der Teilverkehre aber dürfte vor allem von dem Strukturtyp des vielschichtigen „ländlichen Raumes" abhängen. Bei dem Begriff „ländlicher Raum" kann es sich um städtebaulich kaum verdichtete Gebiete handeln

- im engeren Einzugsgebiet von Verdichtungsräumen mit Reserveflächencharakter für weiteres Flächenwachstum. Diese Gebiete werden bereits in erheblichem Umfang als Einpendler- und Naherholungsräume genutzt. Die Verkehrsversorgung konzentriert sich auf den Lokal- und Regionalverkehr, wodurch auch hochwertiger Anschluß an das Fernverkehrsnetz des Verdichtungsraumes gegeben ist. Diese Verkehrserschließung dürfte durch Integration oder Ausbau des weiteren Nahverkehrssystems des städtischen Großraumes zu lösen sein. Die schwächsten Teilverkehre werden vermutlich der Lokal- oder Nahverkehr und der Regionalverkehr in die dem nahen Verdichtungsgebiet entgegengesetzte Richtung sein, wie RUTZ bereits 1971 am Beispiel der erheblichen Erreichbarkeitsunterschiede im Einzugsgebiet von Nürnberg gezeigt hat[12];

- auf einer der großen ausgewiesenen Entwicklungsachsen. Hier dürfte — je nach Achsenstärke und Erwartungen — die Bedienung auf der Achse einem Massenverkehrsmittel mit Liniencharakter eher zugeordnet werden, wobei vor allem im Regionalverkehr an Eisenbahn und Schnellbusse zu denken wäre. Auch hier werden die schwächsten Teilverkehre quer zur Achse verlaufen. Auch wird die Berücksichtigung des Lokal- und Nahverkehrs auf der Achse beim Einsatz von Schnellbussen im Regionalverkehr schwierig sein;

---

[12] Vgl. WERNER RUTZ: Nürnbergs Stellung im öffentlichen Personenverkehr seines weiteren Einflußbereiches, dargestellt mit Hilfe von Isochronen der Reisedauer und der Erreichdauer, Stadt Nürnberg, Amt für Stadtforschung und Statistik (Hrsg.), Beiträge zur Sozial- und Wirtschaftskunde Nürnbergs, Bd. 5, Nürnberg 1971.

- in peripherer Lage mit besonderen Standortvorteilen, vor allem im Fremdenverkehr. Bei hohem Fremdenverkehrsaufkommen von Dauergästen bietet es sich an, diesen Zielverkehr aus den Herkunftsgebieten der Touristen in die Fremdenverkehrsschwerpunkte soweit wie möglich auf der Schiene abzuwickeln. Schwachstellen werden hier die allgemein zugängliche lokale und regionale Verkehrsversorgung, vor allem außerhalb der Saison, sein;

- in peripherer Lage ohne besondere Standortvorteile. Diese Räume bilden die „Sorgenkinder" der Verkehrspolitik und stehen im Mittelpunkt des vorliegenden Beitrags. Zentrales Anliegen ist eine allgemein zugängliche flexiblere und deshalb kostengünstigere Alternative zum konventionellen öffentlichen Linienverkehrsbetrieb und Individualverkehr. Die Anbindung an das nächste Mittel- und Oberzentrum steht im Vordergrund. Es gibt zahlreiche Gemeinden, deren einzige öffentliche Verkehrsverbindung lediglich der Schulbus bildet, der zudem sonntags und in den Schulferien ausfällt.

Hinsichtlich ihrer allgemein zugänglichen Verkehrsversorgung durch den ÖPNV weisen alle diese Typen des „ländlichen Raumes"

- nur wenige Relationen auf, die zudem meist radial dem Zentrum des Gebietes zustreben,

- machen zusammengesetzten Verkehr erforderlich, der zu geographisch nahegelegenen Zielen häufig gewaltige Umwege mit sich bringt,

- lassen damit Umsteigeprobleme ohne entsprechende Koordination (Fahrplan, Gepäck u. a.) in großem Umfang entstehen,

- besitzen ständige Relationen oder bestimmte Zeiten mit schwachem und sehr schwachem Verkehrsaufkommen und entsprechender Fahrtenhäufigkeit,

- bestehen aus mehr oder weniger ausgedehnten Teilräumen ohne direkte ÖPNV-Anbindung und

- verfügen kaum über ein leistungsfähiges Taxi(-Zubringer)-System zum öffentlichen Fernverkehr[13]).

---

[13]) Den derzeit umfassendsten und neuesten Informationsstand über Probleme des öffentlichen Personennahverkehrs im ländlichen Raum geben folgende Publikationen: JOACHIM FIEDLER: Öffentlicher Personennahverkehr. Angebot auch in Zeiten und Räumen schwacher Verkehrsnachfrage? Wuppertaler Hochschulreden, Heft 6, Wuppertal 1976; JOCHEN NEIDHARDT, HORST KRAUTTER: Möglichkeiten zur Sanierung des öffentlichen Personennahverkehrs in verkehrsschwachen ländlichen Räumen, Abschlußbericht zum Forschungsauftrag des Bundesministers für Verkehr, Kommunalentwicklung Baden-Württemberg, September 1976, 2 Bände (als Manuskript gedruckt); KARL OETTLE: Verkehrsprobleme im ländlichen Raum. In: Der Landkreis, Jg. 46 (1976), S. 211—213; HARTMUTH H. TOPP, H. ZEMLIN, D. HENNING: Rationelle Erschließung des ländlichen Raumes durch den öffentlichen Verkehr, Arbeitsgemeinschaft für Rationalisierung des Landes Nordrhein-Westfalen, Band 181, Dortmund 1977; Sondernummer: Der öffentliche Verkehr, DISP Nr. 49/50, Dokumente und Informationen zur schweizerischen Orts-, Regional- und Landesplanung, ORL-Institut ETH Zürich, Februar 1978. — Im Lichte der heutigen Situation stimmt die Arbeit von KLATT aus dem Jahre 1967 nachdenklich. Vgl. SIGURD KLATT: Grundlagen der Verkehrserschließung. In: HERBERT MORGEN; EBERHARD HERZNER; SIGURD KLATT; HERBERT KÖTTER; HEINRICH ROSENBAUM; FRIEDRICH SCHNEPPE: Beiträge zur Entwicklung ländlicher Nahbereiche. Eine Modellstudie. Veröffentlichung der Akademie für Raumforschung und Landesplanung, Abhandlungen Band 52, Hannover 1967, S. 55—80.

Die besondere Problematik des ÖPNV im strukturschwachen ländlichen Raum darf darin gesehen werden, daß das bislang eingesetzte Instrumentarium immer deutlicher seine Grenzen erkennen läßt oder aus finanziellen Restriktionen langfristig nicht mehr verfügbar sein dürfte. Besondere Schwierigkeiten ergeben sich deshalb aus den verfassungsmäßigen Erfordernissen und Grenzen der Daseinsvorsorge im Verkehr und aus der Entscheidung für bestimmte feste Kapazitätsstufen bei ungewissem Verkehrsaufkommen, d. h. aus der Grenzwertproblematik. Dies führt zu der schwierigen, wenn auch theoretisch wie empirisch reizvollen Frage des „Mindestbedienungsstandards"[14].

Die genannte lange Vernachlässigung gruppenspezifischer Differenzierungen im Verkehr und die aufgezeigte Vielschichtigkeit des „ländlichen Raumes" hat eine völlig unzureichende Datenlage entstehen lassen. Da kleinräumige Aussagen des — von der Bundesforschungsanstalt für Landeskunde und Raumordnung (Bonn-Bad Godesberg) unter anfänglicher Leitung des Verfassers entwickelte — Erreichbarkeitsmodells ROLAND noch immer nicht vorliegen und verschiedene großräumigere Aussagen in einem schwierigen Genehmigungsverfahren bis zum Abgabetermin dieser Ausführungen noch nicht beschafft werden konnten, mußten Teilaussagen für verschiedene strukturgefährdete ländliche Räume mosaikartig zusammengefügt werden.

Übersicht 1 zeigt die siedlungsstrukturellen Auswirkungen des sozioökonomischen Entleerungsprozesses im Zeitraum 1939—1970 am Beispiel des niedersächsischen Landkreises Lüchow-Dannenberg. Durch die Flüchtlingsströme der Nachkriegszeit mit einem Zuzug von 76,7% (1950) der Wohnbevölkerung von 1939 versehen, lag die Einwohnerzahl im Jahre 1970 nur noch 22,9% über dem Vorkriegsstand. Die Zahl der kleinen Gemeinden ist außerordentlich hoch. Im Jahre 1970 wiesen 174 Gemeinden (75,7% aller Gemeinden mit 29,3% der Gesamtbevölkerung und 52,3% der Gesamtfläche) der insgesamt 230 Gemeinden eine Bevölkerung unter 200 Einwohnern auf, 45 Gemeinden (19,6% aller Gemeinden mit 27,8% der Gesamtbevölkerung und 30,1% der Gesamtfläche) besaßen 201—600 Einwohner, 4 Gemeinden (1,7% aller Gemeinden mit 5,3% der Gesamtbevölkerung und 3,0% der Gesamtfläche) lagen in der Gruppe von 601—1000 Einwohner und 7 Gemeinden (3% aller Gemeinden mit 37,6% der Gesamtbevölkerung und 6,2% der Gesamtfläche) hatten über 1000 Einwohner (größte Gemeinde 6267 Einwohner). Die Gruppe der genannten 174 kleinsten Gemeinden setzte sich aus 46 Einheiten bis 50 Einwohnern, aus 60 Einheiten von 51—100 Einwohnern und aus 68 Einheiten von 101—200 Einwohnern zusammen. Von 1961 bis 1970 hat vor allem die Zahl der kleinen Gemeinden zu Lasten der Mittelgemeinden zugenommen. Übersicht 2 demonstriert die Verteilung der Bevölkerung auf Gemeinden und Fläche in den einzelnen Gemeindegrößenklassen in den Jahren 1939, 1950, 1961 und 1970 in Gestalt von zwei Lorenzkurven. Grundsätzlich läßt sich sagen, daß das bereits kleine Nachfragepotential des Landkreises absolut ständig abnimmt und relativ sich ÖPNV-unfreundlicher verteilt. Die Zahl der Kleingemeinden verschlechtert die Rentabilitätsverhältnisse im Linienbetrieb (bei unveränderter Streckenbedienung). Der leichte Bevölkerungszuwachs der Großgemeinden begünstigt lediglich die Aufrechterhaltung eines Mindestnetzes. Die abwandernden Nachfrageteile aber kommen anderen, vermutlich höherverdichteten Räumen zugute und erhöhen deren Möglichkeiten tendenziell verbesserter Bedienungsqualität und damit wiederum deren Attraktivität.

[14]) Zum Problem des Mindestbedienungsstandards vgl. vor allem: H. AHNER, R. MENKE: Bedienungsstandards im öffentlichen Personennahverkehr. In: Internationales Verkehrswesen, Jg. 28 (1976), Nr. 3/4, S. 93—97; J. NEIDHARDT, H. KRAUTTER: Möglichkeiten zur Sanierung, a.a.O.; H.-G. RETZKO, G. SKOUPIL, H. H. TOPP: Öffentlicher Personennahverkehr im ländlichen Raum — Überlegungen zum Mindestbedienungsstandard. VÖV-Jahrestagung 1976, Vorträge zur Fachtagung und Schlußveranstaltung, Schriftenreihe für Verkehr und Technik, Heft 61, Bielefeld 1976, S. 76—88.

Übersicht 1/1: *Änderungen der Siedlungsstruktur peripherer ländlicher Räume im Zeitraum 1939—1970, dargestellt am Beispiel des Kreises Lüchow-Dannenberg*

Klassen-größe	Einwohner							
	1939		1950		1961		1970	
	absolut	rel. (%)	absolut	rel. (%)	absolut	rel. (%)	absolut	rel. (%)
0— 50	1 599	3,88	594	0,82	915	1,73	1 454	2,87
51— 100	4 357	10,58	2 642	3,63	4 600	8,69	4 442	8,77
101— 200	11 117	27,00	9 793	13,56	9 815	18,51	8 920	17,62
201— 300	5 279	12,82	10 863	14,94	7 469	14,10	6 300	12,44
301— 400	4 038	9,81	10 065	14,33	4 895	9,24	3 142	6,21
401— 500	1 309	3,18	4 908	6,14	2 742	5,18	3 520	6,95
501— 600	1 567	3,81	3 883	5,34	1 715	3,24	1 097	2,17
601— 700	—	—	3 203	4,40	2 564	4,84	1 262	2,49
701— 800	1 517	3,68	2 213	3,04	—	—	1 443	2,85
801— 900	—	—	4 223	5,81	—	—	—	—
901—1000	943	2,29	—	—	—	—	—	—
1001—1500	2 244	5,45	1 478	2,03	4 944	9,34	4 883	9,65
1501—2000	—	—	5 140	7,07	—	—	—	—
2001—3000	4 183	10,16	—	—	—	—	—	—
3001—4000	3 023	7,34	3 491	4,80	7 399	13,98	3 835	7,58
4001—5000	—	—	4 182	5,75	—	—	4 058	8,02
5001—6000	—	—	—	—	5 903	11,15	—	—
6001—7000	—	—	6 063	8,34	—	—	6 267	12,38
Summe	41 176	100	72 741	100	52 961	100	50 623	100

Quelle: Eigene Berechnungen nach: Niedersächsisches Landesverwaltungsamt/Statistik, Volks- und Berufszählung 1970, Hannover 1973.

Übersicht 1/2: *Änderungen der Siedlungsstruktur peripherer ländlicher Räume im Zeitraum 1939—1970, dargestellt am Beispiel des Kreises Lüchow-Dannenberg*

Klassen-größe	Anzahl der Gemeinden							
	1939		1950		1961		1970	
	absolut	rel. (%)	absolut	rel. (%)	absolut	rel. (%)	absolut	rel. (%)
0— 50	46	20,00	15	6,52	29	12,60	46	20,00
51— 100	58	25,22	33	14,36	63	27,39	60	26,09
101— 200	79	34,35	70	30,44	73	31,74	68	29,57
201— 300	22	9,58	45	19,58	31	13,48	26	11,30
301— 400	11	4,78	29	12,62	14	6,09	9	3,91
401— 500	3	1,30	11	4,78	6	2,60	8	3,48
501— 600	3	1,30	7	3,04	3	1,30	2	0,87
601— 700	—	—	5	2,17	4	1,75	2	0,87
701— 800	2	0,87	3	1,30	—	—	2	0,87
801— 900	—	—	5	2,17	—	—	—	—
901—1000	1	0,43	—	—	—	—	—	—
1001—1500	2	0,87	1	0,43	4	1,75	4	1,75
1501—2000	—	—	3	1,30	—	—	—	—
2001—3000	2	0,87	—	—	—	—	—	—
3001—4000	1	0,43	1	0,43	2	0,87	1	0,43
4001—5000	—	—	1	0,43	—	—	1	0,43
5001—6000	—	—	—	—	1	0,43	—	—
6001—7000	—	—	1	0,43	—	—	1	0,43
Summe	230	100	230	100	230	100	230	100

Quelle: Eigene Berechnungen nach: Niedersächsisches Landesverwaltungsamt/Statistik, Volks- und Berufszählung 1970, Hannover 1973.

Übersicht 1/3: *Änderungen der Siedlungsstruktur peripherer ländlicher Räume im Zeitraum 1939—1970, dargestellt am Beispiel des Kreises Lüchow-Dannenberg*

Klassengröße	Fläche der Gemeinden							
	1939		1950		1961		1970	
	abs. (ha)	rel. (%)	abs. (ha)	rel. (%)	abs. (ha)	rel. (%)	abs. (ha)	rel. (%)
0— 50	98,91	8,18	28,11	2,32	57,70	4,77	96,20	7,95
51— 100	177,19	14,65	77,83	6,44	180,72	14,94	205,70	17,01
101— 200	418,81	34,63	226,51	18,73	344,58	28,48	330,46	27,32
201— 300	163,89	13,55	213,75	17,67	207,42	17,15	203,03	16,79
301— 400	112,92	9,34	214,05	17,70	121,83	10,07	69,35	5,73
401— 500	21,18	1,75	69,25	5,73	56,61	4,68	83,66	6,92
501— 600	29,29	2,42	87,53	7,24	27,11	2,24	7,57	0,63
601— 700	—	—	30,62	2,53	36,15	2,99	20,42	1,69
701— 800	18,40	1,52	32,75	2,71	—	—	15,73	1,30
801— 900	—	—	51,72	4,27	—	—	—	—
901—1000	8,30	0,69	—	—	—	—	—	—
1001—1500	22,61	1,87	8,47	0,70	39,38	3,26	39,38	3,26
1501—2000	—	—	30,91	2,56	—	—	—	—
2001—3000	26,00	2,15	—	—	—	—	—	—
3001—4000	9,28	0,77	8,62	0,71	26,00	2,15	17,38	1,44
4001—5000	—	—	17,38	1,44	—	—	8,62	0,71
5001—6000	—	—	—	—	9,28	0,77	—	—
6001—7000	—	—	9,28	0,77	—	—	9,28	0,77
Summe	1 209,42	100	1 209,42	100	1 209,42	100	1 209,42	100

*) einschließlich 8,48% unbewohnter Flächen (Gartow und Goehrde).

Quelle: Eigene Berechnungen nach: Niedersächsisches Landesverwaltungsamt/Statistik, Volks- und Berufszählung 1970, Hannover 1973.

Übersicht 1/4: *Änderungen der Siedlungsstruktur peripherer ländlicher Räume im Zeitraum 1939—1970, dargestellt am Beispiel des Kreises Lüchow-Dannenberg*

Klassengröße	Bevölkerungsdichte (E/ha)			
	1939	1950	1961	1970
0— 50	15,76	21,13	15,86	15,11
51— 100	23,92	33,95	25,45	21,59
101— 200	26,54	43,23	28,44	26,99
201— 300	32,21	50,82	35,92	31,03
301— 400	35,76	47,02	40,18	45,31
401— 500	61,80	70,87	48,44	42,08
501— 600	53,50	44,36	63,24	144,91
601— 700	—	105,60	70,93	61,80
701— 800	82,45	67,57	—	91,74
801— 900	—	81,57	—	—
901—1000	113,61	—	—	—
1001—1500	99,25	174,50	125,55	124,00
1501—2000	—	166,29	—	—
2001—3000	160,88	—	—	—
3001—4000	325,75	404,99	284,57	220,66
4001—5000	—	240,62	—	470,77
5001—6000	—	—	636,10	—
6001—7000	—	653,34	—	675,32
insgesamt	34,05	60,15	43,79	41,86

Quelle: Eigene Berechnungen nach: Niedersächsisches Landesverwaltungsamt/Statistik, Volks- und Berufszählung 1970, Hannover 1973.

Übersicht 2: *Lorenzkurven für die Verteilung von Bevölkerung, Gemeindezahl und Fläche in den einzelnen Gemeindegrößenklassen im Kreis Lüchow-Dannenberg in den Jahren 1939, 1950, 1961 und 1970*

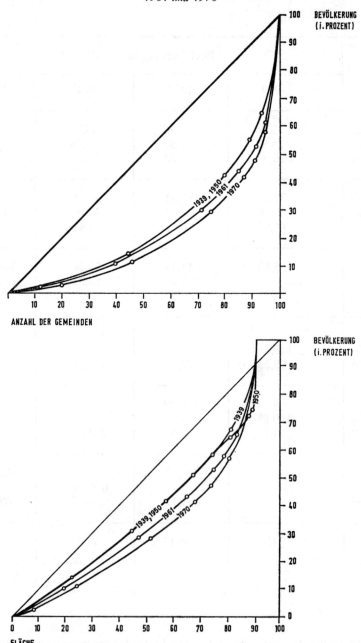

Quelle: Eigene Berechnungen nach: Niedersächsisches Landesverwaltungsamt/Statistik, Volks- und Berufszählung 1970, Hannover 1973.

Zu diesem absoluten Nachfrageverlust für den Betreiber von Linienverkehr im strukturschwachen ländlichen Raum kommt der relative Verlust einerseits durch Individualverkehr, Verkehr mit werkseigenen Bussen für Beschäftigte und Kunden, freigestellten Schülerverkehr sowie andererseits durch den steigenden Anteil der zu ermäßigten Fahrpreisen beförderten Fahrgäste (Schüler, Lehrlinge, Studenten, Rentner, Schwerbeschädigte usw.). Wo möglich, ist in der Praxis das Bestreben erkennbar, einen gewissen innerbetrieblichen Ausgleich zwischen (einträglichem) Schülerverkehr und (weniger einträglichem) Linienverkehr durchzuführen. Der „Zweite Bericht der Bundesregierung über die Erfahrungen im Zusammenhang mit der Neuregelung des § 8 des Personenbeförderungsgesetzes" (Entwurf: November 1973) vertritt die Ansicht, daß im Linienverkehr ländlicher Räume „schon seit geraumer Zeit überwiegend keine Vollkostendeckung mehr erwirtschaftet werden kann". Zusammenbrüche oder erhebliche Betriebseinschränkungen seien nur deshalb bisher vermieden worden, weil

— bei kommunalen oder gemischtwirtschaftlichen Betrieben ein Ausgleich über steuerlichen Querverbund bzw. Zuschüsse der Gebietskörperschaften erfolgt sei und

— bei einem Teil der privaten Unternehmen ein innerbetrieblicher Ausgleich mit Einnahmen aus dem Gelegenheitsverkehr vorgenommen worden sei mit dem Resultat sich verschlechternder Wettbewerbsposition auf diesem Markt[15]).

Eine neuere Befragung im ländlichen Raum Nordost-Württembergs erbrachte für private Unternehmen im Linien- und Gelegenheitsverkehr einen Kostendeckungsgrad von 98% und für die Linienverkehre der nichtbundeseigenen Eisenbahnen von rund 104%[16]). Nach dem Bericht der Bundesregierung über die Folgekosten des ÖPNV aus dem Jahre 1973 liegt der Kostendeckungsgrad im Bundesdurchschnitt beim Bahnbusverkehr bei etwa 99% und beim Postreisedienst bei etwa 72%[17]). Dieser gravierende Unterschied dürfte dadurch bedingt sein, daß die Bundespost vorwiegend strukturschwache dünnbesiedelte ländliche Gebiete bedient, wogegen die Deutsche Bundesbahn überwiegend im Schienenparallelverkehr und Schienenersatzverkehr auf günstigeren Bandstrukturen tätig ist. Bei Umlegung der genannten, als tendenziell zutreffend bezeichneten Kostendeckungsgrade auf die anteilige Kilometerleistung im ostwürttembergischen Untersuchungsraum ergab sich als gewogenes Mittel ein Kostendeckungsgrad von insgesamt 92%[18]).

Kostensenkende Rationalisierungsbemühungen in einzelwirtschaftlicher Perspektive werden längerfristig kaum Einschränkungen der Bedienungsqualität im Linienverkehr ausklammern. Auf der Nachfrageseite erfolgt die Kompensation verringerter Erwartungen über den Individualverkehr mit entsprechenden Rückkoppeleffekten zur Angebotsanpassung im ÖPNV. Das Ergebnis bildet ein sich gegenseitig verstärkender Prozeßverlauf sinkender Bedienungsqualität im ÖPNV (Übersicht 3).

---

[15]) Vgl. Bundesminister für Verkehr: Zweiter Bericht der Bundesregierung über die Erfahrungen im Zusammenhang mit der Neuregelung des § 8 des Personenbeförderungsgesetzes. Deutscher Bundestag, Drucksache Nr. 7/1460, 19. 12. 1973.

[16]) Vgl. J. NEIDHARDT, H. KRAUTTER: Möglichkeiten zur Sanierung, a.a.O., S. 140—141.

[17]) Vgl. Bundesminister für Verkehr, Bericht der Bundesregierung über die Folgekosten des öffentlichen Personennahverkehr, Deutscher Bundestag, Drucksache Nr. 7/4556, 12. 1. 1976.

[18]) Vgl. J. NEIDHARDT, H. KRAUTTER: Möglichkeiten zur Sanierung, a.a.O., S. 140—141.

Übersicht 3: *Wechselwirkungen zwischen öffentlichem Personennahverkehr (ÖPNV), Individualverkehr und Siedlungsstruktur im ländlichen Raum*

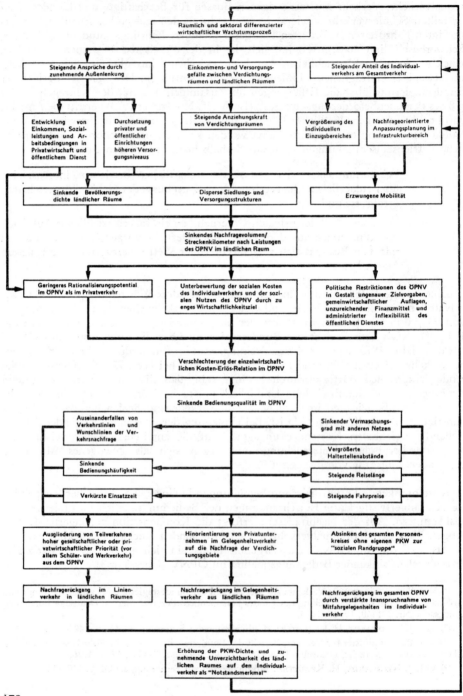

Die Entwicklung des Pkw-Bestandes zeigt im Kreis Lüchow-Dannenberg folgendes Bild:[19]) Der Pkw-Bestand lag 1976 mit 319 Pkw/1000 Einwohner über dem Bundesdurchschnitt (306). Demgegenüber betragen die Dichtewerte der nächstgelegenen Verdichtungsgebiete Hannover und Hamburg nur 275 bzw. 293 Pkw/1000 Einw. Vor allem im Vergleich mit diesen Oberzentren war das Bild noch im Jahr 1970 regional ausgeglichen (Lüchow-Dannenberg 239, Bundesdurchschnitt 228, Hannover 239, Hamburg 238 Pkw/1000 Einw.). Im Jahre 1961 lag Lüchow-Dannenberg mit 101 Pkw/1000 Einw. zwar schon über dem Bundesdurchschnitt (95), aber doch noch deutlich unter Hannover (120) und Hamburg (111). Diese Entwicklung bildet das Ergebnis der gegenwärtigen Tendenzen von Bevölkerungszunahme bzw. -abnahme und der Veränderung der Pkw-Bestände. Stieg der Pkw-Bestand von Lüchow-Dannenberg im Zeitraum 1970/76 jährlich um durchschnittlich 4,4%, so nahm die Pkw-Dichte um 4,9% zu (1961/70 durchschnittlich jährlich 9,6% und 10%). In Hannover und Hamburg lagen die durchschnittlichen Wachstumsraten des Pkw-Bestandes jedoch über denen der Pkw-Dichte (Hannover: Pkw-Bestand 1970/76 3,6% und 1961/70 6,7%; Pkw-Dichte 1970/76 2,4% und 1961/70 7,9%. Hamburg: Pkw-Bestand 1970/76 2,6% und 1961/70 8,7%; Pkw-Dichte 3,5% und 8,3%). Obwohl erheblich über den Wachstumsraten der benachbarten Verdichtungsgebiete, lagen die Werte von Lüchow-Dannenberg in den beiden Perioden unter dem Bundesdurchschnitt (Pkw-Bestand 1970/76 5,2% und 1961/70 11,2%; Pkw-Dichte 1970/76 5,0% und 1961/70 10,2%). Daran zeigt sich, daß Lüchow-Dannenberg keinen Einzel- noch Extremfall bildet. Die über dem Bundesdurchschnitt liegende absolute Pkw-Dichte legt jedoch die Vermutung nahe, daß die höheren Wachstumsraten des Bundesdurchschnitts einen Motorisierungsprozeß vieler anderer (wahrscheinlich ländlicher) Gebiete widerspiegeln, der in Lüchow-Dannenberg bereits weit früher und weit stärker stattgefunden hat. Die in allen Gebieten im Zeitraum 1970/76 zu beobachtenden nur halb so hohen jährlichen Wachstumsraten im Vergleich zum Zeitraum 1961/70, sind auf die erhöhte Basis zurückzuführen, da die absoluten Zunahmen nur wenig niedriger liegen. Daran wird deutlich, daß der Motorisierungsprozeß — absolut gesehen — in nur leicht abgeschwächtem Umfang weiterläuft.

Der Fahrgastschwund im ÖPNV der ländlichen Räume als Ergebnis des privaten Motorisierungsschubs der letzten Jahre wird von Insidern auf 10—15% pro Jahr beziffert und entsprechende Fahrplaneinschränkungen und Tariferhöhungen bereits angekündigt[20]).

Strukturschwache ländliche Räume sind meist peripher gelegen: häufig peripher im Hinblick auf den geographischen Mittelpunkt der Bundesrepublik Deutschland, aber fast immer peripher im Hinblick auf einen Verdichtungsraum oder ein größeres Oberzentrum[21]). Diese Lageungunst wird durch die Verkehrsbedienung verstärkt. Die Übersicht 4 und Karte 1*) zeigen die Verkehrsbedienung des Regierungsbezirkes Schwaben durch den öffentlichen Omnibus-Linienverkehr im Jahre 1973 und des damals noch

---

[19]) Vgl. Kraftfahrt-Bundesamt Flensburg (Hrsg.): Der Bestand an Kraftfahrzeugen und Kraftfahrzeuganhängern am 1. Juli 19.. (1961, 1970—1976), Bonn-Bad Godesberg.

[20]) Vgl. H. H. Topp, H. Zemlin, D. Henning: Rationelle Erschließung, a.a.O., S. 46 (Diskussionsbeitrag von Kemper).

[21]) Vgl. H. P. Gatzweiler: Der ländliche Raum in der Bundesrepublik Deutschland. Eine indikatorengestützte Bestandsaufnahme, Bundesforschungsanstalt für Landeskunde und Raumordnung, Bonn-Bad Godesberg, Projekt 232 Laufender Raumbeobachtung, Arbeitsbericht 1977/5, Bonn-Bad Godesberg, September 1977.

*) Die Karte 1 befindet sich am Schluß des Bandes.

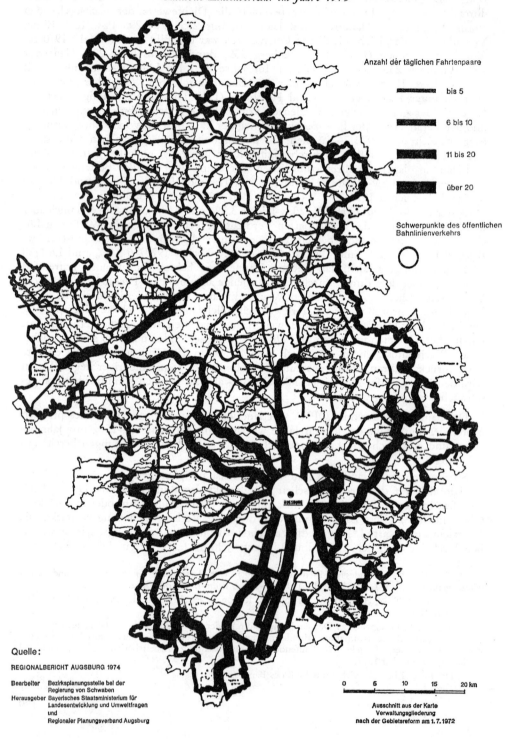

Übersicht 4: *Die Verkehrsbedienung des Regierungsbezirkes Schwaben durch den öffentlichen Omnibus-Linienverkehr im Jahre 1973*

existierenden Regierungsbezirkes Stade im Jahre 1973/1974 (Winterfahrplan) durch Eisenbahnen und Omnibus-Linienverkehr. Als Darstellungsart lag im Fall Stade die Isochronendarstellung (kürzeste Reisezeiten) und bei Schwaben die Anzahl der täglichen Fahrtenpaare (Bedienungshäufigkeit) vor. Obwohl beide Verfahren durch den jeweils unterschiedlichen Untersuchungsraum leider keine komplementären Aussagen und damit ein geschlossenes Bild gestatten, werden die bekannten Grundstrukturen in der Verkehrsversorgung strukturschwacher ländlicher Räume sichtbar. Reisezeiten und Bedienungshäufigkeiten verschlechtern sich mit zunehmender Entfernung vom Ober- und Mittelzentrum weit stärker als dies ihrer geographischen Mehrentfernung entspricht.

Von den 560 Gemeinden und gemeindefreien Flächen (VZ 1970) des Regierungsbezirkes Stade wiesen 125 Gemeinden (22,3%) keine vollwertigen Verbindungen mit öffentlichen Personennahverkehrsmitteln zu ihrem jeweiligen Mittelzentrum auf. Als „vollwertig" wurden diejenigen Eisenbahn- und Omnibuslinien bezeichnet, die folgende Bedingungen erfüllten: ganzjähriger Betrieb, mindestens von Montag bis Freitag, Erreichbarkeit des Mittelzentrums zum morgendlichen Arbeitsbeginn, Rückfahrt in die Gemeinden nach dem allgemeinen Arbeitsende (Berufsverkehr). Auch im Regierungsbezirk Schwaben sind zahlreiche Gemeinden ohne Anschluß an das öffentliche Busnetz identifizierbar. Das Busnetz des Regierungsbezirkes Schwaben läßt erkennen, daß in der Mehrzahl der Fälle die Linienführung durch das jeweilige Gemeindezentrum führt. Daraus ergibt sich die Frage nach der Anbindung von Teilgemeinden bei Streusiedlungen. Die Isochronendarstellung von Stade zeigt zudem die Problematik einer mittelbereichsorientierten Versorgung bei gegebenem Netz und administrativ festgelegten Mittelbereichen. Für zahlreiche Gemeinden liegt das „fremde" Mittelzentrum erheblich näher als das „eigene".

Ohne zusätzliche umfassende Erhebungen auf Gemeindeebene, die zur Zeit vom Verfasser im Rahmen eines Forschungsprojektes vorgenommen werden, ist das Ausmaß verkehrsseitiger sozialer Disparitäten nicht bestimmbar. Disparitäten können bestehen in

— fehlender ÖPNV-Versorgung von Gemeinden gegenüber anderen an das ÖPNV-Netz angeschlossenen Einheiten,

— geringer Bedienungsqualität von ÖPNV-bedienten Gemeinden gegenüber erheblich besser bedienten,

— fehlendem ÖPNV-Anschluß von Gemeindeteilen gegenüber dem Gemeindezentrum und

— fehlender Alternative des Individualverkehrs durch finanzielle oder persönliche Restriktionen.

Beschränkt man sich auf eine Ermittlung des Bevölkerungsteils in Gemeinden ohne Anschluß an das zugehörige Mittelzentrum, so zeigen sich — auf der Grundlage der VZ 1970 — die Ergebnisse der Übersicht 5. Diese Anteilswerte lassen sich zumindest als Mindestbevölkerung von Gemeinden interpretieren, die ohne Individualverkehr von der Ausübung sozialer Aktivitäten im Mittelzentrum ausgeschlossen wäre. Werden lediglich die reinen Reisezeiten (einschließlich Umsteigezeiten) der Einwohner des Regierungsbezirkes Stade für ihre Fahrt in die zugehörigen Mittelzentren (unter den genannten Restriktionen) erfaßt, so ergibt sich das Verteilungsdiagramm der Übersicht 6.

Soweit andere empirische Untersuchungen vorliegen, bestätigen sie die vorstehend aufgezeigten Tendenzen, wenn auch die notwendige Differenzierung des ländlichen Raumes in seiner Lage zu Verdichtungsräumen und im Hinblick auf besondere Standort-Vorteile kaum überbetont werden kann. Allgemein läßt sich sagen, daß die Verfügbarkeit über einen eigenen Pkw mit der Siedlungsgröße korreliert (Übersicht 7). Je kleiner der Ort, desto schlechter ist im allgemeinen auch die objektive wie subjektiv von seinen Bewohnern empfundene Versorgungssituation im ÖPNV.

Übersicht 5: *Bevölkerung von Gemeinden in Mittelbereichen des Regierungsbezirkes Stade ohne Anschluß an das zugehörige Mittelzentrum (in Prozent der Gesamtbevölkerung des jeweiligen Mittelbereiches)*

Anteil der Einwohner in Gemeinden ohne Anschluß %	Mittelbereich
0	Cuxhaven, Buxtehude
bis 5	Stade, Bremerhaven, Osterholz-Scharmbeck, Verden
5 bis 20	Hemmoor, Bremervörde, Rotenburg, Bremen
35 bis 45	Achim, Zeven

Quelle: Niedersächsisches Ministerium für Wirtschaft und Verkehr.

Über das tatsächliche Verkehrsverhalten der Einwohner verschiedener Strukturtypen ländlicher Räume als entscheidende Folge ihres Ausstattungs- und Versorgungsgrades liegen noch kaum Unterlagen vor. STEIN und VOIGT haben 1976 in einem ersten Ansatz 40 regional begrenzte Verkehrsuntersuchungen der Bundesrepublik Deutschland im Zeitraum 1967—1975 vergleichend ausgewertet[22]). Die Schwächen dieses bemerkenswerten ersten Versuches sind statistischer Art und ergeben sich vor allem aus der geringen Anzahl der Fälle, aus der dadurch unzureichenden strukturellen Differenzierungsmöglichkeit der Fälle und aus der beschränkten Vergleichbarkeit von Strukturen des Jahres 1967 mit solchen von 1975. Trotz dieser Vorbehalte lassen sich gewisse tendenzielle Unterschiede zwischen ländlichen Räumen und städtischen Räumen erkennen, die sich teilweise durch andere Quellen (vor allem KONTIV 76) absichern lassen.

Bei der Fahrtenhäufigkeit (Zahl von motorisierten Personenfahrten pro Einwohner und Tag) zeigt es sich, daß diese in den untersuchten 17 ländlichen Gebieten mit einer einzigen Ausnahme zwischen 0,9 und 1,6 liegt. Die 20 ausgewerteten städtischen Unter-

---

[22]) Vgl. Entwicklung eines Verfahrens zum Vergleich zweier räumlich und zeitlich verschieden disponierter Prognosen, Gutachten im Auftrag des Bundesministers für Verkehr, bearbeitet von Arno Stein und Ulrich Voigt, Institut für Stadtbauwesen Aachen und Deutsches Institut für Wirtschaftsforschung Berlin, 1977.

Übersicht 6: *Reisezeit der Bevölkerung im Regierungsbezirk Stade für die Fahrt in das zugehörige Mittelzentrum*

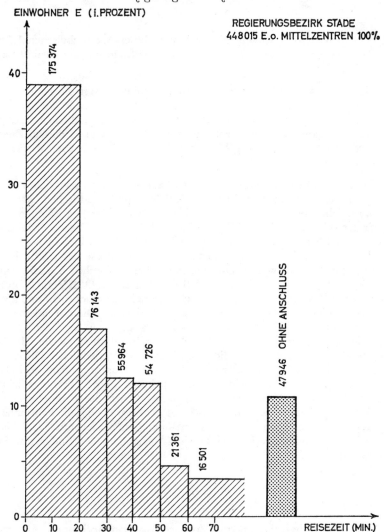

Quelle: Niedersächsisches Ministerium für Wirtschaft und Verkehr.

Übersicht 7: *PKW-Verfügbarkeit in Abhängigkeit von der Ortsgröße*

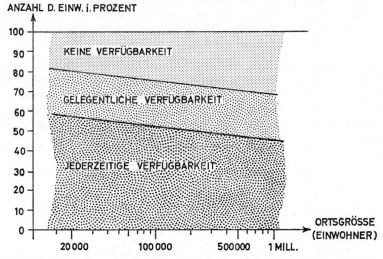

Quelle: Gesellschaft für Konsum-, Markt- und Absatzforschung e. V. Nürnberg (GfK).

suchungsgebiete wiederum wiesen mit zwei Ausnahmen Werte zwischen 1,3 und 2,0 auf. Die 10 ausgewerteten Untersuchungsgebiete in Ballungsrandlage variieren zwischen 0,9 und 2,1.

Mit steigendem Bruttoinlandsprodukt pro Einwohner steigt die Fahrtenhäufigkeit in der ländlichen Teilmasse steil an. Zwar liegt das entsprechende Niveau der städtischen Untersuchungsgebiete erheblich über denjenigen der ländlichen Räume, doch läßt sich kein funktionaler Zusammenhang erkennen. Die vier in diesem Zusammenhang auswertbaren Untersuchungsgebiete in Ballungsrandlage streuen wieder über die gesamte Breite.

Auch der Zusammenhang zwischen Fahrtenhäufigkeit und Pkw-Dichte zeigt einen deutlichen Niveauunterschied zwischen ländlichen und städtischen Räumen. Bei gleicher Pkw-Dichte liegt die Fahrtenhäufigkeit in den städtischen Räumen etwa zwei Drittel über derjenigen für die Bevölkerung ländlicher Räume. Die mögliche Erklärung könnte in einem höheren Anteil nichtmotorisierten Verkehrs und in höheren Fahrtweiten in ländlichen Teilräumen bestehen, was die Hypothese des relativ konstanten Reisezeitbutgets nahelegen würde. Der Zusammenhang zwischen Verkehrsmittelwahl (Modal Split) und Einwohnerzahl zeigt, daß der Anteil des ÖPNV am motorisierten Gesamtverkehr in ländlichen Räumen mit einer Ausnahme zwischen 10 und 25% liegt, in städtischen Gebieten hingegen zwischen 20% und 50%. Diese Tendenz zeigt sich auch im Niveauunterschied des ÖV-Anteils in Abhängigkeit von der Pkw-Dichte. Wenn — wie hier erkennbar — die Verkehrsmittelwahl trotz gleicher Pkw-Dichte derart deutliche Unterschiede zeigt, liegt die Vermutung erheblicher Disparitäten im ÖPNV-Angebot nahe. Diese Aussage wird durch den Zusammenhang zwischen Verkehrsmittelwahl und Einwohnerdichte deutlich: je höher die Bevölkerungsdichte, desto günstiger das ÖPNV-Angebot. Diese Tendenzen werden durch die Ergebnisse der KONTIV 76 tendenziell bestätigt: im ÖPNV auf der Straße steigt die Fahrtenhäufigkeit mit steigender Gemeindegrößenklasse (Ausnahme: Gemeinden mit 5 000 bis 20 000 Einwohnern), im Individualverkehr sinkt sie (Ausnahme: Gemeinden mit 5 000 bis 20 000 Einwohnern)[23].

III. Entwicklungs- und Versorgungskonzeptionen

Datenmangel, Vorerfahrungen und raumordnungspolitische Zielbezogenheit beeinflussen die Beurteilung der gegenwärtigen und zukünftigen Verkehrsversorgung strukturschwacher ländlicher Räume. Die in Theorie wie Praxis genannten Argumente lassen sich drei in sich weitgehend geschlossenen Konzeptionen zuordnen:

(1) Die Vertreter der *gestaltungsinterventionistischen Konzeption* gehen von einer Elastizität der Nachfrage nach Leistungen des ÖPNV in bezug auf die Angebotsqualität aus, die über 1 liegt. Für sie ist das geringe Verkehrsbedürfnis nach Leistungen des ÖPNV das Ergebnis des unzureichenden Angebots. Als Beweis wird die unterschiedliche Fahrtenhäufigkeit strukturell gleichartiger Gemeinden bei starken Versorgungsunter-

---

[23]) Vgl. Sozialforschung Brög: KONTIV 76 — Endbericht und Tabellen zum Endbericht, Untersuchung für das Bundesverkehrsministerium (Bonn), München (ohne Jahr).

schieden im öffentlichen Nahverkehr angeführt[24]). Die hohe Verkehrsteilnahme im Individualverkehr sei eher Notstands-, denn Wohlstandsmerkmal.

Ihre Lösungsvorschläge zielen dementsprechend auf eine erhöhte Angebotsqualität im ÖPNV über einen längeren Zeitraum ab, um neue Fahrgäste zu gewinnen. Instrumente hierfür bilden vor allem die Integration von Verkehrsströmen, Fahrplänen, Tarifen, Verkehrsarten, flexibler Personaleinsatz sowie die Einführung bedarfsgesteuerter Verkehrssysteme, die eine Reduzierung der Kilometerleistung bei höherer Bedienungsqualität gestatten. Maßnahmen zur zeitlichen Abstimmung von individuellen Aktivitätsmustern an den sozialen Einrichtungen selbst sollen Flankenschutz gewähren. Als räumliche Planungsgrundlage dienen Räume einheitlicher regionaler Verkehrsströme (Nahverkehrsregionen).

Für einen hohen Integrationseffekt sei vor allem die Neuordnung der Konzessionsvergabe von zentraler Bedeutung. Durchgreifende organisatorische Maßnahmen würden nicht nur die Aufrechterhaltung des gegenwärtigen Bedienungsumfangs zu einem Bruchteil der heutigen Kosten gestatten, sondern mit den heutigen Gesamterlösen vielmehr einen Qualitätssprung (Neubedienung, kürzere Wagenfolgezeiten) ermöglichen, dessen Ausnutzung durch die Nachfrage einen Auslastungsgrad hoher Rentabilität erlaube.

(2) Die meist praxisorientierten Vertreter des *anpassungsinterventionistischen Konzepts* bestreiten die Richtigkeit einer solchen Einschätzung der Nachfrageelastizität. Fahrversuche von ländlichen ÖPNV-Betrieben mit dichterer und weniger dichter Wagenfolge seien wirkungslos geblieben. Beispiele aus Verdichtungsräumen hätten gezeigt, daß durch ein wesentlich erhöhtes Fahrzeugangebot zwar zusätzliche Fahrgäste hätten angeworben werden können, aber unter finanziellen Bedingungen, die betriebswirtschaftlich nicht tragbar gewesen seien. Die niedrigeren Kosten pro Personenkilometer und der günstigere Kostendeckungsgrad in Flächenverkehrsunternehmen ließen erkennen, daß die Rationalisierungsgrenze erreicht sei. Die vorgeschlagenen Rationalisierungsmaßnahmen erhöhten nur die Kosten und/oder Fahrzeiten und brächten keine vergleichbaren Steigerungsraten im Fahrgastaufkommen. Höhere Bedienungsstandards seien nur bei Subventionierung möglich.

Offensive Vorschläge seien auf eine Fehleinschätzung der privaten Motorisierung im ländlichen Raum zurückzuführen. Die Zunahme des Individualverkehrs sei weniger die Folge ungenügender ÖPNV-Qualität, sondern eher das direkte Ergebnis steigender Einkommen, die latente Nachfrage in effektive umwandelten. Dieses zusätzliche Verkehrsaufkommen wäre somit weder jemals dem ÖPNV zugeflossen, noch hätte es von der vorhandenen ÖPNV-Kapazität aufgenommen werden können[25]). So werde berichtet, daß die Nachfrage nach öffentlichen Verkehrsmitteln während des Sonntagsfahrverbotes im Jahre 1973 dort am größten gewesen sei, wo die stärksten Fahrplan-

---

[24]) Vgl. DIETER KANZLERSKI: Verkehrsverhalten, Verkehrsbedürfnisse und Organisationsformen im öffentlichen Personennahverkehr ländlicher Räume. In: Informationen zur Raumentwicklung, Jg. 3 (1976), Heft 4/5, S. 225—236; ders.: Grundüberlegungen zu einem Planungskonzept für den öffentlichen Nahverkehr im ländlichen Raum. In: Raumforschung und Raumordnung, Jg. 32 (1974), Heft 6, S. 241 bis 248.

[25]) Vgl. HARALD JÜRGENSEN: Der volkswirtschaftliche Stellenwert des öffentlichen Personennahverkehrs. Diskrepanzen zwischen betriebswirtschaftlichen Defiziten und volkswirtschaftlichen Erträgen, VÖV Jahrestagung 76, Vorträge der Fachtagung und Schlußveranstaltung, Schriftenreihe für Verkehr und Technik, Heft 61, Bielefeld 1976, S. 10—28.

einsparungen vorher vorgenommen worden seien und wo bereits Zweit- und Drittwagen vorhanden gewesen wären[26]).

Die Abwanderung aus den ländlichen Räumen werde sich vielmehr verstärkt fortsetzen und damit zu weiter schrumpfenden Arbeitsplatzpotentialen und steigenden Entfernungen zu höherwertigen Infrastruktureinrichtungen führen. Mit dieser weiteren Gewichtsverschiebung zugunsten der Verdichtungsräume würden die ländlichen Räume für diese als Freizeitziele aber zunehmend attraktiver. Der private Pkw sei nicht mehr substituierbar. Die Vorteile weiterer Motorisierung sollten zum Ausgleich von Standortnachteilen verstärkt genutzt werden. Noch größere Bevölkerungsverluste der ländlichen Räume seien nur dann zu vermeiden, wenn die Erreichbarkeit großstädtischer Verdichtungsräume erhöht würde. Für den ÖPNV dünnbesiedelter Zonen sei der betriebswirtschaftlich bedingte Rückzug auf tragfähige Verkehrsachsen bereits mittelfristig absehbar.

Die sozialpolitisch notwendige Mindestbedienung durch den ÖPNV könne in besonders dünnbesiedelten Räumen von privaten Taxi-Unternehmen durchgeführt werden. Dabei sei eine staatliche Subventionierung von Personen ins Auge zu fassen. Diese sei billiger und leichter gegen Mißbrauch zu schützen als die Subventionierung von Verkehrsunternehmen. Die Bedeutung dieser auf ÖPNV-Benutzung angewiesenen sozialen Randgruppen gingen zudem zurück, da trotz steigender Rentnerzahlen diese stärker individualverkehrsorientiert seien (Stichwort: „rüstiger autofahrender Rentnerberg").

(3) Die Vertreter der *erhaltungsinterventionistischen Konzeption* orientieren sich an einer verstärkten ÖPNV-Versorgung aus Daseinsvorsorge als politischem Auftrag. Eine Beurteilung der Elastizität der Nachfrage nach Leistungen des ÖPNV in bezug auf die Angebotsqualität sei noch nicht möglich. Voraussetzung hierfür seien Probeeinsätze im Verhältnis 1 : 1 von unveränderter und erhöhter Bedienungsqualität im gleichen Raum über einen längeren Zeitraum. Zudem sollte kein einheitlicher Elastizitätskoeffizient erwartet werden, da flächenorientierte Bestimmungsgründe (wie Nutzungsstruktur, Lagegunst und ÖPNV-Bedienung als Angebotsfaktoren) von verhaltensorientierten Determinanten (wie Wahrnehmung, Vorstellung, Rollenverhalten und psychologische Persönlichkeitsmerkmale als Nachfragefaktoren) räumlichen Interaktionsverhaltens noch immer regional differenzierter sein dürften als gemeinhin angenommen wird[27]).

Die politisch erforderliche Einbeziehung von Aspekten eines umfassend verstandenen Umweltschutzes, der Raumordnungspolitik, der Verteidigungspolitik u. a. führe zu Kosten- und Nutzenpositionen, deren Berücksichtigung eine Aufrechterhaltung des ÖPNV-Angebots in einem Maße erfordere, das über die Sicherstellung des geforderten sozialpolitischen Minimums weit hinausgehe. So fehle in vielen Argumentationen der Hinweis auf die zahlreichen Gemeinden ohne jegliche ÖPNV-Anbindung, wogegen sich der geforderte Mindestbedienungsstandard meist nur an der Anbindung der Gemeinde an das Mittelzentrum orientiere, die sich verschärfende Problematik kleiner abgelegener Gemeindeteile jedoch unerwähnt lasse. Die zunehmende Zentralisierung von Kindergärten, Schulen und Verwaltungseinrichtungen und die sich verschlechternden Einkaufsmöglichkeiten verlangten steigende Mindestbedienungsstandards. So wünschenswert jede Nachbarschaftshilfe im Individualverkehr sei, so wenig könne sie aber als Selbstverständlichkeit betrachtet werden.

---

[26]) Vgl. WOLFGANG KÖHNECKE: Was ist ländlicher Raum? In: H. H. TOPP, H. ZEMLIN, D. HENNING: Rationelle Erschließung, a.a.O., S. 62.

[27]) Vgl. D. EBERLE: Räumliches Verkehrsverhalten, a.a.O.

Ob es sich bei der überdurchschnittlichen privaten Motorisierung um ein Notstands- oder Wohlstandsmerkmal handele, lasse sich so undifferenziert nicht sagen. Einerseits sei das Streben nach einem eigenen Kraftfahrzeug durch ein Bündel sich gegenseitig beeinflussender psychologischer, soziologischer und ökonomischer Motive bedingt, wobei jede Befragung entweder (beim Vergleich von Personen ohne eigenen Pkw mit solchen mit eigenem Pkw) an der Zeitbezogenheit der Entscheidung und (bei der Motivforschung der Kaufentscheidung) an der nachträglichen Rationalisierung getroffener Entscheidungen Schaden nehme. Zweifellos sei es jedoch die Kaufkraft, die erst die Realisierung von Wünschen erlaube. Inwieweit diese verstärkte Motorisierung nun auf die nachhinkende Einkaufsentwicklung des strukturschwachen ländlichen Raumes oder aber auf den Wunsch zur Abkopplung von einem individuell als völlig unzureichend empfundenen und sich fortlaufend weiter verschlechternden ÖPNV zurückzuführen sei, könne schwerlich einer Seite zugerechnet werden, wenn dieser Prozeß von beiden Faktoren getragen werde. Die höhere Pkw-Benutzung durch Service- und Teilservice-Verkehr für Nachbarn, Bekannte und Verwandte — der nach Praktikermeinung bis zu 20% des gesamten Verkehrsaufkommens des ländlichen Raumes ausmachen soll[28]) — spreche jedoch gegen eine völlige Abwertung der vielfach recht geringen ÖPNV-Angebotsqualität als prozeßverursachende oder zumindest prozeßbeschleunigende Größe. Nicht zuletzt lasse es aber das vergleichsweise sehr niedrige Niveau der ÖPNV-Angebotsqualität in dünnbesiedelten ländlichen Räumen plausibel erscheinen, daß marginale Änderungen expansiver Art nicht sofort zu sprunghaften Änderungen im Mobilitätsverhalten der Bevölkerung führten, wenn die langfristigen Erfahrungen lediglich pessimistische Erwartungen rechtfertigen.

Der finanziellen Sicherstellung einer Versorgungsgarantie für ÖPNV-Benutzer ohne Alternative hätten sich organisatorische Maßnahmen zur Kostensenkung und/oder Erlössteigerung unterzuordnen. Hierher gehöre auch der Vorschlag, eine flächendeckende Mindestbedienung durch kürzere Lauffristen und Auflagen für Linienkonzessionen anzustreben. Kostensenkungen bei unveränderter oder sogar steigender Angebotsqualität sei in strukturschwachen Räumen besondere Aufmerksamkeit zu schenken, da die voraussichtliche wirtschaftliche Entwicklung diesem Raumtyp keine zusätzlichen Finanzierungsmöglichkeiten aus eigener Kraft gestatten werde. Die Abwanderung weiterer landwirtschaftlicher Arbeitskräfte, der geringe Arbeitskräftebedarf der substituierenden Forstwirtschaft und der geringe Anteil von Teilräumen mit potentieller Erholungs- und Freizeitfunktion lasse eine weitere Verschärfung der Situation erwarten[29]). Solange der Mißerfolg der diskutierten Rationalisierungsvorschläge im ländlichen Raum von unabhängiger Seite nicht nachgewiesen sei, sei deshalb der Staat zu ihrer Durchführung geradezu verpflichtet.

Die Perspektive des Einzelunternehmers, der sicher ist, bei sich alle Rationalisierungsmöglichkeiten ausgeschöpft zu haben, dürfte für großräumige Kooperationsmodelle irrelevant sein.

Finanziellen Rationalisierungsaussichten durch größere Einschränkungen des ÖPNV-Angebots sei erhebliche Skepsis entgegenzubringen. Auch die bundesweite

---

[28]) Vgl. H. H. TOPP, H. ZEMLIN, D. HENNING: Rationelle Erschließung, a.a.O., S. 86 (Diskussionsbeitrag Stertkamp).

[29]) Vgl. FRIEDRICH RIEMANN: Verdichtungsferne Räume ohne starke Mittelzentren. In: Die Zukunft des ländlichen Raumes, 3. Teil, Sektorale und regionale Zielvorstellungen. Konsequenzen für die Landwirtschaft, Forschungs- und Sitzungsberichte der Akademie für Raumforschung und Landesplanung, Band 106, Hannover 1976, S. 291—304.

Übersicht 8: *Erwartete Kosten und Erträge der Deutschen Bundesbahn in Abhängigkeit der Netzgröße*

Übersicht 8a: Kosten und Erträge (ohne Ausgleichsleitung des Bundes) in den Arbeitsnetzen, Kosten und Tarifstnd 1985

Übersicht 8b: Kostendeckungsgrad in den Arbeitsnetzen

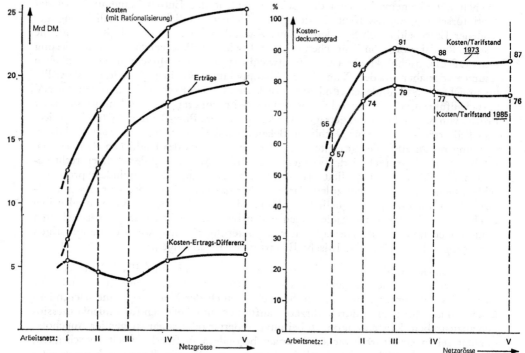

Quelle: RAHN, THEO, Das betriebswirtschaftlich optimale Netz der Deutschen Bundesbahn: Methodische Grundlagen seiner Abgrenzung, in: Deutsche Verkehrswissenschaftliche Gesellschaft (DVWG), Das betriebswirtschaftlich optimale Netz der Deutschen Bundesbahn als Problem der Regionalpolitik, Reihe B, B 37, Köln 1977, Seite 25—34.

Debatte der DB-Sanierung durch Verkleinerung des Streckennetzes habe schließlich nur zu dem Eingeständnis der Bundesbahn geführt, daß man die Kostenremanenz der Personalkosten und die Zubringerfunktion der Nebenstrecken für die Hauptstrecken („Kartenhauseffekt") erheblich unterschätzt hätte. Bei allen durchgespielten Varianten des Arbeitsnetzes — aber vor allem bei den beiden kleinsten Varianten — sei bis 1985 eine negative Kosten-Erlös-Relation zu erwarten (Übersicht 8). Bei Restriktionen des ÖPNV in ländlichen Räumen sei deshalb zu überlegen, inwieweit die substitutive Benutzung des eigenen Pkws nicht die (meist defizitäre) Finanzlage der ÖPNV-Systeme in den zugehörigen Oberzentren und Verdichtungsräumen weiter verschlechtern würde.

Wegen des hohen Sockels der Personalkosten unter den Rahmenbedingungen des öffentlichen Dienstes könnten Kostensenkungen nur durch vorrangiges „Ausscheiden privater Fuhrunternehmer im öffentlichen Auftrag zu erzielen sein. Damit würde aber gerade der Personenkreis getroffen, der noch über die größte Flexibilität verfüge und deshalb auch die nachweislich günstigere Kostenstruktur aufweise"[30].

---

[30] Vgl. J. NEIDHARDT, H. KRAUTTER: Möglichkeiten zur Sanierung, a.a.O., S. 15—16.

IV. Neue Instrumente

Eine Diskussion von Instrumenten setzt Ziele voraus. Wegen der erheblichen Komplexität raumordnungspolitischer Zielsysteme, die auch im Hinblick auf ihre verkehrsseitigen Konsequenzen zum Teil bereits an anderer Stelle diskutiert wurden, muß im vorliegenden Rahmen auf jede Zieldiskussion verzichtet werden[31]). Im folgenden wird deshalb von einem pragmatischen Ansatz vorerst erhaltungs- und gestaltungsinterventionistischer Grundhaltung ausgegangen. Danach soll überprüft werden, welche Instrumente sich zur Verbesserung der Verkehrsversorgung dünnbesiedelter ländlicher Teilräume grundsätzlich anbieten. Soweit im vorliegenden Rahmen möglich, werden Möglichkeiten und Grenzen ihres Einsatzes angedeutet.

Maßnahmen zur Verbesserung des Versorgungsniveaus im strukturschwachen ländlichen Raum können sowohl im Verkehrsbereich selbst als auch im Rahmen der verkehrserzeugenden sozialen Aktivitäten erfolgen. Nach der Nähe zum Verkehrssektor lassen sich folgende Schwerpunktbereiche und Einzelmaßnahmen unterscheiden:

(1) Änderungen der Siedlungsstruktur zur Förderung punkt-axialer Verdichtung als Auffangsstrukturen großräumig aktiver Sanierung[32]).

— Um weitere Agglomerationen in Verdichtungsgebieten zu vermeiden, kann eine Umverteilung von verkehrsseitigen Entwicklungsimpulsen angestrebt werden. Hier bietet sich z. B. die großräumige Umgehung von Verdichtungsräumen mit gleichzeitiger Erschließung strukturschwacher Gebiete durch Fernstraßen an.

— Um eine weitere Entleerung ländlicher Räume zu vermeiden, kann eine verkehrsseitige Förderung von Entwicklungsschwerpunkten erfolgen. Hier bietet sich z. B. die Verbesserung der Fernerreichbarkeit durch D-Züge und durch den Autobahnanschluß von Entwicklungszentren an.

— Um weitere räumliche Funktionstrennungen und disperse Siedlungsstrukturen zu vermeiden, können Achsen-Schwerpunkt-Strukturen in Gestalt von Entwicklungsachsen verkehrsseitig gefördert werden. Flankenschutz könnte hier eine institutionelle Integration von Bauleitplanung und ÖPNV-Bedarfsplanung (und damit dessen Defizitabdeckung) innerhalb der Kommunalverwaltung geben. Auch könnte an die Einführung einer nach Haltestellenabstand gestaffelten Nahverkehrsabgabe bei Neubauten an ÖPNV-unerschlossenen Siedlungsrändern gedacht werden[33]).

— Um eine übermäßige Ressourcenbelastung zu vermeiden, sind ökologische Funktionen verkehrsseitig stärker zu berücksichtigen. Eine Bedingung verkehrsseitiger Förderungsmaßnahmen könnte beispielsweise in der Lage außerhalb großräumiger bedeutsamer ökologischer Ausgleichsgebiete gesehen werden.

Einer verstärkten Realisierung des Achsen-Schwerpunkt-Konzeptes stehen vor allem demographische, finanzielle und rechtliche Restriktionen entgegen. So ist die demographische Verfügungsmasse geringer, Wanderungsverluste können nicht mehr durch Geburtenüberschüsse ausgeglichen werden. Aufstufungen im schienengebundenen Verkehr tangieren verschärfte Restriktionen im finanziellen Bereich. Verfassungsrechtliche Ansprüche dürften einer vorsätzlichen Benachteiligung von Streusiedlungen und Kleingemeinden (z. B. durch die Gewährung von Prämien bei Abwanderung in

---

[31]) Vgl. DAVID DAMM, G. WOLFGANG HEINZE, DIETER KANZLERSKI: Ansätze eines verkehrsorientierten Zielsystems und Entscheidungsmodells der Raumordnung. In: Berichte zur Raumforschung und Raumplanung (Wien), Jg. 19 (1975), Heft 6, S. 17—30; DAVID DAMM, DIETER KANZLERSKI, H. LUTTER: Bewertung von Maßnahmen im Fernstraßenbau aus der Sicht der Raumordnung. In: Informationen zur Raumentwicklung, Jg. 2 (1975), S. 395—415.

[32]) Vgl. ebenda.

[33]) Vgl. J. FIEDLER: Öffentlicher Personennahverkehr, a.a.O.

Oberzentren und hin zu Entwicklungsachsen) entgegenstehen. Je kleiner die Siedlung, desto schwieriger dürfte auch die Entscheidung zwischen Förder- und Verzichtgemeindestatus sein. Zudem ist der Zusammenhang zwischen einzelnen siedlungsstrukturellen Lagefaktoren und dem Mobilitätsverhalten kaum erforscht, was nicht zuletzt in der geringen Komplexität der vorliegenden Erklärungsansätze zum Ausdruck kommt[34].

(2) Zeitliche Abstimmung verschiedener Aktivitäten im Hinblick auf das vorhandene öffentliche Verkehrsangebot.

Hierbei ist vor allen an Arbeits- und Schulbeginn sowie Ladenöffnungszeiten zu denken, wodurch eine verstärkte Benutzbarkeit und Auslastung öffentlicher Verkehrsverbindungen geringer Bedienungsfrequenz und/oder von Sonderverkehren (Schülerbusse, Werkbusse) möglich wäre. Obwohl organisatorisch-institutionell durchaus lösbar, sind aber die verkehrsseitigen Vorteile für eine Minderheit den Nachteilen von Änderungen für die Mehrheit gegenüberzustellen. Kleinere zeitliche Abstimmungen dürften möglich sein.

(3) Förderung mobiler sozialer Einrichtungen.

Hier ist sowohl an die Förderung von Wochen-, Monats- und Jahresmärkten zu denken als auch an den verstärkten Einsatz von Ladenautos, mobilen Filialen von Sparkasse, Stadtbücherei usw. Soweit es sich dabei nicht um staatliche Einrichtungen handelt, ist der Erfolg von betriebswirtschaftlichen Erfolg abhängig. Mehrjährige Versuche in Schweden erbrachten wegen der hohen Kosten negative Ergebnisse[35]. Auch dürfte der Sortimentsbreite und -tiefe größere Bedeutung zukommen. Skandinavische Untersuchungen betonen deshalb die Bedeutung des örtlichen Landhandels und — bei richtiger Standortwahl — seiner Unterstützung durch Staat und Gemeinden[36].

(4) Organisatorische Verbesserungen im ÖPNV ländlicher Räume.

Verschiedene längst überfällige Maßnahmen erscheinen geeignet, die Angebotsqualität bei Kostenneutralität oder sogar Kostensenkung erheblich steigern zu können. Hierzu zählen vor allem die Einbeziehung des (vom Personenbeförderungsgesetz) freigestellten Schülerverkehrs und des Werkverkehrs in den ÖPNV im engeren Sinne, die Abstellung von Bedienungsverboten, soweit sich solche aus parallelen Regional- und Lokalverkehren sowie Vorrechten der Deutschen Bundesbahn (Schienenersatzverkehrsrecht, Schienenparallelverkehr) ergeben sowie die Beseitigung von unkoordinierten Fahrplänen verschiedener Verkehrsbetreiber. Die Schwierigkeiten sind vor allem juristischer Art. Der Reintegration des Schülerverkehrs in den allgemeinen ÖPNV steht ferner entgegen, daß dieser mit seiner Ausgliederung einen hohen Bedienungsstandard (meist durch einen kleinräumig und zeitlich anpassungsfähigen Fuhrunternehmer) realisieren konnte und nun nicht mehr ohne weiteres durch den Linienverkehr zufriedenzustellen ist.

Verschiedene Bundesländer haben hier bereits Hilfskonstruktionen geschaffen. Ein Erlaß des hessischen Ministers für Wirtschaft und Technik aus dem Jahre 1974 greift der Änderung der Freistellungsverordnung zum Personenbeförderungsgesetz vor und erlaubt die Mitnahme Dritter gegen Entgelt bei freien Sitzplätzen[37]. Eine Umfrage in

---

[34]) Vgl. D. EBERLE: Räumliches Verkehrsverhalten, a.a.O.

[35]) Vgl. hierzu den Beitrag von VIKTOR VON MALCHUS: Zur Versorgung der Bevölkerung im dünnbesiedelten Gebiet. Erfahrungen und Erkenntnisse aus dem skandinavischen Raum, in diesem Band.

[36]) Ebenda.

[37]) Vgl. H. H. TOPP: Verkehrsbedienung im ländlichen Raum. Bestandsaufnahme und Mindestanforderungen. In: H. H. TOPP, H. ZEMLIN, D. HENNING: Rationelle Erschließung, a.a.O., S. 15.

18 hessischen Landkreisen ergab in 10, daß von dieser Lösung Gebrauch gemacht wird[38]). Als Schwierigkeiten werden häufig die bereits hohe Auslastung der Fahrzeuge durch Schüler, die zusätzlichen Kosten durch Fahrkartendrücker und Fahrschaffnerzulage bei geringen Entgelten sowie der häufige Fahrplanwechsel durch Stundenplanänderungen genannt. Dabei wäre zu überlegen, ob deshalb nicht der Vorschlag unentgeltlicher Mitnahme, gleichsam als Ausgleich für das unzureichende Verkehrsangebot, realisiert werden sollte[39]). Hinzu kommt, daß Schülertransporte nicht in der Ferienzeit und sonntags sowie auch nicht kontinuierlich über den ganzen Tag stattfinden[40]).

Grundsätzlich dürfte der Erfolg einer derartigen „kleinen Integrationslösung" stark von regionalen, institutionellen und nicht zuletzt persönlichen Besonderheiten abhängen. Schwierige juristische Probleme ergeben sich bei einer Neuordnung des Konzessionswesens. Ein Ersatz der Linien- oder Streckenkonzession durch Regional- oder Flächenkonzession war im Rahmen des Zweiten Gesetzes zur Änderung des Personenbeförderungsgesetzes vom 26. 3. 1969 politisch nicht durchsetzbar. Aus diesem Grunde wird eine indirekte Lösung über die Schaffung von Verkehrsgemeinschaften und Verkehrsverbünden versucht. In diesem Zusammenhang wird zumindest in Nordrhein-Westfalen und in Bayern angestrebt, mit Hilfe der Konzessionsvergabepraxis Kooperationen durchzusetzen[41]). Ein Erfolg derartigen Vorgehens ist juristisch nicht zu erwarten, da eine solche Maßnahme als Enteignung betrachtet und mit Entschädigungszahlungen belegt würde. Auch die Versagung oder Nichtverlängerung einer Konzession oder auch die Genehmigung einer Konkurrenzkonzession ist im Hinblick auf den verfolgten Zweck rechtlich nicht möglich. Da durchgreifendere Formen des Verkehrsangebots nach dem Personenbeförderungsgesetz juristisch kaum zu erzwingen sind, müssen Modelle entwickelt werden, die von allen Seiten freiwillig akzeptiert werden[42]).

(5) Förderung des ÖPNV durch Gebietskonzeptionen.

Je nach Kooperationstiefe (Tarifgemeinschaft, Verkehrsgemeinschaft, Verkehrsverbund, Fusion) ergibt sich die Attraktivitätserhöhung für den Benutzer aus der koordinierten Streckenführung, kürzeren Fahrzeiten, höheren Bedienungsfrequenzen, geringeren Umsteigenotwendigkeiten, geringeren Wartezeiten und integrierten Tarifen. Für die kooperierenden Betriebe entfallen einerseits Parallelbedienungen, andererseits können sie Gemeinkosten (Verwaltung, Planung, Werbung, Forschung) senken und EDV-Anlagen, Werkstätten und Einkaufsmöglichkeiten gemeinsam benutzen. Die Schwierigkeiten werden vor allem in der Aufteilung von Einnahmen und Kosten sowie in der Verwaltungsorganisation gesehen. Hinzu treten Durchtarifierungsverluste. Über den Erfolg derartiger Kooperationen existieren starke Widersprüche

---

[38]) Vgl. Mitnahme dritter Personen im freigestellten Schülerverkehr. Ergebnisse einer Umfrage des Main-Kinzig-Kreises bei allen hessischen Landkreisen. Als Manuskript vervielfältigt, Hanau 1976.

[39]) Vgl. JOACHIM FIEDLER: Öffentlicher Personennahverkehr, a.a.O., S. 21—22.

[40]) Vorstellungen ländlicher Verkehrsbedienung auf der Grundlage eines jedermann zugänglichen Schülerverkehrs wurden von HANSEN, BÖHLE und BÜNTE (1973) sowie von KANZLERSKI (1976) vorgestellt. Vgl. R. HANSEN; P. BÖHLE; H. H. BÜNTE: Schülertransport für ein Schulzentrum im ländlichen Raum. Fallstudie Fürstenau, Hannover 1973. Zitiert bei Kanzlerski, Verkehrsverhalten, a.a.O., S. 233.

[41]) Vgl. Richtlinie zur Nahverkehrsplanung, Bekanntmachung des bayerischen Staatsministeriums für Wirtschaft und Verkehr vom 25. März 1977, In: Amtsblatt des bayerischen Staatsministeriums für Wirtschaft und Verkehr, Jg. 21 (1977) Nr. 5, S. 81—96; H. H. TOPP, H. ZEMLIN, D. HENNING: Rationelle Erschließung, a.a.O., S. 90—94 (Diskussionsbeitrag Weiler, Stertkamp, Loos, Köhnecke).

[42]) Vgl. J. NEIDHARDT, H. KRAUTTER: Möglichkeiten zur Sanierung, a.a.O., S. 143—152.

zwischen Theorie und Praxis, die nur zum Teil mit regional differenzierten Verhältnissen erklärt werden können. In Verdichtungsräumen arbeiten Verkehrsverbünde bereits seit Jahren mit bestem Erfolg.

Umfassende Konzepte für ländliche Kooperationsräume bzw. Nahverkehrsregionen liegen für Nordrhein-Westfalen und Bayern vor. Unterschiedliche Erfolgsbeurteilungen durch Verkehrsnutzer und Verkehrsbetriebe mögen auch im engen betriebswirtschaftlichen Wirtschaftlichkeitsziel begründet liegen, dem bei einem derartig umfassenden Problem, wie strukturschwachen ländlichen Räumen, in gesamtwirtschaftlicher Betrachtung nur nachgeordnete Bedeutung zukommen sollte. Umfassende und gründliche Modellrechnungen, die verschiedenste Rationalisierungsmöglichkeiten unter besonderer Berücksichtigung organisatorischer und kooperationsfreundlicher Maßnahmen im ostwürttembergischen Raum umfaßten, ergaben einen mittleren Kostendeckungsgrad in diesem regional sehr differenzierten Gesamtgebiet von 102,5% gegenüber einem derzeitigen Wert von etwa 92%[43]).

(6) Integration von Personen- und Güterbeförderung (Transportmix).

Grundgedanke ist, die heute übliche Trennung von Personen- und Frachttransport (Post, Güter) bei geringem Verkehrsaufkommen wieder aufzuheben und den vor 30 Jahren noch üblichen Zustand des wirtschaftlichen Überlandbusses mit Anhänger in dieser oder einer anderen Form wiedereinzuführen. Im Schienennahverkehr (vor allem nichtbundeseigener Eisenbahnen) ist eine solche Integration üblich. Für den Busverkehr sind verschiedenste Alternativen vorgeschlagen worden: Personen, Pakete und Briefe; Personen und Medikamente im Eildienst; Personen und Beiladungsdienste aus Behördenpost, Ersatzteilen, Versandartikeln, Zeitungen und Zeitschriften sowie Kleingütertransporten. Auch wurde die Durchführung von Gütertransporten mit gleichem Fahrzeug (wie im Personenverkehr) in Nicht-Spitzenzeiten und in der Nacht genannt[44]).

Auch hier liegen die Schwierigkeiten vor allem auf juristischem und organisatorischem Gebiet. Zahlreiche gesetzliche Vorschriften müßten neu interpretiert und geändert werden. Organisatorisch muß die Frachtzulieferung und -abholung gesichert sein, um im Personenverkehr die fahrplanmäßige hohe mittlere Reisegeschwindigkeit zu erhalten (Anschlußverbindungen) und Haftungsprobleme zu vermeiden. Gegen den zeitlichen Nutzungswechsel werden die höheren Personalkosten im Nachtbetrieb und die Umrüstkosten des Fahrzeugs ins Feld geführt. In Anbetracht der dominierenden Personalkosten im ÖPNV — so wird argumentiert — sei dann zu überlegen, ob die Verwendung von Spezialfahrzeugen nicht doch billiger sei. Auch wären die Entgelte nicht so interessant, da im Güternahverkehr nicht nach Güterklassen, sondern nach Gewicht tarifiert werde.

(7) Rationalisierung durch Personalauslastung in verschiedenen Tätigkeitsbereichen (Einsatzmix).

In Anbetracht des hohen Anteils der Personalkosten im ÖPNV in der Größenordnung von 60—80% der Gesamtkosten und der starken zeitlichen Nachfrageschwankungen stellt sich die Frage nach inner- und zwischenbetrieblichen Möglichkeiten

---

[43]) Vgl. ebenda, S. 136—139.

[44]) Vgl. Dirk Henning: Verbesserung der Verkehrsbedienung durch Zusammenfassung artverwandter Aufgaben der Versorgung und Erschließung. In: H. H. Topp, H. Zemlin, D. Henning: Rationelle Erschließung, a.a.O., S. 32—35.

günstigerer Personalauslastung. Innerbetrieblich wäre ein Mischeinsatz zwischen Fahren und Reparieren, Verwaltungsarbeiten und Werkstattarbeiten denkbar. Zwischenbetrieblich könnte der ÖPNV sich mit kommunalen Versorgungsdiensten (wie Müllabfuhr, Straßenreinigung, Kundendienst u. a.) und mit anderen Dienstleistungsbetrieben (Post, Güternahverkehr u. a.) kompensierend arrangieren[45]).

Die innerbetriebliche Version wird vor allem in privaten Kleinunternehmen praktiziert, besonders in öffentlichen Großbetrieben hingegen gehört die Tätigkeitentrennung zum sozialen Besitzstand der Arbeitnehmer. Zwischenbetrieblicher Mischeinsatz dürfte mit erheblichen verwaltungsmäßigen und organisatorischen Problemen verbunden sein, die um so leichter lösbar sein dürften, je kleiner und überschaubarer die betreffende Gemeinde ist. In öffentlichen Verkehrsbetrieben ist die grundsätzliche Vereinbarkeit inner- und zwischenbetrieblichen Mischeinsatzes mit der Arbeitsordnung zu prüfen.

(8) Bedarfsgesteuerte Bussysteme.

Grundprinzip ist hier, daß keine feste Linien nach festem Fahrplan und fester Kapazität bedient werden. Vielmehr wird von einer in einem bestimmten Raum im Einsatz befindlichen und zentralgesteuerten Kleinbusflotte die Befriedigung der angemeldeten Nachfrage bei optimaler örtlicher und zeitlicher Anpassung sowie möglichst hoher Fahrzeugauslastung angestrebt. Innerhalb dieses Rahmens sind zahlreiche Varianten möglich: haltepunktbezogen oder Haus-zu-Haus-Bedienung, telefonische Fahrtwunschanmeldung oder über Rufsäulen, automatische computergesteuerte oder manuelle Disposition usw.

Diese Systeme sind technisch unproblematisch und in der Bundesrepublik derzeit bereits im Erprobungsstadium. Im Ausland werden bereits seit vielen Jahren entsprechende Systeme mit unterschiedlichem Erfolg betrieben. Der erheblichen Verbesserung der Angebotsqualität, vor allem ländlicher Gebiete, stehen jedoch wesentlich höhere Kosten gegenüber. Regional differenzierte Einsatzbedingungen und die Möglichkeit zahlreicher Mischformen zwischen bedarfsgesteuerten Bussystemen und Linienverkehrssystemen erschweren generelle Aussagen. In welchem Umfang ein solcher teurerer Bus von der ländlichen Bevölkerung angenommen wird, ist beim gegenwärtigen Stand der Verkehrsverhaltensforschung kaum prognostizierbar. Auch ist zu überlegen, wie eine telefonische Fahrtanmeldung des Personenkreises ohne eigenes Telefon im dünnbesiedelten ländlichen Raum sichergestellt werden kann, wenn aus Kostenüberlegungen verständlicherweise auf die Installation von Rufsäulen verzichtet wird. Auch ist die Abgrenzung zum meist unbedeutenden, aber nichtsdestoweniger formell meist vorhandenen ansässigen Taxiverkehr zu prüfen.

(9) Sammelbusse in Gemeinderegie.

Eine vermutlich realistischere Variante eines bedarfsgesteuerten Bussystems könnte im Betrieb von gemeindeeigenen Kleinbussen im Pendeleinsatz zwischen Gemeinde und Mittelzentrum bestehen. Die volle Flexibilität würde „fahrplanmäßige" Einkaufs- und Behördenfahrten ebenso ermöglichen wie Gelegenheitssammelfahrten für Fremdenverkehrsgäste, zu auswärtigen Fußballspielen, zum Tanzstundenbesuch usw. Auch könnte Transportmix ebenso wie Einsatzmix stattfinden. Vor allem in strukturschwachen Gebieten, die vom ÖPNV nicht bedient werden, dürfte eine solche letztlich allgemein zugängliche Alternative auf wenig juristische und administrative Widerstände

---

[45]) Vgl. ebenda, S. 35—36.

stoßen, besonders wenn sie gemeinnützig und auf Vereins-Basis betrieben wird. Die ökonomische Hürde des Fahrerlohnes ließe sich durch Einsatzmix innerhalb der Gemeindeverwaltung oder bei staatlicher Hilfe durch Zivildienstleistende usw. nehmen. Da es sich hier um ein Verfahren kleingemeindlicher Selbsthilfe handeln würde, sind auch Identifikationseffekte nicht ausgeschlossen, die zu veränderter Verkehrsmittelwahl führen könnten.

(10) Mitfahrgemeinschaften.

Dem Gedanken organisierten carpooling's als Nachbarschaftshilfe, wie er vor allem in den USA intensiv diskutiert wird, sollte auch in strukturschwachen Räumen der Bundesrepublik Deutschland verstärkte Aufmerksamkeit geschenkt werden. Verschiedene juristische und versicherungsrechtliche Bedenken könnten durch Club-Betrieb mit Ausweis und festgelegtem Beteiligungsentgelt entschärft werden.

(11) Staatliche Förderung des Individualverkehrs in dünnbesiedelten ländlichen Räumen.

Die Förderung von Erst- und Zweitwagen stellt die zweifellos gravierendste Maßnahme dar. Ihre vordergründige Attraktivität bei ÖPNV-Defiziten und leeren öffentlichen Kassen ist offensichtlich. Die sozialen Disparitäten würden zwar quantitativ verringert, für den verbleibenden Personenkreis aber tiefer und endgültig. Insofern wäre dieses Instrument nur in Verbindung mit anderen flankierenden Maßnahmen (z. B. persönlichen Subventionen für Taxis) realistisch, wobei von der vollständigen Internalisierung der externen Grenzkosten des Individualverkehrs stillschweigend abgesehen würde. So wenig eine völlige Substitution des Individualverkehrs in unseren Verdichtungsräumen durch den ÖPNV unter den derzeitigen Randbedingungen möglich ist, so sehr gilt dies auch für den ÖPNV im Hinblick auf seine generellen Substitutionsmöglichkeiten durch den Individualverkehr im ländlichen Raum.

V. Perspektiven

Zusammenfassend ist nochmals festzustellen, daß eine Sanierung strukturgefährdeter ländlicher Räume allein durch Maßnahmen im Verkehrssektor nicht möglich ist. In dem vorstehend diskutierten Maßnahmenbündel besitzt die Verkehrspolitik jedoch eine Palette von allerdings noch durchzusetzenden Instrumenten, deren jeweils kombinierter Einsatz eine — bei aller Vorsicht — nachhaltige Verbesserung der Verkehrsversorgung des strukturschwachen ländlichen Raumes ermöglichen dürfte, ohne — zumindest erhebliche — zusätzliche Kosten zu verursachen. So wäre beispielsweise zu überlegen, inwieweit eine hierarchische Gliederung der diskutierten Maßnahmen nach der Größe des Nachfragepotentials zweckmäßig wäre:

— für Einzelhöfe von Kleinstgemeinden die finanzielle Förderung des eigenen Pkws mit der Auflage zur Nachbarschaftshilfe und — wenn möglich — integrierter Personen- und Güterbeförderung,

— für Kleingemeinden die finanzielle Förderung eines gemeindeeigenen Kleinbusses für bedarfsgesteuerte Pendelfahrten ins Mittelzentrum und zu Nachbargemeinden sowie für integrierte Personen- und Güterbeförderung,

— für Gemeinden mittlerer Größe der Anschluß an den ÖPNV-Linienverkehr mit einem allgemein verbindlichen Mindestbedienungsstandard, der erheblich über den heute geltenden Minima liegt, und zusätzlichen vorstehend genannten Maßnahmen für kleine Gemeindeteile sowie

— für Großgemeinden eine ÖPNV-Bedienung hoher Bedienungsqualität mit vorstehend aufgeführten flankierenden Maßnahmen für kleine Gemeindeteile.

Die einzelnen Maßnahmen dieses Programms sind als sich ergänzende integrative Bestandteile zu betrachten. Zu vermeiden ist unter allen Umständen eine Konkurrenzsituation, die zu einem weiteren Nachfragerückgang beim ÖPNV-Linienverkehr führt. Entscheidende Voraussetzung für ein solches umfassendes tiefgestaffeltes Maßnahmenbündel ist jedoch eine wesentlich großräumigere Perspektive der Entscheidungsträger innerhalb wie außerhalb des Verkehrssektors. Diese gesamtwirtschaftlich auszurichtende Großräumigkeit des Bewertungsansatzes muß ÖPNV, Individualverkehr und Mischsysteme (Paratransit) inhaltlich ebenso integrieren wie Investitions-, Betriebs- und Preispolitik sowie Wissenschaft, Planung, Verwaltung und Betrieb. Unabhängig vom Finanzträger muß das Verkehrssystem stets als Einheit betrachtet und vor allem im Nahbereich entsprechend organisiert werden. Einen entscheidenden Schritt in diese Richtung bildet die Aufstellung von „Nahverkehrsprogrammen" in den einzelnen Bundesländers. Der privaten Hand sollte — unter staatlicher Gesamtkoordination — dabei überall dort der Vorzug eingeräumt werden, wo Flexibilität besonders vorteilhaft ist. Instrumente können jedoch nicht zielunabhängig sein. Insofern muß der Verkehrsplaner gerade bei seinen langfristig wirksamen und meist auch finanziell erheblich belastenden Entscheidungen auf operationalen verbindlichen Zielvorstellungen über die Zukunft des dünnbesiedelten ländlichen Raumes aufbauen können[46].

Für den Verkehrsplaner ist das Dilemma offensichtlich: einerseits erscheint eine kleinräumige passive Sanierung raumordnungsrechtlich nicht möglich, so daß zumindest der Schülerverkehr garantiert werden muß, der jedoch auch bei allseitiger Benutzbarkeit als Mindestbedienungsstandard zumindest noch heute nicht akzeptiert werden kann. Andererseits aber könnte eine konsequente allgemeine Verbesserung der Versorgungsqualität im Verkehrsangebot wiederum als Gefährdung der zwar regional stark differenziert, aber doch wohl offiziell noch angestrebten großräumigen aktiven Sanierung angesehen werden. Dies leitet zu der grundsätzlichen Frage nach der zukünftigen Tragfähigkeit des Achsen-Schwerpunkt-Konzeptes als räumliches Ordnungssystem bei allgemein hohem Bevölkerungsrückgang über. Welche verkehrspolitischen Konsequenzen ergeben sich aus den vielzitierten „Maßstabsänderungen", die nur noch Schwerpunkte in der Größenordnung von Oberzentren und großen Mittelzentren übriglassen könnten? Wie die offiziell anerkannte Raumordnungsprognose 1990 ermittelte, würden die besonders dünnbesiedelten, weitgehend ländlich geprägten Gebietseinheiten 1 (Schleswig), 6 (Osnabrück), 7 (Ems), 8 (Münster), 19 (Trier), 22 (Bamberg-Hof), 32 (Regensburg-Weiden) und 33 (Landshut-Passau) bei Fortsetzung der disparitätenverstärkenden Tendenzen im Zeitraum 1974—1990 Bevölkerungsverluste in Höhe von weiteren 0,8 Mill. Einwohnern (—12,2%) erleiden (Bundesgebiet insge-

---

[46] Vgl. hierzu die Beiträge: „Entwicklungschancen durch Funktionswandel?" von F. Gerke; „Industrielle Entwicklungsmöglichkeiten für strukturgefährdete Räume" von FRIEDRICH HÖSCH sowie „Kritische Bewertung der für die strukturgefährdeten ländlichen Gebiete relevanten Ziele und Maßnahmen sowie ihrer Ergebnisse" von K.-H. HÜBLER im vorliegenden Band.

samt 4,2 Mill. Einwohner oder —6,8%)[47]). Gerade wenn ein verstärktes „Abfangen" der abwandernden ländlichen Bevölkerungsteile in den jeweiligen Ober- und Mittelzentren gelingt, dürften die Schwierigkeiten in der Finanzierung der kleinräumigen Verkehrsversorgung sinkender Siedlungsgrößen eher noch zunehmen.

Für unsere vorliegende Fragestellung leitet sich daraus zumindest die Vordringlichkeit neuer Entwicklungsmodelle für dünnbesiedelte ländliche Räume ab, wobei die Erfahrungen des Auslandes auf ihre Übertragbarkeit geprüft und von Anfang an stärker berücksichtigt werden sollten. Dies gilt vor allem für die Verkehrspolitik, die als Ursachen- wie Folgebereich sozio-ökonomischer Wandlungen im Raum die meisten Prozesse mildert oder verstärkt. Sieht man einmal von technologischen Entwicklungssprüngen (wie z. B. von der Einführung der innerhalb Deutschlands zweifellos disparitätenverstärkenden Hochleistungsschnellbahn) ab, kommt dem Verkehrssektor im heutigen politischen, sozialen und ökonomischen Entscheidungszusammenhang zunehmend integrierende Bedeutung zu. Damit verschieben sich die Gewichte künftiger Raumgestaltung zur (durchaus nicht unwandelbaren) Bewertung von Attraktivität und Problemdruck der heutigen Verdichtungs- und Entleerungsräume durch den einzelnen, zur Einschätzung gegebener und erwarteter Restriktionen und zum Gestaltungswillen des Staates.

---

[47]) Vgl. Bundesminister für Raumordnung, Bauwesen und Städtebau: Raumordnungsprognose 1990. Aktualisierte Prognose der Bevölkerung und der Arbeitsplatzzahl in den 38 Gebietseinheiten der Raumordnung für die Jahre 1980, 1985 und 1990, Schriftenreihe Raumordnung, 06.012, Bonn 1977.

Entwicklungschancen durch Funktionszuweisungen

von

Friedrich Gercke, Hannover

INHALT:

I. Definitorische Vorbemerkung

II. Zur Eignungsbewertung bestimmter Funktionen

III. Konsequenzen spezifischer Funktionszuweisungen

IV. Konsequenzen spezifischer Funktionszuweisungen für strukturgefährdete ländliche Räume

V. Literaturhinweise

I. Definitorische Vorbemerkung

Nicht erst seit den Empfehlungen des Beirates für Raumordnung vom 16. Juni 1976 sind Überlegungen über die funktionale Bedeutung des ländlichen Raumes diskutiert worden. KÖTTER[1]) wies als einer der ersten auf die besonderen Funktionen des ländlichen Raumes hin. K. MEYER zählte 1964 folgende Funktionen auf:

Standort der Erzeugung lebenswichtiger Nahrungsgüter und Rohstoffe sowie des auf dem Land ansässigen Gewerbes. Mit dieser Eigenschaft erfüllt er (der ländliche Raum) zugleich eine wichtige Arbeitsfunktionen.

Wohngebiet, Siedlungs- und Lebensraum der ländlichen, d. h. sowohl der landwirtschaftlichen als auch großer Teile nicht landwirtschaftlicher Bevölkerung.

Landreserve für Siedlungszwecke, Industrie- und Verkehrsanlagen.

Von wichtiger Wohlfahrts- und Schutzwirkung für Naturerhaltung und menschliche Gesellschaft[2]).

Der Beirat für Raumordnung differenziert in seinen Empfehlungen vom 16. 6. 1976 den ländlichen Raum in Teilräume mit unterschiedlicher natürlicher Begabung, um daraus Funktionen und Funktionszuweisungen abzuleiten. Er revidiert die Vorstellung annähernd gleichartig auszugestaltender Teilräume und ersetzt sie durch ein Modell, nach dem die Bundesrepublik Deutschland aus einer großen Anzahl grundsätzlich unterschiedlich strukturierter Teilräume zusammengesetzt ist, deren jeder seiner Begabung gemäß auch unterschiedliche Funktionen wahrzunehmen hat. Dabei wird unterstellt, daß der Charakter eines Teilraumes durch die vorherrschenden Prioritäten für eine oder einige wenige Funktionen geprägt wird, die nur in begrenzter Bandbreite abgeändert werden können, so daß bestimmten Teilräumen unter Umständen auch bestimmte Funktionen zugewiesen werden können[3]).

Dieser Ansatz soll im folgenden weiter verfolgt werden. Zunächst jedoch sollen die Begriffe Funktion und Funktionszuweisung geklärt werden, da sie in der Literatur recht verschieden benutzt und beschrieben werden. Während man in der Mathematik unter Funktion eine Zuordnungsvorschrift versteht, wird der Begriff in der Raumordnung und Raumforschung im Sinne von Tätigkeit, Aufgabe oder Zweck verwendet. Dies gilt beispielsweise für die sogenannten Daseinsgrundfunktionen: Wohnen, Arbeit, Verkehren, Bilden, Erholen, Kommunikation. Dabei wird jeweils ein innerer Zusammenhang der einzelnen Merkmale (Funktionen) untereinander unterstellt[4]). Gleichzeitig verbindet man mit dem Inhalt der Aufgabe eine bestimmte Leistungsanforderung, die erfüllt werden sollte. Beispiele dafür sind die über die Eigenentwicklung der Gemeinden hinausgehenden besonderen Entwicklungsaufgaben, die als landesplanerische Ziele eine bestimmte örtliche Entwicklungsrichtung festlegen. Im Landesentwicklungsplan III des Landes Nordrhein-Westfalen wird in diesem Zusammenhang im § 22 von räumlich funktionaler Arbeitsteilung gesprochen. Diese Aussage ist die gedankliche Fortsetzung der bereits im Erläuterungsbericht zum Landesentwicklungsplan II unter Ziffer 2.1 formulierten Erkenntnis: Das Land bildet eine aus gesellschaftlicher, wirtschaftlicher und räumlicher Sicht arbeitsteilige Leistungsgemeinschaft.

---

[1]) G. KÖTTER: Landbevölkerung im sozialen Wandel. Düsseldorf — Köln 1958.

[2]) K. MEYER: Ordnung im ländlichen Raum, Stuttgart 1964, Seite 59.

[3]) WEYL: Bericht über die Arbeit des Beirates für Raumordnung, Manuskript, 1976.

[4]) D. PARTZSCH: Daseinsgrundfunktionen. In: Handwörterbuch der Raumforschung und Raumordnung, Hrsg. Akademie für Raumforschung und Landesplanung, Hannover 1970.

Danach könnte man Funktion als die Leistung definieren, die ein Teilbereich (Fläche, Region), in einem festen Verhältnis mehrerer Teilbereiche untereinander, für die anderen Teilbereiche erbringt[5]). Diese Leistung setzt eine bestimmte Befähigung voraus, die entweder als „natürliche Begabung" vorhanden sein muß oder durch geeignete Maßnahmen zu schaffen ist. So hat beispielsweise eine Hochmoorfläche keine „natürliche Begabung" zur Erfüllung einer landwirtschaftlichen Produktionsfunktion. Durch geeignete Maßnahmen (Kultivierung) kann diese nicht vorhandene Voraussetzung jedoch geschaffen werden. Mit dieser Definition wird gleichzeitig unterstellt, daß bestimmte monofunktionale Entwicklungsziele für bestimmte Teilräume möglich und zuweisungsfähig sind. Das bedeutet kleinräumig eine Abkehr von den multifunktionalen Zielvorstellungen, die im Bundesraumordnungsgesetz manifestiert sind. Zur Realisierung dieser Idee auf breiter Basis sind jedoch folgende Voraussetzungen notwendig:

— Die Bestimmung der „Begabung" eines Teilraumes für eine bestimmte Funktion durch eine vergleichende Wertung zwischen möglichen Funktionen.

— Die Abschätzung des Aufwandes für die Durchsetzung der Funktionszuweisung.

— Die Abschätzung des Nutzen der teilräumlichen Funktionszuweisungen für den Gesamtraum.

Im folgenden wird daher zu untersuchen sein, inwieweit diese Voraussetzungen erfüllt werden können.

II. Zur Eignungsbewertung bestimmter Funktionen

Zur Ermittlung der Befähigung eines Teilraumes für eine bestimmte Funktion gibt es bisher kein ausgereiftes Bewertungsverfahren. Wertungsansätze bestehen höchstens für Teilbereiche. Sie beruhen vor allem auf der natürlichen Begabung von Standorten für eine bestimmte Aufgabe. Sie wurden im allgemeinen unter anderen Zielsetzungen entwickelt. Sie bieten jedoch Ansätze, die für die hier gestellte Aufgabe genutzt werden können. Wir werden uns dabei auf die Bewertungen von Funktionen beschränken, die als Grundfunktionen des ländlichen Raumes von der Bundesregierung im Raumordnungsbericht 1972 aufgeführt sind. Dies sind:

— Siedlungs- und Arbeitsraum für die Bevölkerung,

— Standort für land- und forstwirtschaftliche Produktion,

— ökologischer Ausgleichsraum für Umweltbelastungen,

— Raum für natur- und landschaftsbezogene Freizeit und Erholung,

— wichtige Grundlage für die Wasserversorgung,

— Raum mit Vorhaltefunktionen (Reservefunktionen für künftige Bedürfnisse).

---
[5]) VON SCHÖNFELD: Das Konkrete ist disfunktional. In: Bauwelt, Heft 37, 1976.

Diese Grundfunktionen, die flächenhaft im Raum wirksam werden, überlagern sich und können sich dabei positiv oder negativ beeinflussen. Manche Funktionen schließen sich dabei gegenseitig aus, während andere sich unterstützen. Das Bewertungsverfahren, das diese Eigenschaften berücksichtigen muß, sollte für die verschiedenen Funktionen eines Teilraumes vergleichbare Eignungswerte ergeben.

Ansätze für entsprechende Wertungen wurden unter anderem von MANTAU bei der Wertung von Regionen für die Funktion Landwirtschaft zur Bestimmung landwirtschaftlicher Vorranggebiete vorgenommen[6]). Die Beschränkung nur auf die Funktion Landwirtschaft kann unter Berücksichtigung oben genannter Forderungen nur als Teilschritt einer Gesamtlösung betrachtet werden. Die von MANTAU angewandte Aggregationsmethode zur Schaffung eines „symbolischen Funktionswertes Landwirtschaft" ergibt eine sachlich differenzierte und rangmäßige Abschätzung, die die Funktion Landwirtschaft für einen Teilraum besitzt. Als Faktoren werden dabei die Ertragskraft bzw. die landwirtschaftliche Produktionsleistung, die Agrarstruktur, die außerwirtschaftlichen Erwerbsmöglichkeiten und die Wirtschaftskraft, die sich jeweils aus verschiedenen Kriterien zusammensetzen, zur Bewertung herangezogen. Das Bewertungsergebnis läßt dabei den interregionalen Vergleich zu. Die Entscheidung zur Durchsetzung des landwirtschaftlichen Vorranges in einem Teilraum wird mit dieser Methode allerdings noch nicht wesentlich erleichtert. Es fehlt die Vergleichsmöglichkeit zu anderen vorhandenen oder denkbaren Funktionen.

Umfassender ist ein theoretisches Modell zur Bestimmung der Priorität von Flächenfunktionen, das als planerisches Mittel zur Entscheidung über Nutzungsänderungen entwickelt wurde[7]). Dabei wird aus Hilfsgrößen, deren Werte leicht zu ermitteln sind und die darüber hinaus direkten Bezug zu den natürlichen Gegebenheiten haben, die natürliche Eignung von Teilräumen für die landwirtschaftliche und waldbauliche Nutzung aggregiert und bewertet. Die übrigen aus Raumansprüchen Dritter abgeleiteten Funktionen werden aufgrund der in den Raumordnungsprogrammen oder Fachplänen dargestellten Bedeutung bewertet. Als Ergebnis dieser Bewertung jeder Funktion ergibt sich eine Einteilung in „vorläufige" Hauptfunktionen oder Nebenfunktionen. Somit können in einem Teilraum mehrere Funktionen als vorläufige Hauptfunktionen oder Nebenfunktionen zusammentreffen. Im einzelnen bewertet A. DIETRICH die Funktionen:

    Landwirtschaft,
    Forstwirtschaft,
    Siedlung,
    Lagerstättenabbau,
    Verkehr,
    Erholung,
    Wassergewinnung,
    ökologischer Ausgleichsraum.

Der hier gewählte methodische Ansatz berücksichtigt die Tatsache, daß es im allgemeinen zu Überlagerungen der Flächenfunktionen im Raum kommt. Diese können sich dabei gegenseitig begünstigen, beeinflussen oder ausschließen. Die sich dabei ergebenden Beziehungen sind in Tabelle 1 dargestellt.

---

[6]) R. MANTAU: Abgrenzung räumlicher Schwerpunkte der Landbewirtschaftung für die Bundesrepublik Deutschland. In: Schriftenreihe Raumordnung des Bundesministeriums für Raumordnung, Bauwesen und Städtebau, Nr. 06.005, Bonn 1975.

[7]) A. DIETRICH: Überlegungen zur Bestimmung von Flächenfunktionen. In: Beiträge zur Landnutzungsplanung, AVA, Wiesbaden 1976.

Tabelle 1:   *Funktionsbeziehungen*

Hauptfunktion	In Beziehung zu den Nebenfunktionen							
	Landwirtschaft	Forstwirtschaft	Siedlung	Lagerstättenabbau	Verkehr	Erholung	Wasser	ökologischer Ausgleichsraum
Landwirtschaft		××	××	××	O	O	O	+
Forstwirtschaft	××		××	××	O	O	O	+
Siedlung	××	××		O	O	O	××	××
Lagerstättenabbau	××	××	O		+	××	××	××
Verkehr	O	O	O	+		O	××	O
Erholung	+	+	O	××	××		+	+
Wasser	O	+	××	××	O	O		+
Ökolog. Ausgleichsraum	O	+	××	××	××	+	+	

+ Funktionen begünstigen sich.
O Funktionen beeinflussen sich.
×× Funktionen schließen sich aus.

Quelle: A. Dietrich: Überlegung zur Bestimmung von Flächenfunktionen, a.a.O., S. 26.

Das Ziel der Bewertung von sich begünstigenden oder sich beeinflussenden Funktionen wird über den Schritt der Fixierung von Haupt- und Nebenfunktionen in einer transparenter gemachten Entscheidungsgrundlage zur Bestimmung von Flächennutzungsmöglichkeiten gesehen. Dabei werden die Flächenfunktionen in bis zu 4 Wertungsstufen dargestellt. Unbefriedigend ist dabei der Mangel an Kriterien für die Bewertung einer Funktion als Haupt- oder Nebenfunktion. So wird beispielsweise bei der Funktion Lagerstättenabbau die Abbauwürdigkeit aufgrund einer Karte der oberflächennahen Lagerstätten als Kriterium herangezogen oder bei der Funktion Erholung die V-Wert-Kartierung nach Kiemstedt.

In Übersicht 1 sind die Kombinationsmöglichkeiten einer so vorgenommenen Bestimmung in Haupt- und Nebenfunktionen dargestellt. Dabei werden die Grenzen dieser Eignungsbewertung durch die Heraushebung der Zielkonflikte zwischen den Funktionen sichtbar. Steht nur ein Buchstabe in einem als Zielkonflikt dargestellten Feld, so zeigt dies an, daß auf lokaler Planungsebene dieser Nutzungsfunktion bisher der Vorrang gegeben wurde.

Diese Darstellung zeigt, wie weit der vorgenommene Wertungsansatz als Entscheidungshilfe für die Auswahl zweckmäßiger Funktionen für Teilräume wertvoll ist. Um entsprechende Funktionsbestimmungen jedoch rechtlich, wirtschaftlich und politisch durchzusetzen, bedarf es weitergehender, sehr viel differenzierterer Kosten-Nutzen-Rechnungen. Dabei wird durch die Darstellung der Zielkonflikte in Übersicht 1 der notwendige Bewertungsumfang deutlich. Diese Funktionsüberschneidungen sind neben den anderen Nutzungen ausschließenden Funktionen akuter Anlaß für Entschädigungsansprüche bei ihrer Festsetzung. Hier gilt es daher, konkrete Kenntnisse über die Kosten einerseits und den Nutzen bzw. den Bedarf andererseits zu erhalten.

Übersicht 1: *Funktionsbestimmung*

		LANDWIRT-SCHAFT		FORSTWIRT-SCHAFT		SIEDLUNG		LAGERSTÄT-TEN-ABBAU		VERKEHR		ERHOLUNG		WASSER-WIRTSCHAFT		ÖKOLOG. AUSGLEICHS-RAUM	
		HF	NF	HF	NF	HF	NF	HF	NF	HF	NF	HF	NF	HF	NF	HF	NF
[L]ANDWIRTSCHAFT	HF	L	L	F	L	S	L	A	L	V	VL	L	L	W	L	L	L
	NF	L	R2	F	R1	S	SL	A	A	V	VL	E	EL	W	L	Ö	L
[F]ORSTWIRTSCHAFT	HF			F	F	F	F	A	F	V	VF	F	F	F	F	F	F
	NF			F	R2	S	S	A	F	V	VF	E	EF	W	WF	Ö	Ö
[S]IEDLUNG	HF					S	S	S	S	S	S	S	S	W	S	S	S
	NF					S	R2	A	S	V	VS	E	ES	W	WS	Ö	Ö
LAGERSTÄTTEN [A]BBAU	HF							A	A	A	A	A	A	W	A	A	A
	NF							A	R2	V	V	E	E	W	WA	Ö	Ö
[V]ERKEHR	HF									V	V	V	V	W	V	V	V
	NF									V	V	E	EV	W	WV	Ö	Ö
[E]RHOLUNG	HF											E	E	W	E	E	E
	NF											E	E	W	WE	Ö	Ö
[W]ASSERWIRTSCHAFT	HF													W	W	W	W
	NF													W	R2	Ö	Ö
[Ö]KOLOGISCHER AUSGLEICHSRAUM	HF															Ö	Ö
	NF																Ö

HF = HAUPTFUNKTION   NF = NEBENFUNKTION   [L] = KENNBUCHSTABEN DER ENTSPRECHENDEN FUNKTION

R1 : OHNE WALDBESTAND: ENTWEDER RESERVEFLÄCHE (R2), ODER FUNKTION LANDWIRTSCHAFT (L)

R1 : BEI BESTEHENDEM WALD: FUNKTION FORSTWIRTSCHAFT (F)

R2 : RESERVEFLÄCHEN DER BESTEHENDEN FUNKTION

VL : z.B. ÜBERLAGERNDE FUNKTIONEN OHNE BEEINTRÄCHTIGUNG

: ZIELKONFLIKT ZWISCHEN DEN BETREFFENDEN FUNKTIONEN

S : ZIELKONFLIKT ZUGUNSTEN DER DARGESTELLTEN FUNKTION

SL : z.B. OFFENER ZIELKONFLIKT, IM EINZELFALL ZU ENTSCHEIDEN

Quelle: A. DIETRICH, Überlegungen a.a.O., S. 30.

Die Darstellung zeigt aber auch, daß Teilräume, die eine spezifische Eignung besitzen, wie dies beispielsweise in den Spalten der Hauptfunktionen Wasserwirtschaft oder Lagerstättenabbau zum Ausdruck kommt, auch eine spezielle Nutzungszuweisung erfahren könnten. Brösse geht bei der Definition derartiger „Vorranggebiete" noch einen Schritt weiter und fordert neben dem Standort- und Lagevorteil für eine dominante Funktion auch einen überlokalen und überregionalen Bedarf[8]). Er kommt unter Berücksichtigung dieser Kriterien zu der Aussage, daß eine Bestimmung für die Funktionen umweltbelastende Industrie, Erholung, Wasserversorgung, Abbau von Bodenschätzen, Naturschutz, Flugplätze und Landesverteidigung empfehlenswert sind.

Teilräume, die indifferente Eignungsqualitäten aufweisen, sind für besondere Widmungen ungeeignet. Sie könnten dem jeweiligen Bedarf dienen. Ihre Funktion wäre die Reservefunktion.

III. Konsequenzen spezifischer Funktionsanweisungen

Wenn bestimmte geeignete Teilräume für spezielle Funktionen vorrangig gewidmet werden, können damit dem Einzelnen oder einer Gemeinde Nutzungsgewinne entzogen oder gemindert werden, andererseits aber kann sich aus einer derartigen Funktionsbestimmung ebenso ein bestimmter Nutzen ergeben. Betrachten wir zunächst den Aufwand, der sich aus Entschädigungsansprüchen ergeben kann. Zunächst ist aber festzustellen, daß Funktionszuweisungen, die durch die Landesplanung ausgesprochen werden, für den einzelnen Grundbesitzer keine direkte Betroffenheit auslösen. Dies kann erst durch die Konkretisierung landesplanerischer Rahmenvorstellungen in speziellen Fachplanungen erfogen. Hier muß im Einzelfall entschieden werden, ob ein enteignungsgleicher oder ähnlicher Tatbestand gegeben ist. Wie kompliziert entsprechende Klärungen sein können, ist unter anderem von Grosch und Steffen am Beispiel der sich überlagernden Wassergewinnungs- und Landbewirtschaftungsfunktion dargestellt worden[9][10]). Aufgrund einer Wasserschutzfunktion können der Landwirtschaft folgende Auflagen gemacht werden:

— Beschränkung des Mineraldüngeraufwandes,
— Verbot der Ausbringung von Gülle, Jauche und Stallmist,
— Beschränkung des flächengebundenen Viehbesatzes,
— Zwang zur Grünlandnutzung von Ackerbaustandorten.

Der Eigentümer oder Benutzer von landwirtschaftlichen Betrieben oder Flächen in Wasserschutzzonen muß die genannten Auflagen hinnehmen, wenn das Wohl der Allgemeinheit dies verlangt (§ 19 WHG). In § 20 des Wasserhaushaltsgesetzes (WHG) wird

---

[8]) U. Brösse: Das raumordnungspolitische Instrument der Vorranggebiete. In: Voraussetzungen und Auswirkungen landesplanerischer Funktionszuweisungen, Forschungs- und Sitzungsberichte der Akademie für Raumforschung und Landesplanung, Band 104, Hannover 1975, S. 18.

[9]) P. Grosch, R. Mühlinghaus, H. Stillger: Entwicklung eines ökologisch ökonomischen Bewertungsinstrumentariums für die Mehrfachnutzung von Landschaften. Beiträge der Akademie für Raumforschung und Landesplanung, Band 20, Hannover 1978.

[10]) G. Steffen und H.-R. Jürging: Agrarproduktion in Erholungsgebieten. In: Voraussetzungen und Auswirkungen landesplanerischer Funktionszuweisungen a.a.O., S. 33.

festgelegt, daß ein angemessener Schadensausgleich zu zahlen ist, in Abhängigkeit von der Nutzungsbeschränkung. Dabei kann es zu einer Entschädigung des Ertragswertes oder des Verkehrswertes kommen. Allerdings können Eingriffe geringen Ausmaßes im Rahmen der entschädigungslosen Sozialbindung des Eigentums zugemutet werden. Dieses Beispiel mag zur Illustration des Problems der Entschädigung von Funktionszuweisungen aufgrund konkreter Fachplanungen an dieser Stelle genügen.

Problematischer liegen die Verhältnisse für Gemeinden oder Gemeindeverbände, denen aufgrund landesplanerischer Rahmenvorstellungen die Weiterentwicklung auf die sogenannte „Eigenentwicklung" reduziert wird. Eine Entschädigung im Sinne eines Schadensersatzes kann es hier nicht geben, da nur etwaige zukünftige Steuervorteile und ähnliche zukünftige Gewinne nicht mehr erreicht werden können. Hier ist nur ein Ausgleich möglich[11]). NIEMEIER hält den kommunalen Finanzausgleich für den zweckmäßigsten Ansatzpunkt für eine gesetzliche Regelung dieses notwendigen Ausgleiches. Er schlägt vor, entsprechend den bereits vorhandenen Korrekturansätzen für Schüler, Grenzland und Bäder, die im Nordrhein-Westfälischen Finanzausgleichsgesetz verankert sind, weitere Korrekturkriterien für den Ausgleich von entgangenen Gewinnen durch die Zuweisung von Flächenfunktionen neu zu schaffen.

In diesem Zusammenhang kann auch auf Lösungsansätze aus dem europäischen Ausland verwiesen werden. Beispielsweise ist im Raumordnungsgesetz der Niederlande vom Oktober 1972 in Artikel 49 festgelegt: „Wenn und soweit sich herrausstellt, daß ein Betroffener durch die Bestimmungen eines Widmungsplanes Schaden erleidet oder erleiden wird, der aus Billigkeitsgründen nicht oder nicht ganz zu seinen Lasten gehen kann und für den die Entschädigung nicht oder nicht ausreichend durch Kauf, Enteignung oder anderes gesichert ist, erkennt der Gemeinderat ihm auf seinen Antrag hin eine nach Billigkeit zu bestimmende Entschädigung zu." Ein Widmungsplan ist ein Nutzungsplan für Freiflächen. Dem etwa geschädigten Grundstückseigentümer wird in den Niederlanden allerdings kein Anspruch auf Entschädigung zugestanden, sondern eine nach Billigkeit zu bestimmende Entschädigung.

In der Schweiz gab es in Entwürfen zu dem kürzlich verabschiedeten Bundesgesetz über die Raumplanung Vorstellungen, nach denen an Gemeinwesen und Bewirtschafter, deren Gebiete oder Grundstücke für Erholungs- und Schutzzwecke in unzumutbarer Weise beansprucht werden, vom Bund Entschädigungen geleistet werden können. Aus Gründen der mangelhaften Eingrenzung des Umfanges entsprechender Entschädigungsleistungen wurde diese Bestimmung in den endgültigen Gesetzestext jedoch nicht übernommen.

Im Rahmen der flächenhaften Funktionszuweisung müssen noch weitere Aufwendungen angesprochen werden, die sich aus der Notwendigkeit ergeben, die Funktionsfähigkeit entsprechend der vorgesehenen Zweckbestimmung zu erhalten und zu entwickeln. Hier ergeben sich zielgerichtete, gebietsspezifische Förderansätze, die als Alternative zu der derzeitigen regionalen Förderung im Rahmen der Gemeinschaftsaufgaben anzusehen sind. Dabei kann unterstellt werden, daß Zielerreichungsgrad und Effekt der Fördermittel bei der Durchsetzung von Funktionen in Vorranggebieten grundsätzlich positiver bewertet werden müssen, weil die Eignung und der nachgewiesene Bedarf hierfür eine wesentliche Garantie darstellen.

---

[11]) H. G. NIEMEIER: Rechtliche Konsequenzen landesplanerischer Flächenzuweisungen. In: Voraussetzungen und Auswirkungen landesplanerischer Funktionszuweisungen, a.a.O., S. 123.

Erste Erfahrungen mit flächenhaften Funktionszuweisungen konnten bisher nur in Nordrhein-Westfalen und Baden-Württemberg gesammelt werden. In Nordrhein-Westfalen hat man in Anlehnung an die landesplanerisch akzeptierte Aufgaben- und Funktionstrennung in Form der zentralörtlichen Gliederung im Landesentwicklungsplan III den ersten Versuch in der Bundesrepublik Deutschland unternommen, großräumige Gebiete mit besonderer Bedeutung für Freiraumfunktionen auszuweisen. Dabei mußte man einen planerischen Ausschließlichkeitsanspruch für bestimmte Funktionen umgehen, weil in diesem Rahmen die Konsequenzen daraus für andere Funktionen nicht zu klären waren. Bezeichnend sind die Überlegungen, die bisher eine Funktionszuweisung für die Landwirtschaft (landwirtschaftliches Vorranggebiet) scheitern ließen. Insbesondere wird dabei der Mangel an sachlich gesicherten und einheitlichen Kriterien für die langfristige Abgrenzung angeführt. Aber auch die Verquickung von Produktions- und Wohlfahrtsaufgaben der Landwirtschaft führten zu Bewertungs- und Abgrenzungsproblemen. So wird durch die Abgrenzung von Gebieten mit besonderer Bedeutung für die Freiraumfunktionen „Wasserwirtschaft und Erholung" letztlich nur gesagt, daß hier neben anderen Funktionen eine überregionale Bedeuung für diese Funktionen vorgesehen ist. Damit wird die Entscheidung über die im Einzelfall konkurrierenden Raumansprüche auf die Ortsebene verlagert.

IV. Konsequenzen spezifischer Flächenfunktionen für strukturgefährdete ländliche Räume

Gerade die Entwicklungspolitik für den ländlichen Raum ergab in den letzten Jahren Anlaß zur Kritik, da sie das im Raumordnungsgesetz angestrebte Nivellierungsziel nicht erreichen konnte. Sie war damit gleichzeitig der Grund für erste Überlegungen zu funktionalen Lösungsansätzen. Die bisherige Raumordnungspolitik hat viel zu wenig berücksichtigt, daß der ländliche Raum eine Vielzahl von Funktionen im Rahmen des Gesamtraumes zu erfüllen hat, die eben nicht mit den klassischen Entwicklungskriterien gemessen werden können. Dabei ist zu beachten, daß spezifische Flächenfunktionen, die einen Vorrang aufgrund besonderer Standort- und Lagevorteile und eines überlokalen und überregionalen Bedarfes erfüllen, nicht flächendeckend im ländlichen Raum angenommen werden können. Die indifferente Funktionsvielfalt macht differenzierte raumspezifische Lösungsansätze notwendig. Es ist also nicht zweckmäßig, für strukturgefährdete Räume überall gleiche Zielnormen zu bestimmen. Vielmehr sollte ein ausgewogenes Konzept der jeweiligen räumlichen Funktionen, das unter Berücksichtigung großräumiger funktionaler Arbeitsteilung abgestimmt ist, Grundlage für die Formulierung regionsspezifischer Ziele sein.

Funktionsänderungen, insbesondere Funktionszuweisungen, werden nur bei einer entsprechend exakten Bewertung des Nutzens und der Benachteiligungen mit den Betroffenen abgestimmt und durchgesetzt werden können. Je kleiner der dabei gewählte Bezugsraum ist, desto leichter werden durch homogene Verhältnisse bedingt Funktionszuweisungen durchzusetzen sein. Diese Konzentration auf spezielle Problemlösungsstrategien von Teilräumen setzt eine Abkehr von dem bisherigen landesplanerischen Konzept genereller Ziele und Wertvorstellungen für zurückgebliebene Gebiete, wie sie beispielsweise im Raumordnungsgesetz postuliert worden sind, voraus. Sie ist eine Alternative, die in ihren praktischen Konsequenzen und Nebenbedingungen hier nicht vollständig ausgelotet werden kann. Vor einer breiteren Durchführung der Funktionszuweisung als dem strategischen Konzept für strukturgefährdete Räume müssen Modellvorhaben durchgeführt und weitere wissenschaftliche Untersuchungen begleitend vorgenommen werden.

V. Literaturhinweise

Brösse, U.: Das raumordnungspolitische Instrument der Vorranggebiete. In: Voraussetzungen und Auswirkungen landesplanerischer Funktionszuweisungen, Forschungs- und Sitzungsberichte der Akademie für Raumforschung und Landesplanung, Band 104, Hannover 1975, S. 18. — Zur Problematik von Vorranggebieten und ihre Realisierung. Vortrag anl. der Sitzung der Sektion II, 1976.

Dietrich, A.: Überlegungen zur Bestimmung von Flächenfunktionen. In: Beiträge zur Landnutzungsplanung, AVA, Wiesbaden 1976.

Empfehlungen des Beirates für Raumordnung vom 16. Juni 1976, Bonn 1976.

Grosch, P./Mühlinghaus, R./Stillger, H.: Entwicklung eines ökologisch ökonomischen Bewertungsinstrumentariums für die Mehrfachnutzung von Landschaften. Beiträge der Akademie für Raumforschung und Landesplanung, Bd. 20, Hannover 1978.

Heyken, H.: Probleme einer räumlich-funktionalen Arbeitsteilung. Schriftenreihe Landes- und Stadtentwicklungsforschung des Landes NRW, Band 1005, Dortmund 1975.

Hübler, K. H.: Künftige Funktionen der Landwirtschaft im Rahmen einer arbeitsteiligen Raum- und Siedlungsstruktur. In: IK, 24 Jg., H. 1, 1975.

Kötter, G.: Landbevölkerung im sozialen Wandel, Düsseldorf — Köln 1958.

Lampe, P.: Erfahrungen mit Funktionszuweisungen für Räume anhand des LEP III. Vortrag anl. d. Sitzung Sektion II, 1976.

Lowinski, H.: Probleme der räumlich funktionalen Arbeitsteilung. In: Materialien zum Siedlungs- und Wohnungswesen und zur Raumplanung, Band 3, Münster 1973.

Mantau, R.: Abgrenzung räumlicher Schwerpunkte der Landbewirtschaftung für die Bundesrepublik Deutschland. In: Schriftenreihe Raumordnung des Bundesministeriums für Raumordnung, Bauwesen und Städtebau, Nr. 06.005, Bonn 1975.

Meyer, K.: Ordnung im ländlichen Raum, Stuttgart 1964, S. 59.

Niemeier, H. G.: Rechtliche Konsequenzen landesplanerischer Flächenzuweisungen. In: Voraussetzungen und Auswirkungen landesplanerischer Funktionszuweisungen, Forschungs- und Sitzungsberichte der Akademie für Raumforschung und Landesplanung, Bd. 104, Hannover 1975, S. 123.

Partzsch, D.: Daseinsfunktionen. In: Handwörterbuch der Raumforschung und Raumordnung, Hrsg. Akademie für Raumforschung und Landesplanung, Hannover 1970.

von Schönfeld, G.: Das Konkrete ist disfunktional. In: Bauwelt, Heft 37, 1976.

Spitzer, H.: Regionale Landwirtschaft, Hamburg 1975.

Steffen, G./Jürging, H.-R.: Agrarproduktion in Erholungsgebieten. In: Voraussetzungen und Auswirkungen landesplanerischer Funktionszuweisungen, Forschungs- und Sitzungsberichte der Akademie für Raumforschung und Landesplanung, Bd. 104, Hannover 1975, S. 33.

Stillger, H. u. a.: Entwicklung eines ökologisch-ökonomischen Bewertungsinstrumentariums für Mehrfachnutzungen von Landschaften. Masch. Vervielfältigung, Hannover 1976.

Thoss, R.: Thesen zum Thema „Funktionszuweisungen". Vortrag anl. d. Sitzung der Sektion II, 1976.

Weyl: Bericht über die Arbeit des Beirates für Raumordnung, Manuskript 1976.

Analyse
ausgewählter strukturgefährdeter Räume

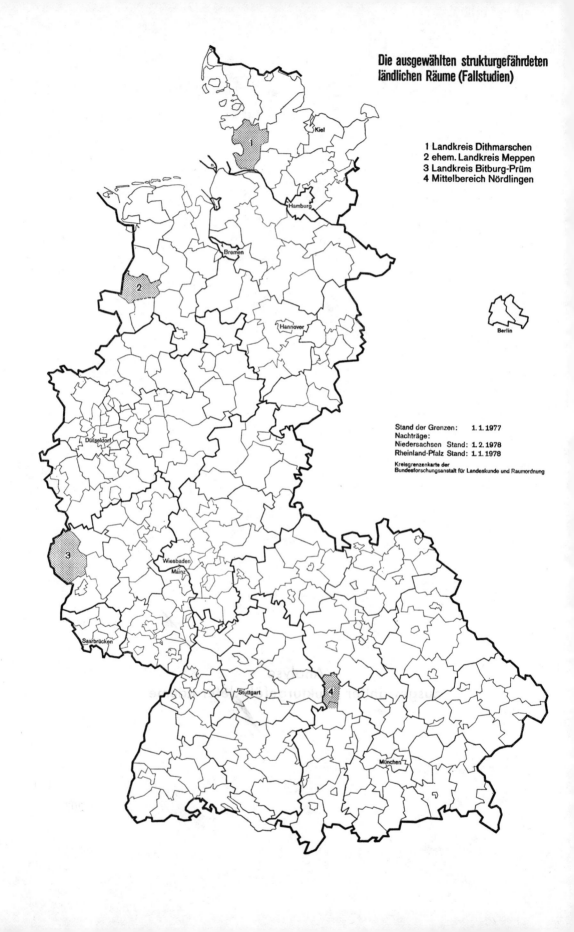

Struktur- und Entwicklungstendenzen des Landkreises Dithmarschen

von

Rudolf Kandt, Heide

Allgemeines

Die Lage des Kreises Dithmarschen ist gekennzeichnet durch die natürlichen Grenzen Nordsee, Elbe, Nord-Ostsee-Kanal, Gieselaukanal und Eider. Die natürlichen Gewässer und der Bau des Nord-Ostsee-Kanals zu einem Zeitpunkt, in dem Anzeichen der Industrialisierung in diesem Raum nicht erkennbar waren und der Entwicklung moderner, heute für selbstverständlich gehaltener Verkehrsmittel hier kaum Chancen eingeräumt wurden, haben engere Verzahnungen mit benachbarten Gebieten behindert, wenn nicht sogar verhindert.

Die Nordseeküste ist mit den vor der Dithmarscher Küste liegenden ausgedehnten und bis weit in die Nordsee sich hineinziehenden Watten mit Ausnahme einer jederzeit befahrbaren Zufahrt nach Büsum ausgesprochen hafenfeindlich. Die Breite der Unterelbe, der sehr stark mäandernde Verlauf der Eider mit den ursprünglich ausgedehnten Tiefgebieten, die durch die Einwirkungen der Tiden und den hier vorherrschenden West- und Nordweststürmen mehrmals im Laufe eines Jahres von Überschwemmungen bedroht wurden, haben auch trotz späterer Bedeichungen die Schaffung fester Verkehrsverbindungen lange verhindert. Auch die Errichtung des Nord-Ostsee-Kanals Ende des vorigen Jahrhunderts war für die wirtschaftliche Entwicklung Dithmarschens eher ein Nachteil als Vorteil. Die Qualifikation des Nord-Ostsee-Kanals als internationale Schiffahrtsstraße für den durchgehenden Verkehr hat die Ansiedlung von Industrie- und Hafenanlagen an dieser Verkehrsader bis in die jüngste Zeit verhindert. Erst die Planungen der letzten Zeit scheinen nach jahrzehntelangen Anstrengungen aller verantwortlichen Stellen für den Kreis Dithmarschen und somit für die Westküste Schleswig-Holsteins nachhaltige Erfolge zu zeitigen.

Die Landwirtschaft war bis vor kurzer Zeit der vorherrschende Wirtschaftsfaktor. Die Verkehrsferne zu den großen Verkehrszentren der Bundesrepublik hat anders als in anderen Bundesländern oder im Hamburger Randgebiet die Entwicklung neuer gewerblicher Betriebe trotz einer starken Bevölkerungszunahme durch die Vertriebenen des letzten Weltkrieges bis in die 60er Jahre verhindert. Ein großer Teil der Vertriebenen ist in den 50er Jahren in andere Bundesländer umgesiedelt worden, so daß sich 1960 ein in etwa fester Einwohnerstand eingependelt hatte. Betrug der prozentuale Anteil der Vertriebenen 1946 und 1950 noch etwa 37% der Wohnbevölkerung, war der Anteil der Vertriebenen bis 1961 auf rund 24% der Wohnbevölkerung zurückgegangen. Mit Rücksicht auf das geringe Arbeitsplatzangebot in diesem Raum war sowohl der Außenwanderungssaldo der Vertriebenen über die Landesgrenzen als auch der Binnenwanderungssaldo der Vertriebenen innerhalb des Landes von Kreis zu Kreis bis einschließlich 1960 für das Gebiet des Kreises Dithmarschen negativ im Gegensatz zu einigen Kreisen im Hamburger Randgebiet, in denen positive Außenwanderungssalden ab 1956 und positive Binnenwanderungssalden innerhalb Schleswig-Holsteins bereits ab 1951 festzustellen waren.

I. Bevölkerung

1. *Bevölkerungsentwicklung im Kreis Dithmarschen ab 1960/61*[1])

Die Bevölkerungsentwicklung ab 1960/61 zeigt in den einzelnen Jahrgangsklassen folgendes Bild:

Jahrgangskl.:	1960/61	1970	1975
unter 6	12 210	14 177	11 096
6—15	17 242	12 590	22 251
16—21	11 270	10 737	9 471
22—34	22 187	21 705	19 737
35—49	22 125	24 578	25 117
50—65	25 807	22 159	22 636
älter als 65	18 087	21 014	20 782
zusammen:	128 928	126 960	131 090

Bevölkerungsentwicklung getrennt nach Jahrgängen bis 6 Jahre — bezogen auf das Jahr 1975:

Jahrg. 1970	5—6 Jahre alt —	2347
Jahrg. 1971	4—5 Jahre alt —	2088
Jahrg. 1972	3—4 Jahre alt —	1994
Jahrg. 1973	2—3 Jahre alt —	1768
Jahrg. 1974	1—2 Jahre alt —	1537
Jahrg. 1975 unter 1	Jahr alt —	1395

Der höchste Bevölkerungsstand wird nach den Angaben des statistischen Landesamtes Schleswig-Holstein am 31. 12. 1969 mit 135 718 angegeben. Seit diesem Zeitpunkt ist ein gleichbleibender Rückgang der Bevölkerungszahl zu beobachten.

Im Vergleich zu den Entwicklungen in den übrigen Kreisen in Schleswig-Holstein ist in Dithmarschen die stärkste Abnahme zu verzeichnen. Diese Abnahme beruht nicht allein auf dem Geburtenrückgang sondern auch auf einem negativen Wanderungssaldo. Die Gründe des negativen Wanderungssaldos liegen in einem nicht ausreichenden Arbeitsplatzangebot und insbesondere in einem *nicht genügend qualifizierten* Arbeitsplatzangebot. Letzterer Mangel ist ganz besonders deshalb gravierend, weil in Dithmarschen gerade seit der Zeit, als in anderen Gebieten Deutschlands die Industrialisierung einsetzte, ein überdurchschnittliches Angebot (auch bezogen auf Schleswig-Holstein) an weiterführenden allgemeinbildenden Schulen vorhanden war. Es bestand auch eine sehr starke Tendenz, dieses Angebot auszunutzen, was vermutlich auch in überdurchschnittlichem Maß zum Studium und damit zur Abwanderung jüngerer Menschen führte. Diese Tendenz ist bis in die jüngste Zeit erkennbar.

Die bisher geltenden Förderungsbestimmungen zur Schaffung neuer Arbeitsplätze haben das seit langem bestehende sogenannte Südwest-Nord- und in Schleswig-Holstein das Ost-West-Gefälle (im letzteren Falle nicht zuletzt durch die Zonenrandförderungsbestimmungen) eher verstärkt als abgebaut.

---

[1]) Bevölkerungsentwicklung. Gemeindestatistik Schleswig-Holstein 1960/61, StLA 1963. Gemeindestatistik Schleswig-Holstein 1970, StLA 1973. Fortschreibung der Wohnbevölkerung 1975, StLA 1976.

2. Wanderungssaldo der Erwerbspersonen 1960 — 1970 — 1975[2])

Eine Aufschlüsselung des Wanderungssaldos nach Jahrgangsklassen liegt nicht vor. Aufgrund der hier gemachten Beobachtungen, die im allgemeinen Teil festgehalten sind, muß aber davon ausgegangen werden, daß es sich bei den abwandernden Personen im wesentlichen um die Jahrgangsklassen 21 bis 34 und 35 bis 49 Jahre handelt. Ein geringer Anteil ist noch den Jahrgangsklassen unter 21 Jahre zuzurechnen (Kinder der fortziehenden Eltern). Die Wanderungsbewegungen im Kreis Dithmarschen zeigten in den Jahren 1960, 1970 und 1975 folgendes Bild:

Jahr	Zuzüge			Fortzüge			Saldo		
	insges.	davon aus anderen Kreisen Schl.-H.	davon außerhalb Schl.-H.	insges.	davon in andere Kreise Schl.-H.	davon nach außerh. Schl.-H.	insges.	außerhalb Schl.-H.	Binnenwanderungssaldo im Kreis Dithmarschen (+)
1960	6639	3885	2754	8149	4656	3493	—1510	—739	3834
1970	6988	4005	2983	7155	4214	2941	— 167	+ 42	3751
1975	4295	2160	2139	4563	2358	2195	— 209	— 46	4358

(*) In der Gesamtzahl der Zuzüge und Fortzüge sind die Ergebnisse des Binnenwanderungssaldos im Kreis nicht berücksichtigt.

Aus der Aufstellung ist zu entnehmen, daß insgesamt ein negativer Wanderungssaldo besteht, der sogar 1975 im Vergleich zu 1970 wieder angestiegen ist. Auffallend war 1970, daß von außerhalb der Grenzen Schleswig-Holsteins schon ein Wanderungsgewinn zu verzeichnen gewesen ist. Die Ursache liegt vermutlich darin, daß in der zweiten Hälfte der 60er Jahre verschiedene Betriebe mit ca. 150 bis 300 Beschäftigten angesiedelt worden sind, für die entsprechende Fachkräfte aus anderen Teilen der Bundesrepublik angeworben werden mußten.

Beachtlich erscheint der Binnenwanderungssaldo im Kreis Dithmarschen, der sogar zwischen 1970 und 1975 nicht unwesentlich angestiegen ist. Die Entwicklung der einzelnen zentralen Orte des Kreises und der ihnen zugeordneten Nahbereiche im Planungsraum IV Schleswig-Holstein ist gegenüber der Prognose der Landesplanungsbehörde im Regionalplan IV[2a]) unterschiedlich verlaufen. Grundsätzlich ist festzustellen, daß sich eine Konzentration der Bevölkerung auf die zentralen Orte hin vollzieht, im übrigen jedoch eine stärkere Bevölkerungsabnahme in den Gemeinden des Marschgebietes als in den Gemeinden des Geestbereichs zu beobachten ist. Im Geestbereich sind Bevölkerungszunahmen noch in Gemeinden zu verzeichnen, die im Regionalplan IV als Gemeinden ohne künftige mögliche Bebauung bezeichnet worden sind.

Ohne eine positive Entwicklung im Raum Brunsbüttel muß im Vergleich zum Landesdurchschnitt des Landes Schleswig-Holstein und der Bundesrepublik mit einem über dem Durchschnitt liegenden Bevölkerungsrückgang gerechnet werden.

---

[2]) Wanderungssaldo. Statistische Jahrbücher Schleswig-Holstein, StLA 1960, 1970, 1975.
[2a]) Bekanntmachung der MinPräs. v. 27. 2. 67 — Amtsbl. Schl.-H. S. 107.

3. Steuerkraft je Einwohner in DM[3])

	Kreis Dithmarschen	Land Schl.-H.	Abweichung in %	Landkreise in Schl.-H.	Abweichung in %
1970	149,11	163,—	— 8,5	134,—	+11,3
1971	158,59	175,—	— 9,4	151,—	+ 5,0
1972	179,41	199,87	—10,2	186,88	— 4,0
1973	202,49	222,08	— 8,8	210,—	— 3,6
1974	251,46	292,89	—14,1	271,95	— 7,5
1975	299,09	348,48	—14,2	318,78	— 6,2
1976	347,49	380,58	— 8,7	349,90	— 0,6
1977	349,41	392,10	—10,9	364,05	— 4,0

In der vorstehenden Tabelle wurde die Steuerkraft je Einwohner einmal zu der Steuerkraftzahl je Einwohner im Land Schleswig-Holstein und je Einwohner der Landkreise in Schleswig-Holstein ins Verhältnis gesetzt.

In beiden Vergleichen ist deutlich die Konjunkturanfälligkeit dieses Raumes zu erkennen. Aus dem Vergleich zum Durchschnitt aller Landkreise werden die negativen Auswirkungen der heutigen Abgrenzungen der Fördergebiete für den Kreis Dithmarschen deutlich. Darüber hinaus wirkt sich hier die veränderte Steuerverteilung der Kfz.- und Gewerbesteuer ebenfalls eklatant zu Ungunsten des Kreises Dithmarschen aus.

II. Arbeitsmarkt

1. Erwerbspersonenanteil Entwicklung seit 1970[4])

Von der Gesamtzahl der Erwerbspersonen 1970 waren in den einzelnen Wirtschaftszweigen beschäftigt:

Nach den bei amtlichen Zählungen zusammengefaßten Wirtschaftszweigen zu Wirtschaftsbereichen ergibt sich folgendes Bild:

Land- und Forstwirtschaft	17,9
Produzierendes Gewerbe einschließlich Baugewerbe	33,3
Handel und Verkehr	20,2
Sonstige (Dienstleistungen)	28,6
	100,0

Der Erwerbspersonenanteil an der Gesamtbevölkerung wird beim Statistischen Landesamt Schleswig-Holstein nicht fortgeschrieben. Bei entsprechenden Anfragen werden nur die prozentualen Anteile aus der letzten Volkszählung auf den jeweiligen Einwohnerstand umgerechnet.

---

[3]) Steuerkraft. Angaben des Innenministers des Landes Schleswig-Holstein 1977.
[4]) Erwerbspersonenanteil. Gemeindestatistik Schleswig-Holstein 1970, StLA 1973.

Aufstellung über Erwerbstätige

Wirtschaftszweig	insges.	in %	Selbständige	Mithelfende Familienangehörige	Beamte	Angestellte	kaufm. Lehrlinge	Arbeiter	gewerbl. Lehrlinge
Landwirtschaft	9 200	17,9	3 700	3 800	0	200	0	1 300	100
Energiewirtschaft Wasserversorgung	300	0,6	0	0	0	100	0	200	0
Verarbeit. Gewerbe ohne Baugewerbe	11 200	21,8	1 100	500	0	2 000	200	6 500	900
Baugewerbe	5 900	11,5	500	100	0	500	0	4 400	300
Handel	7 100	13,8	1 500	600	0	2 500	500	1 300	500
Verkehr und Nachrichtenwesen	3 300	6,4	400	100	900	700	100	1 100	100
Kreditinstitute und Versicherungen	1 100	2,1	100	0	0	700	200	100	0
Dienstleistungen	6 300	12,3	1 300	500	800	1 900	200	1 300	400
Organisationen ohne Erwerbscharakter	600	1,2	0	0	0	300	0	200	0
Gebietskörperschaften und Sozialversorgung	6 400	12,4	0	0	2 900	1 800	100	1 600	0
	51 400	100,0	8 600	5 700	4 600	10 800	1 300	17 900	2 400

In der Arbeitsmarktstatistik des Arbeitsamtes Heide werden die abhängigen Erwerbspersonen angegeben; danach waren im Arbeitsamtsbezirk Heide, zu dem außer dem Kreis Dithmarschen der ehemalige Kreis Eiderstedt zählt, 1971 41 900 abhängige Erwerbspersonen wohnhaft. Der Anteil des Kreises Dithmarschen beträgt ca. 88% der Einwohner des Arbeitsamtsbezirkes Heide. Da die Arbeitsmarktsituation im Gebiet des ehemaligen Kreises Eiderstedt ähnlich der im Kreis Dithmarschen ist, kann mit hinreichender Genauigkeit mit anteiligen Zahlen gerechnet werden.

Die Entwicklung der Zahlen der abhängigen Erwerbspersonen zeigt in den Jahren nach 1970 demnach folgendes Bild:

1971	36 900	1974	38 400
1972	38 500	1975	38 100
1973	38 400	1976	37 800

Es muß aber angenommen werden, daß den Steigerungszahlen an abhängigen Erwerbspersonen Abgänge bei den Zahlen der selbständigen Erwerbspersonen von 1972—1974 gegenüberstehen. Der Rückgang der Zahl der Kleinstgewerbebetriebe ist deutlich erkennbar. Dies geht auch aus dem Rückgang der Zahl der abhängigen Erwerbspersonen 1975 und 1976 trotz der inzwischen eingetretenen Einstellung von Arbeitskräften bei den im Aufbau befindlichen Industriebetrieben im Raum Brunsbüttel hervor.

Besonders hingewiesen werden muß für den Bereich des Kreises Dithmarschen auf den hohen Anteil der Beschäftigten im Baugewerbe, der sich im wesentlichen aus dem Sektor Tiefbau ergibt. Ursachen hierfür liegen insbesondere in der Ausdehnung der Tiefbaubranche nach der Sturmflut 1962, der kreisgrenzenübergreifenden Tätigkeit im Gebiet des „Programm Nord" und der Ausdehnung des „Programm-Nord"-Gebietes auf den Kreis Dithmarschen. Die Übersetzung in dieser Branche wird zur Zeit verdeckt durch die Infrastrukturmaßnahmen zur Industrieansiedlung im Raum Brunsbüttel.

2. Beschäftigte in der Industrie[5])

Dem folgenden Zahlenmaterial muß vorausgeschickt werden, daß aus Gründen des Datenschutzes nur in die Sektoren Grundstoffe und Produktionsgüter, Investitionsgüter und Nahrungs- und Genußmittel unterschieden werden kann. Außerdem sind im allgemeinen nur Betriebe mit mehr als 10 Beschäftigten in der Statistik berücksichtigt worden.

Industriebeschäftigte auf je 1000 Einwohner

1960/61	1970	1975
43	50	46

In der folgenden Aufstellung werden auch die bis zur Zusammenlegung der beiden Kreise Norder- und Süderdithmarschen zum Kreis Dithmarschen bekannten Zahlen getrennt aufgeführt, da dieses Material wesentliche Aufschlüsse ergibt.

Die Beschäftigten in der Industrie*) **), ab 1960 im Kreis Dithmarschen***)[6])

Jahr	Grundstoffe und Produktionsgüter			Investitionsgüter			Verbrauchsgüter			Nahrungs- und Genußmittel			Insgesamt		
	N-Dithm.	S-Dithm.	Dithm.	N-Dithm.	S-Dithm.	Dithm.	N-Dithm.	S-Dithm.	Dithm.	N-Dithm.	S-Dithm.	Dithm.	N-Dithm.	S-Dithm.	Dithm.
1950	101	2566	2667	182	402	584	374	608	982	222	1080	1302	880	4656	5536
1961	91	2676	2767	144	407	551	358	762	1120	224	1034	1258	818	4879	5697
1962	329	2854	2983	193	464	657	447	988	1435	248	1039	1287	1217	5145	6362
1963	310	2158	2168	172	446	618	471	1102	1573	270	1027	1297	1205	4734	5939
1964	260	1868	2128	165	454	619	523	1150	1673	275	1002	1277	1221	4471	5692
1965	234	2015	2249	218	513	731	541	1228	1769	272	910	1182	1264	4666	5930
1966	284	2028	2312	385	505	890	568	1044	1612	277	911	1188	1511	4488	5999
1967	277	1958	2235	385	444	829	519	898	1417	257	976	1233	1437	4274	5711
1968	233	1847	2080	419	435	854	553	1028	1581	239	943	1182	1444	4253	5697
1969			1930			1170			1730			1171			6001
1970			1872			1363			1850			1203			6288
1971			1783			1141			1926			1163			6013
1972			1767			1191			2127			1143			6228
1973			1754			1360			2191			1211			6516
1974			1761			1558			1920			1154			6393
1975			1758			1507			1689			1080			6034

*) Jahresdurchschnitt.
**) in Betrieben mit im allgemeinen 10 und mehr Beschäftigten.
***) Wurde 1970 aus den Kreisen Süder- und Norderdithmarschen gebildet.

---

[5]) Beschäftigte in der Industrie. Gemeindestatistik Schleswig-Holstein 1960/61, StLA 1963. Gemeindestatistik Schleswig-Holstein 1970, StLA 1973. Fortschreibung der Wohnbevölkerung 1975, StLA 1976.
[6]) Beschäftigte in der Industrie. Industrieberichterstattung 1960 bis 1975; Besondere Zusammenstellung des Statistischen Landesamtes 1977.

Die Darstellung des Zahlenmaterials für die Gebiete des ehemaligen Kreises Norder- und Süderdithmarschen zeigt deutlich, daß 1960 der Beschäftigtenanteil im Sektor Grundstoffe und Produktionsgüter 64% der Industriebeschäftigten betrug und davon allein 96% im Teil Süderdithmarschen beschäftigt waren. Dieses Arbeitsplatzangebot beschränkt sich auf sehr wenige Großbetriebe in Hemmingstedt, Meldorf und Brunsbüttel, die alle aufgrund ihrer Entwicklung in den 60er Jahren mit dem Anstieg der Lohnkostenanteile zu starker Rationalisierung gezwungen waren und auch für starke Rationalisierungsmaßnahmen geeignet waren. Einige Firmenneugründungen ab 1960 konnten den Arbeitsplatzausfall nicht ausgleichen, so daß bis 1975 ein Rückgang der Beschäftigten in diesem Sektor von 2667 auf 1758 festzustellen ist. Seit 1971 ist eine Stagnation der Zahl der Industriebeschäftigten zu erkennen. Der Anteil des Sektors Grundstoffe und Produktionsgüter beträgt 1975 nur noch 29%.

Zwischen den Gebietsteilen Norder- und Süderdithmarschen liegt ein nennenswerter Unterschied bezüglich der Beschäftigtenzahlen in der Industrie dann noch im Sektor Nahrungs- und Genußmittelindustrie. Dies hat seine Ursachen in den günstigeren Voraussetzungen für den Feldgemüseanbau in der Südermarsch sowie in dem Vorhandensein einer starken Krabbenfangkutterflotte in Friedrichskoog, so daß im Südteil die besseren Standortvoraussetzungen für Industriebetriebe des Nahrungs- und Genußmittelsektors vorhanden waren.

Die Beschäftigten dieses Sektors haben jedoch in sehr starkem Maße mit zeitweiliger Arbeitslosigkeit bzw. mit Arbeitsplatzwechsel innerhalb eines Jahres zu rechnen, da die Mehrzahl der Betriebe saisonabhängig ist.

Die Entwicklung in den einzelnen Sektoren für die Jahre 1960, 1970 und 1975 zeigt folgendes Bild:

Sektor	1960	1970	1975
Grundstoffe und Produktionsgüter	48,2%	29,8%	29,1%
Investitionsgüter	10,5%	21,7%	25,0%
Verbrauchsgüter	17,7%	29,4%	28,0%
Nahrungs- und Genußmittel	23,6%	19,1%	17,9%

Die Industriezweige Grundstoffe und Produktionsgüter sowie Nahrungs- und Genußmittel mit den höchsten Beschäftigtenzahlen 1960 hatten im Kreis Dithmarschen einen verhältnismäßig hohen Anteil am Bruttoinlandsprodukt, das bisher eines der Kriterien für die Feststellung strukturschwacher Räume war. Es hat sich gerade am Beispiel Dithmarschen gezeigt, daß dieses Kriterium für die Beurteilung, ob ein Raum Strukturschwächen aufweist oder nicht, absolut ungeeignet ist. Das von den Betrieben dieses Sektors erwirtschaftete Kapital kommt nur zu einem geringen Teil diesem Raum zugute.

Die Beschäftigung nichtdeutscher Arbeitnehmer hat im Kreis Dithmarschen nur geringe Bedeutung. Die Gesamtzahl betrug 1975 203. Sie hat 1976 sogar um 10% abgenommen. Besondere Schwerpunkte in einzelnen Berufsgruppen sind nicht erkennbar.

3. Betriebsstrukturen und Veränderungen im Arbeitsplatzangebot

Bei der Beantwortung der Frage nach der dominierenden Betriebsgröße im Kreis Dithmarschen muß in 2 Gruppen, die zur Zeit etwa gleichen Anteil haben, unterschieden werden. Auf dem Sektor Grundstoffe und Produktionsgüter dominieren einschließlich der Neuansiedlungen die Betriebe mit rund 300 Arbeitsplätzen, auf dem Sektor Nahrungs- und Genußmittel die Betriebe mit 80 bis 100 Arbeitsplätzen.

Die überwiegende Mehrzahl der im Kreis ansässigen Industriebetriebe mit mehr als 100 Arbeitsplätzen sind Filialbetriebe oder Betriebe, die ihren Verwaltungssitz und größere Filialbetriebe außerhalb des Kreisgebietes haben.

Mittelständische bodenständige Betriebe haben besondere Bedeutung bis zu Betriebsgrößen mit 100 Arbeitskräften. Dies galt insbesondere für die Sektoren Nahrungs- und Genußmittel und Verbrauchsgüter und ab 1970 auch für den Sektor Investitionsgüter.

In den Jahren des Konjunkturrückgangs war zu beobachten, daß von bodenständigen Betrieben und hier insbesondere denen mittlerer Größe Kündigungen zurückhaltender ausgesprochen wurden.

Echte Betriebsstillegungen erfolgten seit 1970 in 2 Fällen im Tiefbausektor. Hierdurch waren zusammen ca. 250 Arbeitsplätze betroffen. Da diese Stillegungen jedoch auf Vergleichs- bzw. Konkursverfahren beruhten, war es möglich, den größten Teil der Arbeitnehmer in anderen ansässigen Betrieben unterzubringen.

Zu erwähnen ist weiter eine größere Umstrukturierung eines Filialbetriebes der Lebensmittelbranche, wodurch ca. 200 Dauer- und ebensoviele Saisonarbeitsplätze verloren gingen. Die Unterbringung dieser Arbeitskräfte machte erhebliche Schwierigkeiten. Zum Teil sind Facharbeitskräfte sogar abgewandert.

Eine weitere Einbuße an Arbeitsplätzen erfolgte bei Betrieben des Sektors Grundstoffe und Produktionsgüter durch den Konjunktureinbruch im Bereich der Bauwirtschaft.

Ansiedlungen größerer Industriebetriebe erfolgten seit 1970 nur im Raum Brunsbüttel. Von diesen Ansiedlungen hat bisher auch nur das Kernkraftwerk Brunsbüttel mit rund 180 Beschäftigten den Betrieb voll aufgenommen.

Die Firmenansiedlungen Bayer und Veba Chemie sind zur Zeit noch im Aufbau. Durch die Firma Bayer werden nach Fertigstellung des I. Bauabschnittes rund 340 Dauerarbeitsplätze geschaffen. Die Arbeitskräfte sind zur Zeit zu ca. 80 % angeworben. Durch die Ansiedlung Veba sollen ca. 280 Dauerarbeitsplätze geschaffen werden. Die Anwerbung der Arbeitskräfte für diesen Betrieb soll noch im Laufe dieses Jahres erfolgen. Zu berücksichtigen ist bei der Ansiedlung dieser Betriebe, daß ausgebildete Facharbeits- und Führungskräfte kaum zur Verfügung stehen; diese müssen aus anderen Teilen der Bundesrepublik angeworben bzw. durch Umschulung ausgebildet werden. Umschulungslehrgänge sind bei den Betrieben bereits angelaufen.

Im Wirtschaftsraum Brunsbüttel sind darüber hinaus 2 weitere Firmengründungen erfolgt. Nach der derzeitigen Planung sollen in diesen Fällen je Betrieb 100 bis 120 Arbeitsplätze geschaffen werden.

In bezug auf die Neuansiedlungen im Raum Brunsbüttel ist festzustellen, daß diese nur mit Hilfe erheblicher Investitionen des Bundes und des Landes Schleswig-Holstein erfolgen konnten. Die Herstellung der für derartige Ansiedlungen notwendigen Infrastruktureinrichtungen ist seitens der Stadt Brunsbüttel und des Kreises Dithmarschen nicht denkbar. Erwähnt werden muß hier auch, daß die angesprochenen Ansiedlungen kreisgrenzenübergreifend zum Kreis Steinburg sind. Hinsichtlich der Besetzung der neu geschaffenen Arbeitsplätze haben Arbeitnehmer aus dem Kreis Steinburg etwa gleich großen Anteil.

4. Bedeutung und Struktur der Arbeitslosigkeit[7])

Im Gebiet des Kreises Dithmarschen war seit dem letzten Krieg im Verhältnis zur Bundesrepublik — bezogen auf die jeweilige Konjunkturlage — immer eine hohe Arbeitslosenquote vorhanden. Die wesentlichen Gründe, die Verkehrsferne, der hohe Anteil saisonbedingter Arbeitsplätze und der Konjunktureinbruch in der Bauwirtschaft wurden bereits angesprochen. Hinzu kommt aber noch für diesen Raum die schwierige Situation in der Seewirtschaft und die Umstrukturierung in der Landwirtschaft mit einem hohen Arbeitskräfteanteil im Verhältnis zur Zahl der Industriebeschäftigten. Die Arbeitslosenquote im Kreis Dithmarschen lag in den Jahren seit 1970 in den Sommermonaten teilweise bis zu 100 % höher als im Bundesdurchschnitt, in den Wintermonaten lag sie teilweise sogar bis zu 200 % über dem Bundesdurchschnitt.

Der Hauptanteil der Arbeitsuchenden im Jahre 1975 stammt aus den Bauberufen mit 2552 = 19 % (konjunktur- und saisonbedingt). An 2. Stelle sind die Verkehrsberufe mit

---

[7]) Arbeitslosigkeit. Lfd. Arbeitsmarktstatistik des Arbeitsamtes Heide.

1157 = 9% zu finden (derzeitige Lage der Seeschiffahrt). Gleichauf mit jeweils 6% (je rund 100 Arbeitssuchende) rangieren auf den Plätzen 3 bis 6 die Warenkaufleute; Schlosser, Mechaniker und zugeordnete Berufe; die Organisations-, Verwaltungs- und Büroberufe und die Ernährungsberufe, gefolgt von den landwirtschaftlichen und hauswirtschaftlichen Berufen mit jeweils 4,5% (je rund 600 Arbeitssuchende). Die vorstehenden Werte haben sich 1976 trotz der Einstellung bei Bayer, Brunsbüttel, kaum verändert.

Die Zahl der Kurzarbeiter, die jeweils am 15. eines Monats Anspruch auf Kurzarbeitergeld hatten, lag 1975 mit 544 Anspruchsberechtigten außergewöhnlich hoch. Der Rückgang auf nur 75 Anspruchsberechtigte im Jahre 1976 muß der besseren Auslastung des Baugewerbes, einer leichten Verbesserung der Lage der Seeschiffahrt sowie der Besetzung der neu geschaffenen Arbeitsplätze im Raum Brunsbüttel zugeschrieben werden.

Die Arbeitslosen nach Berufsabschnitten im Jahresdurchschnitt 1975[8])

Berufsabschnitt	Kennziffern der zugehörigen Berufsgruppen	1975 Männer und Frauen
Pflanzenbauer, Tierzüchter, Fischereiberufe, Forst- und Jagdberufe	01—06	128
Bergleute, Mineralgewinner, Steinbearbeiter, Baustoffhersteller	10—11	12
Keramiker, Glasmacher, Chemiearbeiter, Kunststoffverarbeiter, Papierhersteller, -verarbeiter, Drucker, Holzaufbereiter, Holzwarenfertiger	12—18	20
Metallerzeuger, -bearbeiter, Schlosser, Mechaniker und zugeordnete Berufe, Elektriker, Montierer und Metallberufe, a. h. g.	19—32	224
Textil- und Bekleidungsberufe, Lederhersteller, Leder- und Fellverarbeiter	33—37	55
Ernährungsberufe	39—43	115
Bauberufe, Bau-, Raumausstatter, Polsterer, Tischler, Modellbauer, Maler, Lackierer und verwandte Berufe, Warenprüfer, Versandfertigmacher	44—52	641
Hilfsarbeiter ohne nähere Tätigkeitsangabe	53	309
Maschinisten und zugehörige Berufe, Ingenieure, Chemiker, Physiker, Mathematiker, Techniker, techn. Sonderfachkräfte	54—63	113
Warenkaufleute, Dienstleistungskaufleute und zugehörige Berufe	68—70	242
Verkehrsberufe	71—73	117
Lagerverwalter, Lager- und Transportarbeiter	74	119
Organisations-, Verwaltungs- und Büroberufe	75—78	203
Ordnungs- und Sicherheitsberufe	79—81	39
Publizisten, Dolmetscher, Bibliothekare, Künstler und zugeordnete Berufe	82—83	10
Gesundheitsdienstberufe, Soz.- u. Erz.-ber., geist- u. naturwiss. Ber., a. n. g., Körperpfleger	84—90	83
Gästebetreuer, hauswirtschaftl. Berufe, Reinigungsberufe	91—93	222
Arbeitskräfte mit noch nicht bestimmten Berufen		128
zusammen:		2780

Die Zahl von 2780 Arbeitssuchenden entspricht rund 7,3% der im Jahre 1975 in einem abhängigen Arbeitsverhältnis stehenden Arbeitnehmer.

[8]) Arbeitslosigkeit. Jahresergebnisse der Arbeitsmarktstatistik 1975, Arbeitsamt Heide.

III. Landwirtschaft

1. Betriebsgrößenentwicklung 1960/61—1971/74[9])

Die Zahl der land- und forstwirtschaftlichen Betriebe hat im Zeitraum von 1960/61 bis 1971 von 6699 um 28,1% auf 4881, die Zahl der reinen landwirtschaftlichen Betriebe von 6520 sogar um 29,8% auf 4660 Betriebe abgenommen. Im Zeitraum von 1971 bis 1974 sind weitere Abnahmen um 5,7% auf 4603 bzw. um 4,7% auf 4440 Betriebe zu verzeichnen.

Mit Rücksicht darauf, daß 1961 nur in den Gruppen 0,01 bis 2 ha, 2 bis 5 ha, 5 bis 10 ha, 10 bis 20 ha, 20 bis 50 ha und über 50 ha gezählt worden ist, sind die Ergebnisse von 1971 und 1974 auch in diesen Gruppen gegenübergestellt.

	0,01—2 ha	2—5 ha	5—10 ha	10—20 ha	20—50 ha	über 50 ha
1961	1181	804	794	1591	1824	326
1971	661	445	393	763	1935	463
1974	804	366	333	588	1819	530
Veränderungen in %	— 377 / 32	—438 / 54	—461 / 58	—1003 / 63	—5 / ±0	+204 / 63

Hinsichtlich der landwirtschaftlichen Betriebsgrößenstruktur ist in Dithmarschen die naturräumliche Gliederung zu berücksichtigen. Trotz des bereits bis 1961 zu beobachtenden Trends zu größeren Betriebseinheiten betrug 1961 (1974) der Anteil der Betriebe mit 10 bis 20 ha in der Marsch noch 19,9% (5,0%), der Anteil auf der Geest sogar noch 28,7% (8,2%). Der Anteil der Betriebe mit 20 bis 50 ha lag in den Naturräumen Marsch und Geest 1961 fast gleichauf mit 29,8 und 26,5% (1974 mit 16,3 und 24,7%); der Anteil der Betriebe mit über 50 ha war in der Marsch mit 9,1% (8,3%) gegenüber der Geest mit 1,7% (3,7%) wesentlich höher.

Die Gegenüberstellungen zeigen, daß der Trend zu größeren Betrieben in der Geest stärker zu beobachten ist als in der Marsch. Das ist daraus zu erklären, daß der Anteil der kleinen Betriebe in der Geest wesentlich höher lag als in der Marsch.

Die Schwankungen bei den Betriebsgrößen von 0,01 bis 2 ha lassen sich nur so erklären, daß in den letzten Jahren ein starker Trend dahingehend zu beobachten ist, daß Nichtlandwirte Grenzertragsböden aufkauften. Diese Flächen sind für die landwirtschaftliche Produktion ohne Bedeutung.

Die Zahl der landwirtschaftlichen Betriebe mit einer Betriebsgröße von über 30 ha betrug 1974 1608 = 34,7%. Der Anteil der landwirtschaftlich genutzten Flächen in Betrieben über 30 ha betrug im Jahre 1974 in Dithmarschen 75%.

2. Beurteilung der natürlichen Ertragsfähigkeit

Die jungen Köge im Gebiet des Kreises Dithmarschen haben ein hohes Ertragsniveau mit guter Ertragsfähigkeit im Getreide-, Hackfrucht- und Futterpflanzenanbau. Die alten Köge und die geestnahen Marschländereien haben eine befriedigende Ertragsfähigkeit und sind aufgrund der hohen Kleianteile zur Zeit noch überwiegend zur reinen Grünlandnutzung verurteilt. Nicht unwesentlich ist dies auf die insbesondere im Südteil des Kreises noch mangelnde Vorflutregulierung zurückzuführen.

---

[9]) Landwirtschaft — Betriebsgrößenentwicklung 1960/61—1971/74. Gemeindestatistik Schleswig-Holstein 1960/61, StLA 1963. Gemeindestatistik Schleswig-Holstein 1970, StLA 1973. Größenstruktur der land- und forstwirtschaftlichen Betriebe, StLA 1975.

Der Marschlandanteil in Dithmarschen beträgt 50%, davon sind jeweils 50% junger und 50% gealterter Marschboden. Die übrigen 50% der landwirtschaftlichen Nutzfläche sind Geest- und Moorböden. Hiervon sind etwa 60% reine Geest- und 40% Moor- bzw. anmoorige Böden.

Der natürliche Grünlandanteil auf der Geest beträgt etwa 40, auf den moorigen und anmoorigen Böden bis 100%. Die Getreideerträge auf der Geest reichen vielfach nicht aus, um über die Festkosten hinaus einen Ertrag zu erwirtschaften. Der Getreideanbau nimmt auch bei zu hohen Kauf- und Pachtpreisen zur Zeit laufend ab. Auf den Moor- und anmoorigen Böden sind viehstarke Familienbetriebe mit Milchwirtschaft dominierend.

Sozialbrachen sind in Dithmarschen nicht zu finden; dennoch gibt es auf der Geest und in den Moorgebieten Grenzertragsböden, auf denen sich eine landwirtschaftliche Nutzung zur Zeit nicht lohnt. In den letzten Jahren sind diese Flächen entweder verstärkt aufgeforstet oder landschaftspflegerischen Einrichtungen zugeführt worden. Insbesondere sind Flächen zur Erhaltung von Feuchtgebieten von der öffentlichen Hand übernommen oder unter Landschaftsschutz gestellt worden. Diese Bestrebungen werden in den z. Zt. laufenden bzw. noch durchzuführenden Flurbereinigungsverfahren fortgesetzt. Der genaue Umfang der Flächen ist noch nicht ermittelt. Von der landwirtschaftlichen Betriebsfläche werden nach einer Erhebung 1974 rund 1,5% mit Öd- und Unland und rund 1% mit unkultivierter Moorfläche angegeben.

IV. Ausbildung[10])

Die Schülerzahlen der Übergangsschüler des Jahres 1970 konnten noch nicht abschließend ermittelt werden. Einer Aufzeichnung des Statistischen Landesamtes zufolge sind zu Beginn des Schuljahres 1970/71 bei einem Schülerbestand des 5. Schuljahres von 1690 Schülern 306 Schüler auf Realschulen und 278 Schüler auf Gymnasien übergegangen. Der Schülerbestand des 5. Schuljahrganges auf Realschulen einschließlich Aufbauzüge wird jedoch mit 526 bei 8 Wiederholschülern und auf Gymnasien mit 344 bei 6 Wiederholschülern angegeben.

Für das Jahr 1975 liegt nach den Aufzeichnungen des Statistischen Landesamtes eine eindeutige Aussage vor; hiernach sind am Ende des Schuljahres 1974/75 von den Schülern der 4. Grundschulklasse 865 Schüler zu Realschulen bzw. Realschulzügen und 567 Schüler zu Gymnasien übergewechselt.

V. Infrastruktur[11])

1. Verkehr

Das überregionale Straßennetz ist im Hinblick auf die an sich bestehende Verkehrsferne nicht ausreichend. Das Fehlen einer leistungsfähigen Verkehrsverbindung (Autobahn) aus dem Raum Hamburg sowie einer Ost-West-Autobahn, die mit einer niveaufreien Elbkreuzung im Gebiet zwischen Itzehoe und Brunsbüttel den Wirtschaftsraum Brunsbüttel tangieren sollte, machen sich für die strukturelle Entwicklung dieses Raumes sehr nachteilig bemerkbar. Diese Situation wird noch erheblich verstärkt, da der Verkehr auf den Bundesstraßen 5 und 431 sowie der im Regionalverkehr stark frequentierten L 138 nur mittels Fähren den Nord-Ostsee-Kanal niveaugleich kreuzen kann. Auf der niveaufreien Kreuzung mit dem Nord-Ostsee-Kanal im Zuge der B 204 wird der fließende Verkehr zeitweilig auf der kombinierten Straßen- und Eisenbahnbrücke Grünental behindert, da der Bahnkörper in der Fahrbahn liegt und bei Zugverkehr die Brücke voll gesperrt werden muß.

---

[10]) Ausbildung. Aus besonderer Aufstellung des Statistischen Landesamtes 1977.

[11]) Infrastruktur. Kreisentwicklungsplan Dithmarschen 1974—1978, Kreistagsbeschluß vom 4. 7. 1973. Kreisentwicklungsplan Dithmarschen (1. Fortschreibung) Kreistagsbeschluß vom 20. 12. 1976.

Für die Entwicklung des Wirtschaftsraumes Brunsbüttel sind umfangreiche regionale Infrastrukturmaßnahmen (Verlegung der B 5 und L 138) erforderlich. Die Maßnahmen auf dem kommunalen Sektor erfordern allein für den Straßenbau einen Betrag von zur Zeit mindestens 50 Mio DM. Für den übrigen Zwischenortsverkehr im Kreise Dithmarschen ist das Straßennetz im allgemeinen ausreichend, Verbesserungen und Ergänzungen werden laufend ausgeführt.

Das Kreisgebiet ist über die Bundesbahnhauptstrecke Hamburg—Westerland und die Nebenstrecken Heide—Neumünster und Heide—Büsum wie über die Anschlußstrecken Wilster—Brunsbüttel/Süd, St. Michaelisdonn—Brunsbüttel/Nord und St. Michaelisdonn—Marne, die letzten beiden nur für den Güterverkehr, an das Streckennetz der Bundesbahn angeschlossen. Negativ wirkt sich hier der Streckenverlauf von Elmshorn bis St. Michaelisdonn (Umwegkilometer über Glückstadt und die Hochbrücke über den Nord-Ostsee-Kanal bei Hochdonn) auf die Frachtkosten aus. Einschneidende Nachteile sind überdies durch die zur Zeit in Arbeit befindlichen Pläne der Bundesbahn zu erwarten.

Die im Kreisgebiet vorhandenen öffentlichen Landeplätze sind von der Zahl (2) her ausreichend. Sie sind jedoch für eine Strukturverbesserung des Raumes weiter auszubauen, insbesondere gilt dies für den Landeplatz Hopen/St. Michaelisdonn, der im Rahmen des Ausbaues des Wirtschaftsraumes Brunsbüttel Aufgaben eines Regionalflugplatzes zu übernehmen hätte.

Durch den Ausbau der Landeshäfen an der Elbe und am Nord-Ostsee-Kanal im Raum Brunsbüttel ist der Anschluß an die Weltwasserstraßen Elbe und Nord-Ostsee-Kanal sichergestellt. Der weitere Ausbau ist von der Entwicklung des Wirtschaftsraumes Brunsbüttel abhängig.

Für die Sicherung von rund 500 industriellen Arbeitsplätzen und fast ebenso vielen induzierten Arbeitsplätzen ist der Bau einer Hafenschleuse in Büsum dringend erforderlich.

Das öffentliche Personennahverkehrsnetz ist aufgrund bestehender gesetzlicher Bestimmungen unzureichend ausgebaut (Streckenkonzessionen). Parallelführung von Bundesbahnstrecken und Hauptverkehrsstraßen (B 5 und L 138) lassen bei dem Privileg der Bundesbahn ein ausreichendes wirtschaftlich zu betreibendes Streckennetz für den Busverkehr nicht zu.

2. Versorgung

Die zentrale Wasserversorgung ist weitgehend ausgebaut. Ergänzungen für den künftigen Bedarf sind für den nächsten Planungszeitraum in Höhe von rund 30 Mio DM erforderlich.

Die ausreichende Stromversorgung ist durch die Inbetriebnahme des Kernkraftwerkes Brunsbüttel und den Ausbau des überörtlichen Leitungsnetzes zur Zeit sichergestellt. Für die Erweiterung bzw. Ergänzung der Ortsnetze sind weitere Investitionen erforderlich.

Das überregionale Versorgungsnetz ist bis in den Raum Brunsbüttel vorgetrieben, außer einer nur unwesentlich über die Stadtgrenzen der Stadt Heide hinaus gehende örtliche Versorgung bestehen im Kreisgebiet noch keine Gasversorgungsanlagen. Ein Ausbau für das Kreisgebiet außer im Gebiet der Stadt Brunsbüttel ist zur Zeit noch nicht vorgesehen.

3. Entsorgung

In den Mittelzentren Heide und Brunsbüttel, den Unterzentren Meldorf und Marne sowie den ländlichen Zentralorten Albersdorf, Büsum, Lunden und Wesselburen sowie in den Gemeinden Hemmingstedt, Lohe-Rickelshof und Süderwöhrden sind in den vergangenen Jahren Vollkanalisationssysteme ausgebaut worden. Teilkanalisationen bestehen darüber hinaus für einzelne Neubaugebiete auch in anderen Gemeinden. In den ländlichen Zentralorten Burg/

Dithm., Hennstedt, St. Michaelisdonn und Tellingstedt werden Vollkanalisationssysteme zur Zeit gebaut. Für den Bau der dringendsten Vorhaben sind für den Planungszeitraum bis 1982 Mittel in Höhe von ca. 35 Mio DM, bis zum Jahre 2000 ca. 100 Mio DM erforderlich.

Die zentrale Müllbeseitigung erfolgt zur Zeit noch über drei kleinere Deponien im Kreisgebiet. Als Endlösung sollen die Abfälle auf einer Zentraldeponie abgelagert werden, die zusammen mit dem Nachbarkreis Steinburg betrieben werden soll.

Die Lage des Kreises Dithmarschen an der Küste und die ausgedehnten Marsch- und Moorgebiete erfordern Maßnahmen zur wasserwirtschaftlichen Neuordnung in erheblichem Umfang. Im Rahmen des Küstenschutzes ist der Abschluß der Arbeit zur Eindeichung der Meldorfer Bucht, die dem Hochwasserschutz für rund 25 000 ha Land dient, von äußerster Dringlichkeit.

Die Maßnahmen zur Regelung der Vorflut im Verbandsgebiet des Deich- und Hauptsielverbandes Dithmarschen sind im Bereich Dithmarschen-Nord weitgehend durchgeführt. Im Bereich Dithmarschen-Süd sind in den vergangenen Jahren die Ausbaumaßnahmen im Hinblick auf die zunächst durchzuführende Eindeichung der Meldorfer Bucht zurückgestellt worden. Nach der teilweisen Fertigstellung der Eindeichung ist die Durchführung der Ausbaumaßnahmen im Bereich Dithmarschen-Süd dringend erforderlich. Für einen möglichst zügigen Ausbau wären für den Planungszeitraum bis 1982 ca. 33 Mio DM und darüber hinaus weitere 50—70 Mio DM zu investieren.

4. Gesundheitswesen

Für die Krankenversorgung der Einwohner des Kreises Dithmarschen stehen 66 praktizierende Ärzte (Allgemeinmedizin) zur Verfügung, d. h., daß ein Arzt rund 1970 Personen zu versorgen hat. Die Kassenärztliche Vereinigung Schleswig-Holstein ist z. Zt. bemüht, in den zentralen Orten Ärztezentren auszubauen. Hierdurch soll eine bessere Versorgung gewährleistet werden.

Für fachärztliche Behandlung stehen im Kreis 44 Fachärzte der verschiedensten Disziplinen zur Verfügung. Es wird angestrebt, die Facharztpraxen in die im Aufbau befindlichen Ärztezentren mit einzubeziehen.

Für die stationäre Behandlung standen im Kreis Dithmarschen bis zum 30. 9. 1977 6 Krankenhäuser zur Verfügung. Mit Wirkung vom 1. 10. 1977 wurde das

Kreiskrankenhaus Meldorf	mit rd. 90 Betten,
Städtische Krankenhaus Heide	mit rd. 120 Betten,
Zweckverbandskrankenhaus Marne	mit rd. 75 Betten,
Zweckverbandskrankenhaus Wesselburen	mit rd. 20 Betten

nach dem Krankenhauszielplan des Landes Schleswig-Holstein geschlossen. Außer dem zunächst vorhandenen Widerstand der jeweiligen örtlichen Gremien ist die Umorganisation des Gesundheitswesens im Kreis problemlos durchgeführt worden. Im Schwerpunktkrankenhaus Heide stehen z. Zt. 427 Betten und im Krankenhaus der Regelversorgung in Brunsbüttel 214 Betten zur Verfügung. Das Krankenhaus Brunsbüttel befindet sich z. Zt. noch im Ausbau. Es besteht die Möglichkeit, ohne besondere Investitionen die Bettenkapazität in Brunsbüttel auf 299 Betten zu steigern. Beide Krankenhäuser werden vom Kreis einheitlich durch ein Krankenhausverwaltungsamt mit Sitz in Heide betrieben.

Ausbaumaßnahmen sind beim Schwerpunktkrankenhaus Heide insbesondere für einige Fachdisziplinen noch erforderlich.

5. Jugend- und Altenpflege

Im Kreisgebiet bestehen in den Mittel- und Unterzentren Jugendheime und Freizeitstätten. Räume für Jugendarbeit werden auch in einigen ländlichen Zentralorten vorgehalten. Zentren der Jugendarbeit befinden sich in Bunsoh (Jugendfreizeitstätte in Zusammenhang mit einem Freischwimmbad) und in St. Michaelisdonn (Gemeinschaftsräume in Zusammenhang mit Jugendherberge für Schulungslehrgänge).

Nach dem Pflegeheimzielplan des Landes Schleswig-Holstein ist ein Bedarf für den Kreis Dithmarschen von 2,8 Alten- und Pflegeheimplätzen je 100 Einwohner über 65 Jahre festgelegt worden (1,3 Altenheimplätze und 1,5 Pflegeheimplätze). Die Abweichung vom Landesdurchschnitt ist damit zu erklären, daß im ländlichen Bereich die häusliche Pflege noch weitgehend üblich ist.

Anhand der vom Kreis Dithmarschen errechneten Bevölkerungsprognose ergab bzw. ergibt sich folgender Bedarf:

	Alten- und Pflegeheimplätze	über 65 Jahre i. v. H. der Einwohner des Kreises
1970	588	15,7
1975	592	16,1
1980	624	16,9
1985	542	14,3
1990	543	13,8

6. Bildungswesen

Das allgemeinbildende Schulwesen ist in den vergangenen Jahren für die in absehbarer Zeit eintretende Bevölkerungsentwicklung weitgehend ausgebaut. Es sind hier nur noch Ergänzungsmaßnahmen erforderlich. Der Ausbau des Schulwesens konnte nur mit übermäßiger Belastung der kommunalen Haushalte erreicht werden. Seitens des Kreises, der Städte und Gemeinden sind in den nächsten Jahren noch die für die Durchführung der Schulbaumaßnahmen aufgenommenen Darlehen abzutragen.

Die Schüler eines Schülerjahrganges verteilen sich im Kreis Dithmarschen ungefähr wie folgt:

Hauptschule	ca. 40 %
Realschule	ca. 30 %
Gymnasium	ca. 25 %
Sonderschule L	ca. 4,4 %
Sonderschule G	ca. 0,6 %

Der Kreis Dithmarschen unterhält 2 Berufsschulzentren in Heide und Meldorf. Nach der Zusammenlegung der beiden Kreise Norder- und Süderdithmarschen ist eine Umstrukturierung in der Weise erfolgt, daß Doppelbeschulungen von Berufen in Meldorf und Heide vermieden werden. Den Berufsschulzentren sind Berufsfachschulen, Fachschulen und Fachoberschulen angegliedert.

Darüber hinaus unterhält der Kreis Dithmarschen eine Meisterlehrwerkstatt für das Kraftfahrzeughandwerk, eine Meisterlehranstalt für Elektroberufe und eine Lehranstalt für technische Assistenten in der Medizin (MTA) (Dr. Gillmeister-Schule).

Zur Zeit laufen Bemühungen zusammen mit den Industrie- und Handelskammern sowie den Handwerkskammern, die Voraussetzungen für überbetriebliche Ausbildungsplätze zu schaffen.

7. Sport, Freizeit und Erholung

Nach den Richtzahlen des Landessportstättenrahmenplanes des Landes Schleswig-Holstein besteht im Kreis Dithmarschen noch ein Bedarf von rund 5600 m² Hallenfläche (0,2 m² nutzbare Hallenfläche je Einwohner) und 61 000 m² Sportplatzfläche (4 m² Übungsfläche je Einwohner). Die Finanzsituation der Gemeinden und des Kreises läßt einen kurzfristigen Abbau dieses Bedarfs nicht zu. Eine Lösung erscheint nur mit Hilfe verstärkten Einsatzes von Bundesmitteln möglich.

Nach den Orientierungswerten des Landessportstättenrahmenplanes für das Land Schleswig-Holstein ist der Bedarf an nutzbarer Schwimmbadwasserfläche voll gedeckt. Für die Entwicklung des Wirtschaftsraumes Brunsbüttel ist lediglich in Brunsbüttel die Errichtung einer Schwimmhalle erforderlich. Ergänzungen sind darüber hinaus lediglich in den Fremdenverkehrsentwicklungsräumen Büsum und Friedrichskoog erforderlich.

VI. Regionale Entwicklung

Der Kreis Dithmarschen bildet zusammen mit dem Kreis Steinburg den Regionalplanungsraum IV in Schleswig-Holstein. Entwicklungsziele sind

- die Schaffung neuer gewerblicher Arbeitsplätze im Wirtschaftsraum Brunsbüttel und in den übrigen Schwerpunktorten Heide und Meldorf,
- die Erhaltung der vorhandenen Arbeitsplätze,
- die Weiterentwicklung der Fremdenverkehrseinrichtungen in den vorhandenen Seebädern Büsum und Friedrichskoog sowie den landschaftlich schönen Räumen der Geest und
- der Ausbau von Freizeiteinrichtungen nach der Eindeichung der Meldorfer Bucht.

Bis Anfang der 60er Jahre hat es verschiedene Interessenten gegeben, die im Raum Dithmarschen Industrie- bzw. Gewerbebetriebe ansiedeln wollten, sich aber dann wegen der Verkehrsferne zu den Absatzgebieten und insbesondere wegen fehlender Infrastruktureinrichtungen endgültig für andere Standorte entschieden haben.

Ansiedlungsaktivitäten wurden insbesondere durch den Bau der Landeshäfen in Brunsbüttel geweckt, die durch die Elbehafen GmbH, die für den Wirtschaftsraum Brunsbüttel gleichzeitig als Wirtschaftsförderungsgesellschaft auftrat, weiter verfolgt wurden. Diese Bemühungen haben schließlich auch zur Ansiedlung der Großfirmen Bayer, VEBA-Chemie und Schelde-Chemie Brunsbüttel sowie einer Reihe kleinerer Firmen geführt.

Im übrigen werden Ansiedlungswillige durch die Kreisverwaltung und die Stadtverwaltungen bei Ansiedlungsfragen unterstützt. Eine finanzielle Förderung von kommunaler Seite ist außer bei der Schaffung öffentlicher Infrastruktureinrichtungen nicht möglich.

Die Entwicklungsfähigkeit des Raumes ist vom Standort her gesehen gut. Die für eine industrielle Schwerpunktbildung vorgesehene Fläche im Raum Brunsbüttel liegt besonders verkehrsgünstig für den See- und Schiffahrtsverkehr an der Elbe und am Nord-Ostsee-Kanal. Die inzwischen ausgebauten Hafenanlagen bieten weitere Entwicklungsmöglichkeiten.

Der Ausbau der B 5 und der vorgesehene Bau einer Brücke über den Nord-Ostsee-Kanal im Zuge der B 5 ermöglicht gute Verkehrsanbindungen von der Straße, und schließlich ist der Raum ostwärts Brunsbüttel frei von Immissionsvorbelastungen und weist im großen Umkreis nur eine sehr geringe Bevölkerungsdichte auf. Die nahe Lage der Nordseeküste und der Dithmarscher Geest bietet gute Möglichkeiten für den Ausbau von Freizeitanlagen.

Die Auswirkungen der ersten Ansiedlungen beweisen, daß die Entscheidung, im Raum Brunsbüttel zur Bewältigung der Strukturschwäche dieses Raumes einen industriell-gewerblichen Schwerpunkt zu schaffen, richtig war. Für einen endgültigen Erfolg ist eine weitere Förderung strukturverbessernder Maßnahmen unabdingbar.

Mit dem Auftreten kleinräumiger passiver Sanierung muß jedoch gerechnet werden, wenn es nicht gelingt, die unzureichende Verkehrsinfrastruktur zu den Absatzmärkten zu verbessern und besonders einschneidende Anforderungen an bestehende Betriebe aus Gründen des Umweltschutzes durch Bereitstellung von Förderungsmitteln auszugleichen.

Struktur- und Entwicklungstendenzen des Landkreises Meppen

von
Martin Knieper, Osnabrück

Allgemeine Situation

Der Landkreis Meppen befindet sich als einer der am weitesten im Westen gelegenen des Landes Niedersachsen inmitten des sog. Hannoverschen Emslandes. Mit dem Königreich der Niederlande hat er eine 25 km lange gemeinsame Grenze. Zu dem Nachbarland bestehen historisch begründete familiäre, geistige, kulturelle und wirtschaftliche Verbindungen.

Seit Jahrhunderten hat diese Grenzlage des Landkreises dennoch zu einer wirtschaftlichen und infrastrukturellen Unterentwicklung geführt, die für diese Region das eigentlich Kennzeichnende darstellt[1]. Das breite Band des Bourtanger Moores bildete lange Zeit eine natürliche Grenzbarriere, die aus strategischen Gründen erhalten wurde. Daher konnten sich auch im Vergleich zu den nord-südlich verlaufenden Verkehrsverbindungen die ost-westlichen bis in die heutige Zeit hinein nur schwächer ausbilden.

Das Klima ist maritim mit ausgeglichenen Temperaturen. Die Böden sind flache Moore, Talauen und Geestsande des Alluviums und des Diluviums. Die Moore sind großenteils im Zuge der Emslanderschließung in Sandmischkulturen übergeführt worden, nachdem der Torf industriell abgebaut wurde. Nach der naturräumlichen Gliederung gehören der Westen des Landkreises zum Bourtanger Moor, der Nordosten zur Sögeler Geest (Hümmling) und der Süden zum Linger Land.

Bei einer Gesamtfläche von 95 000 ha werden 57 000 ha landwirtschaftlich genutzt. Die Erprobungsstelle 91 der Bundeswehr, die nur eine anderweitige Teilnutzung zuläßt, umfaßt mit ihrem Anteil im Kreisgebiet 4 671 ha. Wirtschaftlich ist der Landkreis nach Süden und Südosten orientiert. Einkaufsstätten, Arbeitsplätze und kulturelle Einrichtungen werden in Osnabrück, Münster und dem Ruhrgebiet aufgesucht.

Von Süden nach Norden wird der Landkreis vom Dortmund-Ems-Kanal, der Eisenbahnstrecke Münster—Emden und der Bundesstraße 70 durchzogen. Die wichtigsten West-Ost-Verbindungen werden durch den Haren-Rütenbrock-Kanal, die Bundesstraßen 213 und 402 sowie die Meppen-Haselünner Eisenbahn hergestellt.

---

[1] Vgl. Konrad Meyer: Entwicklungsprozesse im ländlichen Grenzraum Drenthe-Emsland. In: Forschungs- und Sitzungsberichte der Akademie für Raumforschung und Landesplanung, Bd. 27 (Raum und Landwirtschaft 5), 1964.

I. Bevölkerung

1. Bevölkerungsentwicklung

Auf 950 qkm leben 78 000 Menschen, d. h. 82 Einwohner auf 1 qkm (Bund 248 EW/qkm, Land 153 EW/qkm). Die einwohnerstärkste Gemeinde ist die zentral gelegene Stadt Meppen mit 27 000 Einwohnern. Ein 20 km-Radius um Meppen erfaßt bis auf geringe Teile des Ostkreises das gesamte Kreisgebiet. Die Bevölkerung ist zu 87 % (Land 19,6 %) römisch-katholischer Konfession und zeichnet sich durch eine noch immer hohe Geburtenquote aus. Im Jahre 1976 entfielen auf 1000 Einwohner noch 7 Geburten. 1961 waren es noch 28, 1970 22 Geburten auf 1000 Einwohner.

Der Geburtenüberschuß auf 1000 der Bevölkerung im Landkreis Meppen war seit jeher überdurchschnittlich hoch und betrug 1950 12,9 (Niedersachsen 7,5; Bund 5,9), 1961 18,5 (Niedersachsen 7,5; Bund 7,4) und 1970 12,6 (Niedersachsen 1,8; Bund 1,3). Während 1974 beim Land Niedersachsen und im Bundesgebiet bereits ein Geburtendefizit zu verzeichnen war, betrug der Überschuß im Landkreis Meppen noch immer 6,3.

Die Veränderungen des Altersaufbaus zwischen 1961 und 1974 ergeben sich aus Tabelle 1. Während der Anteil der 0—15jährigen nach 1970 abfällt, steigt derjenige der 15—21jährigen vorerst noch an. Der Anteil der über 65jährigen erhöht sich ständig.

Tab. 1: *Altersaufbau im Landkreis Meppen*

Wohnbevölkerung im Alter von ... bis ... Jahren	Erhebungsstichtag					
	6. 6. 1961	v. H. Wohnbev.	27. 5. 1970	v. H. Wohnbev.	31. 12. 1974	v. H. Wohnbev.
0 bis unter 15	20 707	31,9	26 156	34,8	25 447	32,7
15 bis unter 21	5 709	8,8	7 204	9,6	8 705	11,2
21 bis unter 30	20 521	31,6	7 541	10,0	7 643	9,8
30 bis unter 45			14 764	19,7	15 195	19,5
45 bis unter 60	13 159	20,4	9 900	13,2	10 515	13,5
60 bis unter 65			3 168	4,2	3 287	4,2
65 und älter	4 753	7,3	6 362	8,5	7 112	9,1
Wohnbev. insges.	64 849	100,0	75 095	100,0	77 904	100,0

Gebietsstand: 31. 12. 1975

Quellen: Statistik von Niedersachsen, Heft 27 Bevölkerung und Erwerbstätigkeit, Heft 190 Bevölkerung und Erwerbstätigkeit, Statistischer Bericht A I 3 — j/74.

Aus Mangel an Arbeitsplätzen vor allem im Produzierenden Gewerbe hatte der Landkreis bis Anfang der 70er Jahre teilweise erhebliche Wanderungsverluste. Nach einem kurzen positiven Trend um 1972 stiegen infolge der Wirtschaftsrezession die Verluste in den letzten Jahren wieder an (Tabelle 2).

Tab. 2: *Bevölkerungsentwicklung im Landkreis Meppen in den Jahren 1961, 1970 und 1975*

Jahr	Wohnbevölkerung am 1. 1.	Geburten	Sterbefälle	Geburtenüberschuß/ -defizit	Zuzüge	Fortzüge	Wanderungsgewinn/ -verlust	Bevölkerungszu-/ -abnahme	Wohnbevölkerung am 31. 12.
1961	66 147	1 837	611	+1 226	4 172	4 421	—249	+977	67 124
1970	76 878	1 646	689	+ 957	3 517	3 735	—218	+739	77 617
1975	77 904	1 077	668	+ 409	2 668	2 998	—330	+ 79	77 983

Jeweiliger Gebietsstand.

Quelle: Nds. Landesverwaltungsamt — Statistik —.

2. Berufspendler

Nach der Volkszählung 1961 gab es im Landkreis 6190 Auspendler, d. s. 20 % der Erwerbspersonen. Ihnen standen 5748 Einpendler, d. s. 19 % der am Ort Arbeitenden, gegenüber. Bei der Volkszählung 1970 wurden 8359 Auspendler, d. s. 28,4 % der Erwerbstätigen am Wohnort, ermittelt, während 8262 Einpendler, d. s. 28,1 % der Erwerbstätigen am Arbeitsort, gegenüberstanden. Davon verließen 1584 Auspendler das Kreisgebiet, während 1658 Einpendler im Landkreis ihren Arbeitsplatz hatten. Es bestand daher ein Saldo von +74 Einpendlern und somit nahezu ein Ausgleich. Die Zahl der Berufspendler hat sich zwischen 1961 und 1970 wesentlich erhöht, obwohl die Zahl der Erwerbstätigen insgesamt zurückgegangen ist.

II. Arbeitsmarkt

1. *Erwerbspersonenentwicklung*

Bei der Volkszählung 1970 (Gebietsstand vom 30. 6. 1974) waren 38,2 % der Wohnbevölkerung erwerbstätig. Von den Erwerbstätigen arbeiteten 18,7 % noch in der Land- und Forstwirtschaft, während es 38,2 % im Produzierenden Gewerbe und im Handels- und Dienstleistungsbereich 43,1 % waren.

Nach der Volkszählung 1961 waren noch 45,4 % der Bevölkerung Erwerbspersonen. Davon waren 34,7 % in der Land- und Forstwirtschaft, 33,6 % im Produzierenden Gewerbe und 31,7 % im Handels- und Dienstleistungsbereich tätig. Bei steigenden Bevölkerungszahlen ist der Erwerbspersonenanteil erheblich gefallen. Gründe liegen in längeren Ausbildungszeiten und früherem Ausscheiden aus dem Erwerbsleben. Von 1961 bis 1970 ist ein deutlicher Rückgang in der Land- und Forstwirtschaft um 16 %-Punkte zugunsten der beiden anderen Wirtschaftsbereiche festzustellen (Tabelle 3).

Tab. 3: *Erwerbstätige im Landkreis Meppen*

Erwerbspersonen am 6. 6. 1961:	29 443 (= 45,40% d. Bevölk.)	
	davon in der Land- und Forstwirtschaft	10 223 (34,72% d. Erwerbspers.)
	im Produzierenden Gewerbe	9 891 (33,59% d. Erwerbspers.)
	in Handel und Verkehr	3 873 (13,15% d. Erwerbspers.)
	im Dienstleistungsbereich	5 456 (18,53% d. Erwerbspers.)
Erwerbstätige am Wohnort am 27. 5. 1970:	28 691 (= 38,20% d. Bevölk.)	
	davon in der Land- und Forstwirtschaft	5 374 (18,73% d. Erwerbstät.)
	im Produzierenden Gewerbe	10 933 (38,11% d. Erwerbstät.)
	in Handel und Verkehr	4 307 (15,01% d. Erwerbstät.)
	im Dienstleistungsbereich	8 077 (28,15% d. Erwerbstät.)

Gebietsstand: 30. 6. 1975
Quelle: Statistik von Niedersachsen: Bevölkerung und Erwerbstätigkeit, Hefte 27 und 190

2. Industriebeschäftigte

Über die Entwicklung der Beschäftigten in den Industriebranchen von 1960 bis 1975 geben die Tabellen 4 und 5 Auskunft.

Tab. 4: *Betriebe und Beschäftigte der Industrie im Landkreis Meppen*
(Ergebnisse der Industrieberichterstattung für Betriebe mit 10 und mehr Beschäftigten)

Jahr. (30. Sept. ..)	Industrie insgesamt		Bergbau Bergbau		Grundstoff- und Produktionsgüterindustrien		Investitionsgüterindustrien		Verbrauchsgüterindustrien		Nahrungs- und Genußmittelindustrien	
	Betriebe	Beschäftigte	Betriebe	Beschäftigte	Betriebe	Beschäftigte	Betriebe	Beschäftigte	Betriebe	Beschäftigte	Betriebe	Beschäftigte
1960	40	3 810	12	1 694	9	401	4	.	11	1 295	4	212
1961	43	4 193	11	1 660	10	399	4	272	13	1 576	5	286
1962	48	4 367	11	1 613	13	525	4	245	14	1 686	6	298
1963	48	4 328	11	1 496	13	600	4	246	14	1 743	6	243
1964	50	4 300	12	1 450	11	469	5	213	14	1 753	6	244
1965	53	4 035	14	1 156	12	623	6	206	15	1 803	6	247
1966	59	4 135	14	1 133	14	631	7	247	18	1 860	6	264
1967	58	4 021	15	1 144	12	556	8	254	17	1 803	6	264
1968	54	3 848	13	914	10	536	7	203	18	1 960	6	235
1969	55	4 323	12	981	11	538	8	268	18	2 246	6	290
1970	57	4 447	12	822	12	573	9	298	18	2 309	6	445
1971	58	4 796	13	832	10	623	9	292	19	2 566	7	483
1972	61	4 969	14	779	10	619	9	311	21	2 728	7	532
1973	64	5 171	12	737	11	665	10	338	24	2 853	7	578
1974	64	5 005	10	655	13	653	12	384	22	2 745	7	568
1975	57	4 668	10	698	12	645	9	290	18	2 460	8	575

. keine Zahlenangaben.
Jeweiliger Gebietsstand.
Quelle: Nds. Landesverwaltungsamt — Statistik —. Jahresberichte in: Statistik von Niedersachsen, „Die Industrie in Niedersachsen".

Tab. 5: *Betriebe und Beschäftigte in ausgewählten Industriezweigen*

	Bergbau				Grundstoff- und Produktionsgüterindustrien				Investitionsgüterindustrien				Verbrauchsgüterindustrien					
	Erdöl- und Erdgasgewinnung		Torfindustrie		Industrie der Steine und Erden		Sägewerke und holzverarb. Industr.		Maschinenbau		Schiffbau		Holzverarbeitende Industrie		Textilindustrie		Bekleidungsindustrie	
Stichtag 30. 9.	Betriebe	Beschäftigte	Betriebe	Beschäftigte	Betriebe	Beschäftigte	Betriebe	Beschäftigte	Betriebe	Beschäftigte	Betriebe	Beschäftigte	Betriebe	Beschäftigte	Betriebe	Beschäftigte	Betriebe	Beschäftigte
1960	3	.	8	683	4	179	2	.	2	.	1	.	2	.	6	239	2	.
1961	3	1 018	8	642	4	174	3	56	2	.	1	.	2	.	6	277	4	817
1962	3	839	8	774	5	188	4	108	2	.	1	.	2	.	6	285	5	913
1963	3	722	8	774	5	203	4	129	2	.	1	.	2	.	6	264	5	929
1964	3	719	9	731	5	.	4	143	2	.	1	.	2	.	6	237	5	934
1965	3	585	11	571	4	183	4	157	3	121	1	.	2	.	7	240	5	924
1966	3	526	11	607	5	195	5	150	3	98	1	.	2	.	7	276	7	894
1967	3	479	12	665	5	170	4	138	3	106	1	.	2	.	7	253	7	886
1968	3	420	10	494	4	165	3	130	2	.	1	.	2	.	6	274	8	983
1969	3	427	9	554	4	168	4	150	3	117	1	.	2	.	6	337	8	1 081
1970	3	317	9	505	5	208	4	141	3	115	1	.	2	.	6	274	8	1 128
1971	3	298	10	534	4	210	3	169	3	131	1	.	2	.	5	286	10	1 239
1972	3	303	11	476	3	195	4	188	3	131	1	.	2	.	5	325	12	1 284
1975	3	300	9	437	4	231	4	215	4	151	1	.	2	.	6	341	12	1 279
1974	3	302	7	353	5	181	5	239	5	187	1	.	2	.	5	278	11	909
1975	3	302	.	.	4	173	4	210	5	177	.	.	2	.	5	248	8	705

. keine Zahlenangaben.
Jeweiliger Gebietsstand.
Quelle: Nds. Landesverwaltungsamt — Statistik —. Jahresberichte in: Statistik von Niedersachsen, „Die Industrie in Niedersachsen".

Bis 1973 ist ein deutliches Ansteigen der Anzahlen der Betriebe und der Beschäftigten erkennbar. Die Rezession brachte einen leichten Abfall. Während in den Grundstoff- und Produktionsgüter- und den Nahrungs- und Genußmittelindustrien ein steter Anstieg zu verzeichnen ist, ist insbesondere im Bergbau bei annähernd gleicher Zahl der Betriebe ein starker Rückgang der Beschäftigten festzustellen. Ein leichterer Rückgang ist bei den Investitionsgüter- und Verbrauchsgüterindustrien zu verzeichnen.

3. Betriebsstillegungen

Seit 1970 wurden etwa 25 Industrie- und Bauunternehmen im Landkreis Meppen stillgelegt. Am stärksten war die Textilindustrie mit 6 Betrieben und zusammen 789 Arbeitsplätzen betroffen, von denen 248 durch Betriebsumwandlung erhalten blieben. Die zweite Gruppe bildeten 10 zum Teil kleinere Baufirmen. Außerdem stellten 3 Torfwerke mit bis zu 70 Arbeitskräften ihren Betrieb ein. Sämtliche stillgelegten Betriebe hatten unter 140 Arbeitsplätze. Nach Unterlagen des Landkreises Meppen waren von 1970 bis 1975 mindestens 1137 Arbeitsplätze durch Stillegungen betroffen, von denen etwa 278 durch Betriebsumwandlungen erhalten blieben. Da die meisten Betriebe nicht berichtspflichtig sind, ist die genaue Zahl der Arbeitsplätze nicht zu ermitteln. Dasselbe gilt für Neuansiedlungen.

4. Industrieansiedlungen

Von 1970 bis 1975 wurden — überwiegend in der zweiten Hälfte des Zeitraums — etwa 28 Industrie- und Bauunternehmen neu angesiedelt. Über 200 neue Arbeitsplätze wurden allein in 2 Bekleidungswerken geschaffen. Daneben sind 1 elektrotechnischer Betrieb mit 180 Arbeitsplätzen und die Inbetriebnahme eines 600 MW-Erdgaskraftwerkes mit 130 Arbeitsplätzen von besonderer Bedeutung. Von der Branchenzugehörigkeit her sind die meisten neu angesiedelten Betriebe der Bekleidungs-, Bau- und Nahrungsmittelindustrie zuzurechnen. Die Betriebe haben bis auf die genannten Ausnahmen weniger als 60 Arbeitsplätze.

5. Betriebsgrößenverhältnisse

Größter nicht gewerblicher Arbeitgeber ist im Landkreis die Erprobungsstelle 91 der Bundeswehr mit ca. 2000 Bediensteten. Im übrigen liegt die Betriebsgröße zu etwa 65 % der Betriebe bei 10 bis 50 Beschäftigten. Nur wenige Industriebetriebe haben über 100 Beschäftigte.

6. Bedeutung der Filialbetriebe

Filialbetriebe haben im Landkreis Meppen geringe Bedeutung. Es handelt sich teilweise um im Raum fest verankerte Betriebe. Ausgenommen sind einige Bekleidungswerke, die sich ohne allzu große Verluste wieder abziehen lassen. Die meisten Filialbetriebe wurden von Emsländern, Unternehmen aus Westfalen und auch von Niederländern gegründet bzw. weiterentwickelt.

7. Bedeutung der mittelständischen Betriebe

Fast sämtliche Betriebe sind mittelständisch. Diese Betriebsform ist als deutlich überwiegende Struktur anzusehen. In den letzten Jahren hat sich aber gezeigt, daß das Emsland auch ein guter Standort für große Unternehmen ist. Die Ansiedlungsstandorte liegen jedoch bisher außerhalb des Landkreises Meppen.

8. Bedeutung und Struktur der Arbeitslosigkeit

Das Wesen der Arbeitslosigkeit wird im Landkreis entscheidend dadurch geprägt, daß ein hoher Anteil der Erwerbstätigen in saisonbedingten oder konjunkturanfälligen Berufen, wie der Land- und Forstwirtschaft, dem Baugewerbe, der Torfgewinnung und der Textil- und Bekleidungsindustrie tätig ist. Es gibt noch nicht genügend Alternativen für diese Wirtschaftsbereiche. Insbesondere bei der Landwirtschaft und dem Baugewerbe ist teilweise noch ein deutlicher Überbesatz an Arbeitskräften vorhanden.

Die Arbeitslosenquote liegt im Landkreis seit Jahren ganzjährig über der des Landes und des Bundesgebietes. Die erwerbstätigen Frauen sind davon mehr betroffen als die Männer. Ab November ist witterungsbedingt regelmäßig ein spürbarer Anstieg der Zahl der Arbeitslosen zu verzeichnen. Das Absinken setzt erst wieder im Frühjahr (April/Mai) ein. Hinzu kommt, daß im Emsland jede konjunkturelle Schwächung der Wirtschaft sich sofort durch noch höhere Arbeitslosenquoten auswirkt. Z. Z. vollzieht sich diese Steigerung seit 1974.

Die Entwicklung der Arbeitslosenquoten im Landkreis Meppen in den Jahren 1975 und 1976 gibt die Tabelle 6 wieder.

Tab. 6: *Arbeitslose im Landkreis Meppen (am jeweiligen Monatsende)*

Monat	Arbeitslose insgesamt		davon: Männer		Frauen		unbesetzte Stellen für	
	absolut	v. H.	absolut	v. H.	absolut	v. H.	Männer	Frauen
1975								
Januar	1820	8,3	1358	9,0	462	6,8	37	48
Februar	1799	8,2	1327	8,8	472	7,0	41	64
März	1450	6,6	973	6,4	477	7,0	49	72
April	1413	6,5	899	5,9	514	7,6	193	70
Mai	1252	5,7	727	4,8	525	7,7	141	73
Juni	1182	5,4	671	4,4	511	7,5	55	69
Juli	1252	5,7	720	4,8	532	7,9	52	82
August	1201	5,5	665	4,4	536	7,9	26	66
September	1124	5,1	617	4,1	507	7,5	45	77
Oktober	1181	5,4	677	4,5	504	7,4	23	72
November	1209	5,5	703	4,6	506	7,5	38	49
Dezember	1522	6,9	1035	6,8	487	7,2	34	48
1976								
Januar	1943	8,9	1454	9,7	489	7,2	25	61
Februar	2085	9,6	1630	10,9	455	6,7	46	74
März	1372	6,3	892	5,9	480	7,1	77	76
April	1184	5,4	704	4,7	480	7,1	79	89
Mai	1028	4,7	580	3,9	448	6,6	114	82
Juni	1007	4,6	534	3,6	473	7,0	117	78
Juli	1025	4,7	531	3,5	494	7,3	102	50
August	992	4,6	471	3,1	521	7,7	122	55
September	926	4,3	435	2,9	491	7,3	101	63
Oktober	1003	4,6	469	3,1	534	7,9	56	45
November	1002	4,6	520	3,5	482	7,1	53	16
Dezember	1391	6,4	889	5,9	502	7,4	44	15

Quelle: Angaben des Arbeitsamtes Nordhorn.

Die neuesten Arbeitslosenquoten lauten zum Vergleich:

Monat	Bund	Land	Landkreis Meppen
Dezember 1976	4,8 %	5,7 %	6,4 %
Januar 1977	5,2 %	6,4 %	8,2 %

Hieraus ergibt sich, daß die Arbeitslosigkeit gegenüber der im Bundesgebiet in letzter Zeit überdurchschnittlich angestiegen ist. Im Dezember 1976 standen 1400 Arbeitslosen lediglich 59 Stellenangebote gegenüber. Das zuständige Arbeitsamt Nordhorn gibt fehlende Mobilität und unzureichende fachliche Eignung der Bewerber als Erschwernisse bei den Vermittlungsbemühungen an. Hinzu kommt eine bei Industrie und Handwerk noch immer vorhandene abwartende Haltung bei neuen Investitionen und der Bereitstellung zusätzlicher Arbeitsplätze. Es werden zunächst Ersatzbeschaffungen und Rationalisierungsmaßnahmen insbesondere bei der Textilindustrie durchgeführt. Beim Baugewerbe macht sich die unbefriedigende Auftragslage vor allem für öffentliche Bauten bemerkbar. Augenblicklich sind im Landkreis bei den Männern insbesondere landwirtschaftliche Kräfte, Torfarbeiter, Bauarbeiter, Schlosser und Elektriker und bei den Frauen vor allem Textilarbeiterinnen und Bürokräfte betroffen.

Abhilfen können nur durch den Abbau von Monostrukturen und Überbesatz und durch weitere Mobilisierung der Erwerbstätigen geschaffen werden. Gefragt sind nach wie vor mobile und qualifizierte Fachkräfte mit Berufserfahrung. Es gilt daher, einen möglichst breitgefächerten krisenfesten Branchenbesatz und weitere Arbeitsplätze auch im Dienstleistungsbereich zu schaffen und zu sichern. Dazu werden auch künftig erhebliche staatliche Förderungsmaßnahmen notwendig sein.

III. Landwirtschaft

1. Betriebsgrößenentwicklung

Der Landkreis Meppen hat eine Größe von rd. 95 000 ha. Daß von dieser Fläche rd. 57 000 ha, d. h. über die Hälfte, landwirtschaftlich genutzt werden, spricht für die überragende Bedeutung dieses Wirtschaftszweiges. Ihrer Struktur nach sind die Betriebe überwiegend gemischte Betriebe oder Grünlandbetriebe. Die Betriebsgrößenentwicklung ergibt sich aus der Tabelle 7.

2. Betriebe über 30 ha

Nach Tabelle 7 ist die Anzahl der Betriebe unter 30 ha Größe seit 1960 entsprechend der allgemeinen Entwicklung erheblich zurückgegangen, während die der Betriebe über 30 ha kontinuierlich angestiegen ist. Während 1971 erst 14,9 % der Betriebe über 30 ha bewirtschafteten, waren es 1975 bereits 17,9 %. Ein weiterer Anstieg der größeren Betriebe ist zu erwarten, da die Umstrukturierung in Zeiten günstiger konjunktureller Entwicklung voraussichtlich weiter andauern wird und nach Abtorfung kultivierte Flächen zur Aufstockung kleinerer Betriebe herangezogen werden.

3. Ertragsfähigkeit

Nach der Agrarkarte Niedersachsen 1975 gehören aufgrund der Landwirtschaftszählung 1971/72 1433 ha (= 2,5 %) der landwirtschaftlichen Nutzfläche zum Agrargebiet I, 51 245 ha (= 89,0 %) zum Agrargebiet II und 4885 ha (= 8,5 %) zum landwirtschaftlichen Problemgebiet. Problemgebiete mit Rezessionstendenzen sind im Landkreis nicht vorhanden. Zum Agrargebiet I rechnen überwiegend die Gebiete der ehemaligen Gemeinden Hüntel, Hemsen, Holzhausen und Borken.

Tab. 7: *Landwirtschaftliche Betriebsgrößen im Landkreis Meppen*

Landwirtschaftlich genutzte Flächen von ... bis unter ... ha	Haupterhebung zur Landwirtschaftszählung im Mai 1960				Vollerhebung zur Landwirtschaftszählung im Mai 1971				Agrarberichterstattung 1975			
	Betriebe	%	Landw. Nutzfl. ha	%	Betriebe	%	Landw. Nutzfl. ha	%	Betriebe	%	Landw. Nutzfl. ha	%
0,01— 2	824	19,6	833	1,6	394	11,8	490	0,8	387	13,1	3 742	6,9
2—10	1 367	32,5	7 789	14,9	801	23,9	4 000	6,9	665	22,5	12 057	22,2
10—20	1 324	31,4	18 950	36,2	1 034	30,9	15 652	27,0	795	26,9	13 962	25,8
20—30	619	14,7	18 638	35,6	619	18,5	14 686	25,3	579	19,1	24 479	45,1
30—50					364	10,8	13 776	23,7	390	13,2		
50 und mehr	76	1,8	6 149	11,7	137	4,1	9 434	16,3	141	4,7		
insgesamt	4 210	100,0	52 359	100,0	3 394	100,0	58 038	100,0	2 957	100,0	54 240	100,0

Gebietsstand zum jeweiligen Erhebungsstichtag.

Quellen: Statistik von Niedersachsen, Heft 42, 242, 266.

Obwohl die landwirtschaftliche Vergleichszahl unter 30 liegt und es sich im wesentlichen um Moor-, Sand- und Mischböden handelt, kann die Ertragsfähigkeit der Böden als recht günstig angesehen werden. Voraussetzung ist vor allem im Westteil des Landkreises jedoch eine genügend tiefe Grundwasserabsenkung. Auf den ehemaligen Hochmoorflächen sind Entwässerungsmaßnahmen und die Vertiefung der Vorfluter notwendig. Die weitere Ergänzung des Wirtschaftswegenetzes ist insbesondere im Bereich der noch jahrzehntelang aufgrund vertragl. Bindungen in Gang befindlichen Umwandlungen von Moor in land- und forstwirtschaftliche Nutzflächen erforderlich.

Die vorhandenen Vermarktungseinrichtungen im Landkreis können als zufriedenstellend beurteilt werden. Der Absatz der landwirtschaftlichen Erzeugnisse, vor allem Milch, Vieh und Kartoffeln, ist durch Erzeugergemeinschaften gewährleistet. Auf dem Schlachthof Meppen sind sogar Überkapazitäten vorhanden. Von 1938 bis 1974 sind 31 400 ha im Landkreis flurbereinigt worden bzw. in der Ausführung begriffen. 8900 ha sollen in den nächsten Jahren noch bereinigt werden. Aus diesen Zahlen ergibt sich, daß der weitaus größte Teil der landwirtschaftlichen Nutzfläche in den vergangenen Jahrzehnten neu geordnet worden ist. Dadurch werden wesentliche Voraussetzungen für eine im Rahmen der EG-Richtlinien konkurrenzfähige Landwirtschaft geschaffen.

4. Sozialbrache

Die Landwirtschaft ist rückläufig insbesondere im Bereich der Kerne der Städte Meppen, Haren (Ems) und Haselünne, wo verstärkt landwirtschaftliche Nutzflächen für Siedlungszwecke in Anspruch genommen werden. Im übrigen jedoch ist Sozialbrache im Landkreis nicht bekannt. Vielmehr besteht nach wie vor ein erheblicher Landbedarf, weil nahezu 60% der landwirtschaftlichen Betriebe insbesondere in den Siedlungsgebieten noch aufstockungswürdig sind und sich laufend um eine entsprechende Vergrößerung bemühen. Ein Teil des Bedarfs wird durch die Übereignung abgetorfter und kultivierter staatlicher Moorflächen gedeckt. Es gibt lediglich kleinere Flächen, die z. Z. nicht bewirtschaftet werden, weil sie von Eigentümern oder Pächtern nach und nach abgetorft werden und den Eindruck von Brachflächen entstehen lassen. Negative Auswirkungen sind von derartiger übergangsweiser Nutzung jedoch nicht zu erwarten. Im übrigen sind im Bereich der Erprobungsstelle 91 der Bundeswehr ungenutzte Moorflächen vorhanden.

IV. Ausbildung

1. Entwicklung des Jahrgangsanteils der Schüler auf weiterführenden Schulen

Im Landkreis Meppen gab es 1974 4 Gymnasien, 3 Realschulen, 48 Grund- und Hauptschulen sowie 3 Sonderschulen, die von 18 419 Kindern besucht wurden. Der Anteil der Schüler auf weiterführenden Schulen von 1970 bis 1974 ist von 22% auf 28% angestiegen (vgl. Tabelle 8). Um diese besser ausgebildeten Jugendlichen im Raum zu halten, ergibt sich zwingend die Notwendigkeit, qualifiziertere Ausbildungs- und Arbeitsplätze zu schaffen. Anderenfalls ist bei weiterhin steigendem Ausbildungsniveau mit zunehmender Abwanderung junger Menschen zu rechnen. Dadurch könnten sich der Bevölkerungsrückgang verstärken und die noch überdurchschnittlichen Geburtenquoten senken, was auch im Landkreis Meppen zu Überkapazitäten an Schulraum führen kann.

Tab. 8: Öffentliche und private allgemeinbildende Schulen, Klassen und Schüler im Landkreis Meppen

Erhebungs-stichtag	Allgemeinbildende Schulen insgesamt			Grund- u. Hauptschulen				Realschulen				Gymnasien im allgemein-bild. Schulwesen				Sonderschulen			
	Schu-len	Klas-sen	Schü-ler	Gesamt-schüleran-teil in %	Schu-len	Klas-sen	Schü-ler	Gesamt-schüleran-teil in %	Schu-len	Klas-sen	Schü-ler	Gesamt-schüleran-teil in %	Schu-len	Klas-sen	Schü-ler	Gesamt-schüleran-teil in %	Schu-len	Klas-sen	Schü-ler	Gesamt-schüleran-teil in %
15.10.1970	80	555	16 959	100	70	414	12 949	76,35	3	48	1 581	9,38	4	80	2 194	12,93	3	13	235	1,38
15.10.1971	66	582	17 577	100	56	431	13 295	75,63	3	51	1 590	9,04	4	85	2 391	13,60	3	15	301	1,71
15.10.1972	61	606	18 468	100	51	438	13 441	72,77	3	55	1 722	9,32	4	94	2 628	14,23	3	19	335	1,81
15.10.1973	60	633	18 436	100	50	449	13 299	72,13	3	56	1 793	9,72	4	106	2 970	16,10	3	22	374	2,02
15.10.1974	58	634	18 419	100	48	444	12 848	74,75	3	56	1 836	9,96	4	112	3 338	18,12	3	22	397	2,15

Jeweiliger Gebietsstand.
Quelle: Statistische Berichte B I 1 — j 1970—1974.

V. Infrastruktur

1. Besatz mit öffentlichen und privaten Versorgungseinrichtungen

Der Besatz mit öffentlichen und privaten Versorgungseinrichtungen ist im allgemeinen als ausreichend zu bezeichnen. Die Länge der klassifizierten Straßen je qkm liegt mit 0,5 km im Landesdurchschnitt. Der fehlende Anschluß an das Autobahnnetz soll in den nächsten Jahren mit dem Bau der Emsland-Autobahn hergestellt werden. Ein verzweigtes Buslininennetz sichert den auf die Zentralen Orte ausgerichteten Flächen- und Schülerverkehr. Im Schulbusverkehr reichen die Kapazitäten jedoch häufiger nicht aus.

Die Haupteisenbahnstrecke Münster—Emden wird in Kürze elektrifiziert und damit leistungsfähiger. Gleichzeitig erfolgt die Aufhebung zahlreicher schienengleicher Bahnübergänge. Die kreiseigene Meppen-Haselünner Eisenbahn von Meppen nach Essen in Oldenburg hat Bundesbahnanschlüsse und dient dem Güterverkehr. Durch den für das Europaschiff (1350 t) ausgebauten Dortmund-Ems-Kanal mit mehreren Umschlaghäfen ist ein optimaler Anschluß an das Binnenwasserstraßennetz und die Nordsee vorhanden. Über den Haren-Rütenbrock-Kanal besteht für 350-t-Schiffe Anschluß an das niederländische Kanalnetz.

Die Trink- und Brauchwasserversorgung wird für sämtliche Gemeinden des Landkreises mit rd. 76 501 Einwohnern durch zentrale Anlagen in genügender Menge sichergestellt. Lediglich Streubebauung im Außenbereich ist teilweise auf Hausbrunnen angewiesen. Die Anschlußquote liegt ca. 5% über dem Landesdurchschnitt. Die engeren Ortslagen der größeren Gemeinden mit rd. 40 000 Einwohnern sind an zentrale Kläranlagen angeschlossen.

Bei kleineren Ortslagen und Streulagen fehlen die Anschlüsse noch. Die Anschlußquote liegt rd. 23% unter dem Landesdurchschnitt. Im Rahmen der Finanzierungsmöglichkeiten ist geplant, kleinere Ortsteile über Pumpwerke an größere Kläranlagen anzuschließen. Die Abfallbeseitigung erfolgt in 2 zentralen Mülldeponien und ist ausreichend.

Die Versorgung mit Energie ist sichergestellt. Das 600 KW-Erdgaskraftwerk in Meppen-Hüntel produziert mehr Strom als im umliegenden Raum verbraucht wird. Im Westteil des Landkreises werden durch verschiedene Gesellschaften erhebliche Erdöl- und Erdgasmengen gefördert. Durch den Einsatz tertiärer Verfahren, wie dem Einpressen von überhitztem Dampf, soll die Erdgasförderung von einer bisherigen Ausbeute von 25% der Vorräte auf 45% erhöht werden.

Auf dem Gebiet der medizinischen Versorgung bestehen teilweise Lücken. Der Besatz mit Ärzten der Allgemeinmedizin und mit Fachärzten reicht nicht überall aus. So kommen im Landkreis 3550 Einwohner auf einen praktischen Arzt; 32 Fachärzte sind im wesentlichen an den Standorten der 4 Krankenhäuser angesiedelt. Für 78 000 Einwohner gibt es nur 18 Zahnärzte, d. h. auf jeweils 4340 Einwohner kommt 1 Zahnarzt. Eine Unterversorgung besteht auch bei den Medizinalbeamten. Im Krankenhausbereich besteht, wie im gesamten Emsland ein Bettenüberhang, insbesondere bei den Fachgebieten Kinderheilkunde, innere Medizin und Chirurgie, während bei der Psychiatrie noch ein Bedarf besteht. Die Häufigkeit bei den Apotheken liegt etwas unter dem Bundesdurchschnitt von 4953 Einwohnern je Apotheke (1974).

Im kulturellen Bereich bestehen teilweise noch Mängel. Die künftig erforderliche Ausstattung mit schulischen Einrichtungen ist von der Entwicklung der Schülerzahlen und des Schulwesens abhängig. Es ist zu erwarten, daß z. B. weitere Realschulen bzw. Realschulzweige (Sekundarstufe I) eingerichtet werden müssen. Sicherlich wird auch im berufsbildenden Schulwesen in der Stadt Meppen durch Einführung des Berufsgrundbildungsjahres in weiteren Berufsfeldern noch zusätzlicher Bedarf entstehen. Die Versorgung mit allgemeinen Sportstätten ist im Landkreis außerordentlich gut. Teilweise fehlen jedoch Anlagen für den Freizeitsport wie Tennis und Reiten.

In sämtlichen Zentralen Orten sind Säle für Veranstaltungen und öffentliche Büchereien vorhanden. Das Weiterbildungsangebot von Einrichtungen der Erwachsenenbildung lag 1974 weit unter dem Landesdurchschnitt und ist noch zu verbessern. Die Musikschule in Meppen betreut 4000 Schüler im gesamten Emsland.

Anzahl und Ausstattung der Einrichtungen für die Betreuung alter Menschen und Behinderter entsprechen den Durchschnittswerten im Regierungsbezirk. Der Bedarf an Plätzen in Altenheimen liegt wegen der durchschnittlich jungen Bevölkerung und der geringen, durch die Landwirtschaft stark geprägten Siedlungsdichte im Vergleich zu verstädterten Gebieten niedrig.

Die Stadt Meppen ist Sitz zahlreicher nachgeordneter Fachbehörden, deren Amtsbereich das Emsland und Gebiete darüber hinaus umfaßt. Hier liegt die Ursache dafür, daß die Zahl der Erwerbstätigen im Dienstleistungsbereich im Landkreis auffallend hoch ist. Nach Abschluß der Gebiets- und Verwaltungsreform und der Verlagerung weiterer Aufgaben auf die örtlichen Instanzen bedarf teilweise die Verwaltungskraft der Kommunen einer Verstärkung, um den Belangen des Bürgers voll gerecht zu werden.

VI. Regionale Entwicklung

1. Entwicklungsfunktionen des Raumes

Der Landkreis Meppen ist ein Teil des Emslandes aufgrund seiner peripheren geographischen Lage in Deutschland und seiner ungünstigen Verkehrsverbindungen schon immer ein erwerbs- und infrastrukturschwacher und deshalb abwanderungsgefährdeter Raum gewesen. Das vergleichsweise niedrige Wirtschaftspotential machte es erforderlich, daß staatliche Förderungsmaßnahmen getroffen werden mußten, um die Lebensbedingungen in diesem Raum wenigstens einigermaßen mit denen anderer Räume im Bundesgebiet vergleichbar zu machen. Trotz erheblicher Fortschritte insbesondere in den vergangenen 25 Jahren (Emslandplan) gelang es nicht, den historisch bedingt erheblichen Rückstand gegenüber dem Landes- und Bundesdurchschnitt aufzuholen.

Die Raumordnungsprogramme des Bundes, Landes und Regierungsbezirks entwickeln für den Landkreis raumordnerische Konzeptionen, nach denen künftig die Förderung von Maßnahmen noch gezielter und effektiver in diesen Raum gelenkt werden können.

Nach dem Bundesraumordnungsprogramm liegt der Landkreis Meppen in einer der 9 von 38 Gebietseinheiten mit Strukturschwächen in der Erwerbs- und Infrastruktur und gilt daher als besonders abwanderungsgefährdet. Von Norden nach Süden läuft eine großräumig bedeutsame Verflechtungsachse zwischen dem Raum Emden und dem Ruhrgebiet. An dieser Achse kann das Mittelzentrum Meppen zu einem Entwicklungszentrum im Sinne der Raumordnung des Bundes bestimmt werden. Strukturschwache Räume, Entwicklungsachsen und -zentren sollen künftig verstärkt und gezielt durch Mittel der Bundesressorts gefördert werden, um negativen Entwicklungen entgegenzuwirken und Ausstattungsdefizite abzubauen. Das Bundesraumordnungsprogramm enthält somit Vorgaben für die Zielsetzungen der Raumordnung in Niedersachsen.

Das Land Niedersachsen hat den Landkreis Meppen zu einem Verbesserungsgebiet erklärt, weil in ihm die Lebensbedingungen im Vergleich zum Bundesdurchschnitt wesentlich zurückgeblieben sind. Zur Verbesserung der Verhältnisse sollen nach dem Landes-Raumordnungsprogramm vom April 1973 vor allem der Ausbau der Infrastruktur und die Bestimmung von

Meppen zum Mittelzentrum und zum Schwerpunkt im Schwerpunktraum Lingen beitragen. Wesentliche Impulse werden für die örtliche Wirtschaft durch die im Landes-Raumordnungsprogramm vorgesehene Elektrifizierung der Bundesbahnstrecke, den Neubau der Emsland-Autobahn — beides zwischen dem Ruhrgebiet und Emden —, den Ausbau der Bundesstraßen 213 und 402 sowie den Neubau eines Emsseitenkanals erwartet. Der Stärkung des Dienstleistungsbereiches soll die Entwicklung des Emstals zum großräumigen Erholungsgebiet dienen. Eine besondere Flächenbelastung stellt die Erprobungsstelle 91 der Bundeswehr im Nordosten des Landkreises dar. Darüber hinaus bestimmt das Regionale Raumordnungsprogramm für den Regierungsbezirk Osnabrück vom 15. März 1976, daß sich die Einwohnerzahl des Landkreises von 1976 bis 1990/2000 von 78 000 auf 91 000 erhöhen sollte. Diese Einwohnerrichtzahl ist jedoch in Anbetracht der rückläufigen Geburtenraten der letzten Jahre als wesentlich zu hoch anzusehen. Der jüngsten Entwicklung besser angepaßte Werte werden z. Z. von der Landesregierung für die neugebildeten Landkreise erarbeitet[2]). Außer dem Mittelzentrum Meppen haben nach dem Programm des Bezirkes Haren (Ems) und Haselünne die Funktion eines Grundzentrums und Geeste, Herzlake und Twist die Funktion von Nebenzentren.

Die Städte Meppen, Haren und Haselünne sowie die Gemeinden Geeste, Herzlake und Twist haben die besonderen Entwicklungsaufgaben „Wohnen" und „Gewerbliche Wirtschaft", und die Städte Haren und Haselünne sowie die Gemeinde Geeste die besondere Entwicklungsaufgabe „Erholung". Das nach dem Landes-Raumordnungsprogramm auszubauende Verkehrsnetz wird im Regionalen Raumordnungsprogramm ergänzt durch einige regional bedeutsame Landesstraßen zur Verbindung Zentraler Orte untereinander und ihrem Anschluß an das Fernstraßennetz. Im Nordosten des Landkreises sind im Bereich des Hümmling großräumige Trinkwasservorkommen für die Zukunft zu sichern.

Ob die dem Landkreis Meppen in den Raumordnungsprogrammen zugewiesenen Entwicklungsfunktionen in der Zukunft realisierbar sind, hängt entscheidend von den Möglichkeiten der öffentlichen Förderung ab. Wenn es gelingt, den noch immer vergleichsweise hohen Geburtenüberschuß durch Schaffung und Sicherung qualifizierter Arbeitsplätze im Produzierenden Gewerbe und im Dienstleistungsbereich (einschl. Fremdenverkehr) überwiegend im Raum zu halten, kann es gelingen, den Entwicklungsrückstand allmählich abzubauen. Dabei muß berücksichtigt werden, daß je gründlicher die Ausbildung der Jugend ist, die Gefahr erhöht wird, daß sie aus Mangel an entsprechenden qualifizierten Arbeitsplätzen den Raum verläßt. Da sich wahrscheinlich in absehbarer Zeit die Geburtenquote nicht erhöhen und es nicht gelingen wird, die Abwanderung völlig zu unterbinden, sind die im Regionalen Raumordnungsprogramm bestimmten Einwohnerrichtzahlen mit Sicherheit zu hoch gegriffen. Mit Unterstützung öffentlicher Mittel wird es gelingen, die Infrastruktur insbesondere in den Zentralen Orten und den größeren Gemeindeteilen zu verbessern, wobei das Schwergewicht bei den kulturellen Einrichtungen und den Versorgungs- und Entsorgungsanlagen liegen sollte. Auch die Verbesserung der Agrarstruktur wird mit Mitteln des Bundes und Landes weitere Fortschritte machen. Der Emslandplan wird hierbei eine wesentliche Grundlage darstellen. Zu befürchten ist, daß die landschaftsökologischen Erfordernisse dabei weiterhin zu kurz kommen, was sich nicht zuletzt auch auf Chancen zur Entwicklung des Fremdenverkehrs negativ auswirken muß.

Daß im allgemeinen ausreichende Verkehrsnetz wird durch die in Vorbereitung befindliche Elektrifizierung der Bundesbahnhauptstrecke, den Neubau der Emsland-Autobahn nach 1985 und den Ausbau der Bundesstraßen 213 und 402 (einschl. der Nordumgehung Meppen) in den nächsten Jahren weiter verbessert werden. Es bietet günstige Voraussetzungen für eine weiterhin positive Wirtschaftsentwicklung in diesem Raum.

---

[2]) Der Landkreis Meppen ist bei der Kreisreform am 1. 8. 1977 im neuen Landkreis Emsland aufgegangen.

2. Gründe für das Fernbleiben ansiedlungswilliger Betriebe

Mehrere größere Betriebe zeigten in den vergangenen Jahren grundsätzliches Interesse an einer Ansiedlung im Landkreis Meppen. Die Gründe dafür, daß sie sich nicht ansiedelten, lagen vor allem bei zu geringen Förderpräferenzen im Vergleich zu anderen Ansiedlungsstandorten, im Facharbeitermangel, in der Abseitslage und in fehlender Infrastruktur.

3. Ansiedlungsbemühungen

Aufgrund des 5. Rahmenplans nach dem Gesetz über die Gemeinschaftsaufgabe „Verbesserung der regionalen Wirtschaftsstruktur" gehört der Landkreis Meppen zum Aktionsraum „Ems-Mittelweser". Die Stadt Meppen ist Schwerpunktort mit einer 15%igen Förderpräferenz. Die Stadt Haren (Ems) liegt im Fremdenverkehrsgebiet und hat zweite Förderungspriorität nach dem Fremdenverkehrsprogramm Niedersachsen.

Neben den Förderungsaktivitäten des Bundes und Landes bemühen sich die Emsland GmbH, der Landkreis und die Gemeinden intensiv um die Ansiedlung von Gewerbebetrieben. Die Kommunen betreiben eine aktive Bodenvorratspolitik. Der Landkreis hat über 100 ha in der Nähe des Kraftwerks Meppen-Hüntel für Industrieansiedlungen aufgekauft. In den größeren Gemeinden werden Gewerbeflächen ausgewiesen und erschlossen. Die Infrastruktur wird ständig verbessert. Diese Bemühungen werden durch gezielte Werbemaßnahmen bei Messen und mittels Broschüren und Inseraten unterstützt.

4. Entwicklungsfähigkeit des Raumes

Die Struktur des Raumes wird wesentlich bestimmt durch einen hohen Anteil landwirtschaftlicher Bevölkerung mit geringem Einkommen, dünne und weitläufige Besiedlung, einen Unterbesatz mit gewerblichen Betrieben und eine allgemeine Finanzschwäche. Aufgrund des hohen Nachholbedarfs, der ungünstigen geographischen Lage und der mangelnden Attraktivität des Raumes ist selbst bei verstärktem monetären Einsatz in einem mittelfristigen Zeitraum ein völliges Aufholen des Rückstandes zum Bundesdurchschnitt nicht zu erwarten. Die Aufgabe, mit anderen Räumen gleichwertige Lebensbedingungen im Landkreis Meppen zu schaffen, wird noch lange bestehen bleiben.

Es gibt aber auch einige günstige Voraussetzungen für eine positive Entwicklung. Aufgrund hoher Geburtenraten ist die Bevölkerung im Durchschnitt jünger als in anderen Landesteilen und bildet ein großes Arbeitskräftereservoir. Hinzu kommt, daß die Bevölkerungsdichte sehr niedrig ist, so daß auch umweltbelastende Betriebe noch umfangreiche planerisch gesicherte Flächen zur Ansiedlung vorfinden. Sauberes Grundwasser läßt sich mit vertretbarem Aufwand in erheblichem Umfange bereitstellen. Ebenso sind große Elektrizitätsmengen, Erdgas und Erdöl in unmittelbarer Nähe vorhanden. Das Erdölfeld Rühlermoor birgt die größten Erdölvorräte im Bundesgebiet. 1976 wurden 527 000 t Erdöl gefördert; das entspricht fast 10 % der deutschen Produktion. Die Verkehrsinfrastruktur wird durch den Neubau und Ausbau von Verkehrsträgern ständig verbessert. Noch immer relativ hohe Geburtenquoten bergen verstärkt die Gefahr von Jugendarbeitslosigkeit in sich. In dem Maße, wie die Ausbildung der Jugend vertieft wird, werden qualifizierte Arbeitsplätze im Produzierenden Gewerbe und im Dienstleistungsbereich verstärkt erforderlich. Die Entwicklung des Raumes und die künftige Bevölkerungsdichte hängen davon ab, ob es gelingen wird, diese Arbeitsplätze zu schaffen und zu sichern. Die Verlagerung nicht standortgebundener Behörden und Institute in entwicklungsfähige Räume könnte z. B. ein Instrument staatlicher Strukturpolitik darstellen. Sonst ist ein Teufelskreis zu befürchten, in dem Infrastrukturen nicht geschaffen werden, weil die nötigen Menschen dazu fehlen, Menschen aber abwandern müssen, weil Arbeitsplätze und Infrastruktur nicht ausreichend vorhanden sind. Dafür sind Förderungsmaßnahmen der öffentlichen Hand weiterhin unbedingt erforderlich, weil das eigene Entwicklungspotential des Raumes nicht ausreicht.

Eine weitere Chance des Raumes liegt in einer schrittweisen Überwindung seiner Grenzlage durch eine verstärkte Durchlässigkeit der Grenze und durch eine engere Kooperation mit den Niederlanden. Die Deutsch-Niederländische Raumordnungskommission ist seit 1969 bemüht, durch landesplanerische Vorarbeiten und Zielsetzungen Wege hierzu aufzuzeigen. Dazu gehören insbesondere die Verbesserung der Ost-West-Verkehrsverbindungen und der Versuch einer beiderseitigen Abstimmung bei der Ansiedlung und Förderung von Industrie- und Gewerbebetrieben.

5. Auswirkungen passiver Sanierung

Die Entwicklung zeigt, daß auch im Landkreis Meppen die Bevölkerung, soweit sie von der Landwirtschaft unabhängig und nicht sehr stark heimatgebunden ist, in die größeren Gemeindeteile zieht. Durch raumordnerische Zielsetzungen (Konzentrationsbestrebungen, Steuerung öffentlichen Mitteleinsatzes) und Lenkungsmaßnahmen in der Bauleitplanung wird dieser ohnehin vorhandene Trend gefördert. Durch die verbesserte infrastrukturelle Ausstattung der Zentralen Orte wie Meppen, Haren und Haselünne werden diese als Wohnorte zunehmend attraktiv. Ein möglichst vielfältiges Angebot an Arbeitsplätzen, Bildungseinrichtungen und Einkaufsmöglichkeiten trägt zu dieser Entwicklung bei. Dieses führt jedoch andererseits auch zu einer gewissen Entleerung der Gemeindeteile insbesondere mit unter 500 Einwohnern. Hier besteht die akute Gefahr, daß Einrichtungen der untersten Versorgungsstufe (z. B. Einzelhandelsgeschäfte) und der Infrastruktur sich nicht mehr tragen oder nur noch mit erhöhtem öffentlichem Mitteleinsatz erhalten werden können. Außerdem müssen vermehrt längere Fahrzeiten in Kauf genommen werden, um die nächstgelegenen Einrichtungen zu erreichen. Die Schaffung gleichwertiger Lebensbedingungen für die verbleibende Bevölkerung wird sehr erschwert. Hier fehlen gesicherte Erkenntnisse darüber, welche Mindestbevölkerung in einem Raum gehalten werden sollte (in der Gemeinde Dohren leben nur noch 38 EW/qkm, in der Stadt Meppen hingegen 144). Allzu leicht kann die Abwanderung in die nächstgelegenen Zentralen Orte immer stärkeren Umfang annehmen.

VII. Zusammenfassung

Als Ergebnis der Situationsanalyse ist festzustellen, daß der Landkreis Meppen trotz jahrzehntelanger intensiver Förderung mit öffentlichen Mitteln des Bundes, Landes und der Kommunen ein im Bundesdurchschnitt gesehen, sehr strukturschwacher Raum geblieben ist. Diese Strukturschwäche wird in konjunkturellen Krisenzeiten durch schnell steigende Arbeitslosenquoten besonders deutlich. Da eine ausreichende Einwohnerdichte als Basis für eine zeitgemäße Infrastruktur notwendig ist, diese aber allein von zu schaffenden Arbeitsplätzen abhängig ist, müssen im Landkreis möglichst viele Arbeitsplätze eingerichtet werden. Bei allgemein rückläufiger Arbeitsplatzentwicklung in der Land- und Forstwirtschaft und im Produzierenden Gewerbe kann die Chance mittel- und langfristig nur in der Vermehrung der Arbeitsplätze im Dienstleistungsbereich liegen. Es müßten daher u. a. verstärkt kulturelle Einrichtungen und solche für die Freizeitgestaltung geschaffen werden.

Kurzfristig kann durch weitere Stärkung der Infrastruktur und entsprechende staatliche Förderungsmaßnahmen im Landkreis Meppen noch eine Ausweitung und Sicherung des Arbeitsplatzangebotes im gewerblichen Bereich bewirkt werden, zumal auch einige günstige strukturelle Voraussetzungen vorhanden sind.

Struktur und Entwicklungstendenzen des Landkreises Bitburg-Prüm (Rheinland-Pfalz)

von

Jürgen Deiters, Klemens Friederichs und Willi Maurer, Trier*

Nach der Gebietsgröße (1626 qkm) steht der Landkreis Bitburg-Prüm an erster, nach der Bevölkerungsdichte (56 Einwohner je qkm) jedoch an letzter Stelle der 36 kreisfreien Städte und Landkreise in Rheinland-Pfalz (Bevölkerungsdichte Rheinland-Pfalz: 184, Bundesrepublik: 247 Einw./qkm). Dabei sinken die peripheren, an Belgien und Luxemburg grenzenden Verbandsgemeinden von Nord- und Westeifel sowie Islek (Prüm, Arzfeld, Neuerburg) auf Dichtewerte um 40 Einwohner je qkm ab (vgl. Fig. 1 und Tab. 1 — das sind die niedrigsten Dichtewerte aller 201 Verbandsgemeinden und verbandsfreien Gemeinden im Lande. Im Bundesvergleich weist das Untersuchungsgebiet den zweitniedrigsten Bevölkerungsdichtewert aller 164 regionalen Arbeitsmärkte auf.

1. Als Indikator für den sozioökonomischen Entwicklungsstand von Regionen wird häufig das Bruttoinlandsprodukt je Kopf der Wirtschaftsbevölkerung (BIP/WIB) herangezogen: Trotz aller strukturpolitischen Bemühungen — der Landkreis gehört zum 1969 aufgestellten Regionalen Aktionsprogramm Eifel-Hunsrück, dem ersten seiner Art im Rahmen der Gemeinschaftsaufgabe „Verbesserung der regionalen Wirtschaftsstruktur" (im folgenden: GRW) — konnte der Landkreis seine Schlußlichtposition im Vergleich aller kreisfreien Städte und Landkreise des Landes bis 1972 nicht überwinden; die vergleichsweise geringen Verluste an industriellen Arbeitsplätzen nach 1972 verhalfen dem Landkreis 1974 auf den 31. Rangplatz im Landesvergleich (bei 36 Gebietseinheiten). Fig. 2 zeigt die Entwicklung dieses wirtschaftlichen Leistungsindikators für das Untersuchungsgebiet im Vergleich zu den anderen, ebenfalls strukturschwachen Landkreisen des Regierungsbezirks Trier und der kreisfreien Stadt Trier sowie zu zwei „Spitzenreitern" des regionalen Wirtschaftswachstums im Lande, dem Landkreis Germersheim (mit dem neuen Industriestandort Wörth bei Karlsruhe) und der kreisfreien Stadt Ludwigshafen: zwar konnte der Rückstand gegenüber dem Landesdurchschnitt im Zeitraum 1961—74 leicht verringert werden (Bitburg-Prüm: von 65,3 auf 71,2; Reg.Bez. Trier: von 80,3 auf 80,7, wobei jeweils Land = 100), doch hat sich im gleichen Zeitraum der absolute wie auch der relative[1]) Abstand wirtschaftlicher Leistungsfähigkeit zwischen den Verdichtungsräumen und verdichtungsraumnahen Gebieten einerseits und den ländlichen, strukturschwachen Gebieten andererseits vergrößert. Eine zunehmende Verschärfung regionaler Disparitäten deutet sich ab 1972/74 an[2]).

---

*) Manuskript abgeschlossen Jan. 1978, einzelne Nachträge 1979.

[1]) Durchschnittliche jährliche Veränderung des BIP/WIB 1961—74: Bitburg-Prüm 9,7%, Reg.-Bez. Trier 9,0%, Ludwigshafen 10,9%, Land 7,1%; vgl. auch die Steigungen der entsprechenden Kurven in Fig. 2.

[2]) Die kurz vor Drucklegung dieses Beitrags veröffentlichten Berechnungen des Bruttoinlandsprodukts für 1976 stellen diese Aussage für das Untersuchungsgebiet — erfreulicherweise — in Frage: Der Indikator BIP/WIB steigt auf 76,1% des Landesdurchschnitts an; die Steigerungsrate gegenüber 1974 (7%) wird von den Verdichtungsräumen nicht mehr übertroffen. — Vgl. Bruttoinlandsprodukt und Bruttowertschöpfung der kreisfreien Städte und Landkreise 1976, Statistische Berichte Rheinland-Pfalz, P II 1 — 1979/2, Statistisches Landesamt, Bad Ems 1979.

Fig. 1: Übersichtskarte des Landkreises Bitburg-Prüm

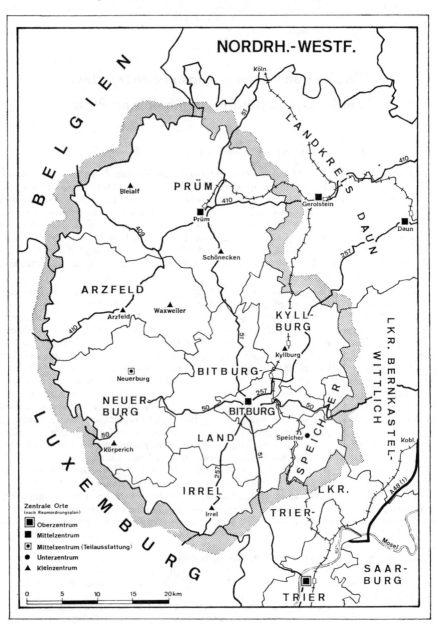

Tab. 1: *Landkreis Bitburg-Prüm — ausgewählte Struckturdaten für Stadt Bitburg und die Verbandsgemeinden*

	Jahr	Verbandsfreie Gde. Bitburg, Stadt	Verbandsgemeinden							Landkreis Bitburg-Prüm
			Arzfeld	Bitburg, Land	Irrel	Kyllburg	Neuerburg	Prüm	Speicher	
Wohnbevölkerung	1961	9 571	10 337	16 297	7 801	9 007	11 061	19 688	7 557	90 893
	1970	10 119	10 535	16 304	8 243	8 949	10 817	20 521	7 908	93 396
	1975	10 591	10 138	15 300	8 026	8 443	10 325	20 376	7 472	90 671
Einwohner je qkm	1975	226	38	55	70	55	42	44	124	56
Bevölkerungsveränderung (%)	1970 –75	4,7	—3,8	— 6,2	— 2,6	— 5,7	— 4,5	— 0,7	— 5,5	— 2,9
Lebendgeborene je 1000 Einw. und Jahr	1961 –70	19,5	20,2	19,3	16,6	18,5	18,6	19,3	19,3	19,1
	1970 –75	13,4	14,9	12,6	12,4	11,9	13,6	13,4	11,7	13,1
Wanderungssaldo je 1000 Einw. und Jahr	1961 –70	2,9	— 7,5	— 8,1	1,0	— 7,7	—9,4	— 4,7	4,0	— 4,7
	1970 –75	6,9	— 8,4	—12,5	— 4,5	— 9,8	— 8,7	— 2,3	— 9,8	— 6,0
Wanderungssaldo der 18—45jährigen je 1000 Pers. dieser Altersgruppe und Jahr	1972 –75	13,3	—22,7	—31,3	—17,1	—30,6	—37,4	—10,3	—19,2	—18,5
Erwerbsquote (%)	1970	40,7	44,2	43,1	41,1	40,6	43,5	41,9	36,5	41,8
Erwerbstätige in der Land- u. Forstw. in % d. Erwerbstätigen am Arbeitsort	1970	4,2	54,8	59,6	40,2	41,3	49,9	40,2	15,0	36,2
Industriebeschäft. je 1000 Einw.	1975	104	28	12	7	40	30	99	44	51
Pendlersaldo in % d. Erwerbstätigen am Wohnort	1970	109,2	—17,3	—42,5	—41,2	—38,8	—13,6	3,6	—14,7	—7,3
Realsteueraufbringungskraft je Einw. (in DM)	1975	664	107	101	135	154	178	276	186	272

Quelle: Statistisches Landesamt Rheinland-Pfalz, Landesinformationssystem; Die kreisfreien Städte und Landkreise in Rheinland-Pfalz, Statist. Landesamt Rheinld-Pf., Bad Ems 1977, Tabellen S. 400 ff.

2. Eine Shift-Analyse[3]) der Entwicklung des Bruttoinlandsprodukts (BIP) 1961—68, 1968—70, 1970—72 und 1972—74 (Fig. 3) stützt diese Vermutung. Die Kurven für Bitburg-Prüm und Ludwigshafen-Stadt sind exemplarisch für die Raumkategorien Verdichtungsraum und ländlicher Raum: am Regionalfaktor, einem Maß für die relative Abweichung regionaler Entwicklungen von der Gesamtentwicklung (Landesdurchschnitt R = 1, R > 1 überdurchschnittliche, R < 1 unterdurchschnittliche Entwicklung), können Phasen zunehmenden (1961—68, 1972—74) und abnehmenden (1968—72) Disparitätengefälles abgelesen werden; die Aufspaltung der Entwicklungsverläufe in die beiden Hauptursachen regionaler Wachtumsunterschiede — nämlich die Zusammensetzung des BIP nach unterschiedlich wachsenden Wirtschaftsbereichen und deren Einfluß auf das Gesamtwachstum einerseits (Struktureffekt) sowie die attrahierenden bzw. restringierenden Wirkungen der räumlichen Lage, der Kosten, des Arbeitsmarktes usw. andererseits (Standorteffekt) — zeigt die überragende Bedeutung der letztgenannten Einflußgröße auf. Die entsprechenden Kurven für (Fig. 3, Standorteffekt) spiegeln das für die soziökonomische Entwicklung des ländlichen Raumes so günstige Zusammentreffen „leergefegter" Arbeitsmärkte in den Verdichtungsräumen (hemmender Effekt) und verstärkter staatlicher Strukturpolitik im ländlichen Raum (fördernder Effekt) seit 1968 wider. Nach 1972 schlagen jedoch die klassischen Standortvorteile des Verdichtungsraumes wieder voll durch; die Schere räumlich disparater Wirtschaftsentwicklung öffnet sich. Ebenso sinkt der Struktureinfluß im Landkreis Bitburg-Prüm (Fig. 3, Struktureffekt) ab 1972 nach zuvor positiver Entwicklung wieder auf unterdurchschnittliche Wirkungen auf das BIP-Wachstum ab[4]).

3. Der Entwicklungsrückstand des Untersuchungsgebietes kommt auch in einer Reihe weiterer Strukturmerkmale zum Ausdruck. So stellt die Steuereinnahmekraft je Einwohner mit 272 DM (1975) den zweitniedrigsten Wert aller kreisfreien Städte und Landkreise (370 DM) in Rheinland-Pfalz (437 DM) dar (vgl. Tab. 1). Der Industriebesatz zählt mit 51 Industriebeschäftigten je 1000 Einwohner (1975) noch immer zu den niedrigsten Werten in Rheinland-Pfalz — obwohl die Industriebeschäftigtenzahl seit 1961 mehr als verdoppelt werden konnte (die Steigerungsrate von 132 % stellt die zweithöchste im Land dar). Dem niedrigen Industrialisierungsgrad entspricht ein hoher Anteil der in der Land- und Forstwirtschaft tätigen Erwerbspersonen: mit 33,7 % aller Erwerbspersonen in diesem Wirtschaftsbereich (1970) — das ist der mit Abstand höchste Anteilswert in Rheinland-Pfalz (1970: 10,7 %) — werden nur 14,8 % des Bruttoinlandsprodukts (1970) erwirtschaftet (Rheinland-Pfalz 1970: 8,7 %).

4. Die Strukturschwäche des Untersuchungsgebietes äußert sich auch im niedrigen Einkommensniveau: mit einem jährlichen Bruttolohn je Lohnsteuerpflichtigen von 18 086 DM (1974) nimmt der Landkreis Bitburg-Prüm die letzte Position im Landesvergleich ein (Rheinland-Pfalz 1974: 21 474 DM) — trotz einer Steigerung von 25 % seit 1971 gegenüber 21 % im Landesdurchschnitt. Rund ein Drittel aller Lohnsteuerpflichtigen (Ehegatten, die beide lohnsteuerpflichtiges Einkommen bezogen haben, werden als ein Lohnsteuerpflichtiger nach-

---

[3]) Eine eingehende Beschreibung des Grundmodells sowie eine kritische Erörterung der Anwendungsmöglichkeiten dieses zur Quantifizierung regionaler Entwicklungsbesonderheiten häufig eingesetzten Verfahrens gibt P. KLEMMER: Die Shift-Analyse als Instrument der Regionalforschung. In: Methoden der empirischen Regionalforschung (1. Teil), Forschungs- und Sitzungsberichte der Akademie für Raumforschung und Landesplanung, Bd. 87, Hannover 1973, S. 117—129.

[4]) Neuerdings liegen die Berechnungen des Bruttoinlandsprodukts sowohl in revidierter Form für 1970, 1972 und 1974 als auch für 1976 vor. Hiernach stellt sich einerseits die relative Entwicklung 1972—74 für das Untersuchungsgebiet noch ungünstiger als beschrieben dar (R = 0,97, wobei Standorteffekt = 1,00; vgl. Fig. 3), andererseits läßt die folgende Entwicklung bis 1976 erkennen, daß der Trend zur weiteren Vergrößerung des wirtschaftlichen Entwicklungsrückstandes offenbar gebrochen werden konnte: Der Struktureffekt erreicht mit 1,028 erstmals einen — an der Entwicklung im Land gemessen — überdurchschnittlichen Wert; der Standorteffekt steigt auf 1,037 und der Gesamtindex, der Regionalfaktor, somit auf 1,066. — Vgl. Bruttoinlandprodukt und Bruttowertschöpfung der kreisfreien Städte und Landkreise in der Bundesrepublik Deutschland — Revidierte Ergebnisse 1970, 1972, 1974; in: Gemeinschaftsveröffentlichungen der Statistischen Landesämter H. 8, Volkswirtschaftliche Gesamtrechnungen der Länder, Düsseldorf 1978. — Statistische Berichte Rheinland-Pfalz, P II 1 — 1979/2, a.a.O.

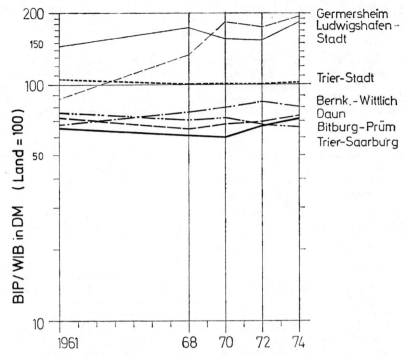

Fig. 2: Bruttoinlandsprodukt je Kopf der Wirtschaftsbevölkerung 1961—1974

(Quelle: Statistische Berichte Rheinland-Pfalz, P I 1 — 1975/1 und P I 5 — 1977/1, Statistisches Landesamt, Bad Ems 1975 u. 1977)

Anm.: Die 1977 veröffentlichten Ergebnisse der Bruttoinlandsprodukts-Berechnungen 1974 sind wegen Änderung in Methode und Datengrundlage mit den früheren Berechnungen (1961—72) nur bedingt vergleichbar. Sie mußten in Ermangelung revidierter Ergebnisse (vgl. Fußnote [4]) für vorliegende Darstellung verwandt werden.

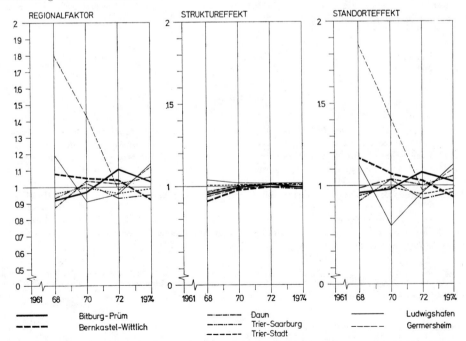

Fig. 3: Shift-Analyse des Bruttoinlandsprodukts nach Wirtschaftsbereichen 1961—1974

(Eigene Berechnungen; Quelle: wie bei Fig. 2; Wirtschaftsbereiche: Land- und Forstwirtsch., Produz. Gewerbe, Handel u. Verkehr, Dienstleist.; Regionalfaktor = Struktureffekt × Standorteffekt).

gewiesen) bezieht weniger als 12 000 DM Bruttolohn im Jahr (Land: 27%); auch die folgenden Anteile — 44% mit weniger als 16 000 DM (Land: 36%), 61% mit weniger als 20 000 DM (Land: 48%) — sind die jeweils niedrigsten aller kreisfreien Städte und Landkreise in Rheinland-Pfalz 1974. Ein Einkommensindikator, der Pkw-Besatz, weist mit 299 Pkw und Kombis je 1000 Einwohner (1. 1. 1977) den zweitniedrigsten Wert im Land (320) auf.

5. Eine die genannten Merkmale einschließende faktorenanalytische Ableitung eines komplexen Indikators zur Messung der Strukturgefährdung von 164 regionalen Arbeitsmärkten im Bundesgebiet durch P. KLEMMER (in diesem Band) weist das Untersuchungsgebiet auf einem der letzten Rangplätze (159. Rangplatz) aus mit der Kennzeichnung „sehr strukturgefährdete Arbeitsmarktsituation", die maßgeblich durch Variablen zur Einkommenswertigkeit des Arbeitsplatzangebotes bestimmt wird.

6. Die gegenwärtige Größenstruktur der Gemeinden spiegelt — trotz kommunaler Gebietsreform Anfang der siebziger Jahre — noch sehr genau die problematische, in Weiler und Gehöftegruppen atomisierte Siedlungsstruktur des Untersuchungsgebietes wider: knapp die Hälfte der 238 Gemeinden hat weniger als 200 Einwohner (Durchschnitt: 98 Einw.); ohne die Städte Bitburg (10704 Einw.) und Prüm (5169 Einw.) lebt etwa die Hälfte der Landkreisbevölkerung in Gemeinden unter 500 Einwohner (1976). Die Durchschnittsgröße der Gemeinden beträgt mit 380 Einwohnern je Gemeinde nur ein Drittel des Landesdurchschnitts (1144, ohne kreisfreie Städte). Der kommunalpolitische Handlungsspielraum derart kleiner Gebietseinheiten ist äußerst eng, wie sich auch an den relativ hohen Bedarfszuweisungen zum Haushaltsausgleich der Gemeinden im Rahmen des kommunalen Finanzausgleichs zeigt: allein 57% der 1975 für die vier Landkreise des Regierungsbezirks Trier gezahlten Ausgleichsmittel flossen in den Landkreis Bitburg-Prüm, dessen Einwohneranteil jedoch nur 24% betrug.

7. Die beträchtlich hinter der allgemeinen Entwicklung zurückgebliebenen Lebensbedingungen im Untersuchungsgebiet finden in permanenter Abwanderung ihren Niederschlag. Konnte im Zeitraum 1961—70 trotz eines durchschnittlichen jährlichen Wanderungsverlustes von 4,7 Personen je 1000 Einwohner infolge der hohen Geburtenrate (19,1 Lebendgeborene je 1000 Einwohner) noch eine Bevölkerungszunahme erzielt werden, so führte die nach 1970 verstärkte Abwanderung (jährlicher Wanderungssaldo —5,8 je 1000 Einwohner) bei gleichzeitigem Rückgang der Geburten (12,5 Lebendgeborene je 1000 Einwohner) zu starken Bevölkerungsverlusten, die den Landkreis Bitburg-Prüm bereits 1975 unter den Einwohnerstand von 1961 brachten[5]) (vgl. Tab. 1).

Bevölkerung

Die Verschiebungen im Altersaufbau der Bevölkerung des Untersuchungsgebietes zwischen 1961 und 1975 sowie die durchschnittlichen jährlichen Veränderungen der Wohnbevölkerung nach Altersgruppen für diesen Zeitraum im Vergleich zu den entsprechenden Landeswerten (vgl. Tab. 2) verdeutlichen die Konsequenzen der „Tendenzwende" von Bevölkerung und Wirtschaft in der ersten Hälfte dieses Jahrzehnts für den Westeifelraum: der Geburtenrückgang führt zu einer drastischen Reduktion des Anteils der unter 6jährigen zwischen 1970 (11,0%) und 1975 (7,3%), während die mit der wirtschaftlichen Rezession verstärkt auftretende Abwanderung namentlich der 15—21jährigen, aber auch der 21—45jährigen eine deutliche Verringerung des Anteils dieser Altersgruppe an der Wohnbevölkerung bewirkt (26,8% gegenüber 31,7% im Land, jeweils 1975).

---

[5]) Nach der Raumordnungsprognose 1990 wird im Bundesgebiet die Einwohnerzahl von 1961 erst wieder 1990 nahezu erreicht; vgl. Raumordnungsprognose 1990, Schriftenr. d. Bundesmin. f. Raumordn., Bauwesen u. Städtebau, 06.012, Bonn-Bad Godesberg 1977.

Tab. 2: *Wohnbevölkerung nach Altersgruppen 1961, 1970, 1975 und Wanderungen nach Altersgruppen 1972—75*

Verwaltungsbezirk	Jahr	Wohnbevölkerung insgesamt	Wohnbevölkerung nach Altersgruppen						
			unter 6	6—15	15—18	18—21	21—45	45—65	65 und mehr J.
			Anteil der Wohnbevölkerung im Alter von ... Jahren (%)						
Landkreis Bitburg-Prüm	1961	90 893	12,3	15,7	2,8	3,7	31,0	24,3	10,2
	1970	93 396	11,0	17,8	4,9	4,0	27,5	22,3	12,5
	1975	90 671	7,3	18,0	5,7	4,7	26,8	23,0	14,5
Rheinland-Pfalz	1961	3 417 116	10,4	13,6	3,4	4,3	32,2	25,6	10,5
	1970	3 645 437	9,6	15,0	4,5	4,4	31,1	22,5	12,9
	1975	3 665 777	6,5	15,2	5,0	4,6	31,7	22,4	14,7
		insges. (%)	Durchschnittliche jährliche Veränderung der Wohnbevölkerung im Alter von ... Jahren (%)						
Landkreis Bitburg-Prüm	1961—70	0,3	−0,9	1,7	6,6	1,2	−1,0	−0,7	2,6
	1970—75	−0,6	−8,4	−0,4	2,4	2,9	−1,1	0,0	2,4
	1961—75	0,0	−3,7	1,0	5,1	1,8	−1,1	−0,4	2,5
Rheinland-Pfalz	1961—70	0,7	−0,2	1,8	3,9	1,0	0,3	−0,7	3,1
	1970—75	0,1	−7,4	0,4	2,3	0,8	0,5	0,0	2,7
	1961—75	0,5	−2,8	1,3	3,3	1,0	0,4	−0,4	2,9
		je 1000 Einw.	Durchschnittlicher jährlicher Wanderungssaldo der Wohnbevölkerung im Alter von ... Jahren je 1000 der betreffenden Altersgruppe						
Landkreis Bitburg-Prüm	1972—75	−7	−1	−2	−43	−78	−11	3	2

Eigene Berechnungen; Daten: Statistisches Landesamt Rheinland-Pfalz, Landesinformationssystem.

Tab. 3: *Wanderungssalden 1. 1. 1970 — 31. 12. 1975*

Verwaltungsbezirk	Stadt Trier	übriger Reg.-Bez. Trier	übriges Land	über die Landesgrenze	insgesamt	je 1000 Einw. und Jahr
Kreisfreie Stadt Trier	—	−1 884	13	− 495	−2 366	−3,9
Landkreise						
Bernkastel-Wittlich	− 290	195	−1 025	− 505	−1 625	−2,5
Bitburg-Prüm	− 433	− 416	− 652	−1 687	−3 188	−5,9
Daun	− 79	− 165	− 354	− 402	−1 000	−3,0
Trier-Saarburg	2 686	386	− 307	− 767	1 998	2,7
Reg.-Bez. Trier			−2 325	−3 856	−6 181	−2,2

Quelle: Statistisches Landesamt Rheinland-Pfalz, Landesinformationssystem; Die kreisfreien Städte und Landkreise in Rheinland-Pfalz, Statist. Landesamt Rheinld.-Pf., Bad Ems 1977, Tabellen S. 356 ff.

Es fällt nicht schwer abzuschätzen, wie sich ein Anhalten dieser Tendenz quantitativ wie qualitativ auf die Bevölkerung auswirkt, doch lassen die Zahlen für die letzten Jahre eine Abschwächung der ansonsten fatalen Entwicklung erwarten: betrug der jährliche Wanderungssaldo im Durchschnitt der Jahre 1970—1973 noch —5,7 je 1000 Einwohner, im Jahr 1974 sogar —6,8, so fiel er in den folgenden Jahren auf —5,0 (1975) bzw. —2,8 je 1000 Einwohner im Durchschnitt der Jahre 1976—1978 ab. Doch werden die verminderten Wanderungsverluste überlagert durch die seit 1973 negative natürliche Bevölkerungsentwicklung: bestand in den Jahren 1970—1972 noch ein leichter Geburtenüberschuß (1,8 je 1000 Einwohner jährlich), so brachte das Jahr 1973 erstmals einen Gestorbenenüberschuß (0,6), der sich im Durchschnitt der Jahre 1974—1978 auf 1,9 je 1000 Einwohner erhöhte. Doch ist festzustellen, daß sich die Geburtenrate, die von nahezu 23 Lebendgeborenen je 1000 Einwohner Anfang der sechziger Jahre über 15 um 1970 auf 10,2 im Jahre 1974 absank, in den letzten Jahren zwischen 10 und 11 je 1000 Einwohner stabilisiert (Bund 1978: 9,4).

Die Wanderungsbilanzen des Landkreises Bitburg-Prüm mit ausgewählten Gebietseinheiten zeigen die Intensität und Hauptzielgebiete der Abwanderung auf (vgl. Tab. 3): auf Bitburg-Prüm entfallen fast 40 % der Wanderungsverluste des Regierungsbezirks Trier, der in seiner Gesamtheit als abwanderungsgefährdet gilt (Bundesraumordnungsprogramm) — das ist doppelt so viel, als es dem Bevölkerungsanteil dieses Landkreises entsprechen würde. Mehr als 50 % seiner Wanderungsverluste kommen Gebieten außerhalb des Landes zugute, hauptsächlich Nordrhein-Westfalen.

Tab. 1 vermittelt ein Bild von der regionalen Differenzierung der Bevölkerungsbewegungen im Untersuchungsgebiet. Art und Ausmaß dieser Bewegungen stehen im engen Zusammenhang zu den Erwerbsmöglichkeiten der Bevölkerung: hohe Anteile der Erwerbstätigen in der Land- und Forstwirtschaft (sie erreichten 1970 in einzelnen Verbandsgemeinden noch 50 bis 60 %) sowie niedriger Industrialisierungsgrad (in vier von sieben Verbandsgemeinden gab es noch 1975 30 und weniger Industriebeschäftigte je 1000 Einwohner) in Verbindung mit hohen Auspendlerüberschüssen sind die Kennzeichen von Gebieten hoher Wanderungsverluste, an denen wiederum die jüngeren, aktiveren Jahrgänge der erwerbsfähigen Bevölkerung überproportional beteiligt sind. Die Erwerbsquote der Wandernden liegt mit durchschnittlich 56 % (1975) deutlich über der Erwerbsquote der Wohnbevölkerung des Landkreises, die 1970 rd. 42 % betrug.

Landwirtschaft

Der heute noch extrem hohe Anteil von Erwerbspersonen in der Land- und Forstwirtschaft — über ein Drittel aller Erwerbspersonen war 1970 in diesem Wirtschaftsbereich tätig — ist die Folge einer nur zögernden Umstrukturierung der Landwirtschaft, die in dem allzu langsamen Abbau unrentabler Kleinbetriebe zugunsten aufstockungswilliger Vollerwerbsbetriebe zum Ausdruck kommt: von 1960 bis 1975 nahm die Anzahl der landwirtschaftlichen Betriebe im Kreisgebiet nur um 36 % ab — gegenüber 49 % im Land und 60 % im Bundesgebiet. In den Höhengebieten von Nord- und Westeifel (Verbandsgemeinden Prüm, Arzfeld, Neuerburg) liegt die Abnahmerate sogar unter 30 %, nur in den landwirtschaftlichen Vorranggebieten des Bitburger Gutlandes, vor allem im Nahbereich des Mittelzentrums Bitburg, ist die Anzahl der landwirtschaftlichen Betriebe seit 1960 auf die Hälfte und weniger abgesunken.

Fig. 4 zeigt die Entwicklung der landwirtschaftlichen Betriebe nach Größenklassen ab 1960 sowie — ab 1971 — die Veränderung der landwirtschaftlich genutzten Fläche in Betrieben der jeweiligen Größenklasse[6]). Der Umstrukturierungsprozeß ist gekennzeichnet durch stär-

---

[6]) In der halblogarithmischen Darstellung entsprechen die Steigungen der Kurven prozentualen Veränderungen.

kere Abnahme der Anzahl der Kleinst- und Kleinbetriebe (bis 10 ha LF), den erst ab 1971 auftretenden Abbau des herkömmlichen, inzwischen viel zu kleinen bäuerlichen Familienbetriebes zwischen 10 und 20 ha LF und eine ausgeprägte, ab 1971 jedoch abgeschwächte Zunahme der Anzahl landwirtschaftlicher Betriebe mit mehr als 20 ha LF. Die relativ stärkere Zunahme der landwirtschaftlich genutzten Fläche in Betrieben über 20 ha seit 1971 verweist auf weitere Aufstockung dieser Betriebe. Ihr Anteil an allen landwirtschaftlichen Betrieben über 0,5 ha LF ist mit 23 % (1975) noch immer viel zu niedrig (1961: 7 %, 1971: 17 %), da es ausgeprägte Sonderkulturen im Untersuchungsgebiet nicht gibt und das Schwergewicht auf der Nutzung von Dauergrünland (51 % der Wirtschaftsfläche) liegt. — Der seit 1971 verminderte Rückgang der Kleinstbetriebe (unter 2 ha) läßt erkennen, daß in den Jahren wirtschaftlicher Schwierigkeiten der landwirtschaftliche Nebenerwerb wieder an Bedeutung zunimmt.

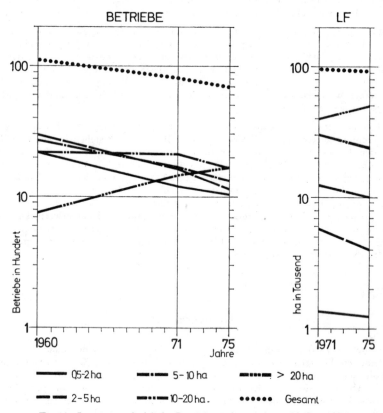

Fig. 4: *Landwirtschaftliche Betriebsgrößenstruktur 1960—1975*

Quelle: Statistisches Landesamt Rheinland-Pfalz, Landesinformationssystem; LF = landwirtschaftlich genutzte Fläche.

Die Situation der hauptberuflich bewirtschafteten Betriebe[7]) im Landkreis Bitburg-Prüm unterstreicht die bereits aufgezeigten Strukturprobleme der Landwirtschaft in diesem Raum (vgl. hierzu Tab. 4). Ihr Anteil an allen landwirtschaftlichen Betrieben über 0,5 ha LF betrug 1971 im Landkreisdurchschnitt 42 % (Anteil an der LF: 75 %); diese Anteile erreichten in

---

[7]) Der überwiegende Teil des Gesamteinkommens (mehr als 50 %), das auf den Betriebsinhaber und den Hoferben entfällt, stammt aus der Landwirtschaft.

Tab. 4:
Bitburg-Prüm 1971 und 1975 und der Anteil der hauptberuflich bewirtschafteten Betriebe 1971

Verwaltungsbezirk	Betriebsgrößenklasse	Landwirtschaftliche Betriebe ab 0,5 ha LF						Landwirtschaftlich genutzte Fläche (LF) in					
		1971		hauptberufl. bewirtsch. Betriebe 1971		1975		1971		in hauptberufl. bewirtsch. Betrieben 1971		1975	
		Anzahl	%	Anzahl	%	Anzahl	%	ha	%	ha	%	ha	%
Bitburg-Stadt	unter 20 ha	124	70,5	25	45,4	96	65,3	931	36,6	347	27,0	719	29,8
	20—30 ha	31	17,6	21	38,2	28	19,0	753	29,6	499	39,0	681	28,2
	über 30 ha	21	11,9	9	16,4	23	15,7	862	33,8	435	34,0	1 015	42,0
	insges.	176	100,0	55	100,0	147	100,0	2 546	100,0	1 281	100,0	2 415	100,0
VGem. Arzfeld	unter 20 ha	1 147	83,2	335	59,4	932	77,7	9 092	58,2	4 641	42,0	7 426	47,8
	20—30 ha	164	11,9	163	28,9	167	13,9	3 939	25,2	3 861	34,9	4 094	26,4
	über 30 ha	67	4,9	66	11,7	100	8,4	2 601	16,6	2 558	23,1	4 007	25,8
	insges.	1 378	100,0	564	100,0	1 199	100,0	15 632	100,0	11 060	100,0	15 527	100,0
VGm Bitburg-Land	unter 20 ha	1 315	81,4	413	56,7	1 061	76,4	9 353	51,6	5 391	36,9	7 421	41,9
	20—30 ha	205	12,7	203	27,8	187	13,5	4 908	27,0	4 780	32,7	4 582	25,9
	über 30 ha	96	5,9	113	15,5	141	10,1	3 874	21,4	4 454	30,4	5 698	32,2
	insges.	1 616	100,0	729	100,0	1 389	100,0	18 135	100,0	14 625	100,0	17 701	100,0
VGem Irrel	unter 20 ha	510	84,4	153	61,7	408	78,0	3 449	57,3	2 027	43,1	2 660	44,8
	20—30 ha	74	12,3	68	27,4	77	14,7	1 790	29,7	1 619	34,5	1 849	31,2
	über 30 ha	20	3,3	27	10,9	38	7,3	782	13,0	1 053	22,4	1 424	24,0
	insges.	604	100,0	248	100,0	523	100,0	6 021	100,0	4 699	100,0	5 933	100,0
VGem. Kyllburg	unter 20 ha	657	86,1	138	55,9	543	81,7	4 317	59,7	1 850	38,4	3 493	48,9
	20—30 ha	81	10,6	85	34,4	74	11,1	1 933	26,7	2 042	42,4	1 810	25,3
	über 30 ha	25	3,3	24	9,7	48	7,2	987	13,6	924	19,2	1 843	25,8
	insges.	763	100,0	247	100,0	665	100,0	7 237	100,0	4 816	100,0	7 146	100,0
VGem. Neuerburg	unter 20 ha	981	81,6	353	62,1	781	74,4	7 525	52,5	4 690	41,5	5 866	40,5
	20—30 ha	142	11,8	138	24,3	156	14,8	3 405	23,7	3 310	29,2	3 790	26,1
	über 30 ha	79	6,6	77	13,6	113	10,8	3 408	23,8	3 317	29,3	4 843	33,4
	insges.	1 202	100,0	568	100,0	1 050	100,0	14 338	100,0	11 317	100,0	14 499	100,0
VGem. Prüm	unter 20 ha	1 620	80,0	601	61,2	1 280	73,3	13 972	56,5	8 585	45,6	11 015	45,1
	20—30 ha	320	15,8	302	30,8	311	17,8	7 650	31,0	7 153	38,0	7 606	31,1
	über 30 ha	86	4,2	79	8,0	156	8,9	3 097	12,5	3 086	16,4	5 811	23,8
	insges.	2 026	100,0	982	100,0	1 747	100,0	24 719	100,0	18 824	100,0	24 432	100,0
VGem. Speicher	unter 20 ha	418	95,0	63	76,0	282	89,8	1 990	72,3	820	55,5	1 476	58,0
	20—30 ha	10	2,3	10	12,0	16	5,1	235	8,5	274	18,6	379	14,9
	über 30 ha	12	2,7	10	12,0	16	5,1	529	19,2	382	25,9	688	27,1
	insges.	440	100,0	83	100,0	314	100,0	2 754	100,0	1 476	100,0	2 543	100,0
Landkreis Bitburg-Prüm	unter 20 ha	6 772	82,5	2 081	59,9	5 383	76,5	50 627	55,5	28 350	41,6	40 075	44,4
	20—30 ha	1 027	12,5	991	28,5	1 016	14,5	24 613	26,9	23 538	34,6	24 790	27,5
	über 30 ha	406	5,0	405	11,6	635	9,0	16 138	17,6	16 209	23,8	25 329	28,1
	insges.	8 205	100,0	3 477	100,0	7 034	100,0	91 378	100,0	68 097	100,0	90 194	100,0

Quelle: Statistisches Landesamt Rheinland-Pfalz, Landesinformationssystem; Landwirtschaftliches Entwicklungsprogramm, Eifel-Hunsrück, Min. f. Landwirtschaft, Weinbau und Umweltschutz Rheinland-Pfalz, Mainz 1973, Tabellenband, Tab. 4.

den peripheren Bereichen Werte nahezu 50 % (Anteil an der LF: bis zu 80 %). Dies sind zugleich die Gebiete, in denen 60 % und mehr dieser hauptberuflich bewirtschafteten Betriebe weniger als 20 ha LF und nur bis zu 12 % mehr als 30 ha LF bewirtschaften. Das mangelnde Angebot an außerlandwirtschaftlichen Erwerbsmöglichkeiten hat hier zu einer Konservierung überkommener Agrarstrukturen geführt und die zur Aufstockung landwirtschaftlicher Betriebe erforderliche Bodenmobilität verhindert.

Die beschriebene landwirtschaftliche Betriebsstruktur ist auf dem Hintergrund wenig günstiger natürlicher Ertragsbedingungen für die Landwirtschaft zu sehen. Orientiert man sich an der landwirtschaftlichen Ertragsmeßzahl (EMZ) = 30 (Höchstwert = 100) zur Abgrenzung ungünstiger natürlicher Standortbedingungen, so sind weite Bereiche im Norden und Westen des Kreisgebietes mit EMZ < 30 hier einzustufen (VGem. Prüm, Arzfeld, Neuerburg mit entsprechenden Flächenanteilen zwischen 50 und 60 %); hier dominiert die Dauergrünlandnutzung. Im südlichen Kreisgebiet (Bitburger Gutland, Körpericher Grund), wo Ackerbau (Getreide) vorherrscht, werden EMZ-Werte um 40 erreicht; das sind Böden, die als mittelmäßig gut zu bezeichnen sind. Doch gehören die Hektarerträge an Getreide insgesamt im Kreisgebiet (nur 20 dz je ha Anbaufläche) zu den niedrigsten in Rheinland-Pfalz. Lediglich in der Rindviehhaltung, insbesondere in der Milcherzeugung, weist der Landkreis Bitburg-Prüm Standortvorteile auf: über 20 % der Milchproduktion von Rheinland-Pfalz werden hier erbracht; in der Jahresleistung je Kuh (1976: 3964 kg) liegt das Westeifelgebiet zusammen mit dem Westerwald (Kreis Altenkirchen) an der Spitze der rheinland-pfälzischen Landkreise.

Trotz zum Teil beträchtlicher Flächenanteile sogen. Grenzertragsböden[8]) — 40—60 % der LF im Südwesten des Kreisgebietes (Neuerburg, Irrel), 10—25 % im Westen und Norden (Arzfeld, Prüm) — spielt das Auftreten von Sozialbrache praktisch keine Rolle. Zwar liegt für das Untersuchungsgebiet keine Kartierung der Sozialbracheflächen vor, doch kann die in der fortgeschriebenen Bodennutzungsstatistik ausgewiesene „nicht mehr genutzte landwirtschaftliche Fläche" als Anhaltspunkt dafür dienen: diese Fläche macht 1976 nur einen Anteil von 1,9 % an der landwirtschaftlichen Nutzfläche (nicht mehr genutzte ... + landwirtschaftlich genutzte Fläche) aus (Land: 7,8 %). Dies unterstreicht noch einmal die problematische Bedeutung der Landwirtschaft im Untersuchungsgebiet: die mangelnden außerlandwirtschaftlichen Erwerbsmöglichkeiten erzwingen geradezu das Festhalten an einer Erwerbsgrundlage, die durch suboptimale Betriebsgrößen und begrenzte natürliche Ertragsfähigkeit für eine große Zahl von Landbewirtschaftern unzureichend geworden ist.

Industrie

Die staatlich geförderte Industrialisierung des Eifel-Hunsrück-Raumes setzte auf einem Niveau an, wie es heute extremen EG-Entwicklungsregionen[9]) entspricht: 1961 gab es erst knapp 2000 industrielle Arbeitsplätze im Landkreis Bitburg-Prüm; das entspricht einem Industriebesatz von nur 22 Industriebeschäftigten je 1000 Einwohner — gegenüber 111 in Rheinland-Pfalz (vgl. Tab. 5).

Fig. 5 zeit die Entwicklung der Industrie im Kreisgebiet anhand einer für die Zeitabschnitte 1961—68, 1968—71, 1971—73 und 1973—75 durchgeführten Shift-Analyse[10]) nach hauptbe-

---

[8]) Zum Begriff vgl. J. NIGGEMANN: Zum Begriff Grenzertragsboden. In: Innere Kolonisation 9 (1970), S. 254. Zur Erfassung der Grenzstandorte im Kreisgebiet vgl.: Landwirtschaftliches Entwicklungsprogramm Eifel-Hunsrück, Min. f. Landwirtsch., Weinbau u. Umweltschutz, Mainz 1973.

[9]) So weisen 1973 die Problemregionen des italienischen Südens Industriebesatzzahlen auf, die denen des Westeifelraumes in den frühen sechziger Jahren vergleichbar sind: Kalabrien 18,5; Basilikata 21,4; Sizilien 29,3 Industriebeschäft. je 1000 Einw.

[10]) Vgl. Fußnote 3.

teiligten Industriezweigen. Der Zuwachs von rd. 1300 Beschäftigten zwischen 1961 und 1968 stellt wegen des niedrigen Ausgangsniveaus 1961 eine hohe relative Zunahme (65%) dar; entsprechend liegt der Landkreis Bitburg-Prüm mit einem Regionalfaktor von 1,63 an der Spitze im Landesvergleich. Etwa die Hälfte der in diesem Zeitraum durch staatlich geförderte Industrieansiedlung geschaffenen, auf neun Standortgemeinden verteilten Arbeitsplätze entfällt auf den Zweig der Verbrauchsgüterindustrien und hier hauptsächlich auf den Bereich der Textil- und Bekleidungsindustrie (Frauenarbeitsplätze), in dem nach 1970 allein rd. 200 Arbeitsplätze durch Stillegungen verlorengingen.

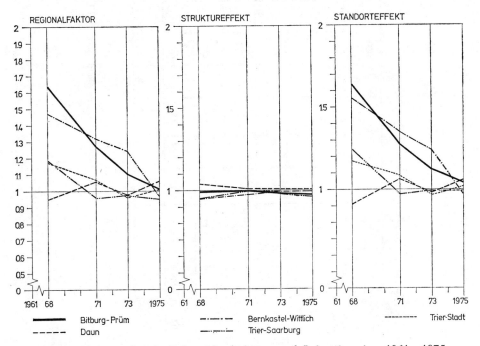

Fig. 5: *Shift-Analyse der Industriebeschäftigung nach Industriezweigen 1961—1975*
(Eigene Berechnungen; Quelle: wie bei Tab. 5; Industriezweige: Grundstoffe und Produktionsgüter, Investitionsgüter, Verbrauchsgüter, Nahrungs- und Genußmittel).

Obwohl die ab 1970 im Rahmen der Gemeinschaftsaufgabe (GRW) betriebene Förderungspolitik wesentlich effektiver war als in den Vorjahren — bei erheblich höherem Förderungsmittelvolumen[11]) und der Konzentration des Mitteleinsatzes in Schwerpunktorten (20%-Förderung in Prüm mit Beiort Gondelsheim, 15%-Förderung in Bitburg) konnten 1970—76 rd. 2000 industrielle Arbeitsplätze (davon allein 85% in Prüm/Gondelsheim und 14% in Bitburg) geschaffen werden — ging das relative, am Landesdurchschnitt gemessene Beschäftigungswachstum ständig zurück und fiel im Zeitabschnitt 1973—75, in dem die Schaffung neuer durch den Verlust vorhandener Arbeitsplätze überlagert wurde, auf einen Wert knapp über dem Landesdurchschnitt ab (vgl. Fig. 5, Regionalfaktor). Die Beschäftigtenzahl von 1973 (5008 Beschäft.), dem Höhepunkt der Entwicklung, wurde nach dem Einbruch 1974/75 im September 1976 (4755 Beschäft.) noch nicht wieder erreicht (vgl. Tab. 5); doch hat ein stetiges

---

[11]) Landkreis Bitburg-Prüm 1970—76: Die geförderte Investitionssumme beträgt 248 Mio. DM, wobei 12 Mio. DM Investitionszuschüsse und 22,7 Mio. DM Investitionszulagen gezahlt wurden.

Tab. 5: Industrie im Landkreis Bitburg-Prüm 1961 — 1975

Jahr	Betriebe bzw. Beschäftigte insg.*)	Industriezweige*)				Betriebe mit ... Beschäftigten**)						Beschäftigte je Betrieb	Industrialisierungsgrad (Beschäft. je 1000 Einw.)	
		Grundstoffe u. Produktionsgüter	Investitionsgüter	Verbrauchsgüter	Nahrungs- u. Genußmittel	1 bis 9	10 bis 19	20 bis 49	50 bis 99	100 bis 199	200 und mehr		Bit.-Pr.	Rhld.-Pf.
1961 Betriebe	95	59	9	15	12									
Beschäftigte	1976	685	378	556	357							20,8	21,7	110,9
1968 Betriebe	99	46	18	24	11									
Beschäftigte	3269	566	742	1432	529							33,0	34,5	105,8
1971 Betriebe	88	29	20	30	9	24	16	18	17	6	3			
Beschäftigte	4532	494	1071	2370	597	96	208	546	1364	896	1393	51,5	48,8	114,1
1973 Betriebe	85	30	17	30	8	26	13	15	13	11	3			
Beschäftigte	5008	671	1035	2668	634	109	187	448	946	1610	1692	58,9	54,4	113,5
1975 Betriebe	80	27	15	31	7	25	15	11	14	7	4			
Beschäftigte	4606	846	858	2216	686	123	216	323	952	955	2024	57,6	50,8	103,8

*) Angaben beziehen sich jeweils auf das gesamte Jahr.
**) Angaben für September des jeweiligen Jahres, daher Abweichungen in den Summen gegenüber Spalte „Betriebe bzw. Beschäftigte insg."
Quelle: Statistisches Landesamt Rheinland-Pfalz, Landesinformationssystem; Statistische Berichte Rheinland-Pfalz, Bad Ems, Serie E I 1.

Anhalten der Arbeitsplatzschaffung dazu geführt, daß heute der bisher höchste Stand der Industriebeschäftigung im Landkreis (1978: 5205 Beschäft.) zu verzeichnen ist. Nach dem Industrialisierungsgrad gehört das Untersuchungsgebiet heute (1978: 58 Industriebeschäftigte je 1000 Einwohner) aber noch immer zu den schwach entwickelten Landkreisen von Rheinland-Pfalz (Durchschnitt der Landkreise: 81, des Landes: 104 Beschäft. je 1000 Einw.).

Die Aufspaltung der Industrieentwicklung in die beiden regionsspezifischen Einflußgrößen der Branchenstruktur und der Standortvor- bzw. -nachteile (vgl. Fig. 5, Struktur- und Standorteffekt) verdeutlicht die Wirkungen regionaler Wirtschaftspolitik: erstens konnte eine entscheidende Verbesserung der Branchenstruktur nicht erreicht werden (auch nach 1970 gehörten rd. 50% der neugeschaffenen Arbeitsplätze dem am schwächsten wachsenden bzw. am stärksten schrumpfenden Zweig der Verbrauchsgüterindustrien an); zweitens schwanden die Standortvorteile des ländlichen Raumes (staatliche Förderung, Arbeitskräfteangebot) gegenüber den städtischen Verdichtungsräumen mit zunehmender Entlastung des Arbeitsmarktes und Abbau von Produktionskapazitäten bis heute weitgehend dahin. Würde man die Kurven in Fig. 5 als Ausdruck eines über 1975 hinausreichenden Trends interpretieren, so müßte die weitere Entwicklung des Westeifelraumes pessimistisch beurteilt werden, kommt der Industrie doch nach wie vor eine gewisse Schlüsselfunktion für den Umstrukturierungs- und Gesundungsprozeß dieser Region zu; doch deutet die Fortführung der Shift-Analyse für den Zeitabschnitt 1975—77 eine Abkehr von einer solchen Tendenz an: der Regionalfaktor ist mit 1,088 Ausdruck einer deutlich über dem Landesdurchschnitt verlaufenden Arbeitsplatzentwicklung in der Industrie, die im wesentlichen auf einer verbesserten Branchenstruktur (Struktureffekt = 1,000) beruht[12]).

Die Unternehmensstruktur ist gekennzeichnet durch mittelständische Betriebe zwischen 50 und 200 Beschäftigten. Zunehmend gewinnen jedoch größere Betriebe (mehr als 200, z. T. mehr als 500 Beschäftigte) an Bedeutung; auf sie entfällt inzwischen etwa die Hälfte aller Industriebeschäftigten. 1976 stieg die Zahl der Beschäftigten je Betrieb auf 63 an (vgl. hierzu Tab. 5). Zweigbetriebe spielen eine weitaus geringere Rolle als in anderen, jung industrialisierten ländlichen Räumen: 1961—70 entfielen etwa 25%, nach 1970 etwa 30% der neugeschaffenen Arbeitsplätze auf Zweigniederlassungen, die jedoch in den meisten Fällen mit eigenständigem, zumeist vollstufigem Produktionsprogramm relativ unabhängig vom jeweiligen Stammwerk arbeiten und daher nicht die Konjunkturanfälligkeit „verlängerter Werkbänke" besitzen.

Fremdenverkehr

Im Hinblick auf die sich abschwächende Entwicklung industrieller Produktion und Beschäftigung gewinnen Dienstleistungen „mit Basischarakter"[13]) zunehmend an Bedeutung als Motor regionaler Wirtschaftsentwicklung. Zu diesen Dienstleistungen zählt auch das Fremdenverkehrsgewerbe; die Gemeinschaftsaufgabe (GRW) erkennt dem Beherbergungsgewerbe ähnliche regionale Struktureffekte zu, wie sie von der Industrie als einem Grundleistungsbereich erwartet werden: den überwiegend außerhalb der Region abgesetzten Gütern und Leistungen entsprechen monetäre Ströme von außen in die Region, denen Folgewirkungen zugesprochen werden, die über das eigentliche Förderungsobjekt — industrielle Arbeitsplätze oder Bettenkapazität der Fremdenverkehrsbetriebe — hinausgehen.

---

[12]) So nahmen die Beschäftigten in den Grundstoff- und Produktionsgüterindustrien mit 16% weit über dem Durchschnitt (9%) zu. — Die neuere Entwicklung der Industriebeschäftigung konnte nicht mehr in Fig. 5 und Tab. 5 berücksichtigt werden.

[13]) Raumordnungsprognose 1990, a.a.O.; „Basischarakter" im Sinne des Basic-Nonbasic-Konzepts.

Mit dieser Zielsetzung werden seit 1973 Maßnahmen zur Erweiterung des Fremdenbettenangebots im gesamten Landkreis Bitburg-Prüm im Rahmen der GRW gefördert. Bis 1976 wurden zur Kapazitätsausweitung um 1577 Fremdenbetten (Investitionssumme 35 Mio. DM) 1,7 Mio. Investitionszuschüsse und 3,4 Mio. DM Investitionszulagen aufgewandt. Schwerpunkte der Förderung sind die landschaftlich besonders reizvollen Bereiche der beiden grenzüberschreitenden Naturparke Nordeifel (mit Belgien) und Südeifel (mit Luxemburg) sowie die Kyllburger Waldeifel; diese Bereiche weisen eine durchweg gut entwickelte, zum Teil mit öffentlichen Förderungsmitteln aufgebaute Fremdenverkehrsinfrastruktur (Freizeiteinrichtungen usw.) auf.

Diese günstigen Voraussetzungen und Bedingungen der Fremdenverkehrsentwicklung schlagen sich auch in den Zuwächsen der Gäste- und Übernachtungszahlen der letzten Jahre nieder (vgl. Tab. 6)[14]). Die Übernachtungen nahmen im Landkreis zwischen 1972 und 1975 um 60% gegenüber 16% in Rheinland-Pfalz zu. Wesentlichen Anteil daran hatten neben den Campingplätzen — hier haben sich die Übernachtungszahlen mehr als verdoppelt — die Privatquartiere mit einem Übernachtungszuwachs von nahezu 90%, während im gleichen Zeitraum die Hotels nur einen Zuwachs von 12% und die Gasthöfe sogar Übernachtungsrückgänge aufwiesen. Rund die Hälfte aller Übernachtungen entfallen 1975 auf Hotels- und Privatquartiere.

Der im Vergleich zu den Übernachtungszahlen geringeren Zuwachsrate bei der Anzahl der angekommenen Gäste (44%, Land: 16%) entspricht eine Verlängerung der durchschnittlichen Aufenthaltsdauer zwischen 1972 und 1975 von 4,6 auf 5,6 Tage (Land: von 3,8 auf 4,0 Tage). Hieran haben die ausländischen Touristen wesentlichen Anteil: Während sie 1972 durchschnittlich 4,2 Tage in der Westeifel verweilten, hielten sie sich 1975 zwei Tage länger dort auf.

Von 1973 bis 1976 nahm die Anzahl der Fremdenbetten (einschl. in Privatquartieren) um 34% zu (Land: 14%); diese Zunahme entspricht in etwa der Anzahl der in diesem Zeitraum geförderten Fremdenbetten (siehe oben). Die mittlere Auslastung der Betten konnte von 29 auf 33% aller Tage im Jahr erhöht werden. Den höchsten Auslastungsgrad haben mit 36% die Hotels und Privatquartiere erreicht, während die Betten in den Gasthöfen nur zu 20% ausgelastet sind.

Stark nahm die Anzahl der Ausländerübernachtungen seit 1972 zu (68%). Ihr Anteil an allen Übernachtungen im Landkreis stieg von 31 auf 33%. Allein 85% der ausländischen Touristen sind Niederländer und Belgier. Zwar dominieren die Campingplätze als Übernachtungsform (45% der Ausländerübernachtungen 1975), doch konnten die Privatquartiere die stärkste relative Zunahme an Ausländerübernachtungen erzielen (200%); sie stehen in der Gunst der Ausländer heute an zweiter Stelle (25% der Ausländerübernachtungen), während Hotels starke Einbußen im Ausländertourismus hinnehmen mußten, die jedoch durch die deutschen Gäste mehr als ausgeglichen werden konnten (+27%). Die starke Beteiligung der Privatquartiere am Aufschwung des Fremdenverkehrs ist strukturpolitisch sehr positiv zu bewerten.

Wegen der besonderen Bedeutung ausländischer Touristen vor allem aus Belgien und den Niederlanden sieht man dem Neubau der Autobahn A 60 Lüttich — Rhein-Main-Gebiet im Abschnitt bis Bitburg mit hohen Erwartungen für die weitere Fremdenverkehrsentwicklung im Westeifelbereich entgegen.

Die Frage, in welchem Umfang nun die beschriebene Entwicklung auf strukturpolitische Maßnahmen in diesem Bereich (GRW) zurückgeführt werden kann, ist schwer zu beantworten, zumal einige Fremdenverkehrsgebiete (Südeifel, mittleres Kylltal) auf eine längere Tradition dieses Wirtschaftsbereiches zurückblicken können. Noch schwieriger dürfte es sein, den Nachweis positiver Effekte auf den Folgeleistungsbereich — im Sinne der eingangs beschriebenen

---

[14]) Die beschriebene Entwicklung im Landkreis Bitburg-Prüm bezieht sich auf alle Berichtsgemeinden der Jahre 1972 und 1975, deren Anzahl sich von 36 auf 41 erhöhte.

Basic-Nonbasic-Relationen — zu erbringen. Doch ist der Westeifelraum dringend auf außerlandwirtschaftliche Einkommensquellen angewiesen, und in dieser Hinsicht wird man vom Fremdenverkehr — auch im Neben- und Zuerwerb — noch einiges zur Verbesserung der Lebensbedingungen in diesem schwach entwickelten Raum erwarten dürfen.

Tab. 6: *Fremdenverkehr im Landkreis Bitburg-Prüm*

	Anzahl 1972	Anzahl 1975	Veränderung abs.	Veränderung %	Anteil in % 1972	Anteil in % 1975
Fremdenverkehrsbetriebe insges. (ohne Privatquartiere) davon:	191	213	22	11,5	100	100
Hotels	68	69	1	1,5	36	32
Gasthöfe	79	70	—9	—11,4	41	33
Campingplätze	15	19	4	26,7	8	4
Betten insgesamt davon in:	4 780	6 077	1 297	27,1	100	100
Hotels	1 591	1 961	370	23,3	33	32
Gasthöfen	904	742	— 162	—17,9	19	12
Jugendherbergen	265	263	—2	— 0,8	6	4
Privatquartieren	1 495	1 792	297	19,9	31	29
Übernachtungen insgesamt davon in/auf:	609 976	979 638	369 662	60,6	100	100
Hotels	224 746	252 363	27 617	12,3	37	26
Gasthöfen	73 472	54 189	—19 283	—26,2	12	6
Privatquartieren	123 036	232 059	109 023	88,6	20	24
Campingplätzen	87 576	235 914	148 338	169,4	14	24
Angekommene Gäste insges. davon:	87 427	125 418	37 991	43,5	100	100
Ausländer	26 943	27 610	667	2,5	31	22
Übernachtungen der Ausländer insgesamt: davon in/auf:	190 054	318 816	128 762	67,8	100	100
Hotels	75 577	62 178	—13 399	—17,7	40	20
Gasthöfen	15 799	12 171	— 3 628	—23,0	8	4
Privatquartieren	26 692	80 280	53 588	200,8	14	25
Campingplätzen	62 951	144 293	81 342	129,2	33	45
nach Herkunftsgebieten:	(1973)				(1973)	
Frankreich	3 821	9 273	5 452	142,7	2	3
Luxemburg	4 862	9 422	4 560	93,8	2	3
Belgien	75 273	95 706	20 433	27,1	33	30
Dänemark	640	1 092	452	70,6	0	0
Niederlande	111 943	175 189	63 246	56,5	48	55
Schweden	2 177	579	— 1 598	—73,4	1	0
USA	23 880	22 001	— 1 879	— 7,9	10	7

Anmerkung: Die Zahl der Berichtsgemeinden hat sich seit 1972 von 36 auf 41 erhöht. Die Veränderungsraten sind somit zum Teil auf die gestiegene Zahl der erfaßten Gemeinden zurückzuführen.

Infrastruktur

Zur vergleichenden Beurteilung der infrastrukturellen Ausstattung von Regionen, vor allem im Hinblick auf die Kennzeichnung kritischer Grade regionaler Unterversorgung, bedient man sich gern einfach zu bestimmender Pro-Kopf-Zahlen (Einrichtungen je 1000 Einwohner) oder Dichtewerte (Einwohner je Einrichtung), obwohl solche Strukturwerte weder die Qualität noch die räumliche Verteilung der jeweiligen Infrastruktureinrichtungen berücksichtigen. Gerade in schwach besiedelten Räumen — mit 56 Einwohnern je qkm weist das Untersuchungsgebiet eine extrem geringe Bevölkerungsdichte auf — können etwa durchschnittliche Pro-Kopf- oder Dichtewerte des Infrastrukturbesatzes bereits Ausdruck problematischer Versorgungslücken für solche Bevölkerungsteile sein, die an der Peripherie übergroßer Einzugsbereiche solche Einrichtungen nicht in der gebotenen oder gewünschten Intensität in Anspruch nehmen können. Besonders schwach besiedelte Gebiete müßten also im interregionalen Vergleich bei einer — auch unter dem Erreichbarkeitsaspekt — den dichter besiedelten Gebieten gleichwertigen Infrastrukturausstattung in ihrem Pro-Kopf-Wert durchweg über und in ihrem Dichtewert entsprechend unter dem Durchschnitt aller Teilräume liegen. Dieser Gesichtspunkt ist für den folgenden Vergleich besonders bedeutsam.

Tab. 7 weist solche Strukturwerte für ausgewählte Infrastrukturbereiche im Untersuchungsgebiet aus; Vergleichsbasis ist wiederum Rheinland-Pfalz, nun jedoch weiter differenziert in kreisfreie Städte — deren Infrastrukturangebot häufig über die kommunalen Grenzen hinaus wirksam ist — und die Landkreise.

Im Bereich des Gesundheitswesens kann die an der Bettenzahl in Akutkrankenhäusern (Bitburg, Prüm, Neuerburg) gemessene Krankenhausversorgung als ausreichend gelten (zumal der überregionale Krankenhausschwerpunkt Trier in erreichbarer Entfernung ist), doch ist der Besatz an Ärzten (freipraktizierenden und Krankenhausärzten) unzureichend, zumal in den letzten Jahren ein Abwandern von Fachärzten und Zahnärzten zu beobachten ist.

Im Bereich der Jugend- und Altenpflege besteht eine Versorgungsdiskrepanz zugunsten der unter 6jährigen (Kindergärten). Die Bereitstellung weiterer Plätze der Altenpflege wird in den nächsten Jahren mit der relativen Zunahme alter Menschen und der allmählich auch hier stattfindenden Auflösung großer Mehrgenerationenhaushalte immer dringlicher.

Große Anstrengungen zur Verbesserung der schulischen Infrastruktur haben zu einer als gut zu bezeichnenden Ausstattung an allgemein- und berufsbildenden Schulen geführt. Die Situation der weiterführenden Schulen beleuchtet Tab. 8: Indem das Schwergewicht des Ausbaus weiterführender Schulen zwischen 1970 und 1975 auf Realschulen gelegt wurde, konnte die ohnehin für Rheinland-Pfalz schon hohe Veränderungsrate der Übergangsquote für diesen Schultyp (1,51) im Landkreis Bitburg-Prüm noch übertroffen werden (1,60); das Kreisgebiet, bis dahin durch geringe Bildungsbereitschaft gekennzeichnet, konnte somit Schritt halten mit der Schulentwicklung im Lande, das in diesem Zeitraum den Abstand vom Bundesdurchschnitt der Übergangsquoten auf weiterführende Schulen verkürzen konnte.

Im Sportstättenbereich weist das Kreisgebiet Ausstattungsdefizite bei den Turn- und Sporthallen und eine durchweg gute Ausstattung mit öffentlichen Frei- und Hallenbädern (Fremdenverkehr!) auf.

Die Erschließung der Fläche mit klassifizierten Straßen entspricht dem Landesstandard; die weit über dem Landesdurchschnitt liegenden, auf Bevölkerung (geringe Dichte) und im Kreisgebiet zugelassene Kraftfahrzeuge (niedriger Pkw-Besatz; vgl. oben) bezogenen Straßenkilometer verweisen auf die Kostenprobleme, die sich mit der Instandhaltung eines so großen, gering frequentierten Straßennetzes stellen. Das zeigt sich an den Zuschüssen für Ausbau und Unterhalt von Kreisstraßen: 40% der 1975 den vier Landkreisen des Regierungsbezirks gewährten Zuschüsse entfielen allein auf den Landkreis Bitburg-Prüm bei einem Flächenanteil von 34%; wurden im Durchschnitt der vier Landkreise 54 DM je Einwohner aufgewendet, so waren es in Bitburg-Prüm 89 DM.

Tab. 7: Infrastrukturausstattung des Landkreises Bitburg-Prüm im Vergleich zum Land

	Gesundheitswesen 1976			Jugend- u. Altenpflege 1976		Bildungswesen 1975/76		
	Akutkrankenhausbetten je 10 000 Einwohner	Ärzte je 10 000 Einwohner	Zahnärzte je 10 000 Einwohner	Kindergartenplätze je 1 000 Kinder	Betten in Alten- u. Pflegeheimen je 1000 der über 65jährigen	6—15jähr. je Grund- und Hauptsch.	10—18jähr. je Realsch. und Gymnasium	15—21jähr. je Klasse berufsbild. Schulen
Landkreis Bitburg-Prüm	66	9,5	3,0	525	18	317	1 614	77
Rheinl.-Pfalz	80	16,6	4,3	535	28	427	2 116	58
Kreisfreie Städte	142	30,3	6,5	572	38	538	(1 490)	29
Landkreise	56	11,3	3,4	523	23	399	(2 440)	89

	Sportstätten 1974		Straßen des überörtl. Verkehrs 1976			Gemeinde- u. Kreisverwaltungen 1976		Einzelhandel	
	Einw. je Turn- u. Sporthalle	Einw. je öffentl. Frei- und Hallenbad	Straßenkilometer			Personal je 10000 Einw.	Personal in Gemeindeverw. (%)	Beschäft. je 1000 Einw. 1970	Umsatz je Einw. (DM) 1974
			je qkm Fläche	je 1000 Einw.	je 100 Kfz.				
Landkreis Bitburg-Prüm	3 400	5 400	1,0	18,4	4,4	90	74	29	2 903
Rheinland-Pfalz	2 394	13 538	0,9	5,1	1,3	131	83	34	3 609
Kreisfreie Städte	2 419	27 052	1,1	1,1	0,3	198	100	51	5 879
Landkreise	2 385	11 355	0,9	6,6	1,7	100	70	28	2 734

Eigene Berechnungsdaten; Daten: Landesinformationssystem Rheinland-Pfalz; Die kreisfreien Städte und Landkreise in Rheinland-Pfalz, Statist. Landesamt Rheinland-Pfalz, Bad Ems 1977; Statist. Monatshefte Rheinland-Pfalz, Kreisübersichten 1977, Teil I, Statist. Landesamt Rheinland-Pfalz, Bad Ems, April 1977.

Tab. 8: *Schüler an weiterführenden Schulen*

	Landkreis Bitburg-Prüm				Rheinland-Pfalz			
	Realschulen	Gymnasien	Berufsfach- u. -aufbau- schulen	weiter- führende Schulen insges.	Realschulen	Gymnasien	Berufsfach- u. -aufbau- schulen	weiter- führende Schulen insges.
Übergangsquote 1970*)	68	125	20	213	59	146	26	232
Veränderung der Schüler- zahl 1970—75 (%)	78	21	23	39	62	28	22	36
Veränderung der Über- gangsquote 1970—75**) (Index)	1,60	1,10	1,10	1,26	1,51	1,18	1,12	1,25
Übergangsquote 1975*)	109	137	22	268	89	172	29	290

*) Schüler an bestimmten oder allen weiterführenden Schulen je 1000 aller 10—21jährigen.
**) Übergangsquote 1975 dividiert durch Übergangsquote 1970.

Eigene Berechnungen; Daten: Statistisches Landesamt Rheinland-Pfalz, Landesinformationssystem.

Der Besatz mit hauptberuflich beschäftigtem Personal in Kreis- und Gemeindeverwaltungen sowie mit Beschäftigten im Einzelhandel entspricht in etwa dem Durchschnitt aller Landkreise; die im Einzelhandel erzielten Umsätze je Einwohner sind bei zwei leistungsfähigen Mittelzentren (Bitburg, Prüm) im Kreisgebiet leicht überdurchschnittlich.

Insgesamt bestätigt die Analyse der Infrastrukturausstattung des Landkreises Bitburg-Prüm das Bild, wie es nach dem Bundesraumordnungsprogramm für die gesamte Region Trier (= BROP-Gebietseinheit 19) besteht, nämlich neben der Strukturschwäche im gewerblichen Sektor auch Strukturmängel im Infrastrukturbereich aufzuweisen.

Entwicklungsperspektiven des Raumes

Die bisherigen Aussagen über Struktur und Entwicklungstendenzen von Bevölkerung und Wirtschaft des Westeifelraumes lassen auf dem Hintergrund des Geburtenrückganges und im Hinblick auf die ungünstigen gesamtwirtschaftlichen Rahmenbedingungen befürchten, daß die errungenen Erfolge der Strukturpolitik in weniger als 10 Jahren wieder zunichte gemacht werden.

In Anwendung des Arbeitsmarktansatzes der Bundesraumordnungsprognose[15]) und unter Verwendung der kreisspezifischen Ausgangsdaten[16]) bei Anhalten der für die Region Trier prognostizierten Entwicklungstrends in Industrie und Dienstleistungen (Raumordnungsprognose) sowie der natürlichen Bevölkerungsbewegungen bis 1990 (Prognose des Statistischen Landesamtes Rheinland-Pfalz) ergibt sich für den Landkreis Bitburg-Prüm allein schon zwischen 1975 und 1985 ein Bevölkerungsverlust von 13,3%, der ganz überwiegend aus Abwanderung (—10 000 Personen) als Folge des Arbeitsplatzdefizits (—6300)resultiert. Der Bevölkerungsstand von 1985 kann dann bis 1990 dank der wieder leicht positiven natürlichen Bevölkerungsbewegung gehalten werden. Bei dieser Prognose wurde bereits unterstellt, daß die gegenwärtige Arbeitslosenquote von rd. 5% ebenso wie der Auspendlerüberschuß der Erwerbspersonen (8% der EP) erhalten bleibt.

Die bedrohlichen Konsequenzen des Bevölkerungsrückganges werden besonders deutlich, wenn man diesen nach der Siedlungsstruktur differenziert. Die Annahme, daß städtische Siedlungen wie auch kleine ländliche Gemeinden in gleicher Intensität von dieser Abwärtsbewegung erfaßt würden, ist nach den bisherigen Beobachtungen unbegründet. Ein solcher Vorgang müßte die Aufrechterhaltung der Versorgungsfunktionen zentraler Orte sowie ihre Rolle als regionale Entwicklungsschwerpunkte in Frage stellen, wenn man bedenkt, daß etwa Prüm als vollausgestattetes Mittelzentrum nur etwas mehr als 5000 Einwohner[17]) besitzt und die Kleinzentren in der Größenordnung um 1000 Einwohner liegen (vgl. Fig. 1).

Für den Zeitraum 1970—1976 läßt sich vielmehr eine nach Funktionen und Größenklassen der Siedlungen sehr unterschiedliche Bevölkerungsentwicklung beobachten. Bei einer Gesamt-

---

[15]) Raumordnungsprognose 1990, a.a.O., S. 9 f. Die ökonomisch induzierten Wanderungen werden aus Arbeitsmarktbilanzen abgeleitet (Differenz potentielle Arbeitsplatznachfrage zu Arbeitsplatzangebot in den Prognosejahren).

[16]) Die Zahl der Arbeitsplätze in der Landwirtschaft wurde auf Grund neuerer Erhebungen für 1975 wesentlich niedriger angesetzt (7000) als in der Raumordnungsprognose, welche die bis 1975 fortgeschriebenen Erwerbspersonen in der Land- und Forstwirtschaft aus der VZ 1970 verwendet (12700), die nicht mit Arbeitsplätzen gleichgesetzt werden können. Mithin wirkt sich ein unterstellter prozentualer Rückgang landwirtschaftlicher Arbeitsplätze bis 1990 (—44%) in unserem Prognoseansatz absolut weitaus geringer als in der Bundesraumordnungsprognose aus.

[17]) Dies ist eine für die gesamte Region Trier typische Einwohnergröße der Mittelzentren. Bitburg fällt mit nahezu 11 000 Einwohnern sozusagen aus dem Rahmen. Das teilausgestattete Mittelzentrum Neuerburg liegt mit 1600 Einwohnern weit unter der Einwohnerschwelle dieser Zentrenkategorie.

abnahme der Bevölkerung von 3,1 % hatten die Mittelzentren einschließlich ihrer Randgemeinden ein Wachstum von 3,1 %; die Unter- und Kleinzentren verloren 2,1 %, die übrigen Gemeinden mit mehr als 1000 Einwohnern 4,1 % und die mit 500—1000 Einwohnern sogar 7,7 % ihrer Bevölkerung von 1970. Überraschend sind die mit 3,4 % geringen Bevölkerungsverluste der Gemeinden mit 200—500 Einwohnern, während die Kleinstgemeinden (weniger als 200 Einwohner) wiederum einen hohen Bevölkerungsrückgang (7,4 %) aufweisen. Der Bevölkerungsanteil der zentralen Orte stieg in diesem Zeitraum von 34 auf 35,6 %.

Projiziert man diese Entwicklungsdifferenzierung auf den prognostizierten Bevölkerungsverlust von rd. 13 % allein bis 1985 unter der Voraussetzung, daß die Mittelzentren auf Grund entsprechender Förderungen im Arbeits-, Ausbildungs- und Wohnbereich ihre Bevölkerung von 1975 halten und die Unter- und Kleinzentren nur 5 % ihrer Bevölkerung verlieren (wobei ggf. nicht alle heute bestehenden Zentren dieser Kategorie ihre Funktion bewahren können)[18] sowie unter der weiteren Annahme, daß sich die Bevölkerungsverluste der übrigen Gemeinden (durchschnittlich 18 %) entsprechend der zwischen 1970 und 1976 vollzogenen Entwicklung differenzieren, so muß mit Einbußen der Einwohnerzahl zwischen 11 % (Gemeinden mit 200—500 Einwohnern 1975) und 26 % (Gemeinden mit 500—1000 bzw. unter 200 Einwohnern 1975) gerechnet werden. Dies sind wiederum Mittelwerte; Tab. 1 zeigt, daß die Bevölkerungsentwicklung der Vergangenheit gebietsspezifisch auf Grund unterschiedlicher Wanderungsneigung stark variiert. In Teilräumen des Landkreises kann daher durchaus mit Bevölkerungsverlusten zwischen 30 und 40 % gerechnet werden.

Angesichts derartiger Entwicklungsperspektiven drängt sich durchaus die Frage auf, ob die derzeitige Siedlungsstruktur in allen Teilräumen des Untersuchungsgebiets aufrecht erhalten werden kann oder ob nicht vielmehr Maßnahmen kleinräumiger passiver Sanierung in dem von C.-H. DAVID (in diesem Band) skizzierten Sinne zwingend werden, um die Lebensfähigkeit des Gesamtraumes zu sichern. Formen extensiver Landbewirtschaftung kommen hier ebenso in Betracht wie flächenbeanspruchende Freizeitnutzungen (vgl. den Beitrag von H. SPITZER in diesem Band). Wesentliche Voraussetzung für die Aufrechterhaltung der Funktionsfähigkeit solcher Teilräume ist die Sicherung ihrer verkehrlichen Anbindung an ein leistungsfähiges Netz zentraler Orte.

Die Bedeutung räumlicher Schwerpunktbildung für die Schaffung industrieller Arbeitsplätze wurde für den Eifel-Hunsrück-Raum schon frühzeitig erkannt, doch erst 1969 mit dem regionalen Aktionsprogramm Eifel-Hunsrück[19], dem ersten seiner Art in der später begründeten Gemeinschaftsaufgabe „Verbesserung der regionalen Wirtschaftsstruktur", in praktische Förderpolitik umgesetzt. So wurden 1961 für den gesamten Südeifel-Hunsrück-Raum nur fünf Entwicklungsschwerpunkte vorgeschlagen, darunter Prüm/Pronsfeld und Bitburg[20]. Als wesentliche Voraussetzung für die industrielle Entwicklung dieser Orte wurde die Verbesserung der innerregionalen Verkehrserschließung sowie der Anbindung an die umliegenden Verdichtungsräume hervorgehoben. Desgleichen werden Bitburg und Prüm/Pronsfeld als „Programmorte" zur Verbesserung der Wirtschaftsstruktur im Eifel-Hunsrück-Gebiet (neben vier weiteren Entwicklungsschwerpunkten) in den bekannt gewordenen sog. Hansmeyer-Gutachten[21] vorgeschlagen, wobei sowohl die Entwicklungsbedürftigkeit als auch die erwartete Entwicklungsfähigkeit die Kriterien für deren Auswahl waren.

Interessant ist es, die in dem genannten Gutachten für Prüm aufgezeigten Entwicklungsalternativen mit der Realität zu vergleichen: Danach sollten zwischen 1961 und 1970 rund 1700 Arbeitsplätze in Prüm geschaffen werden, um allen im Einzugsbereich Prüm aus der Land-

---

[18]) Der Anteil der Bevölkerung in zentralen Orten betrüge dann 39,2 % — gegenüber 35,6 % 1976.

[19]) Regionales Aktionsprogramm für das Eifel-Hunsrück-Gebiet in Rheinland-Pfalz. Min. f. Wirtsch. u. Verkehr Rhld.-Pf., Jan. 1969.

[20]) Ideenskizze für die Strukturentwicklung der Region Südeifel-Hunsrück, Arbeitsgem. f. reg. Strukturentwickl. Frankfurt 1961.

[21]) Möglichkeiten zur Verbesserung der Wirtschaftsstruktur im Eifel-Hunsrück-Gebiet. Ges. f. reg. Strukturentwicklung, Bonn 1965.

wirtschaft freisetzbaren männlichen Arbeitskräften (600), den männlichen Berufsfernpendlern (1000) und den zusätzlichen Erwerbspersonen aufgrund der natürlichen Bevölkerungsentwicklung (100) einen Arbeitsplatz anbieten zu können. Dieses Ziel konnte bis 1970 nicht erreicht werden; die Zahl der industriellen Arbeitsplätze stieg lediglich um 340 auf insgesamt 730. Doch konnten im Zeitraum 1970—76 — Prüm mit dem Beiort Gondelsheim war inzwischen Schwerpunktort der GRW mit 20%iger Förderpräferenz geworden — in der Verbandsgemeinde 1500 industrielle Arbeitsplätze geschaffen werden, so daß die für 1970 prognostizierte Arbeitsplatzzahl mit etwa sechsjähriger Verzögerung erreicht wurde.

Diese günstige Entwicklung findet ihren Niederschlag darin, daß die Verbandsgemeinde Prüm von den allgemein hohen Bevölkerungsverlusten verschont blieb (Bevölkerungsveränderung 1970—76, Landkreis: —3,11%, VG Prüm: —0,86%; vgl. auch Tab. 1). Der mit dem industriellen Aufschwung erwartete starke Zuzug in die Stadt Prüm (einschl. Randgemeinden) blieb jedoch aus; vielmehr blieben die Bevölkerungsverhältnisse in Gemeinden aller Größenklassen wegen der besonderen Bedeutung des landwirtschaftlichen Nebenerwerbs relativ stabil.

Die Realisierung der ebenfalls zeitlich weit zurückreichenden Planungsvorstellungen zur Verkehrserschließung des Westeifelraumes steht im wesentlichen noch aus. Dem jetzt begonnenen Neubau der Autobahn A 60 Lüttich — Rhein-Main-Gebiet im Abschnitt Landesgrenze — Bitburg kommt daher bei der Verfolgung des Ziels, die Abseitslage des Raumes zu überwinden, besondere Bedeutung zu.

Die überkommenen raumplanerischen Zielvorstellungen zur Bevölkerungs-, Wirtschafts- und Infrastrukturentwicklung in der Westeifel gehen noch auf allzu optimistische Einschätzungen der künftigen Entwicklungsmöglichkeiten zurück[22]). Es bleibt zu hoffen, daß in gleicher Weise, wie die damaligen Prognosen überzogen waren, die derzeitigen pessimistischen Erwartungen nicht durch die tatsächliche Entwicklung bestätigt werden[23]).

---

[22]) Der 1970 aufgestellte regionale Raumordnungsplan Westeifel geht noch von 100 600 Einwohnern 1985 im Landkreis Bitburg-Prüm aus. Diese Zielzahl wurde inzwischen auf 88 000 Einwohner reduziert, die jedoch gegenwärtig schon nahezu erreicht sind.

[23]) Die neueste Prognose für Rheinland-Pfalz auf Kreisebene, die in der regionsweisen Zusammenfassung ihrer Ergebnisse Bestandteil des neuen Landesentwicklungsprogramms wird, scheint diese Hoffnung bereits zu stützen: Danach wird der Landkreis Bitburg-Prüm 1990 noch über 85 800 Einwohner, d. s. nur 5,3% weniger als 1975, verfügen, während das gesamte Land im gleichen Zeitraum nahezu 7% seiner Bevölkerung einbüßen wird. Diese Prognosen stellt die bisherigen Vorstellungen sozusagen „auf den Kopf", wonach extrem strukturschwache Räume — wie der Landkreis Bitburg-Prüm — bis 1990 stark überdurchschnittliche Bevölkerungsverluste erleiden werden (vgl. Raumordnungsprognose). Oder sollten diese Abwanderungsräume bereits in der Vergangenheit ihren wesentlichen bevölkerungsmäßigen Tribut an sinkende Entwicklungspotentiale gezollt haben?

Struktur und Entwicklungstendenzen des Raumes Nördlingen

von

Heinz G. Vill, Augsburg

I. Vorbemerkung

Der nachfolgenden Untersuchung liegt der Mittelbereich Nördlingen nach der Abgrenzung des Bayer. Staatsministeriums für Landesentwicklung und Umweltfragen zugrunde. Dieser ist der sozioökonomische Verflechtungsbereich der Stadt Nördlingen auf der Stufe des gehobenen Bedarfs. Er deckt sich weitgehend mit dem Gebiet des ehemaligen Landkreises Nördlingen und der ehemaligen kreisfreien Stadt Nördlingen. Der Untersuchungsraum ist seit der Gebietsreform am 1. Juli 1972 Teil des Landkreises Donau-Ries. Da eine Reihe von regionalstatistischen Strukturdaten im Rahmen der amtlichen Statistik nur auf Kreisebene oder auf einem noch großflächigeren Gebietsraster erhoben bzw. veröffentlicht wird, ergeben sich für eine isolierte Betrachtung eines bestimmten Teilraumes innerhalb eines Landkreises gewisse Probleme. Aus diesem Grund konnte der Verfasser auf verschiedene Fragestellungen überhaupt nicht eingehen, bzw. mußte in einigen Fällen der Landkreis Donau-Ries als räumliche Bezugsbasis zugrundegelegt werden.

II. Lage im Raum, Raumstruktur

Der Mittelbereich Nördlingen liegt im Dreieck zwischen den Verdichtungsräumen Augsburg, Ulm/Neu-Ulm und Nürnberg/Fürth/Erlangen an der nördlichen Regierungsbezirksgrenze von Schwaben und an der Landesgrenze zu Baden-Württemberg. Er gehört nach der Regionaleinteilung des Landesentwicklungsprogramms Bayern — LEP — (Verordnung vom 10. März 1976, GVBl. S. 123, Anlage zu § 1) zur Region Augsburg (Region 9).

Die großen überregionalen Verkehrsbänder verlaufen, sieht man einmal von der überwiegend dem Bezirksverkehr dienenden Eisenbahnstrecke Donauwörth—Nördlingen (— Mittelfranken bzw. Baden-Württemberg) ab, in einiger Entfernung vom Mittelbereich (Autobahn München—Stuttgart, Eisenbahnlinien München—Stuttgart und München—Nürnberg—Frankfurt). Große Teile des Mittelbereichs, so auch die Stadt Nördlingen, gehören zu den Wirtschaftszonen Bayerns, die weiter als 40 km von der nächsten Autobahn entfernt liegen. Insgesamt muß man daher von einer verkehrsgeographischen Randlage sprechen. Eine etwas bessere Anbindung an das Fernverkehrsnetz wird sich dann ergeben, wenn die Autobahn Würzburg—Ulm, die im Westen vorbeiführen wird, durchgehend fertiggestellt ist.

Landschaftliches Herzstück des Mittelbereichs Nördlingen ist das Ries. Entstanden durch den Einschlag eines Meteoriten, stellt es eine mit Löß überwehte bzw. im Ostteil mit Sand überschwemmte Ebene mit ca. 20—25 km Durchmesser dar, die intensiv landwirtschaftlich genutzt wird.

Der Mittelbereich Nördlingen zählt nach dem LEP zum ländlichen Raum. Aufgrund der vorhandenen Strukturschwächen gehört er — wie der im Südwesten anschließende Mittelbereich Dillingen a. d. Donau/Lauingen — zu den Gebieten, deren Struktur zur Verbesserung der Lebens- und Arbeitsbedingungen nachhaltig gestärkt werden soll.

Er bleibt bei allen strukturtypischen Kriterien unter dem Bundesdurchschnitt zurück (da neuere Daten für die Löhne und Gehälter je Arbeitnehmer und für den Tertiärbesatz nicht vorliegen, wird im Interesse der Vergleichbarkeit als zeitliche Bezugsbasis das Jahr 1970 zugrundegelegt):

Tab. 1: *Ausgewählte Strukturdaten des Mittelbereichs Nördlingen*

	Mittelbereich	Bayern	Bund
Bevölkerungsdichte (Einw./qkm)	94	149	244
Wanderungssaldo	—5,6 %	6,5 %	4,4 %
Tertiärbesatz (Beschäftigte im tertiären Sektor/1000 E.)	128	172	189
Industriebesatz (Beschäftigte in Ind.-Betrieben mit 10 und mehr Beschäftigten/1000 E.)	95	132	142
Löhne und Gehälter je Arbeitnehmer	9240 DM	10 595 DM	11 654 DM

Quelle: LEP.

Der Mittelbereich Nördlingen gehört dementsprechend zu den Fördergebieten im Rahmen der Gemeinschaftsaufgabe „Verbesserung der regionalen Wirtschaftsstruktur", und zwar ist er Teil des „Westbayerischen Fördergebietes". Schwerpunktort für die Förderung (mit bis zu 15 % Subventionswert) ist die Stadt Nördlingen.

Hauptsiedlungsbereiche sind die Städte Nördlingen und Oettingen i. Bay. Die Stadt Nördlingen ist im LEP als Mittelzentrum, die Stadt Oettingen i. Bay. als Unterzentrum eingestuft.

III. Bevölkerung, Siedlung

Der Mittelbereich Nördlingen zählte am 31. 12. 1976 48 206 Einwohner. Langfristig gesehen, handelt es sich demnach, wie die Tabelle 2 deutlich macht, um einen rückläufigen Bereich:

Tab. 2: *Bevölkerungsentwicklung 1950—1976*

VZ 1950	54 345 Einw.
VZ 1961	48 281 „
VZ 1970	48 995 „
31. 12. 1972	48 930 „
31. 12. 1974	48 632 „
31. 12. 1976	48 206 „

Quelle: Bayer. Statistisches Landesamt.

Da die Region Augsburg im gleichen Zeitraum von rd. 610 000 Einwohner auf rd. 712 000 Einwohner zugenommen hat, beträgt der Bevölkerungsanteil des Mittelbereichs Nördlingen heute nur noch 6,8 % gegenüber 8,9 % im Jahr 1950.

Ursache der rückläufigen Bevölkerungsentwicklung sind hohe Wanderungsverluste, die durch die Geburtenüberschüsse nicht ausgeglichen werden konnten. So sind im Zeitraum von 1962 bis 1975 über 2700 Personen mehr fort- als zugezogen. Ein Hauptziel war dabei die Stadt Augsburg mit ihrem industrialisierten Umland. Ein Indiz dafür, daß gerade die jüngeren und im erwerbsfähigen Alter stehenden Leute abwandern, ist die doch auffällig abweichende Altersstruktur im Untersuchungsgebiet (VZ 1970). Der Anteil der 15- bis unter 65jährigen Personen, also der erwerbsfähigen Bevölkerung, liegt mit 59,0 % deutlich unter dem Durchschnitt der Region Augsburg (63,1 %) und Bayerns (63,4 %), während Personen ab 65 Jahre mit 14,0 % überdurchschnittlich vertreten sind (Region Augsburg 12,9 %, Bayern 12,9 %).

Den oben genannten Wanderungsverlusten standen im gleichen Zeitraum Geburtenüberschüsse von rd. 2500 Personen gegenüber. Allerdings macht sich in den letzten Jahren eine starke Abnahme der Geburtenüberschüsse bemerkbar; seit Beginn der 70er Jahre ist die Bilanz zwischen Geburten und Sterbefällen fast ausgeglichen. Der Geburtenüberschuß belief sich im Jahr 1975 nur mehr auf 29 Personen.

Neuere Daten über die Altersstruktur der Wohnbevölkerung im Mittelbereich Nördlingen sind nicht veröffentlicht. Greift man hilfsweise auf die Werte für den Landkreis Donau-Ries zurück, so zeigt sich, wie aus Tabelle 3 zu ersehen ist, eine gegenüber dem bayerischen Durchschnitt deutliche Überrepräsentation der Altersgruppen bis 21 Jahre bei unterproportional geringer Besetzung der Gruppen von 21 bis unter 65 Jahre, ein Hinweis auf erhebliche Wanderungsverluste (der Landkreis Donau-Ries umfaßt neben dem Mittelbereich Nördlingen noch den Mittelbereich Donauwörth; da die Mittelbereiche in struktureller Hinsicht viele Ähnlichkeiten aufweisen, läßt die Gesamtzahl Schlüsse auf die Teilbereiche zu):

Tab. 3: *Bevölkerungsentwicklung des Landkreises Donau-Ries nach Jahrgangsklassen, in v. H.*

Jahrgangsklasse	6. 6. 1961 Landk.	6. 6. 1961 Bay.	27. 5. 1970 Landk.	27. 5. 1970 Bay.	31. 12. 1975 Landk.	31. 12. 1975 Bay.
— unter 15 J.	25,2	22,4	27,0	23,7	24,9	21,4
15 — unter 21 J.	8,3	8,4	8,9	8,0	10,0	8,9
21 — unter 45 J.	29,6	32,3	29,3	33,0	29,8	33,6
45 — unter 65 J.	25,1	26,0	21,6	22,4	20,9	21,8
65 J. und älter	11,8	10,9	13,2	12,9	14,4	14,3

Quelle: Bayer. Statistisches Landesamt.

Die Siedlungsstruktur bietet das für einen ländlichen schwach strukturierten Raum typische Bild: eine Vielzahl kleiner und kleinster Orte mit teils stagnierender, teils rückläufiger Bevölkerungsentwicklung, und nur wenige Siedlungsverdichtungen. Diese sind im wesentlichen die Siedlungsräume um die Solitärstadt Nördlingen (rd. 17 800 Einw.) und um die Stadt Oettingen i. Bay. (rd. 4500 Einw.) sowie ein stark aufgelockertes Siedlungsband, mit großen freien Zwischenräumen, entlang der Bundesstraße 2 Donauwörth—Nördlingen—Dinkelsbühl. Ein Anhaltspunkt für die stark aufgelockerte Siedlungsstruktur ist — neben der geringen Bevölkerungsdichte — auch die Verteilung der Gemeindegrößenklassen. Wie die nachfolgende Aufstellung zeigt, hat die Hälfte der Gemeinden des Untersuchungsraums weniger als 500 Einwohner (Stand: 31. 12. 1976):

Tab. 4: *Gemeinden und Gemeindegrößenklassen im Mittelbereich Nördlingen*

Einwohner	Zahl der Gemeinden
unter 300	12
300 bis unter 500	11
500 bis unter 800	9
800 bis unter 1000	4
1000 bis unter 2000	6
2000 bis unter 5000	2
5000 und mehr	1

Quelle: Bayer. Statistisches Landesamt.

IV. Erwerbsstruktur, Wirtschaft, Arbeitsmarkt

Das Wirtschaftsleben wird immer noch im starken Maße von der Landwirtschaft geprägt. Zum Zeitpunkt der letzten Volkszählung hatte noch jeder Dritte seinen Arbeitsplatz in der Landwirtschaft:

Tab. 5: *Arbeitsplätze nach Wirtschaftsbereichen*

	abs.	%
Land- und Forstwirtschaft	7598	33
Produzierendes Gewerbe	8789	39
Tertiärbereich	6279	28
Insgesamt	22666	100

Quelle: Bayer. Statistisches Landesamt.

Demgegenüber lag der Anteil der landwirtschaftlichen Arbeitsplätze in der Region Augsburg und in Bayern nur noch knapp unter 14%.

Bei Betrachtung der Erwerbsstruktur zeigt sich das gleiche Bild:

Tab. 6: *Erwerbstätige nach Wirtschaftsbereichen*

	abs.	%
Land- und Forstwirtschaft	7598	33
Produzierendes Gewerbe	8841	38
Tertiärbereich	6376	29
Insgesamt	22815	100

Quelle: Bayer. Statistisches Landesamt.

Auch hier liegt der Untersuchungsraum weit über dem Durchschnitt der Region Augsburg (14%) und Bayerns (13%). Dementsprechend sind auch die meisten Gemeinden im Untersuchungsraum noch stark landwirtschaftlich orientiert. Einige von ihnen verfügen noch über das für einen ländlichen Raum typische Kleingewerbe. Eine ausgesprochen gewerblich-industrielle Struktur hat sich im Grunde nur in den zentralen Orten Nördlingen und Oettingen i. Bay. herausgebildet.

Trotz des Konzentrationsprozesses in den vergangenen Jahren ist die Landwirtschaft immer noch sehr kleinbetrieblich strukturiert. Von den im Jahre 1974 bestehenden rd. 3600 land- und forstwirtschaftlichen Betrieben (überwiegend Ackerbau), gegenüber rd. 4100 Betrieben im Jahr 1960, verfügt nur gut ein Fünftel über eine landwirtschaftliche Nutzfläche von 20 ha und mehr; etwa jeder dritte Betrieb bewirtschaftet weniger als 10 ha, wie aus Tabelle 7 hervorgeht:

Tab. 7: *Landwirtschaftliche Betriebe nach Betriebsgröße in v. H.*

	1960	1974
bis unter 5 ha	26	6
5 bis unter 10 ha	45	24
10 bis unter 20 ha	26	48
20 ha und mehr	3	22

Quelle: Bayer. Statistisches Landesamt.

Die durchschnittliche Betriebsgröße der bäuerlichen Betriebe beträgt nur rd. 10 ha (Bayern: 17 ha). Bezeichnend ist, daß im Jahr 1971 nur 28 Betriebe eine landwirtschaftliche Nutzfläche von 30 ha und darüber aufwiesen.

Der starke Rückgang der landwirtschaftlichen Arbeitsplätze (1961 bis 1970: —29,9%) konnte durch die Aufwärtsentwicklung im sekundären und im tertiären Bereich (+10,4% bzw. +8,3%) nicht aufgefangen werden, so daß sich die Zahl der Arbeitsplätze insgesamt in diesem Zeitraum um rd. 1900 (—7,9%) verringerte.

Wie ein Vergleich der Erwerbs- und Beschäftigtenstruktur mit der der Region Augsburg und Bayerns deutlich erkennen läßt, ist das Arbeitsplatzangebot im außerlandwirtschaftlichen Bereich zu gering. Trotz einer erfreulich guten Entwicklung bei den Industriebeschäftigten — Zunahme der Arbeitsplätze im Zeitraum 1968 bis 1974 von 4200 auf rd. 5560 — liegt der Industriebesatz mit 114 immer noch deutlich unter dem bayerischen Durchschnitt (125). Es kommt allerdings hinzu, daß im allgemeinen eher stagnierende oder gar rückläufige Branchen wie Papier, Textil, Bekleidung noch relativ stark vertreten sind.

Die Industriearbeitsplätze konzentrieren sich fast zur Gänze auf die Zentralen Orte Nördlingen und Oettingen i. Bay., wobei man von einer einigermaßen hinreichenden Branchenstreuung bisher nur in Nördlingen (rd. 4000 Industriearbeitsplätze) sprechen kann. Den größten Anteil haben in Nördlingen die Bereiche Nahrung, Papierverarbeitung, -erzeugung und Druck, Leder, Textil und Bekleidung sowie Chemie, in Oettingen i. Bay. die Bereiche Maschinen- und Apparatebau und Leder, Textil, Bekleidung. Die Betriebsgrößenstruktur ist durch Klein- und Mittelbetriebe gekennzeichnet.

Auch bei den Industrieansiedlungen seit 1970 handelt es sich durchwegs um kleingewerbliche und mittelständische Betriebe. Es sind dies in

Nördlingen   12 Betriebe mit rd. 330 Arbeitsplätzen (u. a. Eisen-, Stahl-, Blech- und Metallverarbeitung 23%, Chmie, Kunststoffe, Gummi und Asbest 22%, Leder, Textil, Bekleidung 12%)

Oettingen i. Bay.   5 Betriebe mit rd. 380 Arbeitsplätzen (u. a. Holzverarbeitung, -bearbeitung, Sägerei 54%, Leder, Textil, Bekleidung 30%)

In den Zentralen Orten höherer Stufe wurde seit 1970 je ein Betrieb stillgelegt, und zwar in Nördlingen ein Betrieb der Bekleidungsindustrie (28 Beschäftigte) und in Oettingen i. Bay. ein Betrieb der Bauindustrie (120 Beschäftigte).

Ein Betrieb mit 120 Beschäftigten (Zweigbetrieb eines in Oettingen i. Bay. ansässigen Unternehmens aus dem Maschinen- und Apparatebausektor) verlegte seinen Sitz von Nördlingen nach Oettingen i. Bay.

Auch bei den tertiären Arbeitsplätzen (Handel, Banken, Versicherungen, private Dienstleistungen u. a.), die vielfach als der Gradmesser für den wirtschaftlichen und sozialen Entwicklungsstand eines Raumes angesehen werden, ist ein Unterbesatz vorhanden. Wie aus Tabelle 5 hervorgeht, entfallen im Mittelbereich Nördlingen nur 28% der Arbeitsplätze auf den Tertiärbereich; in der Region Augsburg sind dies 35% und in Bayern 38%. Von daher kann noch auf ein partielles Versorgungsdefizit bei den Dienstleistungen geschlossen werden, wobei sich die Situation in den Zentralen Orten Nördlingen und Oettingen i. Bay. zweifellos günstiger darstellt als in den übrigen, dünn besiedelten Teilräumen des Untersuchungsgebietes. Eine gesonderte Untersuchung wäre freilich die Frage wert, ob das statistisch erfaßte Versorgungsdefizit in den Tertiärbereichen von der Bevölkerung auch tatsächlich als eine „Unterversorgung" empfunden wird. Die subjektive Einschätzung wird bei der Jugend sicherlich eine andere sein als bei den älteren Leuten, die traditionsgemäß im allgemeinen ein geringeres Anspruchsniveau haben werden.

Das Arbeitslosenproblem hebt sich, nach den Aussagen des örtlichen Arbeitsamtes, in Struktur und Bedeutung nicht signifikant von der allgemeinen Situation im Lande ab. Im Oktober 1977 gab es im Mittelbereich Nördlingen 502 Arbeitslose (Vorjahr: 592), darunter 298 Frauen und

380 Vollzeitarbeitslose. Dies ergibt eine Arbeitslosenquote von 3,7 % (Vorjahr: 4,3 %); sie liegt damit noch unter dem bayerischen Durchschnitt von 3,9 %. Zum gleichen Zeitpunkt gab es 153 offene Stellen, darunter 49 für Frauen und 144 für Vollzeitarbeit. Ein gewisses Problem ist allenfalls die Frauenarbeitslosigkeit; bei diesen ist hauptsächlich eine Teilzeitbeschäftigung gefragt.

Als Resümee wäre daher zunächst festzuhalten, daß es sich beim Mittelbereich Nördlingen, trotz der Industrialisierungserfolge, nach wie vor um einen abwanderungsgefährdeten Raum mit zu geringer gewerblicher Arbeitsplatzdichte und einem relativ schwach ausgeprägten tertiären Sektor, insbesondere bei den qualifizierten höherwertigen Dienstleistungsbereichen, handelt. Ein Indiz für das geringe Beschäftigungspotential bzw. für die mangelnde Attraktivität des Arbeitsmarktes sind der niedrige Ausländeranteil an der Wohnbevölkerung und das Lohn- und Gehaltsniveau. Der Anteil der ausländischen Personen betrug zum Zeitpunkt der letzten Volkszählung nur 1,1 % (Region Augsburg 3,8 %, Bayern 3,7 %), die Löhne und Gehälter je Arbeitnehmer lagen um diese Zeit, wie schon unter Abschnitt II. ausgeführt, bei 9240 DM und erreichten damit bei weitem nicht den Regions- bzw. bayerischen Durchschnitt (10441 DM bzw. 10 595 DM).

V. Infrastruktur, Versorgung

Um das Bild abzurunden, bedürfen die obenstehenden Ausführungen zu den tertiären Arbeitsplätzen der Ergänzung durch einige Hinweise auf die Ausstattung des Raumes mit verschiedenen ausgewählten öffentlichen und privaten Infrastruktur- und Versorgungseinrichtungen.

Die organisatorische Neugliederung im Grund- und Hauptschulbereich wurde schon vor einigen Jahren zum Abschluß gebracht. Die Bildung größerer Einzugsbereiche ermöglichte die Schaffung leistungsfähigerer Schuleinheiten; eine ganze Reihe kleinerer Dorfschulen wurde aufgelöst.

Im Mittelbereich Nördlingen gibt es derzeit zwei staatliche Gymnasien (Nördlingen, 964 Schüler, und Oettingen i. Bay., 417 Schüler) und zwei private Realschulen für Mädchen (Nördlingen, 288 Schülerinnen, und Wallerstein, 158 Schülerinnen). Die Errichtung einer Realschule für Knaben ist im LEP vorgesehen. Im berufsbildenden Schulwesen ist ein breites Angebot vorhanden (u. a. gewerbl. kfm. hausw. Berufsschule, Landwirtschaftsschule, Wirtschaftsschule für Knaben und Mädchen, Berufsaufbauschule, Berufsfachschule für Hauswirtschaft in Nördlingen, Krankenpflegeschule in Oettingen i. Bay.).

Die Versorgung mit Krankenhausbetten im Bereich der Grundversorgung ist gewährleistet. Im bayerischen Krankenhausbedarfsplan in der Fassung vom 1. 1. 1977 ist das Krankenhaus Nördlingen (öffentlicher Träger) mit rd. 170 Betten als Krankenhaus der Versorgungsstufe I (Grundversorgung) aufgenommen. Das Krankenhaus Oettingen i. Bay. (öffentlicher Träger) mit rd. 140 Betten ist im Bedarfsplan vorbehaltlich der Neuordnung des Krankenhauswesens im Landkreis Donau-Ries enthalten; über den weiteren Betrieb dieses Krankenhauses muß also noch entschieden werden. Dagegen ist die Klinik des Vereins für ambulante Krankenpflege in Nördlingen (freigemeinnütziger Träger) mit rd. 45 Betten lediglich noch bis zur bedarfsgerechten Erweiterung des Krankenhauses Nördlingen im Bedarfsplan enthalten.

In diesem Zusammenhang ist ein kurzer Blick auf die ambulante ärztliche Versorgung interessant (Stand: 31. 12. 1972):

Tab. 8: *Ärztliche Versorgung (Einwohner pro ...)*

	Allgemein-arzt	Fach-arzt	Zahn-arzt
Lkr. Donau-Ries	2517	3816	2571
Region Augsburg	2643	2745	2364

Quelle: Regionalbericht Augsburg, 1974.

Die knapp 50 Allgemeinärzte verteilten sich auf etwa 1/6 aller Gemeinden des Landkreises. Die rd. 30 Fachärzte waren (bis auf eine Ausnahme) auf die Zentralen Orte höherer Stufe konzentriert, so daß die Patienten vielfach relativ weite Anfahrtswege mit erheblichem Zeitaufwand hinter sich bringen mußten. Insgesamt wird man jedoch nicht sagen können, und auch M. PFLANZ kommt in seinem Beitrag zu diesem Ergebnis, daß eine ärztliche Unterversorgung vorliegt. Bedenklich ist allenfalls die relativ ungünstige Altersstruktur. Rund 72% der Humanmediziner sind bereits über 50 Jahre alt; nahezu ein Viertel hat das 60. Lebensjahr schon überschritten.

Auch was die Ausstattung des Raumes Nördlingen mit Freisportanlagen, Sporthallen, Hallen- und Freibädern anbelangt, zeigt sich eine Konzentrierung auf die Städte Nördlingen und Oettingen i. Bay. Insbesondere im Zusammenhang mit der Neuordnung des Volksschulwesens sind jedoch in der letzten Zeit auch in kleineren ländlichen Orten, räumlich im ganzen Mittelbereich verteilt, Turn- und Sporteinrichtungen entstanden. Da diese Schulsportanlagen in der Regel auch der Öffentlichkeit zur Verfügung stehen, hat sich damit die Situation im Sportstättenbereich auch auf dem „flachen Land" spürbar gebessert.

Die Wasserversorgung erfolgt durch eine großräumige Versorgungsgruppe (Versorgungsgrad in den Gemeinden 80—100 %), die das Grundwasser aus der Hochterrasse zwischen Ries und Donau durch lange Fernleitungen herbeileitet. Die Ergiebigkeiten in der Hochterrasse sind groß.

Die Situation auf dem Gebiet der Abwasserbeseitigung ist durch eine relativ geringe Belastbarkeit der leistungsschwachen Vorfluter Wörnitz und Eger gekennzeichnet. Von daher sind der Ansiedlung abwasserintensiver Industrie- und Gewerbebetriebe enge Grenzen gesetzt.

Die Hausmüllbeseitigung ist durch überörtliche Regelungen grundsätzlich sichergestellt. Ein Problem stellt im Augenblick das Fehlen langfristig ausreichender Deponieflächen dar; Untersuchungen sind im Gange. Auch die Beseitigung von Sondermüll (u. a. Industrieabfälle) ist durch einen überregionalen Träger gewährleistet.

Durch Versorgungsanlagen der Energie-Versorgung Schwaben AG Stuttgart und des Überlandwerkes Jagstkreis AG Ellwangen ist der Untersuchungsraum in das Elektrizitätsverbundnetz eingebunden. Seit kurzem ist der Raum auch an das bayerische Ferngasversorgungssystem angeschlossen.

Die unzureichende überregionale Verkehrsanbindung wurde schon hervorgehoben. Die innere Verkehrserschließung durch den öffentlichen Omnibuslinienverkehr ist grundsätzlich gegeben, wobei die Zahl der täglichen Fahrtenpaare zu den Zentralen Orten örtlich unterschiedlich ist.

Zusätzlich zu den bereits im LEP ausgewiesenen Städten Nördlingen (Mittelzentrum) und Oettingen i. Bay. (Unterzentrum) hat der Regionale Planungsverband Augsburg inzwischen den Markt Wallerstein als Kleinzentrum bestimmt. Im Mittelbereich Donauwörth sind das Unterzentrum Wemding und das Kleinzentrum Harburg (Schwaben) dicht benachbart. Aufgrund der gegebenen räumlichen Verteilung dieser Zentralen Orte wird man sagen können, daß der Bevölkerung die *Grundversorgungs*einrichtungen im allgemeinen in zumutbarer Entfernung (nach den Maßstäben des LEP maximal 10 km) zur Verfügung stehen.

Zusammenfassend wäre daher festzustellen, daß der Mittelbereich Nördlingen aufgrund der strukturpolitischen Anstrengungen der vergangenen Jahre und Jahrzehnte, was seinen Besatz mit öffentlichen und privaten Infrastruktur- und Versorgungseinrichtungen anbelangt, mit anderen Landesteilen Bayerns vielfach gleichgezogen hat, zumindest kann nach Meinung des Verfassers, insgesamt gesehen, von einem Versorgungs*gefälle* gegenüber anderen ländlichen Räumen Bayerns nicht gesprochen werden. Bei Betrachtung der räumlichen Verteilung wird man jedoch sagen müssen, daß die Bevölkerung in den Zentralen Orten Nördlingen und Oettingen i. Bay. sowie in der näheren Umgebung dieser Städte gegenüber den übrigen Teilgebieten des Mittelbereichs, was die Erreichbarkeit der Versorgungseinrichtungen betrifft, wesentlich besser gestellt ist als die Landbevölkerung.

VI. Regionale Entwicklung

Im Hinblick auf das geringe Arbeitsplätzeangebot im Produzierenden Gewerbe und im Dienstleistungsbereich setzt das LEP den Hauptakzent folgerichtig auf die Stärkung der Arbeitszentralität der Zentralen Orte. In den regionalen Zielen für die Region Augsburg werden dem Raum Nördlingen insoweit folgende Entwicklungsziele zugewiesen:

— Arbeitsplätze

In den Arbeitsmärkten der Räume ... Nördlingen ist das Arbeitsplatzangebot weiter auszubauen. Die Struktur der Arbeitsmärkte in den Räumen ... Nördlingen ist quantitativ und qualitativ vordringlich zu verbessern.

— Raumstruktur

Im ländlichen Raum ist der nördliche und nordwestliche Teil der Region vorrangig zu stärken. Insbesondere ist die industriell-gewerbliche Struktur zu verbessern und auszubauen.

— Siedlungsstruktur

Auf eine stärkere Beteiligung des ländlichen Raumes, v. a. des nördlichen ... Teils der Region, an der Siedlungsentwicklung ist hinzuwirken.

— Ausbau der Zentralen Orte

Das Mittelzentrum Nördlingen ist in seinen Versorgungsaufgaben für den nördlichen Teil der Region und in seinen Fremdenverkehrsfunktionen zu stärken. Insbesondere sind anzustreben ... der weitere Ausbau der industriellen Branchenstruktur ...

Die Unterzentren ... Oettingen i. Bay. ... sind in ihren unterzentralen Versorgungsaufgaben für ihren jeweiligen Verflechtungsbereich zu stärken.

— Fremdenverkehr

Im Ries ... sollen die vorhandenen Ansätze des Fremdenverkehrs gefördert werden.

In der Begründung zu den regionalen Zielen wird u. a. ausgeführt, die Bevölkerungsentwicklung, die Zunahme der Auspendler und das unterdurchschnittliche Einkommensniveau zeigten, daß das bisherige industrielle Wachstum noch nicht ausreicht, die Funktionsfähigkeit der Arbeitsmärkte der Mittelbereiche ... Nördlingen zu sichern. Ein weiterer Ausbau des Arbeitsplatzangebots im industriellen Bereich sei — neben der Stärkung des Dienstleistungsbereichs — weiterhin erforderlich. Dies ermögliche die Beschäftigung der Bevölkerung in ihrem jeweiligen Lebensraum und fördere eine ausgewogene Wirtschaftsstruktur ...

Die bisherige recht gute Entwicklung der Industriebeschäftigung im Mittelbereich Nördlingen hat offensichtlich nicht ausgereicht, seinen Entwicklungsrückstand zum Landes- und Bundesdurchschnitt aufzuholen. Zwar ist die Stadt Nördlingen heute einer der größten Industriestandorte im Regierungsbezirk Schwaben und strahlt als Arbeits- und Einkaufszentrum auch in das angrenzende Baden-Württemberg aus. Gleichwohl sind im Mittelbereich, insgesamt gesehen, noch räumliche und strukturelle Ungleichgewichte vorhanden. Der Grund liegt vor allem in den verkehrsstrukturell bedingten Standortnachteilen des Untersuchungsraumes, die trotz aller Ansiedlungsaktivitäten der letzten Jahre nicht ausgeglichen werden konnten. Diese bestanden in erster Linie in erheblichen öffentlichen Finanzhilfen an die Gemeinden zur Industriegeländeerschließung sowie in der Gewährung von Investitionsanreizen an die gewerbliche Wirtschaft. Trotz günstiger Förderkonditionen haben sich mehrere industriell-gewerbliche Unternehmungen, die zunächst am Raum Nördlingen interessiert waren, wegen der verkehrsbedingten peripheren Lage des Raumes zu den großen Bezugs- und Absatzmärkten der Bundesrepublik Deutschland und der Europäischen Gemeinschaft schließlich doch nicht zu einer Ansiedlung entschließen können. Es fehlen bis zum heutigen Tage leistungsfähige Autobahnverbindungen zu den großen Wirtschaftsagglomerationen, so daß der Mittelbereich Nördlingen für die Industrie als Standort offenbar zu wenig attraktiv erscheint. Interessant ist es in diesem Zusammenhang, daß bei Ansiedlungsverhandlungen mit der Industrie das Vorhandensein eines Landeplatzes (bei Nördlingen) von dieser positiv bewertet worden ist.

Die Fortsetzung der öffentlichen Industrie- und Strukturförderungsmaßnahmen ist, neben der Verbesserung der überregionalen Verkehrserschließung, daher unerläßlich. In Zukunft wird es vor allem auch darauf ankommen, das Unterzentrum Oettingen i. Bay. als Standort mehr ins Gespräch zu bringen, um dort eine bessere Branchenstreuung zu erzielen. Ob allerdings die Anstrengungen der öffentlichen Hand, auch in den Kleinzentren ein angemessenes Angebot an attraktiven zukunftssicheren Arbeitsplätzen zu schaffen, sehr aussichtsreich sind, muß bei der insgesamt geringen Investitionsneigung der Wirtschaft bezweifelt werden.

Es fragt sich überhaupt, ob eine rasche quantitative und qualitative Verbesserung des Arbeitsplatzangebotes in Zeiten einer wirtschaftlichen Rezession erwartet werden kann, wenn dies nicht einmal in der sog. Industrialisierungswelle der 50er und 60er Jahre in zureichendem Maße gelungen ist. Über die Schwierigkeit der Aufgabe sind Illusionen fehl am Platze.

Die künftige Arbeitsmarktsituation ist aber auch für die Bevölkerungsentwicklung des Untersuchungsraumes von ausschlaggebender Bedeutung. Untersuchungen über die Wanderungsmotive zeigen, daß für die Abwanderung aus den ländlichen Räumen oder auch für die Zuwanderung dorthin letztlich das Arbeitsplatzangebot entscheidend ist. Infrastrukturgründe spielen nur noch eine untergeordnete Rolle, wobei aus den vorstehenden Ausführungen deutlich geworden ist, daß insoweit im Mittelbereich Nördlingen wesentliche Vorleistungen erbracht sind. Auch aus dem erst vor kurzem veröffentlichten Auswertungsbericht des Bayer. Staatsministeriums für Landesentwicklung und Umweltfragen zum Gutachten von Sozialforschung Brög, München, über Wanderungsmotive der Bevölkerung für den Bereich der Binnenwanderung am Beispiel der Region Oberpfalz-Nord (München 1977) ist wieder deutlich geworden, daß berufliche Gründe für die Wanderungen von besonderer Bedeutung sind.

Was die künftige Bevölkerungsentwicklung des Mittelbereichs Nördlingen angeht, wird diese also entscheidend davon abhängen, ob es gelingt, der nachwachsenden Bevölkerung ein breit gefächertes Angebot auch an qualitativ hochstehenden Arbeitsplätzen zur Verfügung zu stellen. Dem steht entgegen, daß sich die gewerbliche Wirtschaft in Zeiten wirtschaftlicher Stagnation oder Rezession bei ihren Investitionsentscheidungen bekanntlich eher an den Standort- und Fühlungsvorteilen der Verdichtungsräume orientiert, so daß das Arbeitsplatzwachstum in den ländlichen Räumen quantitativ und qualitativ zurückbleiben muß. F. Hösch hat dies in seinem Beitrag über industrielle Entwicklungsmöglichkeiten für strukturgefährdete ländliche Räume nachgewiesen. Auch im Mittelbereich Nördlingen muß daher befürchtet werden, daß die jungen Leute zwar ein differenziertes Angebot an schulischen Ausbildungsmöglichkeiten, jedoch kein adäquates Angebot an höher qualifizierten Arbeitsplätzen vorfinden, so daß tendenziell mit einem weiteren Abwandern in die attraktiven Arbeitsmärkte der benachbarten Verdichtungsräume (insbesondere München, Augsburg, Neu-Ulm/Ulm, Nürnberg/Fürth/Erlangen) gerechnet werden muß. Bei den gegebenen gesamtwirtschaftlichen Rahmenbedingungen wird man daher das im LEP enthaltene landesplanerische Ziel, den Arbeitsmarkt des Mittelbereichs Nördlingen qualitativ und quantitativ zu stärken und die industrielle Branchenstruktur zu verbessern, kurzfristig als nicht realisierbar bezeichnen müssen, und ein landesplanerisches Ziel, das darauf abstellt, wenigstens den derzeitigen Bevölkerungsanteil des Mittelbereichs an der Region Augsburg zu halten, wird man eher als zu optimistisch ansehen müssen. Im Gegenteil muß bei unveränderten volkswirtschaftlichen Rahmenbedingungen mit einer Fortdauer der Wanderungsproblematik gerechnet werden. Es sollten also rechtzeitig alternative Entwicklungsstrategien vorbereitet werden.

Im Bayer. Staatsministerium für Landesentwicklung und Umweltfragen wird zur Zeit als Grundlage für die Fortschreibung des LEP, unter Berücksichtigung der stark rückläufigen Geburtenraten und der in weiten Bereichen anhaltenden wirtschaftlichen Stagnation, eine neue Status-quo-Prognose für die Bevölkerungs- und Arbeitsplatzentwicklung in den bayerischen Planungsregionen erstellt. Gleichzeitig soll der Landesplanungsbeirat untersuchen, wie sich die negative Bevölkerungsentwicklung in den verschiedenen raumbedeutsamen Bereichen auswirkt und welche Folgerungen sich daraus für die Landesplanung, z. B. im Hinblick auf die in den zentralen Orten vorzuhaltenden Versorgungseinrichtungen, ergeben. Nach verschiedenen Verlautbarungen der Staatsregierung sollen die notwendigen Infrastrukturen in den Zentralen Orten des ländlichen Raumes auch dann noch vorgehalten werden, wenn sie in geringerem Umfang ausgelastet sind als in den Verdichtungsräumen. Im Volksschulbereich bedeutet dies beispielsweise, daß, da sich die Staatsregierung für die Beibehaltung eines lückenlosen Netzes von Grund- und Hauptschulen entschieden hat, im ländlichen Raum unter Umständen die Klassenstärke unter den Landesdurchschnitt herabgesetzt werden muß, allerdings muß notfalls bei Grundschulen von einer Gliederung in Jahrgangsklassen abgesehen werden. Sollten in den Realschulen in den nächsten Jahren aufgrund der geburtenschwächeren Jahrgänge trotz der höheren Übertrittsquoten die Schülerzahlen absinken, beabsichtigt die Staatsregierung, mit einer Herabsetzung der Klassenstärken und erforderlichenfalls mit einer Festsetzung von Schulsprengeln darauf zu reagieren.

Trotz alledem wird man sich angesichts der veränderten demographischen und wirtschaftlichen Rahmenbedingungen nach Meinung des Verfassers vermutlich auch im Untersuchungsraum partiell auf weiter rückläufige Bevölkerungszahlen und auf kleinräumige „passive Sanierung" einstellen müssen. Auch wenn es gelingen sollte, die öffentlichen Infrastrukturleistungen in diesen Gebieten vorzuhalten, wird man nicht immer den Abbau von privatwirtschaftlichen Versorgungseinrichtungen verhindern können, da diese in der Regel auf einen bestimmten Mindesteinzugsbereich angewiesen sind (z. B. Einzelhandelsgeschäfte).

Die Möglichkeiten, im Fremdenverkehrssektor in nennenswertem Umfang, etwa wie in den traditionellen Erholungsgebieten der südbayerischen Alpen, Arbeitsplätze zu schaffen, dürfen nicht überbewertet werden. Diesem Bereich kann allenfalls eine wirtschaftliche Ergänzungsfunktion beigemessen werden. So bieten sich in gewissem Umfang der Landwirtschaft, insbesondere im Bereich der „Romantischen Straße" (Bundesstraße 2), Zuerwerbsmöglichkeiten durch Urlaub auf dem Bauernhof.

Da nach alledem die Aussichten für eine Verbesserung der Arbeitsmärkte im sekundären und, wie von F. Hösch dargelegt wurde, im tertiären Bereich mittelfristig nicht günstig sind, sollten die Entwicklungsmöglichkeiten, die sich im agrarischen Bereich bieten, genutzt werden. In einem Großteil des Untersuchungsraums sind überdurchschnittliche Bonitäten anzutreffen (Ertragsmeßzahlen überwiegend 40—49, teilweise — im Ries — 60 und mehr), so daß sich ein Grundnetz von leistungsfähigen Betrieben wird halten können. Ein Brachfallen von landwirtschaftlichen Flächen ist auf längere Sicht unwahrscheinlich, da ihre Weiterbewirtschaftung aufgrund der guten Anbaubedingungen betriebswirtschaftlich rentabel ist (Zukauf und Zupacht). Lediglich im Riesrandbereich und im Vorland der südlichen Frankenalb (Trockenrasengebiete) kann sich eine stärkere extensive Landnutzung einstellen (v. a. Schafbeweidung).

Forschungs- und Sitzungsberichte
der Akademie für Raumforschung und Landesplanung

Band 106: Raum- und Landwirtschaft 10

Die Zukunft des ländlichen Raumes
Teil 3: sektorale und regionale Zielvorstellungen
— Konsequenzen für die Landwirtschaft

Aus dem Inhalt

		Seite
	Zur Einführung	VII

I. Grundsatzfragen der Entwicklung ländlicher Räume

Viktor Frhr. v. Malchus, Dortmund	Ziele für die Entwicklung ländlicher Räume	1
Erich Otremba, Köln	Regionaltypische Aspekte zur Gewinnung von Zielvorstellungen für die Planung und Gestaltung des ländlichen Raumes	45
Günter Reinken, Bonn	Landwirtschaftliche Vorranggebiete	65

II. Sektorale und regionale Zielvorstellungen zur Entwicklung des ländlichen Raumes und deren Konsequenzen für die Landwirtschaft

Günter Reinken, Bonn	Zielvorstellungen der Landwirtschaft und deren regionale Konsequenzen A. Ökonomische Zielvorstellungen	77
Hellmuth Bergmann, Luxemburg	B. Regionale Konsequenzen	97
Ulrich Planck, Hohenheim	Soziale Zielvorstellungen und Konsequenzen zur landwirtschaftlichen Entwicklung	109
Viktor Frhr. v. Malchus, Dortmund	Sektorale und regionale Ziele für die Entwicklung der Siedlungssturktur und deren Konsequenzen für die Landwirtschaft	135
Friedrich Hösch, München	Sektorale und regionale Zielvorstellungen für die Entwicklung der Industrie und deren Konsequenzen für die Landwirtschaft	159
Udo Hanstein, Sellhorn	Sektorale und regionale Zielvorstellungen für die Entwicklung der Forstwirtschaft und deren Konsequenzen für die Landwirtschaft	171
Birgit Koschnick-Lamprecht, Berlin	Sektorale und regionale Zielvorstellungen für die Entwicklung von Freizeit und Erholung und deren Konsequenzen für die Landwirtschaft	187
Friedrich Hösch, München	Sektorale und regionale Zielvorstellungen der Infrastruktur und deren Konsequenzen für die Landwirtschaft — Bereich Verkehr	205
Friedrich Gercke, Hannover	Zielvorstellungen für den Bereich der Ver- und Entsorgung und deren Konsequenzen für die Landwirtschaft	219
Hans Kiemstedt, Berlin, und *Helmut Scharpf,* Hannover	Zielvorstellungen der Umweltsicherung und deren Konsequenzen für die Landwirtschaft	231

III. Konsequenzen der sektoralen Entwicklungshilfe für ausgewählte Raumtypen mit besonderen Problemstellungen

Wilhelm Meinhold, München	Konsequenzen der sektoralen Entwicklungsziele für ausgewählte Raumtypen mit besonderen Problemstellungen A. Verdichtungsräume und Verdichtungsrandzonen	251
Winfried Moeves, Gießen	B. Verflechtungsbereiche von starken Mittelzentren im ländlichen Raum — Leitbild für die räumliche Gestaltung	263
Friedrich Riemann, Göttingen	C. Verdichtungsferne Räume ohne starke Mittelzentren	291

Der gesamte Band umfaßt 304 Seiten; Format DIN B 5; 1976; Preis 44,— DM

Auslieferung
HERMANN SCHROEDEL VERLAG KG · HANNOVER

Forschungs- und Sitzungsberichte
der Akademie für Raumforschung und Landesplanung

Band 129

Zum Wandel räumlicher Bevölkerungsstrukturen in Bayern
1. Teil: Fall-Studien

Aus dem Inhalt

		Seite
Karl Ruppert, München	Vorwort	5
Karl Ruppert, München	Zur jüngeren Bevölkerungsentwicklung in Bayern — eine Einführung	7
Jörg Maier und Editha Kerstiens-Koeberle, Bayreuth	Räumliche Auswirkungen der Stadt-Rand-Wanderung — Sozioökonomische Strukturmuster und aktivitätsräumliche Verhaltensweisen im Westen von München	19
Friedrich Hösch und Wulf Walter, München	Zum Wanderungsverhalten der Bewohner des niederbayerischen Dorfes Diepoltskirchen — Eine Modelluntersuchung	59
Jörg Maier, Bayreuth	Bevölkerungsdynamik und Raumverhalten in regional und sozioökonomisch unterschiedlichen Standorten — das Beispiel eines traditionellen Unterzentrums im ländlichen Raum und einer dynamisch gewachsenen Stadt-Rand-Gemeinde —	87
Thomas Polensky, München	Bevölkerungsmobilität in der Region Oberfranken-Ost (5) unter besonderer Berücksichtigung des Mittelzentrums Marktredwitz/Wunsiedel	101
Reinhard Paesler, München	Typen urbanisierter Gemeinden — Anwendung des Urbanisierungskonzepts am Beispiel Südbayern	119
Peter Gräf, München	Funktionale Zusammenhänge von Infrastrukturen und Bevölkerung — Beispiel eines randalpinen Landkreises	129
Rüdiger Freist, München	Reichweiten sozialgeographischer Gruppen — dargestellt am Beispiel Moosburg an der Isar	137
Herwig Grimm, München	Zur bevölkerungsgeographischen Gliederung einer Mittelstadt — dargestellt am Beispiel Landshut	145
Editha Kerstiens-Koeberle, Bayreuth	Räumliche Strukturmuster ausländischer Arbeitnehmer in der Region München — dargestellt am Beispiel der Gemeinde Karlsfeld bei München	151

Der gesamte Band umfaßt 158 Seiten; Format DIN B 5; 1979; Preis 46,— DM

Auslieferung
HERMANN SCHROEDEL VERLAG KG · HANNOVER